毛沢東、周恩来と溥儀

王慶祥 [著]
松田徹 [訳]

科学出版社東京

再版にあたって

　今年は中国共産党創立90周年であり、辛亥革命100周年、そして満州事変80周年というきわめて記念すべき年である。この三つの大事件はどれも中国現代史上、最も重大で影響力のある事件である。それゆえ、著名かつ偉大な二人の人物——孫文、毛沢東と深い関わりがある。特に、中国におけるブルジョアジーによる旧民主主義革命から新民主主義革命への移行、および抗日戦争としっかり結びついている。

　辛亥革命、中国共産党創立および満州事変に始まる抗日戦争、それらによって確立された革命の理想、革命の成果と伝統は、今もなおその力強い生命力で全国の人民と代々の若者に影響を与え続けている。しかも、すでに偉大な祖国の礎となっているのである。『毛沢東、周恩来と溥儀』という本は、こうした精神がもたらす光と影の中にこそ存在している。初版、再版が好調な売れ行きを示し、今また再版となったことは、特別な意味を持つものといえよう。

　溥儀も、明らかにこの三つの歴史的重大事件の中心人物の一人であり、清朝史上かつ中国史上最後の皇帝でもある。同時に辛亥革命の政治的対象であり、革命の中で打倒され退位を宣言した。しかし、その後中国における政治・歴史の舞台から完全に離れたわけではない。彼は歴史的な影響と中国の旧軍閥を利用し、さらには中国に対してさまざまな政治的企図を抱く帝国主義、特に日本のファシズム軍国主義勢力をも利用し、それによって自分の手の上から失われた清朝政権を回復しようとした。その結果、逆に日本の軍国主義に利用され、中国侵略の共犯者となり、中国の東北地域を売り渡し、抗日戦争における革命対象として仇敵に成り果てたのである。愛新覚羅・溥儀は、人生の成熟期ともいえる26歳から40歳まで、満州国の康徳帝であった。そして、抗日戦争の最終的勝利により、国家の罪人となったのである。満州国政権崩壊後に逃亡し、捕虜となりソ連で拘禁さ

れ、その後中国へ引き渡され、最後には撫順戦犯管理所において10年で見事に改造され、名実ともに新中国の公民となった。

溥儀がこのように人生を全うでき、処刑場や絞首台と縁がなかったのは、本人自身でさえ予想外のことであったが、それは幸運にも中国共産党と出会ったからである。まさしく彼は毛沢東、周恩来を代表とする党と政府の配慮と矯正教育の下、古今東西の歴史上唯一というべき奇跡を実現したのである。

溥儀のような歴史的人物に、一体どう対応すべきか。毛沢東の理論と実践、周恩来の感動的な多くの具体的措置は、この問題に正しく答えるものであった。本書が目指すのは、まさに毛沢東と周恩来のこの問題に対する回答の整理である。

1949年12月から1950年2月にかけて、毛沢東はソ連初訪問の際の会談において、溥儀ら満州国戦犯の引き取りを強く求めた。スターリンは新中国を支持し、溥儀を毛沢東に任せると決めた。周恩来がソ連側と折衝し、1950年8月1日、黒龍江省綏芬河駅で、溥儀とその随行者および満州国の元大臣らは中国政府に引き渡された。溥儀は帰国する列車に乗るや、すぐにでも銃殺されると思い込み、絶望の淵にあった。帰国途上首を吊って自殺しようとし、護送の兵士に発見され救助されている。綏芬河駅で中国側代表が接収する際、彼は手錠をかけられるものと思い両手を差し出した。しかし、それは完全な思い違いであった。

毛沢東は、溥儀の帰国引き渡し後、死刑にするつもりはまったくなかった。毛沢東の考え方や中国共産党の政策は、明確かつ首尾一貫したものだった。

1956年4月25日、毛沢東は中国共産党中央政治局拡大会議で、『十大関係論』について演説した。その鶴の一声が、溥儀の運命を決定づけ、彼の後半生における道を定めた。そこで毛沢東は、「捕虜になった戦犯の宣統皇帝」などは「死刑にせず」、「人民のために何かやらせ…、飯を食わせ…更生の機会が得られるよう生活の道を与えるべきである。こうしたやり方は、人民の事業にとっても、国際的影響から見ても有益である。」と説いたのである。

1956年2月初め、全国政治協商会議2期第2回会議の際、周恩来はある宴会の席上で、溥儀の七叔〔7番目の叔父〕載濤を毛沢東に紹介した。毛沢東は「溥儀は撫順でなかなかよく学習しているらしく、マルクス・レーニン主義の本をたくさん読んだそうです。」と肯定的に評価し、「家族を連れて」撫順に会いに行ってはどうかと提案した。その後、周恩来はこのことを北京市長彭真に委ね、家族

訪問はすぐさま実行に移された。

　1956 年 11 月 15 日、毛沢東は中国共産党第 8 期第 2 回中央委員会全体会議で演説し、溥儀ら「大蒋介石」ともいうべき人物の処理に関しては、徐々に改造を進めていくしかない、簡単に死刑にしてしまうべきではない、と明確に主張した。

　1957 年 1 月 27 日、毛沢東は、各省・市・自治区の党委員会書記の会議において、歴史回帰の問題に言及し、「辛亥革命は後戻りをしただけだ。皇帝を追い落としたら、また皇帝が現れ、軍閥が現れた。問題があったから革命をやったのに、命を革めたらまた問題が起こった。」と述べた。つまり、革命とは肉体の上で皇帝を消滅させるということはなく、思想的根源から皇帝を育む土壌を掘り起こし取り払わなければ駄目だという考え方である。

　1959 年 9 月 14 日、新中国の創立 10 周年にあたり、毛沢東は溥儀を最初に特赦するという決定を下した。それは溥儀本人だけでなく、同じく収監されていた戦犯たちばかりか、戦犯管理所の各級幹部でさえまったく予測外のことであった。

　1960 年 5 月 9 日、毛沢東がイラク、イランおよびキプロスからの賓客と接見したとき、溥儀のことを「完全に改造された」事例として取り上げ、「統一戦線と団結」という中国革命の基本理念を説明した。続いて、何度も中国最後の皇帝との面会を南米からの訪問者たちに勧めた。彼らはみなその提案を受け入れ、溥儀に会いに北京植物園へ赴いたのだった。

　1961 年 4 月 1 日、毛沢東はミュアルを団長とするキューバ青年代表団との会見の際に、「階級は改造することができる。溥儀も改造することができた。」と述べ、溥儀が特赦になった前後の状況を紹介した。「溥儀はわりあい上手く改造された一人だ」と言い、溥儀の改造に自信を示した。このときから、溥儀は中国が社会主義路線を模索していく上での鮮明な例証として世界に羽ばたいたのである。

　1962 年 1 月 31 日、毛沢東は家での酒宴に溥儀を招待した。元中華民国北洋政府教育総長 章 士 釗、孫文に従って反清革命に身を投じた同盟会の元メンバー程潜、同盟会と辛亥革命の首唱者の一人である仇 鼇、毛沢東とは縁戚にあたる王季範ら革命家あるいは社会的名士が陪席した。「湖南料理の宴会」で、毛沢東は「結婚と回想録の改稿」という二つの提案を溥儀に示した。溥儀はそれを実行し

ようと胸に刻み込んだ。

1962年9月24日、毛沢東は中国共産党第8期第10回中央委員会全体会議の席上で、宣統帝に言及し、「我々はそれを歓迎し、仕事を与える、決して相手にしないという態度は取らない、まして、首を刎ねるという方法を取らない。」と述べた。

1963年11月15日、毛沢東は、アルバニア検事総長アラニト・チェラと会見した。話が司法に及ぶと、溥儀のことを取り上げ、プロレタリア独裁の下で、人は改造できる、「私たちは皇帝をもほぼ改造したのです。」と語った。

1963年11月26日、毛沢東はキューバの詩人・作家で芸術家のピータ・ロドリーゲスと会見した際、再び溥儀のことを話題に出した。溥儀の経歴は、人は教育するべきで、改造でき変えられるのだということを説明するものであり、これは社会革命と人類進歩の一つの基本的側面で、軽視してはいけないとした。

1964年2月13日、旧暦の元旦、毛沢東が自ら司会する春節座談会において、「宣統帝とはしっかり連帯せねばならん。」と述べた。溥儀の月給が180元あまりしかないと聞くと、溥儀の生活を改善させるため「自分の原稿料を少し融通する」からと章士釗に託した。そして、「彼に『長鋏よ帰らんか、食うに魚なし』などと言わせてはいけない。何といっても相手は皇帝なのだから。」と語った。[*1]

1964年6月23日、毛沢東はチリのジャーナリスト代表団と会見したとき、またも「中国の皇帝」に言及した。まず溥儀の仕事と生活について話し、それから皇帝の時代と比較して、「ここから、人は変えることができるのがわかる。しかし、強制することはできない。自覚するようにすべきで、強引に押しつけてはいけないのだ。」と述べた。

1965年8月8日、毛沢東がコンダイ・サイトをはじめとするギニア教育代表団とギニア検察総長ファディアラおよびその夫人らと会見した際、ファディアラはこう語った。私は張鼎丞、董必武とこの問題について話し、中国が戦犯改造を重視し、最後の皇帝を改造して公民にし、使命感を持たせて人民のために働かせていることを知った、と。すると毛沢東は、「罪を犯した人は教育しなければ

---

*1 〔訳注〕戦国時代、斉の孟嘗君のところへやって来た食客が待遇の改善を求め「食卓に魚がないなら帰ろう」などと嘆じた故事に基づいたもの。(『戦国策』斉策)

なりません。動物だって教育できるのですから。…どうして人をある程度進歩するよう教育できないというのでしょうか。これは方針と政策の問題です。その他にも方法の問題があります。」と答えた。

「文化大革命」開始後、往時の「康徳帝」による厳しい懲罰の傷跡を忘れていない元満州国宮廷の「童僕」が、手紙を書くという手段で『わが半生』を批判し、「全国の労農兵に参加を呼びかける」と公然と言い放ち、溥儀に原稿料をすべて国家に返納するよう強要した。溥儀は翌日数千元の原稿料を全国政治協商会議機関に渡したが、これで批判が終息したわけではなかった。その「童僕」が持ち出す問題は次第に多くなり、批判の文章もますます長く、激烈なものになっていった。まさに溥儀と『わが半生』がともに四面楚歌の状態にあったとき、毛沢東と彼の年下の親族との談話内容を伝える紅衛兵の宣伝ビラが印刷された。そこには、溥儀をすでに「改造された」と肯定していた。それは、溥儀のような複雑な歴史的背景を持つ人物を、政治的に保護する大きな効果があった。1966 年国慶節に、溥儀が依然として国慶節の記念行事に参加し天安門の特別席に上がったのも、一種の政治的保護であった。

1967 年 10 月 17 日黎明 2 時 15 分、溥儀の生命の時計は、遂に振り子を止めた。彼は最後の歳月を、毛沢東の保護と周恩来のより具体的な配慮の中で過ごしたのである。文革中に返納した原稿料は夫人のもとに返され、住宅問題、生活問題は解決された。だから彼は安心してあの世に旅立つことができただろう。しかし、毛沢東は溥儀を忘れていなかったし、20 世紀の世界も、このかつて皇帝であり後に公民になった人物を忘れることがなかった。

1971 年 10 月 8 日、毛沢東と 80 歳近いエチオピア皇帝ハイレ・セラシエ 1 世は、人民大会堂の北京廳で親しく話をしていた。ハイレ・セラシエは宣統帝に会いたいという希望を毛沢東に告げた。毛沢東から、宣統帝は 4 年前にすでに病死した、と聞かされると、ハイレ・セラシエは溜息をつき宿願が叶わなかったことを嘆いた。その後、ハイレ・セラシエは、明・清時代の帝王の宮殿であり、溥儀が青少年時代を過ごした場所——紫禁城を熱心に見学した。

これらの事実はすべて、中国共産党の改造政策の一貫性と政治的成熟度を十分に証明している。溥儀が皇帝から公民に成り変わったことは、一個人の改造のみならず、一つの施策の成功および大きな意義のある勝利なのである。毛沢東の言

葉は、溥儀の未来は中国にあり、愛新覚羅一族の未来も中国にあった、ということを表している。

　毛沢東と周恩来が溥儀と交流した史実は、新中国第一世代の指導者が中国封建社会最後の皇帝と、同じ歴史を共有したという、中国現代史上最も重要な1ページである。そこには激動の100年間の歴史が凝縮しており、広大な大地の天地を覆さんばかりの社会的変化を反映している。これは、勝者が古い世界を改造して新世界を見事に創造した証である。新旧社会交替の過程で、明らかに最も典型的な意味を持つ、きわめて生き生きとした歴史物語と言えよう。

　愛新覚羅・溥儀という存在自体に、辛亥革命、中国共産党が歩んで来た道および抗日戦争の偉大な成果が体現されているのだ。そこに、現代中国の発展と変遷の過程を見ることができる。この面から言うと、『毛沢東、周恩来と溥儀』の再版は、歴史的意味と現実的価値に確かに有するものである。人民出版社の喬還田氏の慧眼に感謝したい。氏は20年前、この本を何億という中国人民の目の前へ出す機会を与えてくれた。そして、今また本書が再版されるにあたり、より多くの読者の目に触れることを心から期待するとともに、多くの方々からご教示をいただければ幸いである。

2011年6月12日　長春にて

訳者序文

　本書は、王庆祥《毛泽东、周恩来与溥仪》、人民出版社、2012 年 5 月の全訳である。同書は人民出版社から 1993 年 2 月に初版が刊行され、その後 1999 年 1 月に東方出版社からも溥儀書系（溥儀シリーズ）の一冊として出版されている。

　原著は、本文だけで 300 ページを越える大著である。それに加えて、冒頭に廖蓋隆氏の序文「抑圧者搾取者改造に関して」があり、巻末に付録 1 として「毛沢東、周恩来と溥儀の関連年譜（1919〜1967 年）」、付録 2 として「中華人民共和国によって特赦された戦犯、捕虜、スパイ関連年譜」が付されている。今回の訳出にあたって、これらは紙数の関係で割愛した。その代わり、読者の便をはかるため、巻末に溥儀の略年譜を載せた。

　原著の初版発行後、その内容の一部を抜き出し再構成した日本語訳（王慶祥著　王象一・徐耀庭訳：『溥儀・戦犯から死まで』、学生社、1995 年）が刊行されたが、原著とは章立てが大きく異なり、相当圧縮された内容であった。それでも、溥儀の晩年を知り得る読み物として、当時訳者も興味深く読んだ記憶がある。

　この学生社版は、原著とは記述にかなりの異同がある上、溥儀や周恩来らの発言内容をすべて「　」で括った直接話法の形式で示しており、史料の扱い方に疑問が残らないでもなかった。そこで、この先行的業績には敬意を払いつつも、今回の訳出作業においては、参考程度にとどめた。

　原著の初版および上述の訳本に比べ、本書の特徴として、豊富な図版が挙げられる。本文の内容に即した写真が大幅に増やされており、ヴィジュアル面で、読者の理解を助ける配慮がなされている。溥儀の後半生を知る貴重な写真が多く、ページをめくっているだけでも興味は尽きない。

　本訳書の邦題は、原著のタイトルを踏襲し『毛沢東、周恩来と溥儀』としたが、その中身は、周恩来と溥儀の交流が主である。周恩来が、撫順 戦犯管理所から

特赦された溥儀に対し、社会復帰を手助けし北京で病死するまでの間、手厚い配慮を与えた様子が、各種史料に基づいて詳細に綴られている。本書全体を見渡すと、周恩来の政治的手腕の巧みさと、政治家としての度量の大きさを示すエピソードが頻出する。したがって、本書の主人公は、実際のところ周恩来なのではないか、というのが訳者の率直な感想である。

　周恩来や毛沢東が関わっているせいか、本文中には、政治的な色彩を伴う、ややもすれば硬い記述にしばしば出くわす。例えば、溥儀の行動やその感情の起伏を描写する際、誇張した表現が随所に見受けられる。今回、それらを敢えて忠実に訳出した。そうした箇所は、決して欠点とは言えず、むしろ、今の中国で、溥儀をどう取り扱うかという視点が見え隠れしており、一定の意義を有すると考えたからである。

　本書は溥儀の後半生を描きながら、同時に中国共産党の視点から見た中国近現代史であるともいえよう。中国近現代史の事件や事項について、中国の読者にとっては常識であっても、日本ではなじみの薄いものも多々ある。それらには、煩雑になるのを厭わず、訳注を付けた。その際、参照文献も可能な限り記したが、特に明記しなかった事項の多くは以下の辞典類等を参考にした。

　　京大東洋史辞典編纂会編：『新編東洋史辞典』、東京創元社、1980 年
　　日外アソシエーツ編：『中国人名事典』、日外アソシエーツ、1993 年
　　陳東林・苗棣・李丹慧主編、西紀昭他訳：『中国文化大革命事典』、中国書
　　　店、1997 年
　　天児慧他編：『岩波現代中国事典』、岩波書店、1999 年

　本書の原注には、引用参考および文献資料が、一、二の例外を除いて明記されている。そのほとんどは邦訳がないものの、便宜的に中国語のタイトルを日本語に訳しておいた。また、原注、訳注とも長いものは脚注とし、短いものは、原注は（　）で、訳注は〔　〕で示し、文中の対応箇所に挿入した。

　なお、歴史的名辞は、日本での慣用に従った。例えば「満州国」について、原著では現代中国での呼称「偽満」を使用しているが、訳文では、「満州国」とした。（これも本来の表記は「満洲」であるべきだが、教科書等一般に用いられる「満州」と表記した。）

　本書は堅苦しい学術書の体裁をとらず、溥儀や周恩来の発言を種々の史料に基

viii

づいて叙述するなど、小説的な手法をとっている。ただ、それは、直接話法の形式で書かれた部分と間接的に発言を記した部分とが混在している。後者の場合、発言内容を記した部分を「　」で括らなかったので、台詞が冗長に続いてしまう箇所もあり、やや読みにくくなってしまった感は否めない。しかし、実際は必ずしもその通りに発言したわけではないため、史料的価値を考慮して、間接話法の形式で訳さざるを得なかった。

　ところで訳者は、かねてより溥儀の生涯には興味を持っていた。一例を挙げれば、兪平伯の「「儲秀宮」雑記」に訳注を施し、溥儀の紫禁城での生活の一端に触れたことがある。(麗澤大学中国研究会『中国研究』第15号、2007年12月、120～129ページ掲載) また、溥儀ゆかりの場所である紫禁城、すなわち現在の故宮博物院はもちろん、溥儀の生家、天津の「静園」、撫順の「戦犯管理所」や北京にある溥儀が晩年を過ごした屋敷跡、さらには河北省易県にある墓にも訪れている。溥儀関連の歴史的遺構で感得したものが、本書の訳出において少しでも反映されていれば幸いである。[1]

　余談になるが、それらの史跡で感じたのは、現代中国において、観光資源となりうる歴史的名所が、純粋な観光スポットとしてだけ存在するのではなく、前近代・近現代を問わず、歴史教育とりわけ愛国主義教育に重きが置かれている点である。

　そうした観点からすると、溥儀関係の史跡として、もっとも着目すべき、あるいは定番といってもよいのは、長春の偽満州皇宮博物館(満州国時代の皇宮)および撫順の戦犯管理所であろう。もっとも、この2か所は、溥儀個人というより、その背景にある事件や集団の一部分として扱っている側面がある。

　また、溥儀の生家は、北京市西城区後海北沿にある「宋慶齢同志故居」としてその一部が公開されているものの、溥儀に関する史跡としての認知度はきわめて

訳者序文

---

*1　2013～2015年度麗澤大学経済社会総合センタープロジェクト「東アジアにおける史跡・文化と観光開発の諸問題について」、2016～2017年度麗澤大学経済社会総合センタープロジェクト「教育が歴史、文化、社会に与える影響に関する研究～東アジア地域を中心に～」および麗澤大学特別研究助成プロジェクト「アジア地域の移動・流動する社会に関する歴史文化的研究」による研究助成を得て、溥儀関連の各地を訪問する機会を得た。本書はその研究成果の一部である。

ix

低い。晩年の旧居にいたっては公開の目途もたっていない。[*2]

そもそも、愛新覚羅・溥儀という人物は、清朝最後の皇帝・傀儡政権の満州帝国皇帝・「改造」された公民としての多面的な顔を持つ。彼一個人に焦点を絞った場合、どこに視点を置いて「歴史教材」とするか、というのはなかなか難しいのではなかろうか。

溥儀が今後どのように扱われて、一般人の中で認知されていくか、これは現代中国における一般大衆の歴史認識に対する、ある種の指標となるかもしれない。そのようなことを考えながら本書の訳出を進めた。

末尾ながら、本書の翻訳の機会を与えていただいた科学出版社東京株式会社の向安全社長ならびに柳文子氏、編集を担当された同社細井克臣氏に、感謝の意を表したい。

2017 年 9 月 1 日

松田　徹

---

*2　溥儀が晩年を過ごした家は、北京市西城区東冠英胡同 40 号にあったが、2012 年 8 月、暴風雨に見舞われ倒壊し、現在も修復はされていない。ただ、地下鉄 4 号線新街口構内の付近案内地図には、「溥儀故居」として記載されている。

目　次

再版にあたって　……………………………………………………………*i*

訳者序文　………………………………………………………………*vii*

1. 初めての試み　……………………………………………………………1

2. 偉大な懐　…………………………………………………………………11

3. 引き渡し　…………………………………………………………………24

4. 撫順に「匿われる」　……………………………………………………34

5. 北から南への帰還　………………………………………………………42

6. 聞き取り調査　……………………………………………………………51

7. 最高会議での決定　………………………………………………………58

8. 手紙の往来から面会まで　………………………………………………68

9. 高い塀の内外　……………………………………………………………81

10. 特赦「011 号」　…………………………………………………………93

11. 西花廳内の握手　…………………………………………………………107

12. 周恩来の立脚点　…………………………………………………………114

13. 「四訓」　…………………………………………………………………122

14. 新しい生活　………………………………………………………………128

15. 就職面談　…………………………………………………………………136

16. 愛新覚羅一族の団欒　……………………………………………………144

17. 世界に向けて歩む庭師　…………………………………………………158

18. 揺りかごの中の著作　……………………………………………………173

19. 「家庭内における問題」の仲裁　………………………………………183

20. 専門要員　…………………………………………………………………192

21.	正月の団欒	201
22.	帰　路	213
23.	カイドウの木の下で	224
24.	昼食会での懇談	231
25.	湖南料理の宴会	241
26.	家庭再建	250
27.	この世の神話	261
28.	福建廳から新疆廳まで	271
29.	ある政協委員の本心	282
30.	毛沢東の溥儀論	291
31.	希望の道	303
32.	国事行事への招待状	313
33.	病との戦い	322
34.	黄昏の灯り	332
35.	宣伝ビラ上の吉報	346
36.	最後の春秋	356
37.	振り子の止まった時計	365
38.	この世の恩情	375
終章	新しい歴史	385

愛新覚羅・溥儀の略年譜	390
あとがき	392

1
初めての試み

　戦争が起こると、捕虜にした人をどう扱うかという問題が発生する。古代の戦争においては、一般的に捕虜の扱い方は比較的単純で、殺してしまうか、あるいは奴隷的労働を強制するかであった。この1世紀来、いくつかの国際会議で条約が制定され、戦時中捕虜となった人の処置に対し、厳格な規定が設けられた。それ以降、捕虜と戦犯は区別されるようになった。[*1]

　捕虜とは、既定の戦争法規・慣例によって戦闘を行い、捕らえられた戦闘員を指す。交戦する双方にとって、捕虜に関する問題は不可避である。国際条約の規定によって、捕虜は人道主義的待遇と保護を受ける権利を有する。つまり、宿舎、飲食と衛生医療などの生存条件が保障されるのである。交戦中の双方は、状況に応じて戦争期間中であっても捕虜交換を協議し、停戦後は、捕虜の釈放・送還を遅滞なく行わなければならない。さらに、捕虜に危害を加えることは許されない。

　しかし、戦犯は違う。戦犯とは、戦争を仕掛けた侵略国または敗戦側の中で、戦争法規・慣例に違反した戦争犯罪者を指す。化学・細菌・核など非通常兵器を使用し、戦争を極度に残酷なものにする行為に関与またはその意思決定をし、莫大な生命と財産に被害を与えた者、あるいは、一般市民に対する殺害・略奪・強姦・放火など、平和を脅かす厳重な犯罪行為を行った者たちのことである。

　特に、そのような戦犯たちに対する裁判と量刑が問題となる。

　第一次世界大戦以後、フランスやライプチヒのドイツ帝国法廷など、各国の法廷で、戦争犯罪者に対する裁判が行われた。フランスの法廷で裁判を受けた戦犯

[*1] 戦時捕虜の待遇に関する国際的条約については、1899年のハーグ第2条約付属書、1907年のハーグ第4条約付属書、1929年ジュネーブ外交会議で制定された俘虜の待遇に関する条約および1949年改めて制定された「捕虜の待遇に関するジュネーブ条約」などがある。

の大部分は、捕虜となったドイツ軍兵士であった。ライプチヒで裁判を受けたのも、すべて下士官や下級将校らで、例えば、捕虜を虐待した軍曹や、傷病者搬送中の救命ボートに発砲した2名の中尉らは、刑もきわめて軽く、いわば見せしめ的に懲役1～2年に処せられただけにすぎなかった。一方、連合国からドイツに引き渡された旧ドイツ帝国将官、政府首脳らの中で、ライプチヒ法廷の裁判台に突き出された者は一人もいない。ともあれ、上記の例が戦犯を裁く先例になったことは確かである。

　1919年のパリ講和会議で締結された「ヴェルサイユ条約」内では、特別国際法廷を設立して、戦犯の筆頭であるヴィルヘルム2世および、その他戦争の主犯者を審判・処罰する条項を定めたが、それが実行されることはなかった。

　ヴィルヘルム2世は、1859年に生まれ、1888年ドイツ帝国皇帝として即位した。その在位期間は、まさにドイツが独占資本主義に入った時期で、資産階級による侵略・拡張政策が推進され、第一次世界大戦を引き起こす元凶となった。1918年11月、オーストリア・ハンガリー帝国などは相次いで降伏し、国内外で強い非難を浴びる中、ヴィルヘルム2世とその皇太子はオランダに亡命した。その後、オランダ政府は連合国の引き渡し要求を拒絶した。これに加えて連合国中の主要国、例えばアメリカ、イギリスなどもヴィルヘルム2世を処罰する気がなかったので、裁判から免れた。かくしてヴィルヘルム2世は、1941年に82歳の天寿を全うしたのであった。

　第二次世界大戦後、戦勝国は相前後してニュルンベルク国際軍事法廷と東京国際軍事法廷を設置して、ドイツ、日本の戦犯に対して審判を行った。前者は1945年10月より開廷し、1946年10月に判決が言い渡された。元ドイツ帝国元帥・空軍総司令官・ナチス副総統のゲーリングなど12人に対し絞首刑の判決が下され、元ナチス副総統・無任所大臣へスら7人に対して無期懲役あるいは有期懲役の判決が下された。一方、後者は1946年5月より開廷し、1948年11月に判決が言い渡された。東条英機元首相ら7人は絞首刑、梅津美治郎元参謀総長ら18人には無期懲役あるいは有期懲役の判決が下された。これが、国際法廷を特設して戦犯の裁判を行う先例となったのである。

　それと同時に、世界各国では、単独で法廷を設立して、ドイツ、日本、イタリアの戦争犯罪者に対して2000回以上の裁判を行った。その中でも、アメリカ、

ソ連および中国における裁判は比較的重要である。1946年12月から1949年3月まで、アメリカはドイツのニュルンベルクで、すべてアメリカ人判事からなる*2 12の法廷を設けて、ドイツの大臣、大使および陸海軍元帥を含む185人の戦犯に対して裁判を行い、それぞれ絞首刑、無期懲役あるいは有期懲役の判

東京国際軍事裁判の法廷は、東京の旧陸軍省内に設置された

決を下した。1949年12月、ソ連極東軍事法廷がハバロフスクで開かれ、細菌兵器を使用した山田乙三元関東軍司令官、梶塚隆二元関東軍軍医部長、川島清元731

首席検察官キーナン（右）の尋問を受ける被告席の東条英機（中）

細菌部隊軍医少将など日本人戦犯に対する裁判を行った。

中国における戦犯裁判は、実は二度行われている。一度目は、40年代後期、当時の国民党政府が北京、上海および重慶などで十大軍事法廷を設け、抗日戦争中の捕虜や、敗戦後投降した日本人戦犯に対して裁判を行った。二度目は、1956年中華人民共和国

政府が、瀋陽と太原で特別軍事法廷を設け行った裁判である。ここでは、ソ連から引き渡された者や捕虜にした日本人戦犯に対する裁判が行われた。

その他に、第二次世界大戦におけるアジア方面の戦場に大きな関わりを持ちな

---

*2 〔訳注〕原著では、「すべてアメリカ人判事」としているのは明らかな誤りで、連合国として、ドイツと直接戦ったアメリカ・イギリス・フランス・ソ連の4か国からそれぞれ2名ずつの判事が選ばれている。

東京の法廷で日本人戦犯裁判のため証言を行う溥儀。
1946年8月撮影

がら、法廷を免れた重要人物がいる。その人物とは、日本の124代天皇、すなわち昭和天皇である。[*3]

昭和天皇は、1901年に生まれ、父親である大正天皇の健康状態が悪化したため、1921年摂政となり、1926年皇位を継いだ。まさにその在位期間、第二次世界大戦を迎えたのであった。日本の最高指導者として、天皇は戦後、在日米軍司令官マッカーサー元帥に対して、「自分は日本の戦争遂行に伴ういかなることにも、また事件にも全責任をとります。」と語っている。[*4]

東条英機ら戦犯が次から次へと逮捕されたとき、日本共産党は、まず天皇を戦犯として起訴し、天皇制廃止のスローガンを唱えた。やがて各界の人間、元将軍や皇族の中からでさえ天皇退位を求める声が上がった。ソ連、オーストラリア、ニュージーランド、フィリピンおよび中国なども天皇制廃止を強く主張した。中でもいくつかの国の新聞やラジオは、天皇を戦犯として裁判にかけろと主張した。

その結果はどうなっただろうか。東京国際軍事法廷首席検察官は、法廷でこう宣言した。「検察当局は、天皇を不起訴とする」と。それ以降、数十年間、天皇は依然として天皇であり続け、神格化のベールは取り払ったものの、政策遂行の実権は行使し続けた。[*5] 天皇は、日本国の象徴であり、海洋微生物と腔腸動物の研究者としても知られ、1989年病死した。享年88歳であった。

[*3] 〔訳注〕原文では「裕仁」と呼び捨てにしているが、ここでは、日本での習慣に従って「天皇」、「昭和天皇」とした。

[*4] マッカーサー元帥の外務大臣重光葵に対する談話を参照した。『読売新聞』1955年9月14日掲載記事。河原敏明著、柯毅文、顔景鎬訳:『天皇——裕仁』、軍事訳文出版社、1986年、170ページより再引用。

[*5] 〔訳注〕日本国憲法下における天皇の役割、国事行為を完全に誤解した記述であるが、あえて原文のまま訳出しておく。

二度の世界大戦によって、世界の人々は、戦争犯罪者をとりわけ憎むように
なった。まさしく彼らは、戦時中に自らの手で語りつくせないほどの残虐非道な
犯罪行為を行ってきたのであるが、憎悪や裁判、処罰によって、戦争がもたらす
対立を最終的に解決することは決してできない。

　そこで、いくつかの資本主義国では、まず自発的に犯罪人の矯正に従事する人
が現れた。彼らの中には、牧師もいれば、犯罪学者もいたし、社会下層の肉体労
働者もいた。こうした活動で大きな成功を収めた人もいたが、それは個人の努力
による結果でしかなかった。戦争犯罪者改造[*6]をめぐる一連の理論・政治路線・
方針・政策については、中国共産党およびその代表的人物が、いち早く唱えてい
るのだ。

　大規模な戦争の後、その責任を追及すべく、数万にも上る大小さまざまな戦犯
を捕らえるのが常だった。しかし、彼らの罪悪は軽重があり、罪を犯した条件も
千差万別である。肉体的に彼らを消滅させるより、むしろ彼らを改造し、正しい
やり方で消極的要素を積極的要素に転化するほうがよい。つまり、戦争に内在す
る危険を、平和と社会の進歩に導くのである。

　早くも 1920 年代、中国における土地革命の時期に、毛沢東は地主、富農から
土地をすべて没収するのではなく、その一部を残す政策を打ち出している。抗日
戦争の時期には、広範な統一戦線樹立と旧来の抑圧・搾取者に対し生活の道を与
える政策を明確に示している。解放戦争の時期になると、毛沢東は中央のために
起草し、1948 年 1 月 18 日に提出した党内での指示中で、さらに次のように指摘
している。「大衆が、自らの遠大な利益を理解できるよう大衆に教育を施す必要
がある。断固として戦争・土地改革を破壊するのではなく、全国数千万の地主や
富農を、国家の労働力とみなして保存し改造しなければならない。我々の任務は、
封建制度・地主階級を消滅することであって、地主個人を消滅させることではな
い。」

　中国は革命に勝利し、日本人戦犯、国民党戦犯、「満州国」戦犯、汪 兆 銘政権

＊6　〔訳注〕本書の記述中「改造」という用語が頻出する。考え方・思想を根本的に変えさせ
　　更生をはかることで、中国では戦犯処理の基本原則として独特な意義を持つため、以下で
　　は、そのまま「改造」とする。

戦犯「モンゴル連盟自治政府」処置問題に取り組んだ。毛沢東をはじめとする中国共産党員は、「改造」という二文字を戦犯処理の基本原則として推し進め、歴史的な成功を得た。

　日本人戦犯の処置に対し、周恩来は1955年に指示を出した。すなわち、一つの死刑判決も下さず、一つの無期懲役判決も下さない、刑罰をきわめて少数にとどめるということである。その判断の正しさは、その後に生じた結果からも明らかである。そのことは、20年といわず、10年ほど経った時点での毛沢東の言に表れている。

　毛沢東は1964年に外国からの賓客と会見した際、中国が日本人戦犯を改造した状況を紹介してこう語った。「それらの中国に攻め込んだ将軍たちの大多数はソ連軍の捕虜になり、また我々の捕虜になりました。日本人戦犯の中には、中将や少将もいれば佐官級の将校もおり、全部で1100人余りいました。教育を通じて一人以外すべて我々に反対しなくなり、中国の友人となったのです。日本国内で彼らは宣伝活動を行い、独占資本主義やアメリカ帝国主義に反対しているのです。」その後、毛沢東は次のように語っている。「敵が武器を置いて武装解除し投降した後、敵の中の圧倒的多数は改造することができるのです。しかし、良い政策と良い方法があっての話ですが。彼らを自発的に改造するには、ただ単に強制して服従させるだけではだめなのです。」

　これはすでに戦犯の改造を経験した上での話であった。当時の数年間、毛沢東はさまざまな場所や場面で、何度も犯罪者や戦犯の改造というテーマについて語った。彼は、この方面において、「我々には数十年の経験がある。15年だけではない、以前の革命根拠地においてもいくつか経験がある」と語っている。刑務所の管理者が「改造」を第一に考え、犯罪者による労働と生産で金を儲けるのを第一に置かなければ、必ず戦犯の思想を改造できると考えていたのだ。

　毛沢東は、人というものは改造できるということを固く信じていた。この判断の正しさは、戦争狂から友人に成り変わった1100余名の日本人元戦犯により、すでに実証されている。

　ここでは、元日本人戦犯藤田茂を例として挙げよう。

　藤田茂、男性、1889年生まれ、広島県出身。武家出身で、代々軍人を輩出した名門に育ち、幼少から軍国主義思想と武士道精神による育成を受ける。1930

"那些打中國的將軍們，大多數被蔣軍俘虜的，也有被我們俘虜的。日本戰犯中有中將、少將，有校級軍官，一共一千多人，經過教育，沒一個人加，都不反對我們了，而成為中國的朋友。"

——（1964年7月10日，毛泽东主席在接见日本社会党友人谈话记录）

1964年7月10日、毛沢東が日本の社会党の友人と接見した際の談話記録

年代、彼は天皇に対する無窮の崇拝と強烈な民族的優越感を抱きつつ、部下を率いて中国を侵略した。その間日本陸軍第20師団騎兵第28連隊連隊長（大佐）、第12軍騎兵第4旅団旅団長（大佐）、第59師団師団長（中将）などを歴任した。戦争中、彼は部隊を指揮して、山西と山東の境界内を「掃討」し、「三光政策」*7を推し進めた。

　藤田は、中国人捕虜や一般住民1000人近くを殺害した。その中の200人は生きながら「標的」として、新兵に対する「肝試し」のために虐殺されたのである。同時に、部下による女性60数人の強姦を黙認し、私有家屋1.8万余りを焼却・破壊し、食糧500トン余りと家畜1600頭以上を略奪した。また毒ガスや細菌兵器など国際法上許されない殺傷兵器使用の命令を下した。長期にわたる戦争期間中、侵略軍の高級将校として、頑迷で独善的な性格を身につけていった。

　敗戦後捕虜となっても敗北を認めず、頑なに改造を拒否し、戦犯管理所の幹部を挑発するように、「俺は帝国主義者で、おまえたちは共産主義者だ。話し合う必要はない」と言い放った。その態度や言葉は横暴かつ傲慢で、「俺と俺の部下

---

*7　〔訳注〕「三光政策」ないし「三光作戦」とは、日本軍の「奪い、殺し、焼きつくす」作戦である、と説明されるが、それはあくまでも当時の中国国内における日本軍の蛮行に対する中国側の呼称である。「光」が「～しつくす」という意味の中国語であることからも明らかである。

は戦犯ではなく、捕虜である」、「無条件で釈放すべきである」と言い、自分自身を戦犯とは認めなかった。管理所が組織的に戦犯を学習させようとしたときも、「捕虜に対して政治教育を行い、思想改造を強制するのは、国際法違反であり、俺たちに学ぶ義務はない」と声を張り上げて抗議した。

大会において懺悔の発言をする戦犯藤田茂

彼の思想状況に対応して、戦犯管理所の幹部は多くの努力をした。そして、ついに彼は侵略戦争の罪悪と軍国主義の反動的本質を理解し、それによって改造の道を受け入れたのである。1956年6月19日、藤田茂は中華人民共和国最高人民法院特別軍事法廷において、懲役18年の判決を下された。

瀋陽の法廷での「最終陳述」で、彼は、「私が中国を侵略したときの行為は正義に悖り、人の道に反するものでした。このような悪辣な犯罪を、日本の一握りの支配階級と独占的財閥の利益のために行ったのです。それは、決して、日本国民の幸福のためではありませんでした。私は中国人民に対して大きな罪を犯しました。そして、日本国民に前例のない災難をもたらしたのです。侵略戦争は道義に反し、人類にとって凶暴な敵であり二度と起こしてはなりません。後世の人に再びこの誤った道を歩ませてはならないのです」と述べている。

服役期間中、彼の妻は日本から中国へ面会に来た。面会のとき、藤田茂は日本国民の前途について妻に三つの難題を出した。妻の政治的自覚を試そうとしたのである。結果、妻は大変困惑し、すぐには答えられなかった。藤田茂は妻にこうした問題をしっかり学習し、思想レベルを高めるよう忠告した。これは実際にあった感動的なエピソードである。

藤田茂の服役態度は非常に良かったので、判決を言い渡されて1年余り服役した後、6年の懲役期間を残して（判決前拘禁されていたので、その10年余りの期間を差し引く）釈放された。その日の彼は非常に興奮して、自分は「中国人民

不起訴の通知を受け取る日本人戦犯の第一陣 335 名（太原戦犯管理所収監者も含む）

の真理の導きのもと」、「鬼畜から良心のある人になった」とし、「いかなるとき、いかなる場所においても、反帝国主義と反侵略の闘争に一生を捧げることを誓います」と述べた。

　藤田茂は帰国後すぐ「中国帰還者連絡会」に参加して、さらには会長となった。この会は、「反侵略戦争、世界平和擁護、日中友好促進」を目的とし、回想録、新世代を教育して、日中が再び戦わないことを呼びかけた。その間、藤田茂は積極的に活動を行い、一方では自衛隊に勤務しているかつての部下との関係を通じて、日中友好を自衛隊内に広めた。また、もう一方では、団長として中国を四度訪問した。彼は、その日中友好に対する貢献によって、周恩来と親しく接見する機会を得、また高い評価を得た。1982 年臨終の際、88 歳の高齢に達していた藤田茂は、中国人民の恩情を忘れ難く、周恩来から贈られた中山服を着させるよう家族に言いつけると、忽然として息を引き取ったのであった。

　彼の孫である藤田寛は、現在祖父の事業を受け継いでいる。1984 年 10 月、藤田寛は日中青年友好交歓の日本側代表の一人として撫順戦犯管理所元所長と会見したときに、感激して、「祖父は生前よく私にこう言っていました。自分の命は中国からもらったのだと。私たちは絶対に前車の轍を踏んではなりません、一生日中友好のために頑張りたいと思います」と話している。*8

日本人戦犯改造の成功は、偉大な事業であったが、初めての試みだとはいえない。欧米などの資本主義国においても、犯罪者や戦犯の矯正を行って、成功した例があるからだ。

　しかし、中国共産党員と中国政府は、なんと皇帝を見事に改造したのである。これは古今東西例のない、世界中が認める初めての試みであった。

毛沢東、周恩来と溥儀

＊8　藤田茂に関する資料は、『正義の裁判――最高人民法院特別な軍事法廷における日本戦犯の記録』（王戦平主編、人民法院出版社、1991 年版）と『戦争の狂人から友人へ――日本人戦犯改造成功への道』（金源等著、大衆出版社、1986 年版）の 2 冊を部分的に参照。

2 偉大な懐

1908年12月2日。
　厳しい寒さが中国を、北京を、紫禁城を、そして太和殿を覆っていた。
　太和殿前の文武百官たちが、宮殿内の玉座に向かって跪き叩頭していた。龍をあしらった玉座に座っているのは、なんと3歳の子供だった。どう見ても、自分自身ではしっかりと座ることができず、27歳の青年がその玉座の傍らで、片膝をつき両手を伸ばして支えていた。

父親の載灃に支えられて皇帝の座に就く溥儀

　今まさに世界的に有名な出来事、すなわち、中国歴史上最後の皇帝即位式が盛大かつ厳かに行われつつあった。この子供こそ、中国最後の皇帝、愛新覚羅・溥儀であり、傍らで支えている若者が父親の摂政王載灃だった。この盛大な儀式によって、宣統年間は始まったのである。

　同じころ、湖南省湘潭県に位置する韶山に、ランプの灯の下で懸命に読書をする意欲に満ち溢れた15歳の少年がいた。少年が読んでいる本の冒頭部分には「ああ、中国はまさに滅びんとす」と書いてあった。この帝国主義による中国侵略と分割を主に論じた本は、少年の脳裏に深い印象を刻みつけた。一人の中国人として、彼は祖国の運命と前途を憂い、郷里から離れ、中国人民解放の道を探し求めて旅立とうと決意した。
　1910年夏、彼は湘郷県の東山高等小学校に入り、広く歴史や地理の知識を吸収した。進歩的な書籍や新聞に接することも次第に多くなった。1911年春に

は長沙へ赴き、湘郷駐省中学に入学した。ここで、彼は孫文が指導する中国同盟会の会則を研究し、「駆逐韃虜、回復中華、創立民国、平均地権*1」という反清朝のスローガンを詳しく知った。また、黄花崗の武装蜂起と72烈士の革命事績について学んだ。そして、清朝政権と対立する立場を取り、後頭部の辮髪を敢然と切り落とした。さらに反清の文章を書き、学校の入口前にある壁に貼ったのである。

この反清の道を歩んだ青年こそ、あの毛沢東であった。

そのころ、もう一人才気ある10歳の少年がいた。世間や人情のままならなさ、家庭内のいざこざなどを幼くして感じて

溥儀の「阿瑪」〔満州語で父親の意味〕
醇親王載灃

いたのもあって、思想面が早熟であった。菩薩信仰という迷信から脱却*2し、淮河と大運河が交わる平原に位置する出生地——江蘇省淮安市を離れ、はるか遼東の地へ赴き、親戚のもとに身を寄せて就学の機会を求めた。

彼は辮髪を垂らして瀋陽を訪れ、当時奉天府度支司制用課主稿をしていた大叔父周貽賡と鉄嶺県銀州鎮の税員分省補用通判をしていた三叔*3の周貽謙の世話になり、銀岡書院および東関模範学校で勉強した。彼は清朝の地方役人という家庭環境で育ったが、勤勉に学ぶ中で、西洋の学問と多くの新しい知識に触れた。また、救国・反清朝を主旨とする進歩的な書物をひそかに読み、自分の目で中国が外国の租借地内で侮られる場面を目の当たりにした。領事館の門の前に翻る外国の国旗、居丈高な青い目の巡査、いつも鐘の音を発する尖った丸天井の教会堂、そして卑屈な清政府の官庁などに対する反感と軽蔑を自然に抱き始めていた。こ

---

*1 〔訳注〕「清朝を打倒し、中華を回復し、民国を樹立し、地権を平等にする」という意味。
*2 周恩来は「私も幼い頃菩薩を盲信したことがある……」と語っている。『周恩来選集』下巻、人民出版社、1981年版、356ページ参照。
*3 〔訳注〕3番目の叔父のこと。以下の文中では、3番目の妹を「三妹」などと記す。

宣統帝となった3歳の溥儀

の優れた見識と将来に対する見通しをすでに持っていた少年こそ、かの周恩来であった。

　清朝の隆裕皇太后と監国摂政王載灃は、溥儀のために「宣統」という響きの良い年号を定めた。これは、祖先の文武両方面にわたる業績を大いに宣揚し、清朝が万世一系の統治が続くことを意味していた。しかし、事実は非情であった。3歳で位を継いだ溥儀は、満6歳にもならないうちに退位したのである。その年に辛亥革命が勃発したのだ。

　その年、18歳の毛沢東は、長沙で軍隊に入り、辛亥革命時には新軍で兵士の一人となっていた。

　同じ年、14歳の周恩来は、瀋陽で反帝反封建主義の宣伝活動に加わっていた。学校が組織した講演会では、アヘンを禁止し国を救おうと演説し、新思想・新文化を提唱している。

　退位後の溥儀は、中華民国政府から「優待条件」を受け、引き続き紫禁城に居住していた。いわば宮殿の門を閉ざして皇帝であり続けたのだ。そして、張勲や康有為らと結託して、再び皇帝の座に返り咲こうとする反動的な復辟活動を、1924年馮玉祥に紫禁城を追われるまで続けた。その後、天津の日本租界に「行宮」を設け、「大清帝国」を「中興」するという陰謀を実現しようとした。満州事変以後、溥儀は希望を日本の軍閥に託し、その手先となる。この売国的行為によって中華民族の罪人に堕ち、ついには戦犯となったのである。

2　偉大な懐

13

毛沢東と周恩来が、反帝国主義・反封建主義の旗の下、プロレタリア革命の道をしっかりと踏みしめる上で、常にその革命の標的として、溥儀を代表とする反動的封建勢力が含まれていた。

毛沢東は、自分の文章で初めて溥儀に触れた際、溥儀を諸悪の根源として糾弾し、徹底的に排除しなければならないと呼びかけている。それはまったく容赦のないものであった。

オーストリアの前皇帝カール1世はスイスに亡命した際、ある新聞記者が面会を求め侍従と会った。侍従は、「皇帝陛下が退位されたのは、やむを得ない事情があったからで、帝政を復活させたいと願っております。ただ、今は隠居中の身なので政治的な質問にはお答えいたしません。」と言った。およそ、皇帝の位にあった者で、再び皇帝の位を望まない者はいないし、官位に就いた者で、もとの官位を望まない者はいない。心理的観念的な習慣性とは、本来こうしたものだ。西洋人は、何事も徹底してやる。歴史上、国王が処刑された事実は甚だ多い。イギリス人がチャールズ1世を処刑し（1649年）、フランス人がルイ16世を処刑し（1793年）、ロシア人がニコライ2世を処刑した（1918年）のは、みなそうしなければ禍根を絶つことができないと考えていたからである。ナポレオンがセントヘレナに流され、今、ヴィルヘルム2世もまた協商国側の裁判にかけられようとしているのは、どうにか穏便に済まそうとしているだけなのだ。スイスに隠棲したカール1世や北京に雌伏している溥儀に用心しないと、遅かれ早かれ国民にとっての災いの元になるだろう。[4]

毛沢東がこの文章を書く2年前、張勲による復辟事件が全国を揺るがした。[5]そして、この文を発表した4年後、またも康有為を首謀者とする甲子復辟未遂事

＊4　『湘江評論』、第2号、1919年7月21日出版を参照。

＊5　張勲は、清末に江南提督となり、中華民国時代には、長江巡閲使、江蘇都督および安徽督軍などを歴任した。1917年6月、「府院の争い」を調停するという名目で北京に兵を引き入れ、大総統の黎元洪を下野させ、7月1日溥儀を推戴して即位させた。しかし、わずか12日でことは失敗し溥儀は退位した。史書にいう「張勲の復辟」である。〔「府院の争い」とは、中華民国大総統黎元洪と国務総理段祺瑞との間で起こった軍閥同士の争いを指す。〕

件があった。*6 さらにその2年後、「尊号復活・宮城帰還」を企図する反動的政治事件もあった。*7 その5年後、溥儀は東北の地へ赴き、ついに日本軍国主義の共犯者となった。*8 それは、中国の人民から見れば、大きな災厄をもたらすものであった。まさしく毛沢東の予見が的中したのである。

　しばらくして、毛沢東は、「民衆の大連合」という文*9 の中で、辛亥革命において打倒された宣統帝および 1915 年から 1916 年に袁世凱が自称していた「洪憲帝」*10 に対し、こう書いている。

　「もともと中華民族は、何億人が、何千年の間、奴隷生活を送ってきた。ただ一人皇帝だけが奴隷ではなかった（もっとも、皇帝も「天」の奴隷かもしれないが）。皇帝がいたころ、我々は能力を磨くことを許されなかった。政治、学術、社会等々すべてにおいて、我々には考えを持ったり、組織したり、能力を磨くことは許されなかった。」

　毛沢東は、辛亥革命は人々に「一層の自覚」を持たせたと考えていた。「神聖で文武に秀でた皇帝でも倒せることがわかったのだ。大逆非道といわれる民主でも打ち立てられるのだ。我々は言うべきことがあれば言い、やるべきことがあればやる。いつでも何かを言えるし、事を起こせるのだ。辛亥革命後、丙辰の年〔1916 年〕になって、次に我々は洪憲帝を打倒した。大したことはないのにもかかわらず、見た目にはあのように威風堂々と映った洪憲帝をも、我々は打倒する

2　偉大な懐

＊6　溥儀が紫禁城を追われてから、清室善後委員会は、養心殿の溥儀の居室で、康有為の書簡など秘密裏に復辟を図った関係書類 21 点を押収した。時に 1924 年は甲子の歳にあたるため「甲子復辟証拠文書」という。このときに謀議されていた復辟は、溥儀が紫禁城から追放されたため中止となった。

＊7　溥儀が紫禁城を追われた後、康有為をはじめとする封建的遺臣らは、溥儀に対する「皇帝」という尊号復活と、宮城への復帰を求める反動的な政治要望を提出した。1926 年の 8、9 月には、康有為が呉佩孚〔軍閥の一人で、当時北京で勢力を持っていた。〕に書簡を送り、「尊号復活・宮城帰還」という復辟の動きは最高潮に達していた。

＊8　溥儀は 1931 年 11 月 10 日、ひそかに天津を離れ東北に移った。そして、1932 年 3 月 9 日には満州国国執政に就任し、1934 年には満州国の康徳帝として「即位」した。

＊9　『湘江評論』、第 4 号、1919 年 8 月 4 日出版を参照。

＊10　袁世凱：1859〜1916 年。清末に内閣総理大臣となり、辛亥革命後に中華民国大総統の地位を手にした。1915 年 12 月に皇帝を称し、年号を洪憲としたが、1916 年 3 月、全国民の反対にあって帝政廃止を迫られた。

15

ことができたのだ。」

　このとき、毛沢東が溥儀を革命の対象としたのは、反動的封建復辟勢力代表としての溥儀本人を取り除くことを含め、すべてが反封建闘争の重要な要素であったからである。一方、満州事変以後に民族的矛盾が高まると、毛沢東は、溥儀を人民の敵とみなすようになった。溥儀がすでに日本軍閥の手先に成り果て、溥儀およびその傀儡政権に反対することは、当時、中国人民による反帝国主義闘争の一環だったからである。

　1936 年 8 月 14 日、毛沢東は国民党綏遠省政府主席兼国民党軍第 35 軍軍司令官の傅作義に書簡を送り、綏遠、西北および華北地域において国共合作を実現し、日本軍に抵抗する連合軍を組織して、「滅亡から国を救い生存を求めるために努力しよう」と要請した。[11]

　この手紙の中で、蒙古軍政府参謀部部長兼蒙古軍第 1 軍軍司令官李平と蒙古軍副司令官卓什海が綏遠地区を侵犯し脅かしていると述べ、続いて彼らの上司である蒙古軍政府総裁デムチュクドンロブ[12] にも言及している。さらに、日本帝国主義の傀儡として、この蒙古の王公たちよりさらに大物として溥儀を取り上げ、彼らは同類の悪党であり、中国を愛する軍人市民にとって凶悪な敵である、という認識を示している。毛沢東はこのように書いている。

　　近頃、李守信と卓什海〔チョトパジャップ（卓王）のこと。什海は字〕は綏遠に迫っています。徳王は、まるで溥儀のように、モンゴルで傀儡を演じて意気軒昂としています。日本帝国主義が、あなたの縄張りを荒らしていますが、それを座視するのでしょうか。

　1944 年 3 月 3 日から 4 日にかけて、周恩来は延安中央党校で報告を行った。これは中国共産党第 6 回全国代表大会の主要責任者の一人という立場で、「歴史の実際の状況に符合する」視点と延安における整風運動時のロジックを用い、10

────────────────

*11　『毛沢東書簡選集』、人民出版社、1983 年版、43 ページ参照。

*12　〔訳注〕通称徳王：1902〜1966 年。内モンゴルの自治権獲得運動に従事し、1936 年 2 月、関東軍支持の下で蒙古軍政府が成立するとその総司令・総裁に就任した。同年 11 月に徳王麾下の部隊は、綏遠省に進出したが、傅作義の軍に撃退されている（綏遠事件）。その後、1939 年には日本の援助下で蒙古連合自治政府を樹立した。

馮玉祥（1882〜1948 年）

数年前に開催された同大会検証後に出した報告であった。周恩来は、第一次国内革命戦争〔1924〜1927 年の北伐戦争〕の時期、党が指導面でどのような経験と教訓を得たかをこう総括した。

　第一次国内革命戦争後期、すなわち 1927 年 4 月から 7 月にかけて、党は、馮玉祥の武装兵力に頼ったが、これは日和見主義路線であり、誤りを犯していた。馮玉祥はもともと直隷派の軍閥曹錕（そうこん）と呉佩孚の部下であった。1924 年 10 月、北京で政変が起こると、麾下の部隊を国民軍に改組した。同年 11 月 5 日、廃帝溥儀の皇帝の称号を取り消し、溥儀を皇宮から追い出した。1926 年 9 月には、北洋軍閥を離れて国民革命に参加すると宣言した。これらはもちろんすべて進歩的行動ではあったが、馮玉祥は所詮当時の大地主で、大資本家階級の利益代弁者に過ぎず、依るべきではなかったのだ。

　さらに周恩来は以下のように述べている。

　　馮玉祥が北京で溥儀を皇宮から追い出した後、ソ連まで行って大いに自己宣伝をした。いわく、自分は農民労働者から生まれ出たのだと。コミンテルンも彼についてよく知らず、彼が農民軍隊の指導者だと信じていた。そのころ、武漢は困難な環境に置かれていた。敵に封鎖されて、内部が動揺する状況で、最後の望みを馮玉祥に託していた。馮玉祥が鄭州（ていしゅう）で基盤を築くと、誰でもみな彼に会いに鄭州へ駆けつけた。*13

結果、鄭州で陣頭指揮を執っていた馮玉祥は、一方では武漢からやって来た国民党や共産党の人々と応対し、一方では徐州や南昌に赴いて蔣介石に会い、結局は、蔣介石と汪精衛（おうせいえい）の反共活動に加わることになった。

　その間、馮玉祥は何人かの共産党員を保護し、特に満州事変勃発以降、抗日を

＊13 『周恩来選集』、人民出版社、1980 年版、170 ページ参照。

支持して、長期にわたり共産党と協力する立場を取ったが、彼が国民党の党内粛清時期に取った政治的態度は評価に値しない。周恩来の結論は、馮玉祥がただ溥儀を皇宮から追い払ったことのみを見てはいけないし、彼がソ連を訪れて信任を得、1926年に帰国するときスターリンから酒杯のセットを贈呈されたことだけを見てもいけないのである。

鹿鐘麟により宮殿から退去させられる溥儀

周恩来は早い段階から、溥儀を最も反動的な位置にあるものとして述べているが、そのとき取ったのは、厳格な史的唯物論の態度であった。

周恩来の報告から1年半、日本の天皇は無条件降伏を宣言し、溥儀、汪精衛および徳王らの傀儡政権も同時に崩壊した。溥儀ら戦争犯罪人と決着をつけるときが来たのだ。図らずも、毛沢東と周恩来は東北方面へ進軍中の人民部隊に向け、愛新覚羅一族に「適切な保護」を与えるよう命令を下した。

この事実は、外部には知られておらず、周恩来が1961年6月10日、溥儀、溥傑およびその夫人嵯峨浩一行と接見した際、自ら語ったことで明らかになった。嵯峨浩が著した回想録『流転の王妃』に話が及ぶと、周恩来は、抗日戦争勝利、満州国崩壊の際のさまざまな史実を想い起こし、嵯峨浩と次女の嫮生に面と向かって、丁寧な口調で、その場にいた者が驚き、感動するような事実を口にした。

戦争が終わって、満州国がなくなったとき、東北方面に愛新覚羅一族がいるはずだから、見つけたら大事に保護するよう指令を出したのですが、末端まで行き届かなかったようです。ご苦労をおかけしたこと、あらためてお詫び申し上げます。[*14]

溥傑と嵯峨浩の「政略結婚」

『流転の王妃』は、1959年日本の文藝春秋から出版され、その年に9回再版を重ね、同時に映画も撮影された。〔映画『流転の王妃』は、大映1960年制作、田中絹代監督、京マチ子・船越英二主演〕嵯峨浩は、この回想録の中で満州国崩壊の際、溥儀と溥傑に随って通化へ逃亡した後、転々と流浪する苦痛に満ちた経験を綴っている。嵯峨浩によれば、彼らは大栗子溝から臨江まで移動したとき、共産党軍——東北民主連合軍に遭遇し、すぐさまその監視下に置かれた。その後、愛新覚羅一族の人々は、何回かに分けて通化へトラックで護送された。雪で覆われた山道を行く危険な道中であった。通化で、溥儀の「皇后」婉容(えんよう)と嵯峨浩たちは、市の公安局の2階にある部屋に隔離させられた。一方、溥儀の「貴人」李玉琴(りぎょくきん)と随行員は東北民主連合軍司令部内に軟禁された。彼女たちは当然全員厳重な身体検査を受けた。

1946年2月3日、悪夢のような「通化事件」[*15]が勃発した。弾丸と砲弾が轟く中、昔溥儀の乳母だった女性は、出血多量で死に、李玉琴も負傷した。婉容は心神喪失の体で、嵯峨浩も呆然自失となった。その後、彼女たちは零下30度の厳寒の中、滅茶苦茶に破壊された建物の中で一週間暮らし、その後ようやく民家に引っ越した。

あるとき、彼女たちを監視していた兵士が夜中に乱入してきて、「動くな。少

---

*14 嵯峨浩:『流転の王妃』、北京十月文芸出版社、1985年版、175ページ参照。〔ただし、上記の部分は、中国語からの重訳を避け、愛新覚羅浩:『流転の王妃の昭和史』、270ページの日本語原文に拠った。〕

*15 通化事件とは、国民党通化県の党書記長であった孫耕暁が画策したもので、元関東軍第125師団参謀長藤田実彦大佐ら、敗戦をよしとしない日本の軍人と結託し企てた、民主政府転覆を目的とした武装反乱で、即座に鎮圧された。

しでも動いたら打ち殺すぞ」と嵯峨浩の頭に拳銃を突きつけて言った。なんと、またも日本人が東北民主連合軍司令部を襲撃する事件が発生したのである。

事件終息後、婉容ら愛新覚羅一族の人々は部隊に従って行動し、家畜用の有蓋貨車で1946年4月、長春に帰り着いた。すでに部隊宿泊所に改装されていた厚徳福飯店に数日宿泊し、また軍とともに撤退して、貨車に揺られて吉林に運ばれた。何日も続く尋問に疲労困憊した嵯峨浩は、公安局の氷のように冷たい留置所の寝台で、「このままでは嫮生の命が尽きてしまう。後は自殺するしかない」とまで思いつめた。しかし、彼女は生きなければならなかった。もっと悲惨な状況にあった婉容の面倒を見なければならなかったからである。この元皇后は、アヘンの禁断症状で、一日中「助けて、助けて！」とうめきながら白目をむき、床の上をむやみに転げまわった。「発狂した皇后を見ようと、看守や八路軍の幹部たちが入れ替わり立ち替わりやって来て」[16]、まるで動物園に行って檻の中にいる動物を見るように、絶えず出たり入ったりした。

国民党軍が吉林を爆撃し進撃してきたとき、すでに自力で歩けなくなっていた婉容は、長い棒を渡した椅子に括りつけられ、6人の日本人捕虜が担いで列車に乗せられた。延吉に到着して列車を降りると、大きな白い旗に「漢奸偽満州国皇族一行」と書かれている1台の荷馬車に乗せられて街を引きずり回された。その後、婉容は延吉裁判所内の刑務所に収容されたが、もはや瀕死の状態であった。アヘンも手に入らず、食事も喉を通らず、それに加えて世話する人さえおらず、6月20日、孤独のうちに悲劇的な生涯を終えた。

嵯峨浩は、婉容が死ぬ数日前、軍とともに佳木斯へ撤退し、そこで「しつこい尋問」を受けた。彼女が関東軍の悪事に加担しておらず、宮廷で贅沢な生活も享受したわけでもないことがはっきりしたことで、やっと疑いが解かれハルビンで釈放された。[17] 皇族その他の人々も続々と釈放された。

その後、嵯峨浩は娘の嫮生を連れ日本へ帰ろうとしたが、図らずもまた国民党の管理下に陥ってしまい、錦州、葫芦島、北京と上海で拘禁生活が続き苦難を嘗

---

*16　嵯峨浩：『流転の王妃』、北京十月文芸出版社、1985年版、103ページ。本節の関連内容は同書を参照。

*17　嵯峨浩：『流転の王妃』、北京十月文芸出版社、107〜108ページ参照。

めつくした。最後には、捕虜収容所内の日本軍連絡組織を通して、当時まだ南京にいた岡村寧次元司令官が南京国民党政府へ再三の働きかけをしてくれたおかげで、ようやく釈放され日本に帰国したのだった。

これは確かに嵯峨浩が自ら体験したことではあるが、個人的な見聞に過ぎず、状況が複雑であることと相まって、事実との不一致は免れがたい。一を聞いて十とみなすことはできないのである。上述した嵯峨浩との会見の席で、周恩来は率直に自分の見方について述べている。

あなたの書いたあの『流転の王妃』と、それを原作として撮影された映画を自分はすでに見た。あなたの著作は日本軍国主義の事実をいくつか暴き出しており、とても素晴らしく、また勇気がある。しかし、八路軍に関して真実ではないことがいくつかある。当時、党中央は旧満州国の人員を味方に引き入れようとしていたが、下級将兵中にはそれを知らない者もいた。東北方面に進軍後、あなたたちと日本の侵略者とを区別せず、ある場所からまた別の場所に移動させ、あちこちに行かせてしまった。それは仕方のないことだった。あなたのあの本と映画は、中国の人民を刺激する箇所があり、しばらくは中国で出版や上映はできない。

はっきりしているのは、満州国崩壊の際、毛沢東や周恩来たち中央の指導者は、溥儀や愛新覚羅一族、満州国の首脳らに対してとるべき政策を検討し決定していたということである。その上で、東北方面に進軍作戦中の部隊に向けて「適切な保護を与えよ」という指令を発していたのだ。

かつて人民の上に君臨した清朝の皇帝を、退位した後も長期にわたり復辟活動を図った反動的な人物を、帝国主義に身を売った民族的の罪人を、どうして保護をしようとしたのか。それは、複雑な歴史的状況に即して出されたものだった。

上述の会見で、周恩来は、撫順戦犯管理所にも触れて、溥儀や溥傑らにこう語った。「一定期間、あなたたちを撫順に匿っていたので、みなさんにご心配をおかけしました。これはあなたたちを守るためでした。正直に言うと、民衆が愛新覚羅一族にどのくらい深い憎しみを抱いているか、私たちには当時よくわかっていなかったのです…。」[18] 満州国の統治が終わったばかりのころ、溥儀と愛新覚羅一族に対して「適切な保護」をする措置は必要であり、そうしなければきっ

───────────

*18　嵯峨浩：『流転の王妃』、北京十月文芸出版社、1985年版、175ページ参照。

と彼らは無限の恨みを抱く兵士や庶民に直面しただろうし、その運命はどうなっていたかわからない。いったん問題が生じたら、政治的にも有害無益であったに違いない。

溥儀の「福貴人」として、李玉琴もその流浪の体験を回想している。[19] 彼女は司令部要員の何長江が、通化で自分と嵯峨浩を親切に接見してくれた状況を述べ、東北民主連合軍が彼女に示してくれた配慮に言及している。何長江クラスの幹部は明らかに党中央からの指示を知っていたようだ。部隊は一進一退の攻防を繰り返す困難な状況にあったが、決して溥儀の「皇后」、「貴人」、さらには「皇弟夫人」を見捨てたわけではなかった。確かに「保護」の責任を尽くしているのだ。そのときの下級将兵、あるいは、軍服を着て間もない農民、帰順した国民党の捕虜らが、「皇后」という類の人間や、嵯峨浩のような日本人に対して、ある種の過激な行動をとるのは十分理解できる。李玉琴の言によると、後に部隊の幹部は彼女を訪ね、溥儀と離婚するという彼女の本心とは違う声明を書くよう迫った。そうでなければ彼女と両親が会うのを許さないというのだ。彼らの本意は間違っていないかもしれないが、なんとも受け入れにくいことだったのは間違いない。

婉容がどうなったかというと、1946年4月に部隊に随って長春に戻った後、部隊はもともと彼女を親族に返して世話をさせようとした。そのころ、婉容の父栄源はすでにソ連に捕らえられていたし、兄潤良は受け入れを承知しなかったばかりか、妹に会おうともしなかった。部隊は、李玉琴と彼女の母にも相談したが、李家でもアヘン中毒の「皇后」を引き受ける力はなかった。このような状況で、部隊はやむを得ずまた婉容を連れて戦火の中で転々とした。彼女は部隊に捨てられたというより、肉親同胞、皇族自身が彼女を捨てたのだ……。

「適切に保護する」という言葉が表しているのは、プロレタリアの立場そのものであり、まさしく毛沢東と周恩来たち中国共産党員の偉大な懐を示すものであった。

今、すでに嵯峨浩は没している。彼女は人生最後の日々の中で、周恩来の意見

---

[19] 李玉琴口述、王慶祥整理：『中国最後の「皇妃」—李玉琴自述』、北方婦女児童出版社、1989年版参照。

「福貴人」李玉琴

1989年10月の出版された李玉琴の回想録『中国最後の「皇妃」』

に従って自分の著作を改訂し、満州国崩壊後の各地を彷徨った流浪の体験を書き直しただけでなく、60年代初めに再会した夫との北京で過ごした幸福な晩年の生活をつけ加えた。新版『流転の王妃』は、日本と中国で出版されている。

3
引き渡し

毛沢東、周恩来と溥儀

　毛沢東と周恩来が東北方面に進撃した部隊に対し、溥儀と愛新覚羅一族の保護を命じて以来、慌ただしく5年が過ぎ去った。この5年は、溥儀にとっては、拘禁された地でソ連共産党の歴史をおざなりな態度で学んだ5年間であり、毛沢東と周恩来にとっては、広大な中国の大地で乾坤一擲の戦いを展開していた5年間でもあった。

　蔣介石政権が大陸を追い払われた後、毛沢東と周恩来は、溥儀とその仲間をソ連から引き取って帰国させることを決めた。もちろん彼らを改めて皇帝や大臣の地位に就かせるためではない。戦犯として審判し、改造しようというのだ。

　1950年8月1日の午前、のどかな日光が興凱湖と綏芬河に照り映えていた。満州国戦犯を護送するソ連の列車は、長い汽笛を鳴り響かせながら綏芬河駅に入ると、ゆっくりと停車した。中国人民解放軍の将校2名がすぐさま列車に乗り込んできた。彼らは満州国戦犯の接収という命令を受けていた。まずは単独で元満州国皇帝愛新覚羅・溥儀と会わなければならなかった。

　戦犯たちの車両の中で、溥儀は気が滅入り、心が落ち着かなかった。彼はソ連での5年にわたる拘禁生活を終えたばかりで、帰国し引き渡されるのだ。中国人民、特に東北方面の人民が、14年間に及ぶ大災厄を経験した後、自分にどれほど深い憎しみを抱いているのか。引き渡しの日はすなわち処刑の日だと思っていた彼は、死ぬのを恐れ、かねてからこの日が来るのを逃れようとしていたのである。

　溥儀がソ連軍の捕虜となり、チタとハバロフスクに拘禁されて以来、当時の中国国民党政府は、ソ連側に溥儀引き渡しの要求を出していた。1945年9月下旬、溥儀は初めてスターリンに手紙を書き、永遠にソ連に居留し続けたいと求めた。この手紙は溥傑が文案を練ったものだった。

24

ソ連軍の捕虜となりチタに護送される溥儀。1945年8月撮影

溥儀がチタで拘禁されていたときの住居

　2か月後、溥儀はハバロフスク郊外の紅河子収容所で、ソ連側に財宝を献上する機会を利用して、再度ソ連居留の要望を提出した。溥儀がスターリンに宛てた手紙は新聞に掲載されたが、それはソ連が中国側の引き渡し要求を拒絶したことを示すものだった。

　1946年8月、溥儀が東京国際軍事裁判で証言したとき、中国国民党政府は、東京国際法廷に検察官として派遣中の向哲濬へ電報で命令を発し、東京で溥儀引き渡し問題を交渉しようとした。このことは『中央日報』が報じて[*1]以来、絶えず話題となったが、最終的にはソ連政府から拒絶され、証言が終わるや、溥儀

はそのままハバロフスクに護送されていった。

あるニューヨーク在住の極東問題専門家が、1947年9月、西側の新聞紙上に論考を載せ、ソ連が溥儀の引き渡しを拒絶したのは、将来彼を東北に戻し、あたかも日本が溥儀を利用したように、ソ連寄りの「緩衝国」をつくるのに備えているのだ、と論じた。しかし、これは憶測にすぎない。ソ連が、なぜ引き渡しを拒絶したのか。それは、やはり当時の中国は「蔣介石の中国」であって「毛沢東の中国」ではない、というのが理由である。これは溥儀の帰国前、ハバロフスク収容所のソ連軍将校ピエール・ミエンホフが溥儀に漏らした言葉からも窺い知れる。[*2]

だが、溥儀は当時そのことを少しも理解していなかった。そのため、収容所所長のチェスホフが1946年末、将来の赦免を得るため直接毛沢東宛に手紙を書くよう溥儀に勧めた際、なんと溥儀に拒絶されている。溥儀は、まだそのとき、共産党が国民党に取って代わるとは信じていなかったし、いつの日か自分の運命が

溥儀がソ連で拘禁中、長期にわたり居留を続け、帰国後予想される処罰を免れようとし、ソ連の社会主義建設を支援するという名目の下、寄付した腕時計と懐中時計

---

*1 『中央日報』1946年8月29日参照。
*2 溥傑、万嘉熙、毓嶦：『ハバロフスク収容所における溥儀』、文史資料出版社、1980年版、40ページ参照。

毛沢東の掌中に握られるとは、さらに信じられなかったのである。

1947年夏、溥儀はスターリンに3回目の上書をし、依然としてソ連に居留することを求めたが、返答はなかった。1950年春になって、溥儀はソ連に居留する最後の要求を出したが、逆にはっきりと断られてしまった。これは明らかに国内外の政治的情勢に根本的な変化が生じたためで、溥儀が間もなく帰国し引き渡される事態となるのはもはや明らかであった。

撫順戦犯管理所で最初に副所長の任に就いた曲初の回想によれば、1950年5月、国家司法部の史良部長は彼を訪ね、任務について説明し、ソ連に拘禁中の日本人戦犯と満州国戦犯がもうじき引き渡されるという内部情報を伝えた。

史良が伝えた内容はこうである。毛沢東と周恩来は1949年12月16日から1950年2月17日の訪ソ中、スターリンと中ソ関係の重大問題を話し合った。わが国は建国したばかりで、ソ連など11か国の社会主義国家からしか承認されておらず、いまだ帝国主義による封鎖に直面している。わが国の国家的主権尊重、国際的地位向上、合法的権利保護、中ソ両国の連盟と友誼増進および社会主義陣営の声望拡大のため、第二次世界大戦中ソ連が拘束していた1000数名の日本人戦犯と満州国戦犯全員を、わが国に引き渡すことが決まった。我々が主権国家として自ら処理することで、西側国家が最終的にはわが国を承認せざるを得ないようにするのだ。

史良部長はこうも言った。周恩来総理が司法部に戦犯接収の準備を委託した。撫順戦犯管理所の創立方針や設置場所の選定までも、すべて国内外の情勢に基づいて周恩来総理自ら検討してお決めになったのだ、と。*3

7月21日明け方、969人の日本人戦犯を護送する専用列車が撫順に到着した。10日後、溥儀をはじめとする60数名の満州国戦犯も中国国境に送り込まれた。

スターリンは、溥儀の長期居留したいという要求を拒絶できないわけではなかったが、依然としてその要求に対して無視していた。スターリンは、ソ連内務部の人間を派遣して溥儀と話をさせ、帰国についてのさまざまな懸念を払拭させようとした。*4 しかし、溥儀はまったく信用せず、その心中は疑念に満ち、もは

---

*3　曲初：「周恩来総理、史良部長が日、満戦犯の改造を重視したことについて」、『世界を震撼させた奇跡』、中国文史出版社、1990年版、21ページ参照。

や半狂乱の状態で綏芬河に到着することになった。こうして溥儀は、ソ連軍のアスニス大尉に連れられ、列車に乗り込んだばかりの中国人民解放軍将校2名の前にやって来たのだった。

解放軍の将校は、おだやかに溥儀の手を握って、こぼれるような笑みをたたえて言った。「あなたは今祖国に帰ってきました。私たちは周恩来総理の命令を受けて接収作業に来たのです……。」

当時、東北行政委員会公安部政治保安処執行課の課長をしていた董玉峰の回想によると、自分は、日本人戦犯、満州国戦犯を中ソ国境で接収するにあたって、護送部隊を率いるよう命令を受けていた。接収には、もう一人の幹部が関わっていた。東北人民政府外事処の陸曦処長で、国家を代表して署名する任務を帯びていた。出発間際、東北公安部の汪金祥部長は自ら任務について説明してくれたが、さらに次のように強調した。周恩来総理は私たちに「一人も逃さず、一人も殺さない」ようにせよと要求した、と。彼らはすぐさま総理の指示の具体的方針を検討した。[5] 二人が車内で溥儀だけと会見するという演出も、明らかに方針の中で決められていたことであった。

しかし、そのときの溥儀は「周総理」のことを少しも理解していなかった。したがって、「周総理」と聞いても彼の疑念を解くことはまったくできなかったのである。接収後、共産党は自分をそのまま生かしておいてくれるのか。その疑問符は一面の暗雲のように彼の心に重くのしかかっていた。護送を担当する公安の人間が、自分を安心させるためにどう説明しようと、溥儀はまったく信じていなかった。これら公安の人たちが政府の政策を知っているなどあり得ない、彼らはただ護送の任務を果たそうとしているだけで、不慮の事故を防止するため、うまいことを言って騙そうとしているのだと思っていた。

その様子を目撃した人の話では、溥儀は、気が狂ったようになっていたという。

＊4　金源：「奇跡を永遠に記す」、『世界を震撼させた奇跡』、中国文史出版社、1990年版、16ページ参照。

＊5　董玉峰：「中ソ国境における日、満戦犯接収の一部始終」、『世界を震撼させた奇跡』、中国文史出版社、1990年版、50～51ページ参照。また、毓嶦の回想によると、列車に乗った幹部2名は、黒龍江省公安庁の郭庁長と牡丹江軍分区の李政治委員であった、とするが確かではない。『紫禁城を離れた後の溥儀』、文史資料出版社、1985年版、329ページ参照。

精神錯乱状態で、右の頬の肉が激しく痙攣しており、車両の中でも他人の目を気にも留めず、むやみに歩き回り、口の中で何かぶつぶつ唱えていた。人々は彼の座席を横切るとき、その異様な様子に恐れをなして頭を下げ足早に通り過ぎた。列車が長春駅に着くと、溥儀はいっそう気が動転して、そわそわしだした。溥儀の「ここは私が満州国皇帝の座に就いていたところだ。役者はそろった。もうじき私を公開裁判にかけるのだろう。」という独り言を耳にした人もいる。

東北行政委員会公安部政治保安処処長であった王鑑は、当時をこう回想している。彼は戦犯護送中の部下董玉峰から最初に電話を受け、溥儀らの道中における振る舞いや気持ちについて詳しい報告を聞いた。王鑑は、直ちに東北公安部の汪金祥部長に報告し、汪部長は、この状況をすぐさま中央公安部に報告した。部長の羅瑞卿はそれによって詳細を知り、総理の周恩来も同様だった。

溥儀の動揺した様子は、こうして迅速に国家の最高政府機関に伝えられ、周恩来の明確な指示が、ほどなくして電報で瀋陽へ通達された。それは、東北戦犯管理指導班の担当者自ら表に立って、溥儀らの気持ちを落ち着かせるようにせよ、というものであった。[*6]

ここに出て来た東北戦犯管理指導班とは、東北戦犯管理委員会ともいい、当時作られて間もなかった。東北行政委員会主席の高崗が主任を兼ね、東北公安部部長の汪金祥および法務部長や衛生部長たちが、この指導班のメンバーだった。周恩来の指示が下達された後、高崗、汪金祥たちは、すぐさま溥儀やその他元満州国大臣らの思想状況に関する報告を聞いた。そして、護送列車が瀋陽に到着したら、一度彼らと話をすることになった。その目的は逃亡や自殺など不測の事態を防止するためで、同時に党の政策を宣伝し、彼らの疑念を取り除くためでもあった。

8月4日早朝、満州国戦犯護送専用列車は、瀋陽南駅の貨物列車臨時停車場で一時停止した。王鑑は、東北公安部機関の通勤用大型バスを1台用意し、あらかじめ用意した名簿に従って溥儀と10数人の元満州国大臣らを乗せた。そして瀋陽市和平区南京街81番、すなわち東北公安部のオフィスビルまで運んだ。王鑑

[*6] 王鑑：「溥儀帰国後の第一課」、『世界を震撼させた奇跡』、中国文史出版社、1990年版、58〜59ページ参照。以下、同書よりの内容を引用するにあたって注を付さない。

の回想中にある、これらの人々が、バスを降りてビルの2階に上がっていく情景は興味深い。

　まず下車したのは溥儀で、その後に元満州国大臣ら10数名が続いた。その中には、元満州国国務総理 張 景恵、外交部大臣阮振鐸、交通部大臣谷次 亨、軍事部大臣于芷山らがいた。下車した後、溥儀が先頭に立って2階に上がったのは、とりもなおさず彼の「皇帝」としての尊厳を表していた。元国務総理の張景恵がその後に続いた。その後大臣らは2列になって進んだ。君臣の区別は明らかであった。

バスを降りてから建物の2階に上がるまでの一連の動きの中に、彼らの思想的世界が自ずと表出している。溥儀らが2階の会議室に着くと、そこはすでに細かな準備がなされていた。室内の窓や扉付近にいる警備の職員は、穏やかさを意識して普段着だった。また、室内には白いテーブルクロスを敷いた細長いテーブルが置かれ、その上には、果物、飴、煙草、お茶などがあり、気楽な雰囲気が演出され、取り調べという感じではなかった。これらはすべて周恩来の指示によるもので、溥儀らに緊張や恐怖を与えないようにして、ことが円滑になされることを意図していた。

　高崗が、溥儀ら関係者についての簡単な状況報告をちょうど聞き終わったとき、汪金祥が溥儀らを同伴して会議室に入ってきた。彼らが細長い形のテーブルの一方のソファーに座ると、順次自己紹介をさせてからまた座らせた。高崗は、捕虜になってからの大まかな状況を尋ね、彼らが祖国に背き敵の手先となるという罪を犯したことを指摘し、罪を認めて法に従って、人民の寛大な許しを得られるように望む、と話した。約1時間に及んだ談話は、厳粛かつ心のこもったものだった。それでも、溥儀は、この会見中、神経が依然として高ぶり極度に緊張していた。

　そのとき、ずっと溥儀の側にいた毓嶦*7の回想によれば、王鑑が専用列車に乗り込んで名簿を読み上げた際、溥儀は引きずり出され銃殺されるときが来たと思

＊7　毓嶦は愛新覚羅・毓嶦のことで、溥儀の一族の甥。その回想内容は、本書の著者が1981年に毓嶦を取材したときのメモによる。

い、突然バタッと毓嶦の前にひざまずくと、わけのわからないことを際限もなく口にし、みんなに支えられるようにして引き起こされた。通勤用の大型バスに乗ってからも、毓嶦の手を握りながら、「終わりだ、もう終わりだ。太祖高皇帝のところに連れていってやる、御先祖様のところに連れていってやる…」と言い続けた。会議室に入り、テーブルと茶菓子を見て「あの世へ行く前の最後の宴」と思った溥儀は、手を伸ばしてリンゴを一つ口にほおばった。自分の傍らにいる東北人民政府主席高崗を紹介されても、リンゴをかじったまま意にも介さなかった。高崗が、みんなにソ連で5年間暮らした感想を話すよう促したが、溥儀はリンゴを口にしながら、ぎこちない口調で「私がどんなことを考えているか、お前たちは全部知っているだろう。どうしてまた私に聞く必要があるのだ！」と言った。もっとおかしなことに、溥儀が傍若無人にテーブルの果物、飴、煙草などをつかむと毓嶦のポケットの中へ押し込んだ。いっぱいに詰め込んだ後でも、高崗が話しているのもお構いなしに、ものに取り憑かれたように立ち上がって「もうやめてくれ、早く行こう！」と大声で叫び、激高して死に赴く姿勢を示し、早く処刑してくれと頼んだ。その場の人たちはみなこらえきれず笑い出し、高崗も笑った。そして、悠然と溥儀と話をし始めた。

　高崗は、溥儀に満州国時代の宮廷生活について尋ね、吉岡安直[*8] その他の人や事柄について尋ねた。さらに、溥儀の叔父の載濤（さいとう）が、第1期全国政治協商会議第2回大会に招聘され出席し、彼の甥である憲東（けんとう）が今は解放軍で勤務していることを知らせた。そのとき、ちょうど部屋に入ってきた張 紹継（ちょうしょうけい）を指して「ほら、みなさん張さんはもう仕事をしているのですよ。素晴らしいことですね」と言った。張紹継は、満州国総理大臣張景恵の息子で、溥儀らとともにソ連に拘禁されていたが、ほんの数日前帰国していたのである。彼が現れたことと元満州国大臣たち家族の様子が紹介されたことで、ようやく溥儀とその場にいた元満州国大臣たちの気持ちは落ち着いた。

---

*8 〔訳注〕1890～1947年。日本の陸軍軍人で、満州国時代常に溥儀のそばにいた「帝室御用掛」として知られる。ちなみに溥儀を描いた映画やドラマでは、吉岡が悪役となって登場する。これは、溥儀をはじめ溥傑や嵯峨浩らの回想録をもとにしたもので、公平性を欠き、吉岡の仕業でないことまで押しつけられてしまっている。入江曜子：『貴妃は毒殺されたか――皇帝溥儀と関東軍参謀吉岡の謎』、新潮社、1988年参照。

最後に、高崗は溥儀らにこう宣言した。「政府はあなたたちのために学習する場所を探しました。瀋陽には適切な場所がないので、撫順に行ってもらいます。みなさんはあれこれ余分なことを考えないでください。そこに行ってしばらく休んだら、落ち着いて学んでください。」

王鑒は、会見が終わったときの様子を回想しているが、それは、その1時間前に「下車して2階へ上がった」ときの雰囲気とは異なっていた。

> 話し合いが終わると、なぜかはわからないが、彼らは意外にも君臣の区別なく、三々五々に会議室を後にした。溥儀は最後まで残ったが、見るとリンゴを欲しそうにしていた。持っていってもよいと言うと、彼はようやくうれしそうな顔をしてその場を離れた。

王鑒が述べているように、この会見における話し合いで、溥儀たちが当初抱いていた恐慌は、ある程度収まった。専用列車に戻った後、溥儀は列車が撫順に向かって走る間、列車内で満州国の戦犯たちに会見の様子を伝えたが、それは、戦犯たち全員の気持ちを落ち着かせるのに、非常に効果があった。

元満州国第2軍管参謀長肖玉琛少将は、そのときちょうど列車内にいた。後に、彼はそのときの様子を回想している。さらにその場にいた満州国戦犯たちの心情について述べ、続けて実際の情景を書き残している。

> 1時間余りが経ち、乗用車が帰ってきた。溥儀たちは奇跡的に車両に戻ってきたが、顔色はつやつやしており満面に笑みをたたえていた。
> 「私は我々11人を代表して、東北人民政府主席の指示を伝達する…。」溥儀は捕虜になってからかつて見なかったような嬉しそうな様子で、東北人民政府主席に謁見した経緯を語った。「我々は親切な接待を受けた。テーブルには、スイカ、バナナ、各類高級な煙草と飴がいっぱい並んでいた。我々はテーブルの両側に並んで座った。ほどなくして、政府の高崗主席が応接室に来て、我々はみんな立ち上がった。高主席は我々に座るよう促した。彼は微笑みながら、『道中お疲れ様でした。長年食べていない祖国の果物と煙草をどうぞ召し上がってください』と言った。我々は果物を食べ、煙草を吸いながら、高崗主席の話を畏まって聞いた。『あなたたちはみな中国人です。し

かしながら、祖国を裏切ったことは、当然罪があります。党中央はあなたたちに対して寛大に処理することを決定しました。あなたたちを殺すことはありません。あなたたちは撫順に着いたら、しっかり学習して、自分を改造し、真人間に生まれ変われるよう努力しなければなりません。近い将来、あなたたちは家族が心配しないよう手紙のやり取りもできます。』高主席の話の後、私はみんなを代表して、必ず政府の主席の指示に従いますと申し上げた。」みんなは溥儀の説明を聞いて、この上ない安堵を感じていた。[9]

こうして、「一人も逃がさず、一人も殺さない」という周恩来の要求は完全に実現したのである。

---

[9] 肖玉琛口述、周笑秋整理:『ある満州国少将の回想』、黒龍江人民出版社、1986年版、115〜116ページ。

4

撫順に「匿われる」

毛沢東、周恩来と溥儀

　元満州国総務庁長官武部六蔵、第59師団師団長藤田茂元中将ら969人の日本人戦犯が1950年7月21日に撫順へ到着し、戦犯管理所へ収監されたのに続いて、元満州国皇帝愛新覚羅・溥儀、元満州国国務院総理大臣張景恵ら60数人の満州国戦犯も、1950年8月4日撫順に護送されてきた。

　溥儀ら重要な戦犯は、当時外部から隔絶されていた撫順に置かれた。彼らを撫順で学習させたのは、もちろん彼らを改造するためであった。人々が長い間見落としていたが、当時毛沢東と周恩来には、ある別の考えがあった。すなわち、彼らを保護する、という考えであった。

　5年前の保護政策は、満州国崩壊という歴史的条件に鑑み、溥儀およびその一族の生命を守るためのものであった。それに対し、このときに保護政策を取った理由はと言えば、国内外の新たな政治的情勢によるものだった。当時、朝鮮戦争がすでに起こっており、米軍の飛行機と砲撃は鴨緑江に迫っていた。一方、国内では、新たに誕生した人民の政権を強固なものとするため、暴風雨にも似た反革命運動鎮圧運動が激しさを増していた。

　こうした厳しい時期に、溥儀のような人物は、どこに退避したらよいというのか。1961年6月10日、周恩来が溥儀と溥傑に会見したとき、「一定の時間、あなたたちを撫順に匿っていたのです。」と直接語っているが、この「匿う」という言葉は、恐ろしいほど正確で、かつ当時のイメージを伝えるものであった。

　「撫順に匿う」ということも、周恩来自らが下した決断である。当時、中央司法部の史良部長〔女性〕は、配置転換を行う際、周恩来の決断について言及している。

　　中央では、このように考えている。関内各地〔関内とは山海関以西を指す。

東北地域を除いた、いわゆる中国本土のこと）は、ほぼ新しい解放区で、東南部沿海と各島およびチベットなどの地域はまだ解放されていない。新しい解放区内の匪賊もまだ粛清されてしていない。その上、蒋介石が大陸反抗を妄想しているだけではなく、アメリカ帝国主義も朝鮮半島で虎視眈々と機会を窺っている。東北地区は、基本的には古い解放区であり、またソ連にも近いということを考えると、いったんことが起こった場合いつでも移転できるわけである。だから、中央は、東北人民政府所在地の瀋陽東部の撫順、すなわち、東北司法部直属の第3刑務所（撫順の刑務所）に東北戦犯管理所を設置することを決めたのである。[*1]

撫順戦犯管理所

周恩来は、さらに自ら戦犯管理所の指導体制を定めた。この管理所の計画初期段階において、周恩来は中央司法部に担当させていた。ほどなく、史良部長はある提案を行った。彼女は、日満戦犯の改造教育が、特殊かつ政策性が非常に強い

---

*1　曲初：「周恩来総理、史良部長が日、満戦犯の改造を重視したことについて」、『世界を震撼させた奇跡』、中国文史出版社、1990年版、21ページ参照。

仕事であるので、主管は中央公安部（部長は羅瑞卿）とし、司法部は協力する側に回ったほうがよいと主張した。

　史良はさらに、東北人民政府主席高崗が臨時に采配を振るい、東北公安部部長汪金祥、司法部部長高崇民、衛生部部長王斌などが参加して、東北戦犯管理指導班を組織することも提案した。周恩来はこの意見を受け入れた。引き続き、東北戦犯管理指導班は、東北公安部、司法部、衛生部および東北公安第3師団から、所長、副所長、管理教育科長、総務科長および医療関係、看守、警備と後方勤務要員などの人員を戦犯管理所のために抽出、派遣した。戦犯管理所の業務指導は東北公安部政治保安部が執り行うものとし、その費用と物資供給は、東北人民政府機関事務管理局が担当することになった。*2 こうして、溥儀ら戦犯を「匿う」地が用意されたのである。

　撫順に着いたばかりのころ、溥儀の心理は複雑だった。処刑される恐怖の影が完全に消え去ることがなく、戦々恐々として疑心暗鬼になり、歩哨が交替する音、仲間の寝言までもが、彼に妄想を呼び起こした。政府による処罰を恐れるばかりでなく、歴史的な怨みを抱く東北籍の看守が勝手に復讐するのではないかと心配していた。*3 その反面、彼はいまだに皇帝としての態度を取るのを止めたがらず、仲間からは「独特の悪しき生活習慣」とみなされていた。実際、その例は多すぎるほどある。

　　彼は実社会に無頓着な帝王としての習慣を維持していて「身分の低い者」とは接触したがらなかった。普段、彼は最も親しくしていた学生*4 毓嵒と言葉を交わす以外は、めったに他人と話さなかった。彼の岳父栄源、弟溥傑、妹婿万嘉熙でさえ、一定の距離をおいていた。

　　溥儀は「飯が口元に来れば、口を開け、服が体のところに来れば手足を伸ばす」ような搾取階級の裕福な生活に慣れっこになっていた。自分で何もしないのは珍しくはないのだ。私たちは眠る前、いつも顔を洗った水で足を洗

─────────────

*2　張実：「撫順戦犯管理所前期工作回顧録」、『世界を震撼させた奇跡』、中国文史出版社、1990年版、39〜40ページ参照。

*3　溥儀：『私の改造──全国政治協商会議座談会での要綱』、未刊を参照。

*4　〔訳注〕溥儀は満州国宮廷時代から、一族の青年を「宮廷学生」として身の回りに仕えさせていた。

撫順戦犯管理所内の溥儀が入っていた監房

うのだが、溥儀は10数日も、ひどいときは数十日も、億劫がって一度も足を洗おうとしなかった。みんなは、彼の足が臭いと言うと、彼はやっと毓嵒に自分の足を洗わせることに同意する始末だった。

　私たちは、毎日起きた後、いつも当番が二人で便器の中の汚物を捨てに行った。溥儀は糞尿が自分の体にかかるのを怖れ、便器の壺を高々と掲げるので、便壺は平衡を損ない、しばしば糞尿がもう一人の体までかかってしまった。だから、むしろ一人でやったほうがよい、彼と一緒に便壺を持ち上げたくないという者もいた。生活する上で、みんなは、彼が他人に迷惑をかけ自分のことばかり考えていると批判した。[*5]

　入浴の際、彼はいつも真っ先に湯船に飛び込む。もし後から誰かが湯船に入ってくると湯船を出て服を着てしまう。もし誰かほかの人が先に湯船に浸かっていると、湯船には入ろうとせず、洗面器にお湯を汲んで体をさっと拭いて済ませてしまうこともある。私が、「皇帝」気分が抜けていないと指摘

[*5] 以上の3段落の引用文の出典は、肖玉琛口述、周笑秋整理：『ある満州国少将の回想』、黒龍江人民出版社、1986年版、118〜119ページ。

すると、承服せず「私はこれまで他人が入った風呂に入ったことがないのだ。だから、他人が入った風呂に入るくらいなら、入らないほうがましなのだ…」と答えた。

　溥儀は毎日監房を出入りするとき、いつも他人が扉を開けてから、それに続いて出る。自分で出入りするときは、いつもハンカチと紙を扉の取手に当てて出入りする。彼がこんな面倒なことを嫌がらずにするのは、自分が普通の人間とは異なり、他人より一段高いところにいると思っているからである。溥儀は思想検査の際、こう話した。「私はこれまで自分で扉を開けたことがありません。他人が手で扉を開けたら、私はもうその扉に手で触りたくないのです。なぜなら、みんなが手で扉を触ったら汚すぎるからです。だから、私は紙とハンカチを当てて扉を開けるのです……。」[*6]

このような元皇帝を一体どう改造したらよいのだろうか。溥儀の一挙一動は同じ監房にいる戦犯でさえ見慣れないものだった。まして、赤貧に育ち、戦火をくぐってきた看守たちはいうまでもない。まさにそのとき、管理所内で日本人戦犯の絶食事件が発生した。

　曲初（きょくしょ）の回想によれば[*7]、管理所にやって来たばかりの日本人戦犯らは、戦闘帽をかぶり、将校の制服を着て、階級を表す徽章までつけているものもいた。みな我が物顔をし居丈高にふるまい、管理教育の職員たちの反感を買っていた。さらに職員たちを憤慨させたのは、コウリャンのご飯とハクサイと豆腐のスープが彼らの目の前に並べられると、もとの階級が比較的高い戦犯は、あろうことか食べるのを拒んだのである。我々警備兵でさえ同様にこのような共同炊事の食事をしているのに、やつらのような人殺しにどうして特別な配慮が要るのか。次の食事の際も、それらの戦犯たちは、同じように一口も箸をつけなかった。このことは当時副所長であった曲初を悩ませた。彼は当時を思い出してこう述べている。

━━━━━━━━━━━━

＊6　李福生：「満州国皇帝溥儀改造雑記」、『世界を震撼させた奇跡』、中国文史出版社、1990年版、65ページ参照。

＊7　曲初：「周恩来総理、史良部長が日、満戦犯の改造を重視したことについて」、『世界を震撼させた奇跡』、中国文史出版社、1990年版、23～24ページ参照。

そこで、私は心の中でつぶやいた。「こいつらが、食事をせず、問題が起きたら自分が責任を負わなければならない。」私はすぐ受話器を取って東北公安部に伺いを立てた。東北公安部が、これらの状況をどう周恩来総理に報告するかはわからない。ほどなく、東北公安部は周恩来総理の明確な返答を伝えてきた。拘留されている日満戦犯の生活基準を、国際的な慣習によって処理するよう求めていた。そして、以下のような明確な規定を設けていた。すなわち、戦犯のもとの階級を、わが軍の給与制度の基準に照らし、将軍、佐官と佐官以下三つのランクに分け、それぞれ特別食、中等食、共同炊事食の3種類とし、すべて白米と小麦粉を供給する。周恩来総理はさらに、拘留中の戦犯に対しては監視管理を厳しくし、外は厳しく内は緩くして、一人も逃さず、一人も殺さないようにせよ、また、殴ったり罵ったりせず、人格を侮辱せず、彼らの風俗習慣を尊重せよ、そうして思想的に彼らに対して教育と改造を施すことが重要である、と求めていた。

　周恩来の指示によって、管理所は日満戦犯の生活基準を明確に規定した。すなわち、日本の将軍以上、満州国皇帝、大臣、省長以上は特別食とする。日本の佐官以上、満州国の県、連隊長以上は中等の食事とする。残りは共同炊事の食事とする。それ以外に2項目の配慮があった。日本人の米を主食とする食習慣を考慮し、特別食と中等食においては、雑穀でなくすべて米を供給する。溥儀に対する配慮として、特別食以外に、随時彼の口に合わせた食事を用意する。飲食のほか、服装、監房、医療および文化生活面でも、彼らのために良い条件を提供する、というものであった。[8]

---

[8]　張実：「撫順戦犯管理所前期工作回顧録」、『世界を震撼させた奇跡』、中国文史出版社、1990年版、43～44ページ参照。また、同書の211ページに見られる黄国城の回想によれば、戦犯一人に対する毎日の給食の基準は以下のようであった。共同炊事食の主食は白米または小麦粉1斤〔1斤は500グラム、両はその10分の1の50グラム、銭は100分の1の5グラム〕、雑穀5両、ダイズ油2銭、食費は東北紙幣4200元で、当時の中流家庭の生活水準に相当した。中等食の主食はすべて白米か小麦粉1斤半、ダイズ油5銭、食費は10400元だった。特別食は主食がすべて白米か小麦粉1斤半、ダイズ油7銭、食費15400元であった。この基準に沿って食費を賄うことが求められており、節約したり余してはいけないことになっていた。

当初、管理所の一般幹部や兵士たちは、このことに納得がいかなかった。なぜあのような戦犯にそんな良いものを食べさせるのか。どうして売国奴の皇帝に特別な配慮をしなければならないのか。「これは周恩来総理の指示だ」という言葉で、もう何も言わなくなったが、それでも納得したとは言えなかった。

しばらくして、また一つの事件が起こった。それは薄儀が撫順に着いて20日余り経ってから、管理所は彼の改造に有効だと考え、薄儀とその一族を別々の監

战犯级别	将官和文官简任二等以上		校级和相当于校级的文职官员		尉级以下	
灶别	小灶		中灶		大灶	
项目	原东北币	合现人民币	原东北币	合现人民币	原东北币	合现人民币
菜金	15400元	1.54元	10400元	1.04元	4200元	0.42元
豆油	7.4钱		5钱		2钱	
海盐	11.1钱		7.5钱		3钱	
煤	2.5斤		2斤		1.5斤	
细粮	1.5斤		1.5斤		1斤	
粗粮					0.5斤	

東北公安部が公布した、戦犯の毎日の食事に関する基準

房に分けた。しかし、薄儀は身の回りのことを自分ではできず、誰かが世話をする必要があった。そこで、元通りに一族の者と一緒に住みたいと何度も求めた。管理所の指導者は、周恩来の指示の主旨と薄儀の具体的状況から、薄儀の要求に同意し、彼と一族が同じ房に入るのを許した。また、服を洗ったり、靴下を繕ったりすることをほかの人が代わってやるのも認めた。これもまた明らかな配慮であった。一定の時間が過ぎると、また彼らを引き離して、薄儀が、自分でシャツを洗ったり、靴下を繕ったり、ボタンをつけたり、靴ひもを結んだりできるよう励ました。わずかでも進歩があると、そのたびに褒めた。このことからも、さまざまな配慮の目的が、教育・改造にあったことがわかる。[9]

---

[9]　李福生：「満州国皇帝薄儀改造雑記」、『世界を震撼させた奇跡』、中国文史出版社、1990年版、64ページ参照。

周恩来の指示によって、管理所の幹部は、国際公約と革命的人道主義精神を徹底し、戦犯の人格を尊重した。その人格を侮辱せず、虐待せずできるだけ刺激を加えないようにした。周囲を警備する場合のみ銃を持つことを許可し、内部の警備員は銃を持たないで、「外はきつく内は緩く」という管理方法を採用した。国内の反革命分子鎮圧を伝える新聞も見せないようにして、恐怖心を抱かぬようにした。溥儀に対してはとりわけ気をつけていた。なぜなら、彼の精神的負担が最も大きく、鉄格子の扉が響くのを耳にするたび、びくびくし緊張していたからである。

　人々はともすれば彼を神秘的な人物とみなし、あらゆる機会を利用して「聖顔を一目拝もう」とした。このため管理所は、外部からの見学を禁止する規定を設けた。しかし、指導者が関心と好奇心から、溥儀の様子を見てみたいと言ってくることもあった。そのような断りにくい状況に遭遇すると、管理する人々は指導者も満足し、溥儀本人も気づきにくいような場面を設け、いつも巧みな方法で切り抜けた。[*10]

　周知のように、日満の戦犯たちを護送して撫順に到着したとき、朝鮮戦争がすでに勃発していた。9月中旬には、アメリカは15か国の軍隊をかき集め、国連の名の下、朝鮮半島の仁川に上陸した。半月後、戦火は鴨緑江辺まで広がり、中国の安全と経済建設を極度に脅したばかりでなく中朝国境に近い撫順戦犯管理所の安全を直接脅かした。これが、管理所が北のハルビンに移った背景であった。

＊10　張実：「撫順戦犯管理所前期工作回顧録」、『世界を震撼させた奇跡』、中国文史出版社、1990年版、44 ページ参照。

5

北から南への帰還

秋も深まったころ、車窓を新聞紙で糊づけした専用列車が、中国東北部に敷かれた長いレール上を疾走していた。人々は、もしかすると車内には決して普通でない乗客がいるのではないかと考えたかもしれないが、まさかこの同じ服を着た人々の中に、戦犯となった「皇帝」がいるとは思いもよらなかっただろう。

撫順にある戦犯管理所を北のハルビンに移す決定は、周恩来が下したものだった。当時、管理所の日本語通訳をし、後に副所長に昇進した金源は一連の経緯について述べている。

> このため、周恩来総理は東北行政委員会に一通の特電を打ち、東北行政委員会にすぐさま日本人戦犯と満州国戦犯を向北満地区へ移転するよう指示した。その上で、移転する速度は早ければ早いほどよいと求めた。東北公安部部長汪金祥は、中央からの暗号電報を受け取ると、10月16日その日のうちに撫順戦犯管理所に対し、ハルビンへの戦犯護送命令を発した。同時に、東北公安部の担当者は、撫順戦犯管理所に周恩来総理の指示を伝達した。それは、戦犯の移動護送中および改造教育実施中、「一人も逃さず、一人も殺さない」というものだった。東北公安部は中央の関連指示に基づき、戦犯を管理教育する際の明確な規定を作成した。それは、戦犯管理所が関連指示を貫徹する中で、形の上では緩めるものの、実際には厳格に諸事を執り行い、必ず「一人も逃さず、一人も殺さない」という成果を達成することを求めていた。[*1]

管理所の幹部兵士は専用列車への連絡、綿入り服の仕入れ、家族の疎開、護送

---

*1 金源：「奇跡を永遠に記す」、『世界を震撼させた奇跡』、中国文史出版社、1990年版、5ページ参照。

の手配など、直ちに行動を開始した。戦犯は10月18日と19日の前後2陣に分けて出発し、20日には無事ハルビンに到着し、首尾よく移動任務を完了した。周恩来が重ねて言明した「一人も逃さず、一人も殺さない」という要求は再び達成された。その上、前回綏芬河から撫順に移動するとき同様、秘密保持は非常に上手くなされ、列車の窓を新聞紙で糊づけまでして、護送中も情報は一切漏れなかった。「戦犯を匿う」という精神は、このときも変わっていなかったのである。

ハルビン到着後、日本人戦犯の大部分はハルビン道里刑務所に、一部分は呼蘭県公安局留置場に収監された。そして、溥儀と元満州大臣らは、道外七道街に位置するハルビン市公安局留置場に収監された。

1950年10月25日、中国人民義勇軍は鴨緑江を越えて朝鮮領内に進入し作戦を展開した。政治的情勢は峻烈さを加え、戦犯管理所がハルビンに移った後の環境も激変して、またも多くの難しい問題が起こった。それでも、管理所の職員たちは、周恩来の指示をしっかりと心に刻み込み、溥儀に対する配慮は変わらなかった。

当時、東北地区は九つの省に区画されていた。九省の主席がハルビンで会議を開いたとき、溥儀という神秘的人物を見てみたいと言い出した。溥儀を刺激しないよう、管理所の孫明齋所長は苦心し、省長たちに見られても、溥儀の日常生活に支障をきたさないような会見方式を工夫した。食事の面でも、溥儀に対しては特別食以上の基準が維持されていたが、それは彼をとても感激させていた。それでも溥儀は、白米と小麦粉の主食や魚・肉料理という自分の食事を、雑穀と共同炊事の料理に変更するよう自ら申し出たのである。節約して「抗米援朝」*2を支援したいというのだ。溥儀の態度は真剣で誠意のこもったものであったが、管理所側は待遇を下げるのに同意しなかった。

1951年初め、溥儀は、今度は身辺に秘蔵していた代々伝わる国宝──乾隆帝の田黄石三聯玉璽を差し出した。溥儀がこの宝物を差し出した理由は、やはり「抗米援朝を支援する」ためであった。彼の思想には、すでに変化が起き始めていた。*3

---

*2　〔訳注〕アメリカに抵抗し、朝鮮を援助する。中国参戦後「抗米援朝戦役」というのが朝鮮戦争に対する中国側の呼称であった。

乾隆帝の田黄石三聯印

乾隆帝の田黄石三聯印

　もちろん、溥儀の思想の変化は初歩的なもので、政府に対する信頼も条件つきのものであり、胸の内をすべてさらけ出す、というには程遠かった。

　日本人戦犯はハルビンに移った後、第三次世界大戦が目の前に迫ったと思い、態度をさらに硬化させ、気勢を上げていた。周恩来の新しい指示が、このような状況の下で管理所に伝えられた。金源は当時を回想してこのように語る。

　　たぶん1952年の春だったと思うが、周恩来総理は、日満戦犯が北のハルビンに移った後、特に日本人戦犯が、わが方の方針や政策を理解せず、甚だしきに至っては罪を認めず、改造にも拒否していると知って、次のような明確な指示を出した。それは、これらの戦犯に対して、自分の罪を認識させ罪を悔やむような教育をせよ、というものだった。私はそのとき、戦犯管理所管理教育科の副科長をしていたが、深い感銘を覚えた。周恩来総理の指示は、言葉は多くないものの、要点をついたものだった。[*4]

　前非を悔悟させるような教育方針は、日本人戦犯の心を揺れ動かしただけでなく、自発的に歴史的罪悪を自白するような、多くの鮮烈な事例を生んだ。それは

---

*3　張実：「撫順戦犯管理所前期工作回顧録」、『世界を震撼させた奇跡』、中国文史出版社、1990年版、44〜48ページ参照。

*4　金源：「奇跡を永遠に記す——日満戦犯の改造工作回顧」、『世界を震撼させた奇跡』、中国文史出版社、1990年版、6ページ参照。孫明齋は「日本人戦犯改造の思い出」の中で周恩来の「これらの戦犯に対しては悔悟教育を施すのが適切である」という指示を原文のまま引用している。

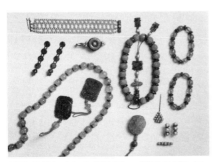
溥儀が差し出した隠匿物：鎖状のブスレット

溥儀が差し出した隠匿物：玉佩〔玉の装身具〕

溥儀が差し出した隠匿物：イヤリング

溥儀が差し出した隠匿物：指輪

溥儀自身にも影響を与えた。東北公安部政治保安部実行科の科長をしていた董玉峰は、管理所に来ると毎回重点的に溥儀と話をした。彼の態度は穏やかで、丁寧に説明していたので、高崗の秘書だと溥儀に勘違いされたほどだった。最初、溥儀は、自分が満州国では傀儡(かいらい)であり自白するような罪はいくらもないと思っていた。董玉峰(とうぎょくほう)は、「皇帝」であるあなたが発布した「治安維持法」、「保安矯正法」、「穀物管理法」、「国兵法」など1000種類以上にも上るファシスト的法律によって、東北3000万人民は大きな被害を受け、数多く人が命を落としたのに、どうして自分に罪がないと言えるのか、と指摘した。それを聞くと、溥儀は驚愕し、董玉峰に深くお辞儀をして、罪を認め懺悔の気持ちを表した。彼の進歩的な振る舞いは、満州国戦犯の中に強い影響を与えた。[*5]

[*5] 董玉峰：「中ソ国境における日、満戦犯接収の一部始終」、『世界を震撼させた奇跡』、中国文史出版社、1990年版、56～57ページ参照。

悔悟教育展開後、戦犯改造は軌道に乗り、戦犯たちの情緒も次第に安定していった。しかし長期間に及ぶ拘禁のため、戦犯の体力は下降気味であった。管理所側は、食事面での配慮や限定的な文化娯楽体育活動のみに頼っていては不十分だと認識し、この問題を上級機関に報告した。管理所初代所長孫明齋は、当時を思い出してこのように言っている。

> 東北公安局の李石生副局長が、ハルビンへ視察しに来たとき、この問題を大変重視した。彼は、労働による犯罪人改造に関する党中央と毛主席の重要指示を、私たちに伝えた。それと合わせて、現場では、周恩来総理の戦犯に対する「逃がさず、殺さない」という指示精神を全面的に理解すべきだと説明した。管理所の任務は、戦犯改造であり、死なせてはいけない、不正常な死亡は避けなければならない、そして、この任務を全うする上で肝心な点は、対策を講じて彼らの体力を強化することだ、と李副局長は述べた。[6]

毛沢東、周恩来の指導や上級機関の指示に鑑み、管理所は現地の工場に手作りの紙箱を供給すべく、紙箱作りの仕事場を設けた。戦犯の労働時間は毎日最大でも４時間、しかも製品の規定量を定めず、収入はすべて彼らの生活改善に充てた。溥儀はこの労働の際、憲鈞と口論になったことがあった。そのとき仲裁に入った管理教育員の李福生によれば、溥儀は手先が器用でなく、紙箱をうまく糊づけできなかったので、憲鈞が彼にけちをつけ、文句を言った。辛辣な言葉を浴びせられるに及んで溥儀も黙っていなかった。憲鈞は、粛親王の息子で、溥儀から見て一族の中では甥の世代に当たっていた。30年代、溥儀の恩恵にあずかり満州国恩賜病院の院長になった。ソ連抑留時代、憲鈞は初めて溥儀に会い、ひざまずいて「初めてお目通りがかないました」と泣きながら言った。それが、今や同じように戦犯となり、改造させられているのだ。李福生は、二人の間に注意深く割って入り、二人は握手して和解した。そして、溥儀の労働に対する興味も引き出すことができた、という。[7]

---

*6 　孫明齋：「日本人戦犯改造の思い出」、『世界を震撼させた奇跡』、中国文史出版社、1990年版、129ページ参照。「東北公安部」は、1953年前半ごろ、「東北公安局」と改称され、「政治保安部」所属となり、さらに「労働改造処」と改称された。

朝鮮の戦局が好転すると、情勢は次第に安定しだした。管理所は上級機関の指示によって、まず1951年3月25日、669名の佐官級以下の日本人戦犯を呼蘭県、ハルビン市道里刑務所から撫順に戻し、ついで1953年10月23日、残りの日満戦犯をすべて撫順に戻した。

　こうした移動が何度も繰り返され、その規模も大きくなっていた。しかし、当時の撫順やハルビンに、かつての元満州国国務院総務庁長官、元師団長、元満州国皇帝や大臣たちが拘禁されているとは、外部のいかなる人も知らなかった。これはもちろん管理所の人々が、周恩来の言う「匿う」という言葉を徹底し、秘密保持がきわめて上手くいっていたからにほかならない。1950年から1954年まで管理所の生活管理員をしていた高震は、以下のように回想している。

　　私の記憶では、外出して連絡の仕事をする際、機密を守るため、撫順にいたころは「撫順刑務所」という名義を使っていた。北のハルビンに移ってからは、「松江省公安庁六処」という印鑑と紹介状を使用するようになった。内部事情を知らない部門もあるので、食料品の特別供給の連絡に行く際は、いつも庁長の書面による指示がないと配給を受けられなかった。例えば、1953年、ハルビン市に水害が発生した後、私は松江省食糧庁へ小麦粉を受け取りに行ったが、3回足を運んだものの、実情を話すわけにもいかず、どうにもならなかった。その後、上級機関からの同意を受け、松江省公安庁が「東北戦犯管理所」という印鑑と紹介状を使うことを許可したので、私はそれを持って直接庁長に会いに行き、やっと配給を受けることができた。このときの小麦粉は、パンを作るための用意で、それは戦犯たちが撫順に戻る際途中で食用に供するものであった。[8]

　溥儀らは、こうして撫順に戻ってからもずっと「匿われ」ていた。当時の清室駐天津事務所で留守番をしていた溥修は、溥儀から天津にある家屋財産の管理を命じられていた。彼は、載濤の下を訪れて溥儀の居所を尋ねたが、拒否された。

———————————

*7　李福生：「満州国皇帝溥儀改造雑記」、『世界を震撼させた奇跡』、中国文史出版社、1990年版、62～63ページ参照。

*8　高震：「戦犯の改造中の後方支援活動の思い出」、『世界を震撼させた奇跡』、中国文史出版社、1990年版、224ページ参照。

実は載濤(さいとう)もまったく事情を知らなかったのである。彼は新中国の政治活動に参加していたが、溥儀の消息を教えたりすれば面倒を引き起こすとわかっていたので、決してその消息を知らせようとはしなかったのだ。

そのころ、溥修の家には、溥儀のために独り身を通していた李玉琴(りぎょくきん)がいた。夫の行方を、百方手を尽くして尋ね回り、中華全国婦女連合会を訪ね、宋慶齢(そうけいれい)、周恩来と毛沢東にまで手紙を出したほか、中央人民政府門の前に立って、中央の指導者と面会する機会まで求めようとした。その甲斐もなく、まったく関連の情報は得られなかった。[*9] 同じころ、溥傑の妻や娘も自分たちの身内を探していた。何通もの手紙を日本から北京とスイスの赤十字に送ったが、梨の礫(つぶて)であった。[*10]

現在では明らかになっているが、毛沢東と周恩来が意識的に溥儀ら戦犯たちを数年間奥まったところに匿っていたのは、国際間の戦争および国内の政治運動から避けるためであった。これは当時の歴史的条件下で、まずはその生命を守り、その上で彼らを改造して新しい人間に生まれ変わらせる唯一の道でもあった。そうでなければ、たとえ政府が溥儀のような人物に対し、いかなる処罰をしないとしても、彼らをそのまま社会に放り込んだら、生きていくことができただろうか。溥儀が帰国の途上、精神錯乱のような素振りを示したのは、実は自分自身そのことがよくわかっていたからなのだ。

戦犯が撫順に戻ってきた後も、中央の具体的な指示に基づき、管理所は引き続き戦犯に罪を認めさせる教育を施した。中国が朝鮮の戦場で決定的勝利を得たことで、日満戦犯の情緒も安定していった。管理所は再

撫順戦犯管理所で毎日集まって体操する溥儀たち戦犯

[*9] 李玉琴口述、王慶祥整理:『中国最後の「皇妃」―李玉琴自述』、北方婦女児童出版社、1989年版、315〜316ページ参照。

[*10] 嵯峨浩:『流転の王妃』、北京十月文芸出版社、1985年版、127〜128ページ。

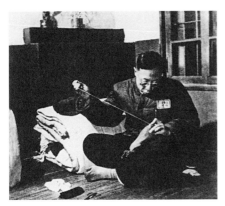 

あらゆることを初歩から習い始める溥儀　　温室内で野菜に水をかける溥儀

び瓦工場を作り、戦犯を組織して生産労動に参加させた。戦犯たちの食事を適切なものとするため、管理所はもう一度何人かの腕の良い料理人を雇った。そして、1週間の中で食事内容が重ならないようにした。戦犯たちの生活と衛生状態も絶えず改善された。毎日集団で体操が行われ、毎週集まってレクリエーション活動が行われた。戦犯たちは、映画鑑賞をしたり、合唱とダンスを自分たちで自作自演したり、バスケットボール、バレーボール、バドミントン、卓球などの球技、およびコリントゲーム、軍人将棋、中国将棋や囲碁などをした。1日の半分は学習、もう半分は労働、残りの時間はレクリエーションであった。戦犯たちは、みな楽しさを感じ、愉快に過ごしていた。

　管理所内一部の幹部にはまったく理解できなかった。大量殺人を行った日本軍の司令官や将軍、国を売ってまで栄達を求めた満州国皇帝や大臣どもに、なぜこんなに良い物を食わせる必要があるのか、なぜこのように面倒を見てやろうとするのか。曲(きょくしょ)初副所長は同志たちに説明した。

　毛主席と周総理が定めた戦犯改造という賢明な方法は、世界にも前例がない。戦勝国が戦犯を対処する場合、絞首刑に処するのでなければ、強制収容所に入れるだろう。ただ中国のみが例外である。だから、我々は徐々に党の政策を理解しなければならない。中央の賢明な方策を知った上で、ともに努力しなければならない。このようにして初めて全世界の人々に、中華民族は

5　北から南への帰還

49

気概があり、武力ですべての敵に打ち勝てるだけでなく、あらゆる邪悪な勢力をも改造することができる、と厳かに証明できるのだ。[11]

毛沢東と周恩来による改造方針の下で、すべての戦犯は善意に満ちた扱いを受けた。そして、溥儀の場合はそれがさらに顕著だった。大多数の戦犯が瓦工場で労働させられているとき、溥儀と曲秉善、阮振鐸、憲鈞の四人は、定期的に管理所内の医務室で衛生の仕事をしていた。例えば、医療関係者による指導の下で、室内の清掃、戦犯の体重検査と記録、監房内外の消毒、漢方薬の基礎知識を学んだりした。溥儀以外の三人はみな医学を学んだことがあり基礎があった。溥儀は宮廷で中国医学の本を何冊か読んだことがあるが、基礎は身についていなかった。

その当時、管理所内科の主治医だった温久達の回想によれば[12]、一段階が終わったところで、医務室は試験を行い、曲秉善、阮振鐸および憲鈞の三人の成績はみな80点以上だった。しかし、溥儀は60点に達していなかった。溥儀の意欲に影響を与えないよう、採点者は溥儀の成績に下駄を履かせ75点とした。成績を発表すると四人はみなとても喜んだという。

このような雰囲気の中、管理所における仕事の重点は移り始めていった。

---

[11] 高震：「戦犯の改造中の後方支援活動の思い出」、『世界を震撼させた奇跡』、中国文史出版社、1990年版、222ページ参照。

[12] 温久達：「日満戦犯治療の断片的回想」、『世界を震撼させた奇跡』、中国文史出版社、1990年版、194〜195ページ参照。

6

聞き取り調査

　厚い氷が張る厳冬のある日、撫順戦犯管理所所長孫明齋と教育管理科副科長金源は、北京最高人民検察署を訪れていた。30年後、金源はこの間における経緯を振り返っている。

　1954年の1月中旬、私は孫明齋所長に従って北京に着き、この3年来、日満戦犯を管理教育してきた状況を、最高人民検察署に報告した。最高人民検察署副検察長の高克林と譚政文は私たちの報告を自ら聴取した。同時に、最高人民検察署の担当者は、私たちに、日本人戦犯に対する尋問を実施せよ、という周恩来総理の指示を伝達した。そして、彼らがわが国で犯した主な犯罪を基本的にはっきり調べることを求めた。

　最高人民検察院の担当者は、日本人戦犯と満州国の戦犯に対する審理を行うことを、中央はすでに決定したとも語った。

　その後、1954年3月初め、最高人民検察署は東北工作団を撫順戦犯管理所に派遣し、収監している日満戦犯の起訴前の準備作業を行った。周恩来総理が、尋問の専門家である譚政文を東北工作団団長に任命し派遣した、という。[*1]

　中央では、日満戦犯の尋問については、もともと以前から部署を設けていた。1951年10月、周恩来を中心とする中華人民共和国政務院は、東北人民政府が東北地区の調査を担当し、戦争犯罪調査委員会を設立し、戦犯の犯罪証拠を収集する、という決定をした。

[*1] 金源：「奇跡を永遠に記す——日満戦犯の改造工作回顧」、『世界を震撼させた奇跡』、中国文史出版社、1990年版、11ページ参照。

戦犯の討論会で発言する溥儀

　しかし、当時、「三反運動」〔汚職反対、浪費反対、官僚主義反対〕がすでに全国で展開されていた。1952年1月28日、周恩来は中央公安部による報告の中で、「最高人民検察署と公安部に命令する。「三反」終了後、一部の人に中・満・蒙・日戦犯に関する案件を専門的に検討させ、期限内にどう処理するか方案を練って提出せよ」という指示を出した。

　その年の8月、最高人民検察署は馬光世、趙維之ら九人で構成された日本人戦犯重点調査班を派遣し、試行的に戦犯尋問を行った。

　同年11月初め、時の政務院副首相であった鄧小平は「政府は戦犯処理委員会を組織する予定である。検察署および公安部は、戦犯処理に関する意見と委員会の名簿の草案を作成せよ」と指示した。[*2] 1年後、この作業は、周恩来自ら創立した東北工作団が受け継ぐことになった。

　最高人民検察署の東北工作団は、1954年3月4日に設立された。臨時に引き抜かれた幹部と撫順戦犯管理所職員を合わせ、1000人近い強力な布陣で、遼寧省委員会と撫順市委員会によるバックアップの下、計画的に尋問が行われた。尋問にあたっては、個別尋問と罪状認否および告発をすり合わせ、厳しい審問と広範な調査を結合させ、系統的尋問と忍耐強い管理教育とを兼ね備えた方法を採用した。そして、真実を求めるべく調査研究を徹底し、証拠を重視し、軽々しく自供を信じず、「自白の強要」の厳禁という原則を堅持し、計画に基づいて証拠収

＊2　中央档案館所蔵の中国で裁判に付された日本人戦犯と満国戦犯関連文書を参照。

集を行った。

以前の撫順戦犯管理所における仕事の重点が、戦犯の改造と教育にあり、それによって罪を認め、罪を悔やむようにさせることにあったとするなら、この時期の仕事の重点は、尋問、審判、および判決を下し、戦犯をどう処置するかであった。

最高人民検察署副検察長、東北工作団団長の譚政文が撫順戦犯管理所の幹部動員大会に姿を見せたとき、高い塀の中の空気はまるで瞬時に凍りついたようになった。

愛新覚羅・溥儀の身体検査表

日本人戦犯と満州国戦犯は同時に尋問を受けることになった。かつて実権を握っていた元満州国総務庁長官武部六蔵やその傀儡であった元満州国皇帝溥儀が、互いに秘密を明らかにするのだ、これはまぎれもなく台詞の多い一幕の歴史的ドラマであった。

中国医学に対して興味のあった溥儀は、管理所内の診察室で技能を発揮する機会を得た

溥儀が呼び出された。尋問係の趙　煥文(ちょうかんぶん)が大声で、1954年3月21日に羅栄桓(らえいかん)が署名した「犯罪追及の処分書」を大声で読み上げた。そのとき、生涯に三度皇帝として即位した数奇な運命を持つ人物は、複雑な気持ちでそれを耳にし、その精神的負担は大きく重かった。

東北工作団が発行した『工作状況簡報』第2号には、溥儀の心の動きが書かれている。「溥儀が自らの罪について記しているとき、その気持ちは揺れ動いていた。自分の罪は非常に大きいと感じており、また最大の漢奸であるからには、最初に処刑されるのではないか、と考えていた。」[*3]

彼のこのような気持ちは、管理教育員の李福生(りふくせい)と話しているときにもにじみ出

ていた。彼は沈痛な声で李に対し、「李先生、私は自分の罪は、特別大きいと思います。おそらく日本人が満州国時代に行ったあらゆる犯罪と、私の犯した罪とは区別できないでしょう。祖国を裏切ったという罪だけでも、私には死刑判決を下されるでしょう。まして、私は満州国時代、たくさんの法令を「裁可」しています。当時、犯罪者に対して最も厳しい処罰がなされたのは「反逆者懲罰法」によるものでした。この罪を犯した者はすべて死刑判決が下されました。だから、今日政府が私をどんなに寛大に扱うと言ったところで、私の犯したひどい犯罪を赦免することはないでしょう」と語っている。[4]

溥儀は精神的緊張から憔悴し、夜も眠れなかった。李福生によれば、溥儀は常に周りを気にし、他人がどのように自白するか注意深く観察し、ときどきこっそりと何かメモしていた。それはなぜか。なぜなら、自分の重大な犯罪を隠したいためであり、それを詳しく知る一族の者たちが暴いてしまうのを一番心配していたのだ。一方で、同時に痛くもかゆくもない瑣末なことを自白しようと考えたが、困ったことに知っていることはごくわずかだった。それは平素奥深い宮廷内にいたため、具体的なことは詳しく知らないせいだった。彼はあれこれ恐れたが、つまるところ政府の最も厳しい処罰を恐れたのだ。

しかし、歴史的事実はやはり歴史的事実なのである。彼が天津にいたころ、自発的に日本の陸相南次郎や黒龍会の領袖頭山満と連絡を取り、日本人を頼った事実、満州国で日本人に媚びを売り、残酷に孤児を虐待したのも事実だ。また、ソ連で嘘の歴史をでっち上げて、一族と口裏を合わせて偽の自供書を書き、宝物や装身具を隠したのも事実である。だが、それらはすべて一族の「反逆者」によって暴露された。さて、彼の処分はどうなったか。

東北工作団が、溥儀の処分について討論したときも、意見の一致を見なかった。例えば、1954年7月に開催された第50回東北工作団委員会で、漢奸処置をめぐる討論の際、元満州国大臣らを「必ず死刑にしなければならない」ということで全員一致したが、議論が溥儀自体に及ぶと意見が相違した。殺すべきだと言った

---

*3　この簡報は、1954年4月23日に発行されたものである。現在は中央档案館に所蔵されている。

*4　李福生:「満州国皇帝溥儀改造雑記」、『世界を震撼させた奇跡』、中国文史出版社、1990年版、77ページ参照。

管理所の幹部と話す溥儀

のは一人のみであった。*5

　1955年9月、中央は最高人民検察院党組織が、戦犯たちを尋問した状況および処分についての意見報告を受け取った。この報告には、62人の満州国戦犯の処分に関する初歩的な意見が提出されていた。内容は、39名を起訴し、そのうち、直ちに死刑を執行すべき者は張景恵ら21名、無期懲役に付すのは溥儀ら8名、有期懲役はジョンジュルジャブ*6ら10名、残りの23名は不起訴とし直ちに釈放する、というものだった。*7 1956年2月、東北工作団が起訴、審判を予定した、満州国戦犯の名簿の中には、溥傑（懲役15年）と潤麒（懲役12年）の名前もあった。*8

　東北工作団および最高人民検察院が提出した意見は、漢奸である満州国戦犯に対する中国人民、とりわけ東北地域の人民の憎悪を反映している。このような雰囲気の中で、溥儀が安穏と寝られるはずもない。しかし、ほどなくして日本人戦犯の審判が開始され、その間に漏らされた報せは、溥儀の気持ちを次第に落ち着かせた。

　960数名の日本人戦犯の中で、重点的な尋問の対象になったのは107人だった。東北工作団は、審理を経てその中の70数人の極悪非道な戦犯に対して死刑に処

---

*5　東北工作団編：『状況簡報』。現在は中央档案館所蔵。
*6　〔訳注〕1906～1967年。モンゴル人の元陸軍少将、漢字表記は正珠爾扎布。
*7、*8　中央档案館所蔵の中国で裁判に付された日本人戦犯と満国戦犯関連文書を参照。

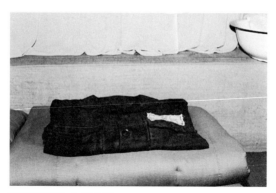
溥儀が着用した囚人服

すという提案をした。
　金源は、自分たちが中央への意見を携え北京に赴き報告した際の様子を、次のように回想している。

　　1955年末、東北工作団と撫順戦犯管理所の責任者が北京へ報告に行ったとき、周恩来総理は中南海で彼らの意見を自ら聴取した。周恩来総理は、真摯で遠大な見識を感じさせる言葉遣いで彼らに向かって言った。日本人戦犯処理については、一人として死刑判決を下さず、一人として無期懲役にもしない、きわめて少数の者だけを有期刑に処す、起訴状は基本的罪状をはっきりさせ、犯行が確定しなければ起訴しない、一般的な犯罪については不起訴とする、これは党中央の決定である、と。
　　東北工作団と撫順戦犯管理所の責任者は撫順に帰った後、すぐに中央と周恩来総理による指示の主旨を、工作団と管理所の幹部全員に伝えた。しかし、日本の侵略によって苦しみを味わった多くの人々は、その主旨を理解できなかった。そこで、東北作業団の責任者は二度目の上京をし、周恩来総理に報告した。
　　周恩来総理は、彼らに根気よく説いた。部下たちが理解できないのではなく、おそらく、君たちが理解していないのだろう。君たちが理解すれば、部下たちも理解しないはずがない。中央は、日本人戦犯に対し寛大な処置を取ること決めた。20年後、君たちは中央の決定が正しかったことを知るだろ

う。[*9]

　周恩来の指示が伝えられると、東北工作団と撫順戦犯管理所の幹部たちの見解は一致をみた。

　周恩来の指示は、当然ながら撫順の日本人戦犯に限ってのものではなく、撫順戦犯管理所、泰城刑務所および太原刑務所に収監されていた、総計1062人の日本人戦犯、553名の国民党戦犯および約70人の満州国戦犯、蒙疆自治政府戦犯、汪精衛政権にも向けられたものでもあった。党中央が周到に熟考する中で、愛新覚羅・溥儀の運命もこうした思慮の中に包まれていった。

＊9　金源：「奇跡を永遠に記す——日満戦犯の改造工作回顧」、『世界を震撼させた奇跡』、中国文史出版社、1990年版、13〜14ページ参照。

7

最高会議での決定

毛沢東、周恩来と溥儀

愛新覚羅・溥儀と新中国との出会いは、その運命が中国共産党と結びつくことを意味し、同時に、中華人民共和国政府が日本人戦犯をどのように処理するか、ということにも結びついていた。

1956年3月14日から15日にかけて、中国人民政治協商会議第2次全国委員会常務委員会は第19回会議を開催し、戦犯処理問題を中心に討論がなされた。周恩来は全国政治協商会議主席の立場で会議の司会を務め、戦犯処理問題についてまずこう切り出した。

「これらの日本人は今戦犯だが、20年の後に友人になり、中日友好に関心を持つ友人になるだろう。」*1 周恩来が確信を持ってこの言葉を発したとき、その胸の内には、秘められたもう一つの言葉があった。それは、溥儀は今戦犯だが、遠くない将来公民となり、祖国の社会主義建設に関心を持つ、というものだった。

会議開催中、公安部部長羅瑞卿（らずいけい）は、戦犯処理に関する発言をし、最高人民検察院副検察長譚政文（たんせいぶん）も、日本人戦犯に関して補足発言を行い、討論を十分行った上で、周恩来が会議を総括した。

12日後に開催された第2期全国政治協商会議第20回常務委員会の席上で、「各界の人士と戦犯、捕虜との談話を実行するための作業班名簿」が可決され、大規模かつ組織的に「談話」が実行されることになった。当然その範囲は日本人戦犯に限らず、国民党戦犯や満州国戦犯らも含まれていた。

実は、何人かの人々が毛沢東と周恩来に頼まれて、この前後の比較的長い期間にわたり、代表的な戦犯と相次いで話をしている。

---

*1 ［日］中国帰還者連絡会編：『我々は中国で何をしたのか――元日本人戦犯の記録』、中国人民公安大学出版社、1989年版、205～206ページ参照〔原著は三一書房、1987年刊行〕。

毛沢東の依頼を受けた程潜、張治中、傅作義、邵力子、章士釗ら愛国民主人士は、泰城刑務所を訪ね、杜聿明、王耀武、宋希濂ら元国民党の高級将校と会見した。張治中は、直接毛沢東の指示を伝えた。「毛主席は、あなたたちの改造に大変関心を持っていて、あなたたちが生まれ変わりたいと望み、頑張っていることをよく知っていますよ。また、国民党の戦犯に対しては、取り調べも裁判もしない、大陸に残りたいと望むなら、政府が適切に手配する、海外に行きたいなら自由に行ってよろしい、行き来は自由だし、政府が便宜をはかる、という指示をしました。」[2] これは中央が、大赦あるいは特赦という方法で、国民党戦犯を寛大に処理する方針を取ろうとしていることを、事実上漏らしたものであった。

これと時を同じくして、鄧小平、李先念、賀龍、聶栄臻、パンチェン・エルデニ・チューキゲンツェン[3]、劉亜楼および王平たち中央の指導者が、相次いで撫順の溥儀を訪問した。

金源の回想[4] によると、あるとき、賀龍と聶栄臻の両元帥が、遼寧で軍需産業を視察したついでに撫順戦犯管理所へやって来た。第一会議室で、まず管理所所長から戦犯たちの改造について聞き、続いて溥儀と会見した。元帥たちは最初から単刀直入に、「我々が東北に来たついでにここに寄ったのは、周恩来総理からあなたたちのことを見てきてほしいと言われたからです。何か困ったことがあったら言ってください。一日も早く生まれ変わるよう努力してください」と述べた。

金源は、さらにこの会見の詳細を思い起こしている。

賀元帥は、溥儀が健康そうなのを見て、昔宮廷で食べた食事が美味しいか、それとも今ここで食べる食事が美味しいか、と笑顔で尋ねた。溥儀はその質問に、かつて皇帝のときは、毎食少なくとも48皿の料理があり、時には婉容が10いくつかの料理を届けさせてきた〔皇帝と皇后は普通一緒に食事をしな

---

*2　文強:「北京での改造」、『戦犯から公民へ——元国民党将校の改造生活の思い出』、中国文史出版社、1987年版、159ページ参照。

*3　〔訳注〕1938〜1989年。パンチェン・ラマ10世、1953年のチベット動乱の際も国内にとどまり、中国共産党を支持した。

*4　金源:「奇跡を永遠に記す——日満戦犯の改造工作回顧」、『世界を震撼させた奇跡』、中国文史出版社、1990年版、18ページ参照。

い）、山海珍味ばかりだったが、食べてもどんな味かわからなかった、今ここでは、食事内容は以前に及ばないものの、とても美味しくて、1回の食事で包子を1斤〔500グラム、1.5人前くらいの分量に相当する。〕食べてしまうこともあるほどだ、と答えた。賀元帥は、それは、あなたが今規律ある生活をしているからで進歩した証拠だと言い、さらに、昔の皇帝で長生きした者はほとんどいない、とも言った。すると、満州国皇帝時代を思い出したのか、あわてて溥儀は、私には罪がある、私は党に申し訳ない、人民にも申し訳ない、私は必ずしっかりと改造をするつもりだ、と自己批判した。賀元帥は、うれしそうに溥儀に向かって、あなたはきちんと改造しさえすれば、将来公民権を得られるだろうし、そうすれば前途がある、しっかり学習しなさい、あなたはわが国の社会主義建設の実情をその目で見ることになるだろう、とさらに声をかけた。溥儀は、両老元帥の話を聞いてまるで至宝を手に入れたかのようであった。監房に戻ると、一緒にいる一族の者たちと、何日も繰り返し両元帥の言葉の意味を噛みしめていた。一族の者たちも、溥儀の表情に新たな生活への希望が湧いてきたのを深く感じていた。

　この新しい人間に生まれ変わるという望みは確かなものであった。なぜなら、それは毛沢東の思慮と決定に基づくものだったからだ。1956年4月25日、毛沢東は中国共産党中央政治局拡大会議で重要演説を発表した。これこそ、何年か後で公にされた名著『十大関係論』の一部、反革命鎮圧に関するものであった。毛沢東の鶴の一声が、溥儀の運命を決定づけ、彼の後半生における道を定めたのである。

　　どのような人間を死刑にしないのか。胡風、潘漢年、饒漱石のような者は死刑にせず、捕虜になった戦犯の宣統帝や康沢なども死刑にしない。死刑にしないのは、死刑とすべき罪がないからではなく、死刑にすると不利だからである。こうした人間を一人死刑にすると、第二、第三の者もそれと比較され、結局数多くの首がはねられてしまう、これが一つ目の理由である。二つ目の理由は、誤って処刑してしまうことがあり得るからだ。歴史の証明するところによれば、地に落ちた首は繋ぎ合わせることはできず、また、ニラと違って、一度切り取ると、二度と伸びてこないので、もし切り間違えたら、

誤りを改めようとしても改めようがない。三つ目の理由は、証拠が湮滅してしまうことだ。反革命分子の鎮圧には証拠が必要である。一人の反革命分子がほかの反革命分子の生き証人ということはしばしばあり、訴える場合、証人になってもらえる。それを消滅してしまうと、もう証拠が見つからなくなるかもしれない。これは、反革命に有利となるだけで、革命には不利である。四つ目は、彼らを死刑にしたところで、一に生産を増加させることも、二に科学の水準を高めることも、三に四害退治〔農業生産や衛生に害をもたらすハエ、蚊、ネズミ、スズメなど〕に役立たせることも、四に国防を強大にすることも、五に台湾を取り戻すこともできるわけではない。彼らを死刑にすれば、捕虜を処刑したという名声を得られるかもしれないが、捕虜処刑は、従来不名誉とされるものだ。もう一つ、機関の反革命分子は社会の反革命分子とは違う。社会の反革命分子は人民の頭上にのさばっているが、機関の反革命分子は人民とはいくらか隔たっており、普遍的な恨みは買っていても、直接的な恨みはあまり買っていない。この連中を一人も死刑にしないからといって、何の害があるだろうか。労働のできる者は労働作業に生かし、労働のできない者は養っておけばよい。反革命分子は屑であり、害虫である。だがこちらがおさえてしまえば、人民のために何かやらせることもできる。…（中略）…首をはねない以上、飯を食わせなければならない。すべての反革命分子に対して、更生の機会が得られるよう生活の道を与えるべきである。こうしたやり方は、人民の事業にとっても、国際的影響から見ても有益である。[5]

　毛沢東が演説をした当日、第1期全国人民代表大会常務委員会第34回の会議で「中国侵略戦争中拘留された日本人戦犯の処理に関する決定」が可決された。毛沢東は直ちに中華人民共和国主席令を発布し、この決定を公表した。中国政府が日満戦犯を寛大な政策によって処理する「決定」を世界に宣言したのである。
　「決定」が国内外で強い反響を引き起こしたちょうどそのとき、人々の注目を引くような非公式のニュースが伝えられた。中国最後の皇帝溥儀が釈放されて北

---

[5]　『毛沢東著作選読』下冊、人民出版社、1986年、736～738ページ参照。

京に戻った、というのだ。当時上海在住であった四川出身の著名人 周 孝懐は、その知らせを耳にすると、ひどく感動した。折しも上海市政治協商会議が、戦犯処理についての討論会を開いていたが、彼は筆を執って全国政治協商会議副主席 黄 炎培に手紙を書き、その中で、

> 5日前、上海市政治協商会議は戦犯処理に関する討論会が招集されましたが、私は目まいがして参加しませんでした。友人の柯慶 祝 氏が、会場の様子を伝えてくれ、そこで初めて溥公（その名前を直接記すのがはばかられます。どうかご諒解ください）が北京に戻ったと知りました。そのとき同席していた何人かの旧友たちは涙を流して感動しました。政府から意見を求められるとしたら、他人はいざ知らず、私は溥公についてずっと忘れられないことがあるのです。それは別の紙に書きますので、ご覧になった後、毛・周の御二方にもご参考までにお渡しいただけないでしょうか。溥公の処置が決まり、接見が許されるようになりましたら、どうかお知らせください。ぜひ北京に行って一度お目にかかりたいと思っています。この方は本当に可哀想な方で、丁巳の年〔1917年〕には、康、沈によって道を誤り、辛未の年〔1931年〕には羅、鄭によって道を踏み外してしまいました。彼らはみな、臣下として自己を過大評価し、その上学者や詩人面をしているのです。昔の読書人は本当に有害で、嘆かわしいものです。*6

　この手紙が書かれたのは、1956 年 5 月中旬である。執筆者の周孝懐は戊 戌 年間にはすでに壮士であった。「戊戌の変法」失敗の兆しを見せ始めたころ、彼は、西太后が光緒帝拘禁と維新派逮捕の命令を下すのを早めに察知し、すぐさま危険を冒して「六君子」の一人劉光第にそれを知らせたが、劉は新法のために身を献げる決意をしており、逃げるのを拒んだ。そして、周は菜市口の刑場での悲壮な一幕を目の当たりにしたのである。
　それから半世紀後、新中国の世となってからこの歴史上の風雲児はまたも姿を現し、溥儀の情状酌量を求めたのである。
　周孝懐の考えを説明すると以下のようになる。

---

*6　周孝懐の黄炎培に当てた手紙を参照。その現物は、現在、中央档案館に所蔵されている。

1917年、「張勲の復辟」〔「張勲の復辟」については14ページ＊5参照〕のころ、溥儀は康有為、沈曾植らに翻弄され、1931年、溥儀は満州へ行き、日本人の懐へ飛び込んだが、それは羅振玉、鄭孝胥らに操られたからだ。周から見れば、溥儀は「可哀想な人」なのであった。周孝懐が「別の紙に書いた」永遠に忘れられない事実とは、主に以下の二つを指す。一つ目は、1930年から1931年の間、溥儀が財政的に逼迫していたにもかかわらず、寄付をしたことであった。朱慶瀾将軍が陝西と長江の被災地区で義援金を募った義挙を支持したのだ。二つ目は、溥儀が天津から満州に向かう際、旅順で周孝懐と会ったが、頭ははっきりしている様子だった、ただ、彼にはもはやいかんともしがたかっただけである。ほどなくして、満州国執政に就任したが、それは決して溥儀の本心ではなかった、ということである。

これは明らかに、周孝懐が溥儀の責任を言い逃れるためのものであって、取るに足らない。しかし、溥儀の処理問題に関しては、社会において広い影響があったことを証明している。

黄炎培は、周孝懐の手紙を受け取った後、すぐ1956年5月21日に周恩来宛てに手紙を送り、周の望んだとおり毛沢東と周恩来に、その手紙と別紙の資料を渡したほか、周の書いた内容は「確かに一読の価値がある」という自らの意見を付し、さらに、溥儀は『資本論』を読みたいと言っているそうだが、それは彼の思想が飛躍的な進歩したことを示すものではないか、とも述べた。

周恩来は、その日のうちに読み終わると、「すぐ主席と彭真のところに届け読んでもらうように」と指示した。5月29日、彭真は、「政文同志へ。これらの文書の写しを取り、溥儀関係の保存文書中に保存しておくこと。原本は総理執務室に戻すように。」という指示をした。こうして、周孝懐の手紙と別紙、黄炎培の手紙は中央指導者の指示と合わせ、最高人民検察院副検察長譚政文により、その写しが溥儀関係の保存文書中に保管されることになった。

周孝懐が知ったニュースは正確ではなかった。溥儀はいまだ釈放されてはおらず、今なお撫順に拘禁されていたのである。しかし、このとき、中央による先行的な処置によって、大量の日本人戦犯が釈放されていたのである。

1956年3月、周恩来は最高検察院による報告の中で、起訴を免除した戦犯を三陣に分けて釈放せよ、と指示した。

> 1956 年 3 月 8 日，周恩来总理在最高人民检察院的报告中批示："免予起诉的战犯要分三批放"。遵照这一指示，最高人民检察院于 1956 年 6 月 21 日释放第一批在抚顺战犯管理所羁押的日本战犯 295 名；7 月 15 日释放第二批战犯 296 名；8 月 21 日释放第三批战犯 306 名。

1956 年 3 月、周恩来の最高検察院における指示。不起訴した戦犯を3 回に分けて釈放する、というもの

　同年 6 月 28 日午後 3 時 35 分、釈放された 335 人の日本人戦犯の第 1 陣を乗せて帰国する日本船「興安丸」は、静々と塘沽新港の埠頭を離れた。帰国者は、出航前に読み上げた「お別れの言葉」の中で以下のように述べた。

　「私たちは、中国で過ごした楽しい生活とあなた方が示してくれた慈悲を決して忘れません。あなた方とお別れするのはとてもつらいことですが、私たちが感じているのはつらさだけではありません。なぜなら、私たちは、今、新しい人生の道に船出する喜びと感謝の思いで胸がいっぱいで、心の中はすばらしい希望で満ちあふれているからです。」[7]

　その年 7 月 28 日午後 4 時 30 分、釈放された 328 人の日本人戦犯第 2 陣と仮釈放された武部六蔵は、日本船「興安丸」に乗って塘沽新港を離れ、帰国の途に就いた。帰国者代表が出航前に読み上げた「お別れの言葉」にはこう述べられていた。

　「私たちは、かつて武器を手にしてこの海を渡り、中国を侵略しました。今日私たちは同じようにこの海を渡りますが、それは平和を愛する一人の人間として、自分の祖国に帰るのです。」[8]

　さらに、同じ年の 9 月 1 日夜 11 時 30 分、同じく「興安丸」は、第 3 陣の 354人を乗せて塘沽新港の埠頭を離れた。帰国者代表は「お別れの言葉」で、

---

*7　『人民日報』1956 年 6 月 30 日参照。
*8　『人民日報』1956 年 7 月 29 日参照。

「我々は、かつて日本帝国主義と我々に殺害された1200万に及ぶ中国人烈士の英霊とその家族と離れ、五体満足なまま帰国し、我々を待つ家族と抱き合い再会することになります。しかし、我々が殺害した人々は永久に地下に眠っており、永遠に帰ってくることはできません。日本帝国主義と我々が犯した大罪、烈士家族の悲しみ憎しみが、忘れ去られることは永遠にないのです。」[9]

　このときまでに、1017名の、もとの地位が低く、犯罪が比較的軽く、反省の態度が比較的良い日本人戦犯たちが、中国赤十字や日本赤十字を通じて釈放され帰国した。同時に、その他罪状の重い日本人戦犯45人も、わが国の最高人民法院が組織した特別軍事法廷で審判に付された。6月9日から19日にかけて、遼寧省瀋陽市で鈴木久ら8名の戦犯が、6月10日から19日にかけて、山西省太原市で富永順太郎ら戦犯とスパイ行為の事案が、6月12日から20日には、同じく山西省太原市で城野宏ら8名の戦犯と反革命の犯罪事案が、7月1日から20日にかけては、遼寧省瀋陽市で武部六蔵ら28名の戦犯の裁判が、それぞれ公開で行われた。裁判は厳正かつ寛大に行われ、結果、45人に対し、それぞれ8から20年の懲役刑が言い渡された。

　1956年7月2日午前、左胸に「981」という白い布の囚人番号をつけた溥儀は、名前を呼ばれると、大股で証人台に上がった。

「私は今日祖国の厳粛な法廷で、私が祖国人民の目の前で、日本帝国主義分子である元満州国総務庁長官武部六蔵とその補佐者である古海忠之が、どうやって満州国傀儡政権を操り、わが国東北地域の人民を奴隷のように酷使したのかについて証言いたします。」[10]

　溥儀の証言は、傍聴人で満席のホール内にこだました……。

　李福生の回想[11]によれば、溥儀は1946年に極東国際軍事法廷で証言したとき、ある教訓を得ていた。あのときは自分を弁護するため、十分に日本帝国主義による中国侵略の罪状を暴き出すことができなかった。しかし今回の法廷では徹底的

＊9　『光明日報』1956年9月3日参照。

＊10　王戦平主編：『正義の裁判』、人民法院出版社、1990年、89ページ参照。

＊11　李福生：「満州国皇帝溥儀改造雑記」、『世界を震撼させた奇跡』、中国文史出版社、1990年版、96ページ参照。

瀋陽の特別軍事法廷で証言する溥儀

に暴露するという決心をしていた。

　溥儀は、証言のために周到な準備をした。食事中も、歩いているときも、眠る前の時間さえも疎かにしなかった。そのため、証言の説得力はとても強く、被告人の古海忠之は法廷で溥儀に深々と辞儀をし、「証人が発言した内容はすべて事実です」と涙ながらに言った。溥儀は、証言した後も非常に興奮して「私は中国人だが、いままで中国人民の役に立つことをしたことがありませんでした。今、私はついに祖国に対して、人民に対して役に立つことをしました。とてもうれしく思います」と述べた。

　中国政府の日本人戦犯に対する寛大な措置と裁判が、大成功であったことは歴史が証明している。これは毛沢東と周恩来の成功でもあった。戦犯処理に対する彼らの認識と理論は、政策の実情と完全に符合していた。彼らは全局面を慎重かつ緻密に考慮し、歴史から現実まで、戦争から友好まで、被害者から加害者まで、国内から国外まで、すべてを捉えて判断していたのである。

　周恩来は、日本人戦犯処理に関する発言の草案を練るため、いくつかの原則的意見を提出した。保存文書中の関連記録（中央档案館所蔵）は、周恩来が、この問題を政治的かつ客観的に考えていたことを十分に証明している。

　周恩来は、厳粛さを保ちながらも情理にかなった説明を大衆にしなければいけ

ない、という原則に基づいて、戦犯処理に関し以下のような起案を行った。

　まず、事実に基づき、現在拘禁されている戦犯の出所を説明する。一つ目は、ソ連が逮捕した日本人戦犯の中で、中国と関係があってソ連側から中国に引き渡された者、二つ目は、日本降伏後、さらに蒋介石と閻錫山の反革命に加わって捕虜になった者である。中国における日本人戦犯はこれらだけだと大衆に錯覚を起こさせてはならない。事実上、日本による中国侵略戦争中の主な戦犯は、日本降伏後、極東国際軍事法廷および当時の中国政府によってすでに処理されている。

　次に、現在拘禁中の日本人戦犯について、その多くは一般的な罪状のみであり、拘禁中の態度も良く、重大犯罪を犯したものはごく少数である。

　さらに、現在の日本国内における状況と戦後における中日両国人民友好関係の発展は、この10年来の状況に大きな変化があったことを表している。

　そのため、人民代表大会常務委員会は以下のように決定する。日本人戦犯の中で罪状が軽く反省の態度が良い者は、不起訴とし、罪状の重い者は、法律に基づいて起訴し、寛大な措置を与える。

　これらは、当時、毛沢東と周恩来が日本人戦犯を処理する際の基本的な構想を反映しており、その後に処理された国民党戦犯および満州国戦犯に対しても同様であった。

8

手紙の往来から面会まで

毛沢東、周恩来と溥儀

　高校２年生の少女が書いた一通の手紙が、東京日吉の嵯峨家から北京中南海の西花廳まで、紺碧の海原を越えて届けられた。中華人民共和国国務院総理周恩来は、手紙を開くとそれを丹念に読み、行間からあふれ出る肉親の情に大変感動した。

　尊敬する中国の総理のおじさん
　私は満州国戦犯愛新覚羅・溥傑の長女で、名前を慧生と言います。この手紙は、家族の反対を押し切って書いています。というのは、私がとても私の阿瑪[*1]に会いたいからです。おじさんが、きっと17歳の女の子の気持ちを理解してくれると信じています。

　私の中国語は上手ではありません。しかし、それでも私は日本で勉強した中国語であなたに手紙を書きます。私の父から、もう長いこと音信がなく、私と母はとても心配しています。父のことを日夜案じて、どのくらい手紙を書き、写真を送ったかわかりません。でもいまだに一通の返事もありません。自分の力のなさを嘆くばかりです。

　中日両国の体制は異なり、人々の考え方もそれぞれ違っていますが、肉親の気持ちは、中国でも日本でも同じです。もし周総理に血を分けたお子さんがいらっしゃったら、私と妹が父を懐かしむ気持ちをおわかりいただけると思います。さらに、私たち姉妹を苦労して育て、夫を待ち焦がれている私の母の気持ちも理解していただけるのではないでしょうか。どうか私の切なる苦しい心情をわかってください。

＊1　「阿瑪」は満州語で「お父さん」の意味。

今、日本と中国は外交関係がありません。けれど、私の家庭は中国人の父と日本人の母によって築かれています。私たち一家は、心から中日の友好を期待しています。これはいかなる人も押しとどめることはできません。母は一刻も早く父のもとに飛んで行きたいと思っています。私も一日も早く家族が再会することを待ち望んでいます。まさにこのために、私は今一生懸命に中国語を学んでいます。私は中日友好に貢献し、中日友好の懸け橋になりたいと思っています。

溥傑の長女慧生

　どうかよろしくお願いします。
　おじさんが、この手紙と写真を愛する父に渡してくださり、私と父との手紙のやりとり許してくださることを心から望んでおります……。

　溥傑の長女慧生は、そのとき母の嵯峨浩と妹の嫮生（こせい）と一緒に東京にある母方の祖母の家に住んでいた。彼女は、父との手紙のやり取りができるように、中国の総理が手助けしてくれるのを期待しており、その期待は無にならなかった。周恩来は、慧生の父への思いを完璧に理解し、その中国語のレベルを賞賛した。さらに、侵略戦争の深い被害を受けた日中両国人民の友好を求める叫び声に揺り動かされた。彼は続けて二度手紙に目を通した後、傍らにいた秘書に、「私はこういう子供が好きだ。若者というものは、何事にも勇気がなくてはならない。慧生という子は、満州族の青年らしい行動力がある。機会があったら、彼女に会ってみたいものだ」と話した。

　慧生の望み通り、総理は直ちに手紙と写真を溥傑（ふじゅん）に転送した。そして、撫順戦犯管理所に特別に指示して、溥傑が日本に住む家族と手紙のやり取りをすることを許す、と伝えた。一国の総理が、本国にいる戦犯と外交関係のないその国外

にいる家族との通信、という具体的事項を直接許可することは、歴史上でも初めてであった。総理は、さらに、溥傑との手紙のやり取りを許可すると、慧生に返事を出すよう秘書に命じた。ほどなくして、日本赤十字は、撫順からの溥傑の手紙を東京の日吉にある嵯峨家に転送した。手紙は慧生宛てに書かれたものだった。

　　お父さんは今中国の撫順にいる。すべてうまくいっているので、心配しないように。……この手紙を出せたのは、慧生のおかげだ。周恩来総理が慧生の書いた手紙をお読みになって、それを私に転送してくれたのだ。総理は慧生の中国語のレベルについてもしきりにほめていたそうだ……。[2]

溥傑の手紙は嵯峨家にこの上ない喜びをもたらした。慧生は、父の手紙を捧げ持ち、周恩来の写真に向かって跪き、涙を流しながら「総理のおじさん、いつか中国に帰って、必ずご挨拶に参ります」と言うと、帰国したら総理に贈るつもりで、自分の写真に、「最も尊敬し、信頼する中国の総理周恩来おじさんへ」と中国語で丁寧に書き記した。

周恩来は慧生から溥傑のことを思い起こし、さらに溥傑から溥儀のことに思いを馳せた。彼は戦犯を何年か匿っていたが、そろそろ彼らと家族との連絡を考慮すべきときになり、彼らにどうにかして家庭の温かみを感じさせれば、改造に役立つだろう、と思っていた。

周恩来は最高人民検察院にこの問題を検討するよう指示し、1955年6月3日、満州国戦犯とその家族との通信および面会を許可する決定が下された。[3]

このとき決定がなされたのは、明らかに慧生が総理に手紙を書いたことと関係があったが、それだけが理由ではなかった。1952年、中央では撫順戦犯管理所に戦犯の家族とその住所を探すように指示していた。連絡を取るための下準備であったが、そのときは、機が熟していなかった。

しかし、今や国内外の政治情勢は大きく変わっていた。すでに朝鮮戦争は2年

---

*2　［日］船木繁著、戦憲斌訳：『最後の皇弟——溥傑』、中国卓越出版公司、1990年版、146ページ参照〔原著は『皇帝溥傑の昭和史』、新潮社、1989年刊〕。

*3　孫世強：「撫順戦犯管理所の歴史的沿革と大事記」、『世界を震撼させた奇跡』、中国文史出版社、1990年版、259ページ参照。

嵯峨浩（1950年代日本で撮影したもの）

前に終わり、大々的な反革命鎮圧運動も次第に緩やかになり、新中国の経済状態は、回復期から第一次5年計画の発展時期に移行していた。こうした変化の中で、戦犯の思想変化促進に家族が特別な効果をもたらすと考えられたため、中央はすでに1955年2月10日には、日本人戦犯と日本にいるその家族との通信を許していた。それに続いて2か月の内に、中国赤十字は、日本人戦犯家族の郵便物1200数通、小包1000数件を転送してきた。

ただ満州国戦犯の家族問題は、まだ日程には上げられていなかった。しかし、満州国皇帝と大臣たちにも、両親、子女、親戚友人がいるのだ。彼らを外の風が入ってこないような鉄の檻の中に封印しておくべきではなくなった。この問題を解決するときが来たのである。

決定が溥儀の監房に伝わると、この元皇帝は興奮した。振り返れば10年にもなろうとする牢獄生活、特に帰国してからの5年間、彼は毎日学習し、徐々に身の回りのことを自分でできるようになっていた。また、労働に参加して、尋問を受けた。これらすべてが、彼に過去を見つめ未来を見つめさせないわけにはいかなかった。

歴史上その頭に頂いた皇冠は、溥儀にとってはもはや輝きを失っていたが、身内を懐かしまないはずがない。年老いた父載灃（さいほう）は、もし健在なら古希を過ぎている。若い妻の李玉琴（りぎょくきん）ははたしてどこにいるのか。満州国時代ずっと側にいた何人かの妹たちは、通化（つうか）、大栗子溝（だいりつしこう）で別れて以来まったく消息がない…、まったく安心できるはずもない。自分自身も身内も互の消息を待ち望んでいたが、今ついに手紙を書くことができるようになったのだ。

戦犯の家族の住所を明らかにするため、管理所の幹部は苦労した。というのも、戦犯の登記簿に記載されている住所は、大部分が1945年に逮捕されたときのもので、変わっていることが甚だ多く、探しにくかったからだ。管理所の幹部は、まず溥儀の北京に住む妹と弟の住所を見つけてやり、溥儀の直筆の手紙を見た親

戚らは、すぐに返事を寄こした。溥儀は、それらの手紙から知った様子をこう書いている。

　手紙によって、意外にも弟、妹たちたちがみな仕事を持っているのを知った。下の世代の子供たちは、小学校、中学、高校、大学に通っているばかりか、共産党のもとで育成され、ある者は優秀な女子運動選手になっており、ある者は人民教師になっている。私の七叔は人民代表大会代表、政協委員に選ばれており、愛新覚羅一族全員が、祖国という大家族の中で生き生きと過ごしている。これはまったく思いもよらなかったことだ。[*4]

　溥儀は若い妻のことをとても心配していたが、李玉琴に宛てた最初の手紙は住所不明で戻ってきてしまった。途方に暮れていたとき、管理教育員の李福生が監房に入ってきた。彼は李玉琴の詳しい住所を持ってきて、彼女の様子を簡単に教えてくれた。それによると、李玉琴はまだ再婚しておらず、臨時の仕事をしており、今は実家に住んでいて、暮らしぶりも悪くないという。溥儀は喜び、特に政府が彼のために妻の行方を調べてくれたのを感謝した。李福生の話では、それはとても大変だったそうで、彼らは自ら長春市をあちこち探し回り、現地の公安部門にも協力してもらって、海に落とした針を探すように、やっとの思いで見つけたとのことだった。[*5] 「親愛なる溥儀様」で始まる妻の返事が、ようやく溥儀のもとに届いたときの情景は、描写しなくても読者には想像がつくだろう。

　手紙のやり取りの結果、面会する手筈になった。身内がまだ健在で、その上、撫順にいるのだ。どうして会いたくないという道理があるだろうか。溥儀の若い妻李玉琴はすぐさまやって来た。1955年7月初めから1956年末まで行われた4回の面会は、管理所の幹部がいろいろと面倒を見た。

　李玉琴がまだ単純な思想の持主だとすれば、北京にいる溥儀の親戚や弟妹たちの状況はやや違っていた。彼らは誰もが多すぎるほどの苦難を経験していた。漢奸の皇帝となった長兄を訪問するということは、心の中では願っていたとしても、

---

*4　1957年に溥儀が撫順戦犯管理所で書いた未刊の自叙伝を参照。

*5　李福生：「満州国皇帝溥儀改造雑記」、『世界を震撼させた奇跡』、中国文史出版社、1990年版、83～84ページ参照。

誰が大胆に言い出せようか。彼らの心配は理解できる。しかし、それほど時間が経たないうちに、この石炭で有名な町に、何人かの清朝の元皇族たちが姿を現した。その中には、溥儀の七叔で、清末に近衛軍大臣などを歴任した元貝勒*6の載濤のほか、溥儀の二人の妹、往年の第一王府すなわち醇親王府の三格格*7の韞穎と五格格の韞馨がいた。彼らの懸念を、毛沢東と周恩来が取り除いてやったおかげで、ここにたどり着いたのだ。

1955年初夏、李玉琴が撫順へ手紙とともに送った写真

1956年1月30日から2月7日にかけて、中国人民政治協商会議第2期全国委員会の第2回会議が北京で開催され、載濤は全国政協委員として会議に出席した。ある宴会の席上、周恩来は載濤を見かけると、心のこもった挨拶をした。そして、彼を毛沢東に引き合わせ、こちらが載濤氏で溥儀の叔父です、と紹介した。毛沢東は載濤の手をしっかりと握り、親しげに「溥儀は撫順でなかなかよく学習しているらしく、マルクス・レーニン主義の本をたくさん読んだそうです。家族を連れて会いに行ってはいかがかな。」と語りかけた。それを聞いて、載濤は大変感激した。

会議閉幕後間もなく、北京市役所は東城寛街西揚胡同にある載濤の家に人を派遣した。訪問者は、載濤に対し「毛主席はあなたに任務を与えました。あなたの甥に会いに行ってらっしゃい、もう長い間会っていないでしょうから、とのことです。」と言った。もともと毛沢東が載濤に言葉をかけた後、周恩来は具体的な手配を北京市長彭真に任せたのだ。訪問者はまさしく毛沢東の指示を実行するため、撫順へ親族訪問に行く前、細目を相談しにわざわざやって来たのだった。

---

*6 〔訳注〕清朝における爵位の一つで、親王、郡王の下にあたる。「貝勒」とは、もともと満州語で王の意味。
*7 〔訳注〕「格格」は、皇女と内親王に対する呼称。満州語で姫の意味。

彼らは彭真市長の手配に沿って相談し、載濤が溥儀の三妹韞穎と五妹の韞馨を連れて行くことになった。それは韞穎の夫潤麒（じゅんき）と韞馨の夫万嘉熙（ばんかき）も、溥儀と一緒に拘禁されていたからである。韞穎は、撫順に向かう前の状況を思い出して言う。

　撫順に行く前、七叔は、私を連れて市役所に彭市長を訪問した。彭市長は、私たちに「向こうは寒いから、厚着をして行きなさい。」と何度も念を押した。そして、市役所は私と五妹それぞれに衣服購入のため100元を出してくれた。記憶では、私はそのとき、コールテンの青い上着と黒いズボン、それからメリヤスのシャツも1着買った……。彭市長はさらに、「あなたたちは親戚に会いに行くのだから、食べ物を買って持っていくとよい。お金は政府が出すから。」とも言った。七叔と相談したが、口にするものは持っては行けない、「責任を負うのが怖かった」ので買わなかった。本来、彭市長は私たちだけで撫順に行かそうとしたのだが、私たちはやはり、政府の人が誰かついていってくれたほうがよいと考えた。そこで、市長は公安局丁科長が私たちに同伴するようにしてくれた。丁科長はとてもよい人で、道中いろいろ私たちの面倒を見てくれた。居心地の良い宿泊所の手配や公園見物など、気を遣ってくれた。[8]

「口にするものは持っては行けない」や「やはり政府の人が誰かついていってくれたほうがよい」という言葉の中に、載濤らの際限のないほどの心配がにじみ出ている。もし、国家主席が決定を下し、国務院総理が世話し、北京市長が手配しなければ、この親族訪問は絶対に行われなかっただろう。その後、撫順で面会したとき、北京の食べものを味わえなかったため、溥儀は非常に残念がった。郷里を離れて丸30年、世の中の移り変わりに感慨もひとしおだった。韞穎は、彭真市長の言うことを聞かなかったのを後悔し、後に訪問した身内たちに北京の菓子を持たせている。

　載濤、韞穎と韞馨らは、1956年3月9日に撫順へ到着し、翌日早朝すぐ戦犯

＊8　金蕊秀：「党と国家指導者の我々の全家族に対する配慮」、『貴顕との出会い』第2集、遼寧教育出版社、1987年版、278ページ。

管理所に向かった。そして、溥儀、溥傑、郭布羅・潤麒、万嘉熙、毓嵒、毓嶦、毓嵣ら愛新覚羅一族の人々と面会した。管理教育科長をしていた金源は、当時を思い出して言う。

　　載濤たちは管理所に来て、溥儀、溥傑らに会ってこう言った。「私が今回面会に来たのは、毛主席が勧めてくれたからだ。周恩来総理も毛主席のお考えに沿って、彭真市長に言って、私のために服まで準備してくださった。国家は費用の全部を出してくれたのだ…。」載濤の話がまだ終わらないうちに、溥儀ら一族はみな感動して泣いた。今回の面会は、戦犯管理所一号会議室で行われた。面会が始まったとき、孫明齋所長と私、李福生らはみな立ち会ったが、我々がいるのは不都合だと感じて、自発的にその場を離れた。彼らはこの間会議室で、談笑し、午前中いっぱいを過ごした。午後、管理所は溥儀、溥傑らを車に乗せて、載濤が宿泊している撫順東公園専門家宿泊所へ答礼訪問に行かせた。載濤たちは撫順に数日間泊まり、溥儀らと何度も面会した。溥儀はその後興奮して私に言った。「毛主席、周恩来総理は、毎日国家の大事のため心を砕き忙しく政務を執られているのに、私たちのことまで考えてくださっているとは、本当に思いもよりませんでした。」[*9]

載濤は彼の新中国での体験を話したが、これも溥儀には予想外のことだった。

載濤の話では、1950年6月14日、中国国民党革命委員会中央主席李済深から推薦され、周恩来の申請および毛沢東の許可を経て、特別に政協第一期全国委員会第2回会議に列席するよう招請を受けた。周恩来は会議の席で、載濤に向かい大変すまなそうに「載濤さん、最初の全国政治協商会議にあなたをお招きしませんでした。あなたという数十万の満州族人民の代表を忘れていました。」と言い、さらに、載濤に大会への意見提出を心よりお願いしたい、新中国建設のために知恵をお貸しくださいとも言った。李済深と蔣光鼐に励まされ、載濤は「馬種を改良して、軍用に役立てる」という意見を提出した。これに毛沢東と周恩来は大変注目し、載濤の愛国精神と軍馬に関する豊富な知識を賞賛して、彼を中国人民

――――――――――――――――――――――
*9　金源：「奇跡を永遠に記す──日満戦犯の改造工作回顧」、『世界を震撼させた奇跡』、中国文史出版社、1990年版、17ページ参照。

解放軍砲兵司令部馬政局顧問に任命した。その辞令は中央軍事委員会主席の毛沢東から1950年8月10日に下達された。その年、載濤はすでに63歳になっていた。4年後、彼は全国人民代表大会代表に選ばれ、しばらくして今度は全国政協委員となり、しばしば国家的大事を討論する最高レベルの会議に出席した。「解放後、私は隠遁するつもりだったが、思いがけず毛主席と共産党は、私を見捨てず、周恩来総理も礼を尽くして、私を招き出してくださったのだ。」と、話した。[*10]

韞頴も、毛沢東と周恩来が彼女のために仕事を手配してくれた経緯を話した。これまた溥儀には思いもよらぬことであった。

韞頴の話では、章士釗が『満宮残照記』という本の中で、彼女が30年代に日本から溥儀に書き送った手紙を読んで、とても天真爛漫で面白い、この「御姫様」に会ってみたいと思っていたという。後に会議で載濤に会い、彼女の行方を聞き出した。韞頴は当時交道口北兵馬司10号に住んでおり、居民委員会の班長をしていたが、正式な仕事はしていなかった。そこで章士釗は、載濤に後日韞頴を連れて家に来てほしいと約束した。1954年のある日、韞頴は七叔載濤に随って東四八条の章家に行った。驚いたことに、章士釗は家で宴会を開いており、お客でいっぱいだった。章士釗は嬉しそうに韞頴に対し、「あの『満宮残照記』は、すでに毛主席に見ていただこうと贈呈してあります。あなたが溥儀に書いた手紙は、とてもおもしろかった。そのうちあなたが自伝を書くことがあったら、私が毛主席に差し上げますよ」と言った。

はたして韞頴が自伝を書くと、章士釗は彼女のために半日がかりで手直しをし、さらに、章家の模様が入った緞子の表紙をつけ、豪華な公文書のような書式に清書して、それに彼女の写真を2枚貼りつけた。1枚は結婚記念写真で、1枚は満州族の衣装[*11]を着た写真であった。何日か経つと、毛沢東は章士釗に返事を寄越し、韞頴の仕事に関してはすでに処理したと伝えられた。ほどなく、韞頴は北京市東4区政協委員の仕事を回され、同時に区政治協商委員会機関の幹部の一人

---

*10　鄭懐義、張建設：『最後の皇叔載濤の栄枯盛衰記』、群衆出版社、1989年版、118～127ページ参照。

*11　〔訳注〕旗袍。いわゆるチャイナドレス。ただし、現在のチャイナドレスは本来のものから変化している。

になった。後に彼女は、このことも周恩来が具体的に取り計らったことを知った。[12]

溥儀は家族一人ひとりの感動的な話を聞くうちに、感激のあまり涙が目にあふれ、その心はまたも大きく揺さぶられた。彼はこう書いている。

　愛新覚羅一族の最大の変化は、彼らの共産党、人民政府および毛主席に対する尊敬と感謝の念だ、と感じた。彼らは私にしっかりと改造するように求めた。私の妹たちは、かつてはみな皇女で、高貴なことを鼻にかけ自尊心が強かった。だが、今は質素になって、物分かりも大変良くなった。これも私に対する教育の一つだ。今回の一族との面会によって、私は、救済されたのは私自身だけでなく、満州族全体および愛新覚羅一族も救済を得たのだとはっきり悟った。[13]

載濤一行が北京に帰った後、彭真市長は自ら載濤の家を訪れ、撫順での親族訪問についての様子を知ろうとした。載濤の報告がし終わると、韞穎と韞馨も、彭真に喜びの気持ちを話し、防寒用の服を買えたのを市長に感謝した。彭真は笑って「私に感謝しなくてよろしい、政府があげたのだから」と言った。

北京の愛新覚羅一族が政府の配慮を得ていたとき、長春の党と政府部門も同様に、かつて溥儀の若い妻だった李玉琴への配慮を忘れてはいなかった。そのときまでに李玉琴は、すでに二度撫順に行っていたが、二人は互いに励まし合って、多くの積もる話をしていた。二人とも、夫婦として円満な生活が、いつの日か送れるようになれば、という期待があり、溥儀は、それが特に強かった。そのことは、溥儀の思想面での変化に大きく影響した。このとき、長春市委員会統一戦線工作部は上級機関の指示によって李玉琴のために仕事を手配し、この満州国宮廷の「福貴人」は、一躍国家幹部となり、市クラスの図書管理幹部になった。これには溥儀も喜び、戦犯管理所の幹部たちも喜んでいたときに、彼らのまったく予想できない事態が、突然李玉琴の親族訪問のとき起こった。

＊12　金蕊秀：「党と国家指導者の我々の全家族に対する配慮」、『貴顕との出会い』第2集、遼寧教育出版社、1987年版、276〜277ページ。

＊13　1957年に溥儀が撫順戦犯管理所で書いた未刊の自叙伝を参照。

毛沢東、周恩来と溥儀

すでに長春市図書館の幹部になっていた李玉琴は、何度も撫順に夫を訪ねた

それは載濤一行が北京に帰った後のことで、李玉琴にとっては3回目の撫順行きであった。理由は誰にもわからなかったが、彼女は突然管理所の幹部に三つの問題を出した。溥儀はいつ釈放されるのか。政府は溥儀の釈放後、どう仕事を手配してくれるのか。もしも彼女が溥儀に申し訳ないことをしたとしたら、許しを得ることができるかどうか。

管理所の孫明齋所長は、溥儀の処理は国家の主管で、管理所には権利がないと返答した。孫所長は、問題をこのように出すのは面会の規定に違反していると厳しく指摘した。

1956年12月25日、李玉琴は最後に撫順を訪れ、なんと溥儀の面に向かって正式に離婚を申し出た。

彼女は管理所幹部の忠告に耳を貸そうともせず、決然とした態度で、自分と溥儀はこれまで本当の夫婦の感情がなく、「正常な人としての生活を送る」ために離婚しなければならないと断固として言った。そこで、このことはまたも迅速に「最高指導者」に伝わった。金源は以下のような回想を述べている。

　所内の指導者何人かで検討したが、これは単に溥儀と李玉琴の私生活の問題というだけでなく、溥儀を引き続き改造することにも関係する、という点で一致した。このころ溥儀はことのほか李玉琴を懐かしみ、彼には今李玉琴という唯一の妻しかいなかったからである。そこで、私たちはすぐさま中央の公安部第一局に伺いを立てた。ほどなく、公安部一局局長 凌雲 は羅瑞卿部長の返答を伝達してきた。それは、慣例を破って溥儀と李玉琴を所内の同室に泊まらせてもよいから、彼らの間の感情を回復させ、簡単に離婚をも許すな、李玉琴がらみのこの仕事をできるだけ上手くやれ、というものだった。電話を置くと、私たちの何人かは忙しく立ち働き始め、あるものはダブルベッドを準備し、あるものは厨房へ彼らのための夕食の手配に行った。翌日、

溥儀と李玉琴の居室

溥儀と李玉琴の居室

溥儀と李玉琴の離婚証明書

　私は溥儀に昨晩どんな話をしたのか聞いた。溥儀は仏頂面をして、我々二人は一晩話し合ったが、李玉琴は一晩中泣いてどうしても離婚すると言ってきかなかったという。それから、溥儀はまた拘留中の一族たちと相談し、彼らはみな李玉琴の言う通り離婚するしかないと言った。その後、撫順市の河北区裁判所を通じて正式に離婚の手続きがなされた。[*14]

＊14　金源：「奇跡を永遠に記す——日満戦犯の改造工作回顧」、『世界を震撼させた奇跡』、中国文史出版社、1990年版、16ページ参照。

およそ半年前、最高人民法院特別軍事法廷が開廷され日本人戦犯の裁判が行われているころ、中国政府は判決を下された戦犯の家族が面会に来ることを許可し、さらに、拘禁されて5年になるものは、もし戦犯本人と妻が望むなら、一緒に泊まってもよい、という規定を設けた。戦犯管理所はこのために特に10近くの部屋を用意した。

このような古今東西の刑務所史上でいまだかつてない規則が制定されたのは、当時の中国において誰が決断したことなのか。また、今回溥儀と李玉琴の同じ部屋での宿泊許可は、国内の戦犯には前例がないだけでなく、国内すべての囚人でもまったく前例がない。このように大胆に先例を破ることを、一体誰が決めたのか。それはもちろん毛沢東、周恩来以外にない。

各級の幹部が、あれこれ手を尽くしたが、裁判所は最終的に離婚という判決を下した。自分の幸福は他人の苦痛の上に成り立たせるべきではなく、問題を処理するには己のみを考えていてはいけない、必ず相手の利益と要求を考慮しなければならない、ということを、すでに改造教育を経た溥儀は理解していた。そこで、彼は離婚に同意し、沈み込んだ悲観的な気持ちの中からできるだけ早く抜け出し、明るい前途に向けて前進を続けたのである。

9

高い塀の内外

　撫順駅から約2キロ半ほど離れた渾河北岸の寧遠街には、早くも1936年、周りを囲むようにして高い塀が造られた。溥儀が「皇帝」であった「康徳」年間、この「撫順刑務所」と呼ばれた塀の中には、日本人と朝鮮人の犯罪者が収監され、さらに数え切れぬほど中国人の反満抗日愛国志士が監禁されていたのだ。

　日本降伏後、塀の中は、今度は国民党政府による「撫順模範刑務所」となり、共産党員と愛国進歩人士が拘禁された。1948年10月に国民党が撫順から退いても、塀の中は依然として刑務所であった。最初は遼東省第3刑務所と称され、その後、東北行政委員会司法部直轄刑務所と改称された。

　もちろん、人民政権下の刑務所では、拘禁される対象はまったく異なっていた。2年後、この高々とした塀を、1000名余りの日本および満州国の戦犯が見上げることになった。

　いかなる時代も、犯罪者はこの塀によって社会と隔絶されてきた。自分たちが懲罰を受けている最中に、塀を乗り越えていけるとは考えもしなかっただろう。しかし、1956年の麗らかな春、戦犯たちが高い塀から外に出るという史上かつてない出来事が起きたのである。この事実は、例によって北京での決定が発端であった。金源は当時を振り返ってこう言っている。

　　たぶん1956年の春だったと思うが、撫順戦犯管理所は中央公安部からの知
　らせを受け取り、孫明齋所長と私（当時私は、教育科科長職にあった）が会
　議のため北京へ行った。私たちが北京へ到着すると、日本人戦犯を収監して
　いる太原戦犯管理所所長、国民党戦犯を収監しているいくつかの戦犯管理所
　の所長たちは、みなすでに出席していた。公安部第一局の凌雲局長は、会
　議の席上で我々に向かって、戦犯を組織して社会見学させるという中央の決

定を公にし、この決定の持つ重大な意味を説明した。さらに周恩来総理から
の重要な指示を力説した。総理が指示した大まかな内容は、戦犯を組織して
実社会を見学させ、教育を受けさせる、また、自分たちがかつて罪を犯した
場所へ連れていき、新中国成立後の変化を見せる、というものだったと記憶
している。総理はまた、見学中の彼らの安全に注意すること、それと同時に
彼らの人格を尊重することを求めていた。私たち会議参加者はみな、中央の
決定と総理の指示は、刑務所と社会の間に従来あった塀を打ち破り、社会大
衆の力を運用して犯罪者を教育改造しようという大胆な試みだと思った。周
恩来総理の指示をもとに、中央公安部は正式に通知を出し、1956年2月から
戦犯を3陣に分け、実社会を見学させ、教育を受けさせることにした。[*1]

　実際のところ、すでに中央は「戦犯を組織して見学させることに関する具体的
案」を1956年1月10日に下達していた。しかし、そのころ撫順はちょうど厳
寒期にあたっており、行動するには不便なことから、戦犯たちの見学は立春の翌
日に繰り延べ、2月6日にやっと始まったのだった。撫順戦犯管理所の幹部は、
中央の明確な指示によって、まず撫順地区での見学をさせ、続いて寝台車を連結
した専用列車を用意して全国各地の見学に出発させた。

　訪問した都市は、撫順、瀋陽、ハルビン、長春、鞍山、天津、北京、南京、上
海、杭州と武漢などであった。戦犯たちは都市だけでなく農村にも行き、多くの
工場、鉱山、水利建設工事、科学文化部門、社会福祉事業や農業生産合作社など
を見学したほか、各地の名所旧跡も遊覧した。

　中央の要求に基づき、2000名近くの日本人戦犯、国民党戦犯、満州国戦犯ら
は、高齢者や病人を除く全員が参加した。撫順の日本人戦犯は、三つのグループ
に組織され、3陣に分かれて行動した。

　溥儀ら満州国戦犯は、1956年2月から1957年8月まで4回にわたり塀の外へ
出ていった。溥儀らの見学コースは、東北地区に限られていた。それは、彼らの
歴史的犯罪の多くは、この地区で行われたからである。周恩来の指示に従って、

---

*1　金源：「奇跡を永遠に記す――日満戦犯の改造工作回顧」、『世界を震撼させた奇跡』、中国
　　文史出版社、1990年版、8～9ページ参照。

1956年3月7日、撫順戦犯管理所の手配で、撫順の龍鳳炭鉱を見学する溥儀

鉱山労働者の家庭を訪問する溥儀

彼らが罪を犯した場所が、新中国になってどう変わったかを見せるという意図があった。

ここでは、溥儀の自伝[*2]によって、4回の外出見学の日程の概略を記すことにする。

最初の見学
日時：1956年3月5日〜7日
場所：撫順地区
見学箇所：撫順の露天炭鉱、石油第一工場、撫順労働者老人ホーム、台山堡村農業生産合作社、竜鳳鉱山、石炭工業部撫順工業学校、撫順第二国営商店。

2回目の見学
日時：1957年5月21日〜27日
場所：瀋陽地区
見学箇所：大伙房ダム、東北工業陳列館、瀋陽第一旋盤工場、瀋陽第二旋盤工場、瀋陽空気力工具工場、鉄西区工人新村、東北スポーツ宮、瀋陽ケー

---

*2 溥儀が1957年に撫順戦犯管理所で書いた未刊の自伝を指す。

撫順戦犯管理所が組織した第2回見学活動中の溥儀

1957年5月下旬、瀋陽のケーブル工場を見学する溥儀たち

ブル工場、瀋陽市街地、瀋陽市第一百貨店、瀋陽国営貿易企業共同経営会社、北陵公園。

3回目の見学

日時：1957年6月3日～13日

場所：ハルビン、長春、鞍山

ハルビンでの見学箇所：ハルビン第一百貨店および副食品店、スターリン公園、兆麟公園、児童公園、ハルビン公園、ハルビン市街地、東北計器刃物工場、東北電気計器工場、ハルビン亜麻工場、ハルビンモーター工場、朝陽郷金星農業生産合作社、東北烈士記念館、ハルビン毛織工場。

長春での見学箇所：中国科学院光学精密機械研究所、長春市児童病院、長春市街地、長春第一自動車製造工場、長春映画製作所、中国人民解放軍獣医大学。

鞍山での見学箇所：鞍山鋼鉄公司大孤山選鉱工場、鞍山鋼鉄公司第九号溶鉱炉、鞍山鋼鉄公司第二ブリキ工場、鞍山鋼鉄公司大型圧延鋼工場、鞍山鋼鉄公司シームレスパイプ工場。

4回目の見学

日時：1957年8月28日～30日

場所：瀋陽市

見学箇所：遼寧省東北農業展覧会、瀋陽陶磁器工場、瀋陽重機工場、遼寧実験

中学、瀋陽化学製品工場。

　周恩来は、戦犯を塀から出して社会見学させることに関して、単に指示だけを下したのではなく、非常に綿密に考え、細かいところまでも管理した。

　中央が見学を公にしたばかりのとき、拘留中の戦犯たちは信じようとしなかった。罪人を刑務所から出して観光や見学をさせるとは、一体どうしてなのか、と。罪状が比較的軽い楽観派は、これはおそらく釈放の前兆だと推測した。少数の罪状が重い悲観派は、逆に緊張し、社会見学の際、被害者に見つかり報復されるのではないかと心配した。ある者は溥儀の名前を公然と持ち出し、「溥儀の肖像写真は、満州国時代至るところに掛けられていて、東北の人間は誰だって見たことがあるだろう」と、内心の恐れを吐露した。溥儀はその話を聞くと、本当に災難が身に降りかかってくる気がして、居ても立ってもいられなくなった。要するに、溥儀ら戦犯が恐れたのは、今日の見学が昔日の罪悪と結びつけられるということだった。しかし、周恩来にとってこのことはすでに織り込み済みであった。彼は特に幹部に対して、見学中の戦犯たちの安全に注意し、彼らの人格を尊重しなければならないと説いていた。

　犯罪者に対して、彼らを処罰したり、取り調べあるいは拘禁したりする際は、決して人格を侮辱せず、彼らを改造するためにはさらに人格を尊重するべきだ、というのが周恩来の一貫した思想であった。

　1950年に長春映画製作所は防諜活動を描いた『無形の戦線』という劇映画を撮影したが、その中で、逮捕させられたスパイ組織のリーダー李某を尋問するシーンがあった。取調官は、スパイのリーダーに向かって「人民の力に逆らえないことを思い知れ！」と叫び、握りこぶしでテーブルを叩いた。映画制作終了後、フィルムは審査のため北京に送られた。周恩来はこのシーンを見ると、犯罪者を尋問する際に威張り散らすような態度はいけない、あのような演出は政策を歪曲するものだ、と批判した。その後、このシーンを撮り直し、この映画は公開後には公安部から表彰されたのである。[3]

＊3　関夢齢遺稿、李占恒整理：『ある国民党特務大佐の自伝』、文化芸術出版社、1990年版、74ページ。

9

高い塀の内外

戦犯が見学したとき、確かに数多くの被害者に出会った。中には、血の涙を流すような告発もあったし、寛容な態度を示す人もいたが、報復は一つとしてなかった。

台山堡農業生産合作社社員の家庭を見学したとき、衝撃的な出来事が起こった。管理教育員李福生の話[*4]では、1956年3月6日、彼は溥儀と元満州国大臣ら七人を連れて劉さんという中年女性の家を訪問した。溥儀は、きまり悪さを感じていたのか、家に入るとすぐ部屋の隅っこへ行き、オンドルの縁に腰かけ家具を横目で見ながら、劉さんの視線を避けようとしていた。劉さんの家は五人家族で、二人は合作社で働いており、一人は工場の仕事をし、一人は学校へ通っていて、彼女が家事を切り盛りしていた。

劉さんは、「満州国時代、家の中で米が見つかると、経済犯にされたけど、今はみんな食べるのを心配する必要はなくなったし、着る物も困らない。嘘だと思ったら、米櫃の中の米を見てみてごらん。」彼女は米櫃のふたを開けてから、「こんなこと昔、康徳の時分にあったかい」と言った。

溥儀は、もう我慢できず、急に立ち上がると深々と頭を下げ、自責の念に苛まれ苦痛に満ちた表情で言った。「私があなたの言った康徳です。満州国皇帝の溥儀とは私のことです。私は見学してとても感動しました。あなたたちのすばらしい生活は共産党が与えてくれたということがわかりました。昔、あなたたちはドングリ粉を食べ、強制労働に駆り出されました。私の罪は万死に値します。私は漢奸の頭目です。今日はあなたたちに謝罪に来ました。」

続いて鏡濤が立ち上がって言った。「私は満州国国民勤労部大臣のとき、人々の生死も顧みず労働に駆り立てました。社会の発展を妨げ、その罪悪はこの上なく大きいものです。今、人民に謝罪いたします。」

その言葉が終わると、また立ち上がる者がいた。泣きじゃくらんばかりにこう言った。「私が食料を徴発した農業部大臣の黄富俊です。」王之祐が続けて言った。「私は日本軍のために徴兵を行った満州国軍管区司令官です。」

こうして、元皇帝から元大臣たちまで全員が跪き、罰してくれるよう願い出た。

---

*4 李福生:「満州国皇帝溥儀改造雑記」、『世界を震撼させた奇跡』、中国文史出版社、1990年版、90ページ参照。中央档案館の関係資料も併せ参照。

この突然起こった状況に、劉さんは大いに驚いた。しばらくして、彼女はやっと自分の考えを話し始めた。その間、どれほど多くの辛い気持ちが頭を駆け巡り、どれほど大きな心の葛藤があったかは、その表情からも読み取れた。彼女は気持ちを抑え、冷静に筋道立ててこう話した。「全部過ぎた昔のことです。あなたたちが進んで学習し、毛主席のおっしゃることを聞いて、まじめな人間になりさえすればそれでよいのです。」

この言葉に、黙って涙を流していた戦犯たちは、声を上げて泣き始めた。このときから、溥儀は、劉さんの「まじめな人間になってほしい」、という言葉を胸に刻み込み、後半生の座右の銘とした。

周恩来の予期した効果は現れたのである。

戦犯見学活動に関するさまざまな報告が、全国各地から続々と中央公安部のビルに集まってきた。そして整理、編集、出版され、周恩来と毛沢東に報告が送られた。彼らは報告を確認し、戦犯が全国各地で見学した日程を掌握し指導を行った。

現存する保管文書の戦犯見学に関する短い報告書から見ると、当然ながら溥儀の名前が最も際立っているが、その他にもよく知られている名前が出て来る。ここでは、その要旨を簡単に記しておこう。[5]

国民党川湘鄂〔四川、湖南、湖北〕辺区綏靖公署主任であった宋希濂元中将は、こう語っている。「解放前に反動的な政客たちが、共産党は都市を管理する能力がない、と言っていたが、学習を通じて、自分はもはやこのような見方を否定するようになった。しかも、今度の見学では、さらに共産党には都市を管理する能力があるだけでなく、見事に合理的に都市を建設できることも知った。今回、思いがけず天安門広場に来ることができたのは、まるで夢のようであった。なんと厳粛で雄壮なのだろうか、自分は興奮し、感動した。」

国民党東北保安長官司令部司令官で、徐州「東北剿匪総司令部」副司令官であった杜聿明元中将は、こう述べている。「公私とも営の義利益食品公司を見学したとき、資本家代表が、自分は3代続く資本家だが、1957年直前、すべての資産を国家に委ね、自分で働いて生計を立てる人間になった、と話したが、自分

---

*5　中央档案館所蔵：『戦犯見学報告簡報』による。

87

劉少奇の本『中国におけるマルクス・レーニン主義の勝利』を真剣に読む溥儀ら戦犯

はこれにとても感動した。自分自身を顧みると、はたして罪悪と資産隠しがないだろうか。今一歩進んで清算し自白すべきだ。もしもはっきり自白しなかったら、改造は望みがない。自分は一人の新しい人間になり、古いものをさっぱりと一掃し、新しい観点に立って、何の疑念も抱かず、人民に向かって共産主義に向かって歩むことを誓った。」

　国民党第九兵団司令官であった廖耀湘（りょうようしょう）元中将はこう言った。「私は旧社会が残した犯罪者だが、私は中国人で、このような祖国復興という偉大で神聖な事業に対し、誠実に支持しないわけにはいかない。」

　元国民党四川省政府主席王陵基（おうりょうき）は、自分を数十年漬かっていたニンニクに例えて、骨まで浸っていて、改造が難しいと考えていた。今回、見学してさらに北京へ連れていかれた後で、はたして彼は「毛主席に向かって自分の罪を詫びに来ました」と言ったのである。

　元蒙疆（もうきょう）自治政府主席で、蒙古軍総司令官のデムチュクドンロブ〔徳穆楚克棟魯普、徳王。16ページ訳注＊12参照〕は、爾来罪を認めることを承知せず、依然として「内モンゴルは共産党に利用されている」と主張していた。見学後、彼も考えを変えた。自分がモンゴル民族にとって罪人であり帝国主義の道具だったと認め始めたのである。

　元満州国国務院総務庁次長古海忠之が、農民の家に行って見学したときは、平

和の尊さを深く感じ、自分は罪深いと涙を流しながら言った。そして、今後世界平和を守るため奮闘すると誓った。

　アメリカのスパイであったドナルドとフェイクは、官庁ダムを見学した後、もっと前にこうだとわかっていたら、自分は決してあんなことはしなかっただろうし、中国にも来なかっただろう、今後もダムを破壊することなんか想像することもできない、と語った。

　見学は、溥儀を揺り動かしただけでなく、さらに大小さまざまな溥儀の同類をも揺り動かしたのである。もちろん、これも毛沢東と周恩来が予期していたことだった。戦犯を組織して式典に参列させることも、塀を打ち破って戦犯を改造するもう一つの形式だった。それに関係する指示は、中央公安部が 1956 年 9 月に起草し、各戦犯管理所に下達している。

　国慶節のその日、北京天安門広場東側中央の公安部正門前、南池子口に面した場所に、特別な観閲席が組まれた。泰城監獄から来た杜聿明、宋希濂ら戦犯たちは、台座の椅子に着席し、海原のような赤旗の隊列、天地を揺るがすヤンコ踊り*6、工業と農業の社会主義建設達成を表す図案模型の隊列、雄々しく勇ましい首都民兵師団、きびきびしたスポーツ大隊、華やかな文芸団の隊列などを観覧し、夜空にきらきら光る花火が昇るのまで見た。

　これと同時に、撫順市で式典に参列した戦犯たちは、中央席から遠くない来賓席に集まり、溥儀のひょろっと背の高い姿も、知っている人が見れば一目でわかった。これ以後、メーデー、国慶節があるたびに、式典に参列した。『周恩来の一生』*7 の中に次のようなエピソードが記されている。

　　特赦される前の最後の皇帝溥儀に関してだが、周恩来はあるとき、彼を公安部の小さな建物の階上から国慶節の行進を観覧させたことがあった。溥儀に新中国の変化を見させたのである。

　もし、この話の根拠が確かだとすれば、注目に値する。中央が溥儀に対して、普通の戦犯とは少し異なる特殊な扱いを取っていたと証明するものだからだ。溥

---

*6　〔訳注〕本来は中国北方の田植え踊りで、腰に結んだ小太鼓を叩き歌いながら踊るもの。
*7　南新宙著：『周恩来の一生』、中国青年出版社、1987 年版、499 ページ参照。

儀自身は、このような事実を述べたことはまったくない。あるいはその当時秘密を守るよう口止めされていたのかもしれない。しかし、撫順で式典に参列した感想を述べたことはある。1957年5月8日、溥儀は撫順戦犯管理所でミャンマー連邦の民族院議長と接見したとき、自分が撫順で祖国の建設の様子を見学したことを嬉しそうに語り、客はそれに深い興味を示した。彼は誇らしげな表情でこうも語っている。

> 私はあちこちで見学するだけでなく、撫順市のメーデーや国慶節の式典にも参列しました。共産党と毛主席の指導する中国でこそ、私のような人間にこのように待遇を与えることができるのです。いかなる国家、いかなる時代においても絶対に成し得なかったことだとおわかりいただけるでしょう。[8]

溥儀が獄中で来訪した各国の記者と会見するのが許されたことは、彼にとってやはり高い塀の内外をつなぐ道であった。この道を通して、全世界は、彼の存在、彼の生活と彼の政治的態度を理解し、彼もこの世界には摩訶不思議な観点があることを知った。

1956年8月18日、イギリスのロイター通信の記者が、西側諸国の人間として初めて溥儀の取材許可を得て、撫順戦犯管理所にやって来た。彼は溥儀に向かって、「あなたは中国の歴史上の最後の君主ですが、今の境遇を悲惨だと思いませんか」と尋ねた。溥儀は直ちにこう答えた。「今は、私の人生の中で最も幸せな日々です。清と満州国時代は、私にとって悲惨な日々でした。中国に引き渡され帰国してから、人民政府の配慮と教育のもとで、私は真理を知りました。以前は封建統治者として、私は個人の地位とわが身の安全のため、祖国と人民の利益を売ることを何とも思っていませんでした。日本の帝国主義を頼って、祖国とアジア各国に例を見ないような災厄をもたらしたのです。今、私はどうしたら人としての資格が手に入れられるかを理解しました。つまり、祖国が良くなって初めて自分も良くなる、集団が良くなって初めて個人も良くなるということを理解し、みんなと全体の利益のために考える人になるということです。中国が良くなれば、全世界も良くなると願っています。このような考えができるようになり、一応の

---

*8　中央档案館所蔵の関連資料を参照。

撫順戦犯管理所で来訪者と応接する溥儀

真理がわかったからこそ、私はやっと人でなしの化け物から人になって、本当に幸せになったのだと感じているのです。」

1956年9月27日、あるフランス人記者が溥儀に会うと、いきなり露骨な質問をした。「あなたは長い間ここに拘禁させられています。その間ずっと、政府はあなたに対して取り調べをしていませんが、驚きを感じませんか。」溥儀は、よどみなく答えた。「人類の歴史上、古今東西歴代のどの王朝であっても、逮捕された帝王は、すべて命を全うできていません。しかし、私は生きているだけではなく、しっかりと暮らしているのです。これには、確かに私も驚いています。」

1956年10月下旬、またも撫順のこの高い壁の中にカナダ人記者が来たが、溥儀に会ったときの口ぶりは、明らかに友好的とは言えないものだった。「率直にお話しください。あなたはここで拘禁されて、不公平だと思わないのですか。それから、はっきりおっしゃってください。あなたは現政府に賛成なのですか。」溥儀は、断固とした口調で、はっきりと答えた。「私が拘禁されているのは、当然受けるべき罪があるためです。現政府に対する態度をお尋ねなら、もちろん明確にお答えできます。つまり、私は今の人民政府が、中国の有史以来、唯一真に人民に奉仕する政府だと思っています。私は断固これを支持しています。」[*9]

[*9] 溥儀が撫順戦犯管理所で各国の記者と会見したときの談話内容は、中央档案館の関係文書、溥儀が1957年に書いた自伝、および李福生の回顧録など、それらを総合して書いたものである。

これは塀の中と外の交流であり、一人の犯罪者と世界との対話、そして討論、論争、さらには闘争でもあった。

　著名な戦争犯罪人に、全世界へ向けて直接話をさせるという歴史的な決断は、毛沢東と周恩来によってのみなし得たことなのである。

毛沢東、周恩来と溥儀

10
特赦「011号」

　新中国の曙光が東の地平線から昇ろうとしていたころ、旧社会の残党への弔鐘が鳴り響いていた。大規模な反革命鎮圧と長期にわたる粛清運動[*1]によって、960万平方キロメートルの大地で、かつて庶民を殺害し革命を妨害しようとした敵対分子に対する、厳しい捜索と処罰が行われた。

　杜聿明(といつめい)の部下のうち、かつてその両手を血で染めた者は銃殺刑に処せられ、溥儀に長年仕えた元侍従武官 張 海鵬(ちょうかいほう)も刑場に引き出され処刑された。

　しかし、戦犯管理所内に拘禁されていた元皇帝・大臣・将軍らはまだ生きていた。彼らは途轍もない脅威を感ぜずにはいられなかったし、自分の命と前途を心配せずにはいられなかった。自分たちは犯した罪も流した血の債務も大きい、ゆえに自分たちの居場所は処刑場しかないと思っていた。

　しかし、そのとき彼らは知らなかったが、全局面を左右するような重要な地位にいる一人の人物が、その重大な歴史の分かれ目に立ち、容易に見分けられない、人と人との境界線を真剣に考えていたのである。その境界線とは、後方で戦略を練り軍の指揮を執る司令官と、実際に殺人を犯し金品などを奪い取る兵士や中隊長クラスの下級将校との違いであり、人民の上に君臨する皇帝と罪なき人々を検挙して殺害する警察官との違いであった。前者の司令官や皇帝は殺さないというのが、その人物の結論だった。なぜなら、司令官や皇帝は「人民から隔てられた遠い存在で、一般的に罪はあるものの、直接手を下した罪は多くはなく、殺すべき罪がないわけではないが、殺しても利益はない」からである。

　上に述べた結論を導いた人物こそ毛沢東にほかならなかった。

　1956年4月25日から、彼は中国共産党中央政治局拡大会議の席上で、十大関

[*1]〔訳注〕1955年から1957年末まで全国規模で反革命粛清運動が展開された。

係*2 を論述する演説を発表し、あわせて、この結論に言及した。その後、また同年11月15日、中国共産党8期第2回中央委員会全体会議における演説では、自分の論点をさらに詳しく展開し、こう述べている。

> あれらの極悪非道の土豪劣紳、悪辣な首領、反革命分子などは殺すべきか否か。殺すべきである…。我々が殺すのは「小蒋介石」どもだ。「大蒋介石」ともいうべき、例えば宣統帝、王耀武、杜聿明らは一人として殺さない。だが、あの「小蒋介石」どもを殺さなければ、我々の足もとでは毎日「地震」が起こり、生産力は解放されず、勤労人民は解放されないのだ。生産力は、勤労者と道具という二つの要素からなる。反革命を鎮圧しなければ勤労人民は喜ばない。牛も喜ばないし鍬も喜ばず、土地も気分がよくないだろう。なぜなら、牛を使い、鍬を使い、土地を利用する農民が喜ばないからである。だから、反革命に対しては、必ずその一部を殺し、その他は一部を捕らえ、一部を強制管理しなければならないのである。*3

毛沢東の演説は、もちろん獄中にいる者たちには伝えられていないが、戦犯管理所内の元皇帝・大臣・将軍らは、なんといってもかつては一世を風靡した人物であり、全局面を見渡す能力を持っていた。特別軍事法廷がすでに日本人戦犯裁判の幕を下ろした以上、自分たちを待ち受けている運命を見通せないわけではなかった。

1957年は、日本人戦犯の処理が完全に終了した翌年であり、国内に残った戦犯が望みを託した年でもあった。彼らが、管理所の外に出かけての見学活動や式典参列を、処理の前兆あるいは吉兆とみなしたのも、きわめて自然な成り行きであった。

夏が来た。6月8日の『人民日報』は、一つの最も重要な社説を全国にあまねく伝えた。*4 それは、撫順、太原および秦城などの地にある高い塀の中にも伝

---

*2 〔訳注〕十大関係論とは社会主義建設と社会主義的改造に関する10の問題について、毛沢東が1956年4月に発表したもの。ソ連型の社会主義建設に批判的であった。

*3 『毛沢東選集』第5巻、人民出版社、1977年版、317〜318ページ。

*4 〔訳注〕1957年6月8日の『人民日報』に「これはどういうことか」社説が掲載された。「反右派闘争」の幕開けを告げるもので、以降知識人に対する思想弾圧が始まった。

わってきた。戦犯たちはいつものように、この「これはどういうことか」という
タイトルの社説を集団学習したが、まだ十分その内容を吟味し、熟考していない
うちに、嵐のような政治活動があっという間に全国を席巻した。これこそ当時、
国内で最大事とされた思想点検とも呼ぶべき反右派闘争であった。以降数か月内
に、すべてがその嵐に巻き込まれていったのである。続いて、経済活動の中でも、
さまざまな熱狂的状態が現れた。おびただしい数の人々が、「大躍進」を共産主
義のユートピアに進む第一歩だと考えていたのだ。[*5]

　疾風豪雨のごとき情勢に直面して、毛沢東と周恩来の肩の荷はさらに重くなっ
ていった。彼らは国家と人民の運命だけでなく、戦犯管理所内の戦犯たちの運命
をも握っていた。このとき、塀の中では環境も政策も安定しており、すべていつ
もどおりの秩序を保っていた。

　元国民党国防部保秘局長春督察処の監督査察長であった関夢齢は、当時、撫順
戦犯管理所に拘禁されていたが、その間の体験を思い起こして3巻の原稿を残し
ている。彼によれば[*6]、外地へ見学に行ったとき、多くの人々は、見学から帰っ
てきた日が釈放され故郷に帰れるときなのだ、と思い込んでいた。そして、その
ような見方で書かれた体験記も壁新聞に掲載されていた。しかし、見学から帰っ
てくると、まさに反右派闘争が激しくなっており、釈放されるという考えは自ず
と消え去った。ある者は、今戦犯を解き放っても、右派分子の予備軍になるだけ
だという政府の配慮ではないかと思い、一方、もし社会に出て自由な発言をした
として、どのみちあらぬことを言わされるのは免れがたく、それによって右派の
レッテルを貼られるくらいなら、監房に残って平穏無事に過ごしたほうがましだ、
と考える者もいた。こうして、塀の中の戦犯たちの期待も萎んでいった。

　撫順戦犯管理所内の国民党戦犯は、すべて大量の日本人戦犯釈放後に移動して
きた者たちだった。1958年から、彼らの間では、自白し罪を認めることが徐々

＊5　〔訳注〕1958年8月以来、毛沢東は、大躍進と称し、大衆を動員して生産力の飛躍的向上
　　を図った。それは人民公社を柱とする農業の集団化と土法製鉄による鉄鋼生産運動が中心
　　だったが、この試みは失敗に終わり、経済は混乱し生産は減退した。自然災害も重なって
　　数千万人の餓死者を出すに至った。
＊6　関夢齢遺稿、李占恒整理：『ある国民党特務大佐の自伝』第7章の関連内容、文化芸術出
　　版社、1989年版参照。

95

撫順戦犯管理所内で自叙伝の材料を書く溥儀
（1958年撮影）

に進んでいったが、満州国戦犯からすれば、そうした流れは、すでに日本人戦犯尋問と時を同じくして過ぎ去ってしまっていた。したがって、この時期、二つの戦犯グループの活動内容は異なる部分があった。

　溥儀は1957年下半期から1958年末まで、自伝執筆が主な仕事であった。この45万字の自伝原稿は、自分自身の改造生活を全面的に掘り下げただけでなく、後に世を驚かせた『わが半生』出版の基礎ともなった。

　しかし、この自伝は、決してたやすくでき上がったわけではない。管理教育員であった李福生は、こう述べている。*7 溥儀は執筆の過程において、「ずっと激烈な思想闘争があった。」そして、「教育を繰り返す中で、彼はついに封建主義、帝国主義と徹底的に決裂」したのである。

　最初、彼は祖先の堕落した生活を暴き批判したがらなかった。気持ちの上で、祖先に申し訳なく感じていたからである。また、自分が栄達を求め日本帝国主義を頼って売国行為に走った罪悪の歴史も暴露したがらなかった。この経歴があまりにも醜悪なものだと感じていたからだ。さらに、満州国宮廷内で孤児を虐待した事実も書こうとしなかった。これも残忍すぎると思っていたからである。ソ連抑留時に宝石などの財宝を隠匿していたことさえ書こうとしなかった。これらは、もしかすると帝王は自らの考えを述べない、という遺風にとらわれていたからかもしれない。

　管理所の幹部は、溥儀が持っている心理的懸念に対し多くの働きかけをし、彼に「自分の道は自分自身で歩み、自分の歴史は自分で書く」という道理を理解さ

---

*7　李福生：「満州国皇帝溥儀改造雑記」、『世界を震撼させた奇跡』、中国文史出版社、1990年版、98～100ページ参照。

『わが半生』謄写刷りの表紙

『わが半生』未定稿第1冊の表紙

せようとした。古い考え方を一掃し、正して態度で文章を書けば、改造の成果は揺るぎないものになる。

　同時に、管理所の幹部は、彼の執筆のために必要な環境を提供した。例えば事情に通じ文才もある溥傑に満州国時代の歴史を書く手助けをさせた。溥儀の記憶がはっきりしない場合は、その他の戦犯に手がかりを提供させたりした。また、遼寧省図書館に資料探しのため係を派遣した。さらに、管理所自ら原稿をチェックし、推敲や修訂を手伝った。こうして、世界にその名を知られた本は、少しずつ形を整えていたのである。

　溥儀が自伝によって自分を総括し、さらに報告によって他人に影響を与えた。国民党戦犯たちが罪を告白し認め出したころ、溥儀は、服役中の古海忠之とともに日満戦犯の典型例として、しばしば巡回報告を行った。関夢齢は、その原稿の中で当時の溥儀を描写し、溥儀がもたらした効果について評価をしている。

　　元満州国皇帝は、大変人を引きつけていた。私は好奇心から、この清朝最
　　後の皇帝を見つめていた。溥儀が北京語なまりで報告する内容は、とても豊
　　富で、吐露した思想も非常に具体的であり、かつ誠実で、罪に対する意識も

とても深かった。溥儀の報告を聞く前は、彼がしっかり学習できるはずはないと思っていたが、その報告を聞いて、私の主観的な想像は打ち砕かれた。溥儀をここまで改造し、彼自身の口から罪を認めさせることができたのは、まさしく共産党による人類改造、戦犯改造という卓越した業績である。皇帝の改造など、昔の人はやったことがない、これから先もないだろう。いままで、皇帝を改造した人はいない、ではこれからはどうか。改造すべき皇帝はもういなくなってしまうのだ。[8]

報告を聞いた人たちの議論はさまざまであった。溥儀がこんなにうまく改造されるとは、全員思ってもいなかった。罪の意識について、国民党戦犯中で最も改造がうまくいった者でさえ、溥儀にははるかに及ばない、と人々は認めていた。

戦犯の改造生活は、この2年で以前より豊かで多彩なものになっていた。溥儀はその中に身を置いて、非常に快適に暮らしていた。満州国第2軍管区参謀長であった肖 玉琛元少将（しょうぎょくちん）は、当時の生活におけるいくつかの情景を回想している。

毎週土曜日の夜が来ると、満州国戦犯、国民党戦犯そして日本人戦犯は交歓会を開く。王之祐（おうしゆう）の歌、溥傑の「日下韓信を追う」や李文龍（りぶんりゅう）の手品など、みな一番人気の出し物だった。その他、国民党の蔡省三（さいしょうさん）、尚伝道（しょうでんどう）、段克文（だんこくぶん）が扮装して演じた京劇のひとくさりも華やかであったし、日本人戦犯の出し物もユーモラスな味があった。春節が来ると、さらに各自がそれぞれ競って芸や技の腕前を発揮した。刺繍ができる者は刺繍をし、灯篭を作れる者は灯篭を作り、どの監房も整然と飾りづけられ、色鮮やかな祝日の雰囲気に満たされていた。食べ物も、山海珍味こそないが、たくさんの料理が用意された。ただ一つ禁止されていたのは、酒を飲むことだった。

1958年になると、政府は私たち拘留中の戦犯全員を組織して、自分の能力に応じた労働を行わせることにした。労働に参加した場所は、モーター工場、無線発電所、農場、養鶏場などである。管理所の指導者は、私たちの自

---

*8　関夢齢遺稿、李占恒整理：『ある国民党特務大佐の自伝』第7章の関連内容、文化芸術出版社、1989年版　311ページ参照。

由意志で申し込むよう求めた。農場の労働量は割合多かったため、みんな先を争って農場へ行った。*9

後に、溥儀は撫順戦犯管理所を自分の家であり、大学校だと親しみを込めて呼んでいるが、これにはそれなりの理由があったのである。

1959年の盛夏、関夢齢が溥儀の報告を聞いていたころ、彼らが、まったく予想もせずかつ知る由もない大きな案件が、北京のいくつか会議で議論されていた。

毛沢東と周恩来は、国民党戦犯、満州国戦犯および蒙古政権戦犯の改造学習の状況報告を聞き、大いに満足していた。そして、すぐさまこれら戦犯の処理について検討した。ここで一つの大きな意義を持つ提案が生まれ、直ちに国家の最高権力機関に提出された。

中国共産党中央委員会による提案

全国人民代表大会常務委員会に向けて

　中国共産党中央委員会は、偉大なる中華人民共和国成立10周年を祝うにあたって、すでに悔い改め真人間に立ち返った戦争犯罪人、反革命分子および普通の刑事犯を特赦にすることを、全国人民代表大会常務委員会に提案する。

　わが国の社会主義革命と社会主義建設はすでに偉大な勝利を得た。我々の祖国は活気にあふれ、生産と建設は勢いよく発展しており、人民の暮らしは日に日に良くなっている。人民民主独裁政権は、かつてないほど強固かつ強大である。全国人民の政治的自覚と組織力の程度は、かつてないほど高まっている。国の政治経済の状況はきわめて良好である。党と人民政府は、反革命分子とその他の犯罪人に対し、処罰と寛大を結びつけ、労働による思想改造と思想教育を結びつけるような政策を実行し、すでに偉大な成果を得た。拘留中の各種犯罪人の多数は、すでにあ

---

*9　肖玉琛口述、周笑秋整理:『ある満州国少将の回想』、黒龍江人民出版社、1986年版、150
　　～151ページ参照。

る程度改造され、その多くが確かに罪を悔い改めた。このような状況に基づき、中国共産党中央委員会は、偉大な中華人民共和国成立10周年を祝うにあたり、すでに悔い改め真人間に立ち返った戦争犯罪人、反革命分子および普通の刑事犯に対し、特赦を言い渡すことが適当だと考える。この措置をとることは、消極的要素を積極的要素とするのに有益であり、これらの犯罪者および拘留中の犯罪者を引き続き改造する上でも、大きな教育的効果があろう。我々の偉大な社会主義制度下では、罪を悔い真人間に立ち返りさえすれば、自分の前途があると、彼らに感じさせられるであろう。

中国共産党中央委員会は、全国人民代表大会常務委員会に対し、上述の提案をし、かつ相応する決議を求めるものである。

中国共産党中央委員会主席　毛沢東

1959 年 9 月 14 日

毛沢東は中国共産党中央を代表して提案を行った翌日、各民主諸党派、各人民団体の責任者、著名な無党派人士および有名な文化教育界の人々を招いて座談会を開催した。毛沢東は講話の中で、新中国成立10周年の特赦問題についての状況を通達し、説明を行った。

9 月 17 日、第 2 期全国人民代表大会の常務委員会第 9 回会議で、毛沢東の提案した、悔い改めた犯罪者を特赦にする決定が承認された。それに従って、劉少奇は中華人民共和国主席特赦令を発表した。

翌日、『人民日報』第一面の目立つ位置に、毛沢東の提案、人民代表大会常務委員会の決定および劉少奇の特赦令が発表され、同時に「罪を悔い改めれば前途は明るい」と題する社説が掲載された。この新聞は直ちに全国各地の戦犯管理所内でセンセーションを巻き起こした。期待に満ちた多くの目が、「特赦令」の第一条を見つめた。そこには「蒋介石集団と満州国戦犯のうち、拘禁して10年経ち、確かに悔い改めた者は釈放する」とあった。この日はちょうど中秋節だった。例年この日は、月は丸いが人はがっかりしふさぎ込みがちだったが、今年はまったく違った。

撫順戦犯管理所の各監房では会議を開き、1 枚の新聞を取り囲んで、みな我先

中国政府が戦犯特赦を全世界に公表した新聞記事

に感想を述べた。みな、特赦に対する期待を口にしたが、溥儀はどうだったろうか。彼のこのときの思いはあまりにも複雑であった。

　特赦とは、起訴を経ないで出獄するのを意味する。この二つの文字について、溥儀は、ほかの人々と同じように興奮し感激し、毛沢東の提案の行間に溢れる、想像できないほどの度量の大きさを噛みしめていた。溥儀のある原稿の中の一部分を下に引用する。

　　特赦は、誰が持ち出したものだろうか。共産党中央だ。釈放を提案したのは誰だろう。過去において人民に対し大きな罪を犯し、無数の共産党員を殺戮した国民党反動派や漢奸は、帝国主義の共犯者だ。提案に署名したのは毛沢東主席だが、彼の妻、弟二人と妹の一人は、国民党に殺害されているし、彼の息子はアメリカ帝国主義の朝鮮に対する凄惨な侵略戦争において命を捧げているのだ…。

　しかし、ひそかに衣類の整理をして出獄準備をする人がいるとき、溥儀はかえって失望していた。ほかの人々はこの話題で持ち切りだったが、彼は聞き耳を立てるだけで議論には加わらなかった。「最初に釈放されると思うか」と聞かれると、いつも決まって、「ほかの誰かということはあっても私はあり得ない。」、「私は駄目だ、私の罪は重いし、態度もほかの人より良いわけではないから、まだ特赦の条件を満たしていない」と率直に答えていた。[*10]

　溥儀だけが自分を卑下しているのではなく、ほかの人の見方も大して違わな

かった。みな、官位が低く、罪悪が小さく、改造を受ける態度も良い者が、まず特赦になるだろうと考えていた。最も楽観的なのは、参謀長や佐官級の将校で、彼らはすでに釈放される準備までしていた。しかし、溥儀は明らかに「首謀者が必ず処罰される」という意味では最大の対象であり、たとえ戦犯全員が釈放されたとしても、彼に順番が回ってこない恐れもあった。

9月22日、その日記者たちが戦犯管理所にやって来た。みんなは記者が常にカメラのレンズを合わせているのに気づいた。それで、この「皇帝の位」にいる人物が、真っ先に釈放されるのではないかと推測する人もいた。しかし、大部分の者は、単に記者の好奇心にすぎず、たくさん写真を撮ったからといって釈放が早まるわけではなく、何の意味も持たないと思っていた。[11]

特赦を待ち望んだ戦犯たちにとって、入獄以来最も長い2か月が耐えがたいほどゆっくり過ぎた。11月30日、大雪が降った。戦犯管理所では、翌日から戦犯を組織して除雪作業を行い、12月3日までに庭と道路の積雪をすべて取り除いた。またクラブの大ホール内の配置を一新し、電線を引いて、テープレコーダーや撮影機を設置した。さらに、自動車でたくさん長椅子を運んできた。人々は心の中で、これは特赦大会が開かれるに違いないと思った。

当日の夜、金源副所長は溥儀を訪ね語り合った。この数日間、孫明斎所長たち指導者は、前後して彼のところに話をしに行っていた。ある指導者が、誰が最初に釈放されるか尋ねると、溥儀はひとしきり考えて、班長の名前を出した。ほかには誰が釈放されるかという問いに、今度は最近学習の評価で成績が一番だった者の名前を挙げ、さらに学習委員会の中の一人を挙げた。指導者はそれ以上聞くのは止めて、微笑みながら彼に対して言った。「あなたが本心からそう言っていると信じていますよ。」溥儀は決して絶望していたわけではなかったが、最後に特赦される中には自分が入っていると思っていた。今度は、金源がまたも彼を訪ねて話をした。戦犯たちはみな、そのころ非常に敏感になっていたが、溥儀はか

毛沢東、周恩来と溥儀

＊10　李福生：「満州国皇帝溥儀改造雑記」、『世界を震撼させた奇跡』、中国文史出版社、1990年版、101ページ参照。

＊11　肖玉琛口述、周笑秋整理：『ある満州国少将の回想』、黒龍江人民出版社、1986年版、155～156ページ参照。

102

えって冷静だった。ある草稿の中で、溥儀はそのときの談話の内容と気持ちについて、簡単に記している。

　12月3日の夜、副所長がまた私を訪ねてきた。またも特赦に対する私の考えを聞いてきた。
「私には望みはありません。しかし、それに向けて頑張りたいと…。」
私の口をついて出て来たのは、やはりこの一言だった。
「もし特赦されたらどう思うかね。」
「それは人民が私を許し、私に人としての資格を認めてくれたということでしょう。しかし、今はまだそんなことはあり得ません。」
　その夜、私は副所長の「もし特赦されたら」という言葉を思い出すと、心臓が突然ドキドキしてきた。しかし、その後でまた自分に向かって「まさか」と言ったのだった。

翌日午前、撫順戦犯管理所における第1陣特赦戦犯大会が厳かに開会された。遼寧省高級人民法院の代表が、特赦される者への通知書を読み上げた。

10 特赦［011号］

特赦大会における溥儀

毛主席が最初に特赦したのは溥儀であった。1959年12月4日、戦犯特赦大会にて興奮のうちに通知を受け取る溥儀

「中華人民共和国最高人民法院特赦通知書——1959年度、011号を特赦する」
言い換えると、国内で特赦される最初の戦犯のことである。それがまさか自分だったとは、溥儀には思いもよらなかった。
「同犯罪人は拘禁されてすでに10年になる。拘留期間中、改造教育を受けて確

103

特赦通知書

かに悔い改め、特赦第一条の規定に合致する。よってここに釈放する。」

裁判所の代表が、溥儀らに「即日、中華人民共和国公民権を与える」と宣言したとき、溥儀はもはやこらえきれず号泣し言葉も出なかった。

思いがけず溥儀が特赦されたことに、多くの人々は、まったく承服できなかった。ある者は公然と討論会上で、「共産党はどうして言ったことに責任を取らないのか。首謀者は必ず処罰されるのではなく、必ず許されるということか。」その他、溥儀を囚人番号〔溥儀の囚人番号は918番〕で呼ぶ者もいた。自分と溥儀を比べ、「学習でも労働でも、彼のどこが悔い改めたというのに足るのか。官職でも、罪悪でも、溥儀は満州国で一番、管理所でも一番なのさ。」

このような状況で、管理所の孫明齋所長は金源副所長と多くの説得や説明を試みた。

みんなの意見を聞き、指導者たちが討論した後、孫明齋所長は、「溥儀は、3歳で皇帝になり、50年悠々自適の生活を送ってきた。かつては、勉強するには「御学友」がおり、外出すれば傘をさす人がいて、足を洗ったり、靴を履いたり、扉の開け閉めでさえ、ほかの人が世話をしていた。しかし、今や彼は、身の回りのことは自分でできるようになったし、積極的に労働に参加し、自分の手で痰壺を洗い、便器の始末までしている。もっと大切なのは、改造の間、彼の思想はずっと比較的安定しており、誠心誠意悔い改めようとしていたことだ。これこそ真人間に生まれ変わり改造されたということではないのか。諸君らの中には、表面上は学習も労働も素晴らしいが、思想の動揺が大きい者がいる。党の政策に対して今なお疑念を持っているというのは、これは改造された溥儀に比べて勝っていると言えるのか……。」[*12]

戦犯特赦大会において興奮してこぶしを挙げ大きな声で叫ぶ溥儀

戦犯特赦大会で声高らかに歌う戦犯たち

＊12　肖玉琛口述、周笑秋整理:『ある満州国少将の回想』、黒龍江人民出版社、1986 年版、158 ページ参照。

10　特赦［０１１号］

105

このような混乱が何日かあり、12月10日に金所長は大勢の前で特赦問題について話をした。何をもって悔い改めたと判断するか、そして溥儀の問題についても話をした。彼が言うには、溥儀はもう封建主義の思想を根絶している、あるとき溥儀の家族が面会に来て、以前のように「お上」と呼んでしまい、溥儀に批判されたことがあった。これは彼が過去の呼び方に対して恥ずべきだと感じているからだ。金所長はまた、誰でも自分が皇帝になりたいという気持ちなど当然持たないし、持ちえない、溥儀に求められているのはまさにそれなのだ、と述べた。また、こうも語った。何人かの資本主義国の新聞記者が、ここに取材しに来て溥儀と会い、溥儀の口から何か収穫を得ようとした。しかし、結局何も得られず失望して帰っていった。これらはすべて溥儀の立場が揺るぎなく、しっかりと改造されていることを表すものだ。[13]

溥儀が第1陣として特赦されたことは、本人にとって予想外だっただけではなく、一緒に収監されている戦犯たちにも意外なことであった。また、戦犯管理所の幹部、さらにはもっと上級の責任者に至るまで、当初は、理解することができなかった。

戦犯処理問題を報告する会議で、最初に溥儀の名前を持ち出したのは、毛沢東と周恩来であった。真剣に関連状況と溥儀本人の学習と改造の状況を聴取した。彼らはそれに基づいて、最初に溥儀を特赦する決定を下したのである。

---

*13　関夢齢遺稿、李占恒整理:『ある国民党特務大佐の自伝』第7章の関連内容、文化芸術出版社、1989 年版、322 ページ参照。

11

西花廳[*1]内での握手

　毛沢東は「改造に抵抗を示す者たちは、まず強制的な手段を用いることで初めて自発的な段階に入れるのだ」と語っている。

　溥儀は10年近く撫順戦犯管理所にいたが、それはまさに改造を強いられる段階であった。高い塀、監視塔、電流の通った鉄条網や鉄柵は、確かに「強制」という2文字を体現しているかもしれないが、それとは逆に毛沢東と周恩来たちの溥儀に対する関心やいたわりは、親しみと温かみに満ちたものであった。それによって溥儀の心の扉を開き、自らの意思で真摯に改造の道を歩めるよう促した。「011号を特赦する」と発表されたあのときから、溥儀を積極的に改造するための新たな段階が始まったのである。彼は塀や鉄条網に囲まれて暮らすことは二度とないが、毛沢東と周恩来の暖かい思いやりがこもった指導や激励は絶えずその耳に届き続けた。

　1959年12月9日、やや寒さを感じる初冬の朝、新華社のカメラマンがシャッターを切る中、溥儀は撫順から北京に到着した。そして、五妹韞馨の家にしばらく住むことになった。3日後、北京市民政局の幹部が溥儀に報せを伝えに来た。翌日午後に上級指導者との接見があり自動車が迎えに来るから外出しないように、というのである。一体、どの上級指導者との接見があるのだろうか。そのときは、名前を言われなかったので、溥儀もあえて聞かなかった。その翌日の状況を、溥儀はある手紙の中で、簡潔明瞭に書いている。

　それは、12月14日のことでした。私は国務院から回された車に乗って、前

---

*1 〔訳注〕西花廳は北京の中南海にあり、かつてこの中には周恩来とその妻鄧穎超の執務室・居室があった。また、ここで周恩来は国内外の多くの賓客と接見した。

特赦され北京に戻る列車の中の溥儀

井胡同6号から、国務院の西花廳に行きました。私の七叔載濤もそこで私を待っていました。部屋に入ると周恩来総理が見えました。総理は立ち上がって私と握手をしました。私は、感激のあまり総理の手を強く握り、思わず「ああっ、周総理！」と叫んでしまいましたが、興奮してそれ以上は言葉が出てきませんでした。

　周恩来総理は、陳毅副総理、習仲勲副総理を紹介してくれて、張治中、傅作義、章士釗ら各上級指導者および徐氷中国共産党中央統一戦線工作部副部長たちに引き合わせてくれました。

　その席にはほかに、最近釈放された蒋介石グループの戦犯である杜聿明、王耀武、鄭庭笈、宋希濂、邱行湘、陳長捷、曾擴情、周振強、楊伯濤、盧浚泉らがいて、彼ら一人ひとりとも握手しました。

　私たちが座ると、周恩来総理は私たち11人に対し、一人ひとりの状況や家庭の状況を懇切丁寧に尋ね、励ましてくれ、私たちが進む方向を指し示してくれました…。

　杜聿明ら10名の元国民党高級将校も、12月4日に第1陣として特赦されたのであった。彼らは北京に家族がいないので、泰城刑務所を出ると、北京市民政局の手配により崇内旅館に入った。その日彼らは、旅館から中南海の西花廳に連れてこられたのだ。

　溥儀は到着すると、まず周恩来や陳毅たち中央指導者の接見を単独で受け、すぐさま応接間に案内された。そして、徐氷がその場にいた杜聿明ら

北京駅で兄を迎える五妹韞馨

溥儀の日記中に記載された、1959年12月14日に周恩来総理と接見したときの話の内容

に「こちらは清朝最後の皇帝溥儀さんです。彼は撫順管理所から第1陣として特赦されたのです」と紹介すると、不思議そうな視線が溥儀に集まった。そのときまで、誰一人溥儀と面識がなかったし、目の前にいる、度の強い眼鏡をかけ青い綿服を着た、痩せて背の高い老人が、昔3歳で即位した「少年皇帝」だとは信じられなかったからである。溥儀は謙虚な態度で、しきりにみんなに向かってうなずきながら挨拶をした。

　午後3時、周恩来、陳毅、習仲勲、張治中、傅作義、邵力子、章士釗らが、一斉に応接間に入ってきた。全員が起立し、盛んに拍手した。周恩来は人々に着席を促すような素振りを見せると、真っ先に白髪混じりの老人に気づき「曾擴情」と声をかけた。その人物は黄埔軍官学校[*2]第一期の卒業生であった。周恩来が同校政治部にいたときの課員であり、当時の階級は少佐で、共に革命に身を投じた間柄でもあった。その後、曾擴情は蔣介石に随い、共産党と敵対するようになった。40年代末の国共内戦の際は、国民党四川省党部主任で階級は中将だったが、解放軍の捕虜となったのである。学校時代からは30年余りが過ぎ去っていたにもかかわらず、周恩来はいまだにその容貌を覚えており、名前を呼び、相手をひどく感激させた。周恩来が笑って、「私が黄埔軍事学校にいたころは、ま

[*2] 〔訳注〕1924年、広州近郊黄埔に設立された国民党の士官学校。校長は蔣介石だった。当時は第一次国共合作の時期で、周恩来は同校の政治部主任として辣腕を振るった。

だ30歳前で、年上の学生がたくさんいました。あのころは、大変な重圧を感じたものです」というと、曾拡情は「私は当時まだ学生でしたが、すでに30を超えていて、先生だったあなたよりも何歳か年齢が上でした」と答えた。

周恩来は、同じく黄埔軍官学校出身で国民党の名将であった杜聿明の前に来ると陝西出身の習仲勲を指さして、「彼はあなたと同郷ですよ」と言った。続いて、杜聿明の年齢や健康状況を尋ね、杜が55歳になったばかりで体も丈夫だと聞くと、「あなたはまだ若いのだから、国家のためにもっと多くのことができますよ」と励ましの言葉をかけた。杜聿明がきまり悪そうに、「学生として先生に申し訳なく思っております。先生に従って革命を遂行せず、反革命の道に走ってしまい、先生の期待に背いてしまいました」と言うと、周恩来は、「悪いのは諸君ら学生ではなく、しっかりと教えなかった教師が悪いのですよ」と真心のこもった声で答えた。

宋希濂に向かい合うと周恩来は、「見たところあなたは丈夫そうですね。まだ50歳前でしょう。家には誰と誰がいるのですか、どこにいますか」と親切な口調で尋ねた。宋希濂は、「先生のご配慮に感謝いたします。私は今年52歳ですが、体はとても健康です。私の後半生は人民のために自分ができることをいたします。妻は1949年にすでに病死していまして、五人の子供はみなアメリカと香港にいます。国内には妹とその他の親族がいます」と答えた。周恩来は、この名高い国民党の元将軍に関心を持ってこう話した。「海外にいる者にはまず連絡をし、国内にいる者にはできるだけ早く会うように。あなたたちの仕事、生活、家庭の問題は一つずつ解決していきます。何か要望や困ったことがあったら、中国共産党中央統一戦線工作部の徐氷を訪ねなさい。彼は副部長で、あなたたちの今後の仕事と世話をする手配を担当します。」宋希濂は感激し、うなずいて感謝の意を示した。

周恩来は、国民党天津市警備司令部司令官で、当時の階級は中将だった陳長捷の目の前に来ると、陳の表情が緊張しているのに気づいた。かつて、解放軍が天津を包囲した際、陳長捷は降伏して革命に合流せよという勧告に応ぜず、死守しようとした。そして数十時間の市街戦の結果、捕虜になったのである。そのことを恥じていたのである。周恩来は非常によく彼の気持ちを理解しており、「あなたは以前国民党の将校として上部の命令に服従していただけで、それはもう過去

のことです。これから功績を挙げて罪を償えばよいではありませんか」と心から慰めた。

　国民党第49軍軍司令官で当時の階級は少将だった鄭庭笈が離婚した経緯も、周恩来はその場で知った。鄭の妻馮莉娟は、夫の収監中に生活に困り、1958年に離縁したという。すると周恩来はすぐに、「彼女は再婚しているのですか」と尋ねた。鄭庭笈が「いいえ」と答えると、周恩来は後ろを振り返り、「みんなで彼が復縁できるようにしてあげねば」とその場にいる人々へ言った。

　国民党第18軍軍司令官で当時の階級は少将だった楊伯濤が、家庭の状況を説明する番になった。彼の妻は台湾には行っておらず、郷里芷江〔湖南省西部〕の被服工場で働いており、自活しながら子供を育て学校へ通わせているという話を聞くと、周恩来は、それは良かったとうなずいた。その後間もなく、楊伯濤の妻は、子供を連れて北京に移ってきた。鄭庭笈も別れた妻の馮莉娟と元のさやに収まった。

　その場にいた国民党の元高級将校らは、全員が黄埔軍官学校の出身で、周恩来とは教師と学生の間柄であった。その中でも杜聿明、宋希濂、王耀武、曾拡情、周振強らは、当時周恩来から直接教えを受けていた。師弟が久々に再開したのだから、しばらくは話が尽きるはずもなかった。

　もとより溥儀は、接見者の中で唯一、周恩来と師弟関係や仕事上の関わりがない人物だった。しかし、だからと言って彼が蚊帳の外に置かれていたわけではない。今日の総理とかつて皇帝がよもやま話をする、という尋常でない場面は人々を引きつけた。彼らは満州族の旗人*3の礼儀作法、服装や漢族と顔立ちの違いなどを語り合った。周恩来は本当に見聞が広く博学であった。しかし、溥儀は、この誰でもが尊敬する総理に初めて接したため、どうしても畏まってしまい、話の

---

*3 〔訳注〕旗人とは、清代において「八旗」に属する人、すなわち満州族を指す。満州族戸籍において、最も大きな編成上の単位を「固山（満州語で gusa）」といい、各「固山」それぞれに固有の色を旗印とした。それで、漢語では「固山」を旗と訳すのである。全部で黄・白・紅・藍の4色の旗で、例えば、「正黄旗」とは、黄色1色の旗のことである。「正白旗」も同様である。また、白・黄・藍の3色の旗に紅の縁取りを、紅旗には白の縁取りをした。そして例えば、紅の縁取りをした黄色の旗を「鑲黄旗」、俗に「廂黄旗」とも呼んだ。ほかも同様であった。これらを合わせて「八旗」と称した。

途中で無理やり話題を自分のことに向けがちであった。自分は地主階級の総頭目だとか、日本帝国主義の傀儡だとか自己批判を何度も口にした。すると周恩来は微笑んで、「すでに自己批判はいっぱいしたでしょう。これ以上自己批判はせず、時間があったら、回想録を書くとよいでしょう。国家のためにたくさん働いてください」と静かに言った。陳毅も溥儀に対して、「若いころ北京で勉強していたとき、私もあなたの臣民だったのですよ」と言葉をかけた。溥儀は総理と副総理がそう言ってくれたので、緊張した気持ちが一気にほぐれるのを感じた。[*4]

前々から周恩来は、ある完全な計画の構想を練り、半年前に実行していた。これこそが、全国各省・市にまで及び、今も輝かしい成果を収めている文史資料の収集作成事業であった。

溥儀は「回想録を書く」という言葉を聞いて、撫順で書いた例の10数万字に及ぶ長い自叙伝を思い出し、総理に報告した。

周恩来は耳を傾けながら、たびたび質問を差し挟んだ。その言葉は多くなかったが、かなり重要視しているのが、傍目からも明らかに見て取れた。

温和なことで知られる周恩来は、特赦されたばかりの著名人11人と一人ひとり挨拶を交わすと、かつて負傷して不自由な右手を振るいながら、淮安なまりで単刀直入に言った。「あなたたちが社会に復帰して何日かが経ちました。今日はまず話しておくべきことがあったので、来てもらったのです。」

周恩来は、ごく自然にこの話題から入っていった。「今まであなたたちは集団生活を送ってきましたが、この何日かは個人で生活しています。やはり集団生活のほうがよいでしょう。」特赦された人々は、10日前はまだ刑務所で集団生活を送り改造教育を受けていた。釈放後の何日は単独で生活しているが、全員の家庭、仕事がまだ落ち着いてないことを考慮すると、やはり政府が見学や学習を組織立って手配し、もう少しの期間集団生活をしたほうがよい。もちろんもう一度刑務所に戻るという話ではない。そうしたことを周恩来は言おうとしたのである。彼は、溥儀や杜聿明ら最初に特赦された人々に大きな期待を抱いていた。それで、続いてこう言った。「あなたたちはお手本なのですから、試練に耐え、良い印象

[*4]　楊伯濤：「周恩来総理と初めてお会いしたときの思い出」および溥儀の日記その他関連資料を参照。

を人に与えなければなりません。」

　それからまたすぐに話題を変えて、政治家らしい気迫で、戦犯を特赦するという考えの本質をはっきりと口にした。「党と政府は言ったことは守る。我々の統一戦線は手段を選ばないのではなくて、主張や観点が明確なのだ。蒋介石は手段を選ばず、唯我独尊で、個人主義なのだ。我々共産党は民族の利益、人民の利益という観点からあなたたちを釈放したのです。」この台詞は、単なる前口上ではなく、厳粛な長い演説の始まりであった。

　ここから２時間余り、周恩来は身の回りのことを例に挙げ、革命の過程を考察し、よどみない口調で、心底納得させるように四つの問題について述べた。これが、溥儀と杜聿明たちが後に「四訓」すなわち「四つの教え」と名づけた有名な演説であった。

11　西花廳内での握手

12

周恩来の立脚点

　周恩来による淮安訛りの演説が、中南海の西花廳内にこだましていた。
「立脚点をどこに置くかということは政治的な問題である。つまり、人々が民族闘争と階級闘争の中でどちら側につくか、ということだ。あなたたちは、この試練に耐えつつ、人に良い印象を与えるようにしなければならない。」*1
　このときの演説全体を通して、周恩来は、立脚点すなわち立場をどこに置くか、ということを最も重視し時間を割いた。なぜなら、溥儀や杜聿明らを改造するには、結局のところ、反動的な旧来の観点から彼らを脱却させなければならないからだ。
　「まず、民族の観点にしっかり立ち、新中国を心から愛することだ。」周恩来はきっぱりとした語気で言った。民族の観点に関して、周恩来は最も多くの言葉を費やしたが、これは明らかに、その場にいた者たちが、みな歴史の分岐点において誤りを犯していたからである。今まさに歴史を振り返って総括しなければならないのだ。「アヘン戦争から今日まで、約120年間の闘争を経て、中国人民は立ち上がり、偉大な勝利を得た。この事実は帝国主義でさえ認めるものだ。」
　ここまで話すと、周恩来は炯炯とした眼光で突然溥儀を見つめた。「溥儀さん、あなたにはわかるでしょう。今私たちの国は、昔のあなたたちのころより上手くいっているはずです。」周恩来の問いかけに対して溥儀は、「昔と今はまったく違います。清朝は西太后が統治していたころ、完全に亡国の状態でした。国力を疲弊させてしまい、外国からの一撃にも堪えられませんでした」と答えた。周恩来

---

*1　周恩来：「第一陣特赦戦犯溥儀ら11人との接見時の談話」、『周恩来統一戦線文選』、人民出版社、1981年版、396ページ参照。本章における周恩来の演説内容は、主にこの文および溥儀の日記の関連内容を参考にした。以下、個別には注を付さないことにする。

はその答えを受けて、さらに「国民党は20年余り統治したが、上手くいかなかった。今日中国6億5000万の人民は立ち上がり、この地で生まれて、この地で成長していく。このような国家を愛さずに何を愛すというのだろうか」と語った。

　周恩来は民族問題を例に、旧社会と新中国との相反する政策を照らし合わせた。彼は「かつては、ある民族が別のいくつかの民族を迫害していた」ことに言及し、再び溥儀に向かって、「溥儀さん、あなたが清末に即位したときは、2、3歳に過ぎませんでした。そのときのことは、あなたに責任はありません。しかし、満州国時代のことには責任があるのです」と客観的かつ丁寧な語り口で言った。そして、宣統年間に自分は辮髪を垂らして瀋陽に行ったが、あのころの満州族の威勢は大したものだった、その後、清が滅びると、多くの満州族は改名して、自分が満州族だと言おうとしなくなり、多数は漢民族と同化した、と語った。

　周恩来はさらに、作家の老舎と舞台芸術家の程硯秋を例に挙げ、彼らは、旧社会の民族迫害の悲惨な情景を生き生きと描写していると述べた。今日、共産党の指導のもと、各民族は平等となった。新中国は各民族人民からなる一大家族である。だから、族籍を回復する人が多くなってきて、満州族だと認めるようになった。第2回目の族籍申請時では、自ら満州族と名乗る人がさらに多くなってきている、とも語った。

　その場にいた人々は、溥儀が総理の話を恭しく聞きながら、涙をポロポロと流しているのに気がついた。愛新覚羅氏がこの大地に君臨した300年間、満州貴族は武力を誇り威勢を示して、中国にのさばった。しかし、清朝が終焉すると、あれだけ勢いを誇った満州族は壊滅的な危機に直面した。新中国は満州族を救い、愛新覚羅一族も繁栄を取り戻し始めた。これらすべては、総理がこの場で話しているだけでなく、溥儀自身が釈放されてからその目で見た事実であった。彼は自分にとって大切な一族そして民族を救ってくれた新中国をどうしても心から愛さずにはいられなかった。

　周恩来は、話題を満州族からチベット族に移し、数か月前にチベットで起こった重大な変化を語った。チベットでは、農奴制度が改められ、チベット族はいっそう発展するだろう。[*2]

　また、周恩来は、孫文の民族に関する考え方には欠点があると指摘した。一方

では民族平等を主張しながら、一方で「国族」と言っていた。蔣介石に至っては「宗族」と言い改めているが、これは漢族中心の考え方である。もっとも、孫文の民族主義の解釈が不完全であったとはいえ、その革命と進歩は肯定しなければならない。

さらに、周恩来は次のように言った。今や、各民族は徐々に互いを認め合っていかなければならない。どうやって同化するかは将来のことで、いずれ民族はすべて同化するだろうし、地球も同化するだろう、だがそれは数百年後の問題だ。今、各民族は対等につき合い、相互に助け合うべきだ。特に全国の人口の94%を占める漢族は、少数民族を助ける責任がある。そうしてこそはじめて真に平等となり、各民族がみな発展できるのだ。

周恩来はまたその場の人々がよく知っている二人の人物を例として挙げた。一人は、龍雲（字は志舟）で、1927年から1945年までの長期にわたり国民党の雲南省政府主席を務めた人物で、もう一人は、黄紹竑（字は季寛）で、やはり国民党の広西省政府主席であった人物である。この二人はどちらも革命の側に立つことを表明し、新中国建設に参加した。しかし、民族平等という点について、彼らの行動は、我々によい教訓を与えてくれた。龍雲は雲南の少数民族を承認しなかったし、黄季寛はチワン族自治区設置を望まず、民族の団結と社会の発展を阻害したのだ。

周恩来は、国内の民族問題のみならず国外の民族問題についても言及した。「我々は、国内の各民族が平等だと主張するだけではなく、国と国の間も平等であるべきだと主張している。」

周恩来は次のようにも説明した。今日、世界では社会主義、帝国主義、さらに民族主義がある。そのうち、帝国主義は反動的だが、民族主義は革命的な側面と反動的な側面がある。今、中国に敵対する帝国主義国家と民族主義国家がいくつかあるが、これは不思議でも何でもない。我々は両者を区別して対応しなければならない。つまり、帝国主義国家の挑戦に対しては、我々は断固抵抗する。一方、

---

*2 〔訳注〕1959年、中国のチベット統治に対して勃発した独立運動、いわゆるチベット動乱を指す。チベット全土に騒乱が起こったため、人民解放軍がラサに進駐し、ダライ・ラマはインドに亡命した。チベット独立運動の原点となった事件である。

民族主義国家に対しては、何とかして味方に引き入れる。

　周恩来はまず、中印国境を例に挙げて言った。これは歴史が残した問題で、清朝もインドと国境を決めなかったので、はっきりさせられないのだ。しかし、帝国主義は強欲に我々から多くの国土を奪った。このようなで状況で、周恩来はインドのネルー首相に手紙を書き、従来の国境線から双方が 20 キロメートル退き、出兵しないという提案をした。この原則は、中国とラオス、ネパールなどの国の国境問題処理にも適用された。

　周恩来は言葉を続けた。我々はインドなどの国々と敵対していないのだから、はたして戦争をする必要があるだろうか。情勢は緩和するかもしれないし、緊張するかもしれない。当方から言えば、完全に緩和できる。我々が辺境をしっかりと守り、国境付近の偵察を停止すれば、衝突は避けられる。インドが揉めごとを起こせば、それは彼らが理に背いたことになるのだ。あの辺りはみな高山地帯で、強力な軍事力を展開するのは難しいのだから、再び緊張状態が生じても恐れることは何もない。すべて向こうの出方次第なのだ。

　続いて、周恩来はインドネシアで華僑が迫害された問題を例として取り上げた。周恩来は 5 日前、陳毅外相がインドネシア外相に手紙を送り、インドネシアにおける華僑の二重国籍問題の解決、インドネシア国籍を持たない華僑の権益保護、および帰国を希望する華僑の安全な帰国保証という 3 項の提案を出した。しかし、インドネシア当局は、華僑にインドネシア国籍を認めず排斥した。この華僑迫害問題に直面して、周恩来は、我々は華僑の人々を撤退させると主張し、600 万に及ぶ華僑の帰国準備をした。海南島には 300 万人を受け入れられる上、雲南、貴州、四川、広東、福建でもすべて適当な場所で受け入れ可能にした。そして、彼らが祖国へ帰ってきたら社会主義建設に参加させようとした。

　要するに、中印国境紛争については、双方が現在の国境から 20 キロメートル撤退することを主張する。また、インドネシアにおける華僑の紛争については、中国は華僑の人々を撤退させると主張する。こうやって、中国と民族主義国家の利害は衝突しないと証明し、国と国は対等であるとする中国の真摯な態度を証明するのだ。

　民族の立場にしっかり立って、祖国を心から愛さなければならない、その言葉の中にどんなにか深い真理が含まれているだろうか。かつて皇帝の玉座にあって、

支配民族を代表し最高権力を行使した人物として、また、民族の罪人という恥ずべき役を演じた人物して、今なお200万人の満州族の注目を集める人物として、溥儀は周恩来の一言一句をすべて丹念に書き写し諳んじた。もちろん周恩来は、特赦を受けた11人全員に向かって話をしたのだが、溥儀は自分に言い聞かせているのだと感じていた。

　周恩来は、最後に台湾の例を挙げた。民族の立場が第一である。我々は蒋介石に対してまだ話し合いの余地を残している。その罪悪を論ずるならば、妥協はできないが、民族問題という点では、蒋介石はアメリカ帝国主義と意見が合わないのだ。

　ここで周恩来は、新中国成立前に起きた一つの史実を指摘した。アメリカの国務省は、台湾を中国大陸から分離すべく、台湾をアメリカの信託統治下に置こうとする提案を国連に何度も出したが、蒋介石が同意せず、イギリス・フランス両国も提案を支持しなかったので、この計画は実現しなかった。蒋介石は信託統治に反対し、二つの中国というやり方にも反対している。要するに、民族の立場を堅持しているわけである。祖国の領土を保全し、帝国主義による分割は許さない、我々のうぶ毛1本でも抜くことはできないということだ。

　以上は周恩来の弁証法であるが、もちろん毛沢東の弁証法でもあり、結局はマルクス主義の弁証法である。周恩来は、事実と哲理そして政治を結びつけるのを最も得意としていた。民族主義にも革命的性質の一面があると言及したとき、周恩来は蒋介石に関する例を意識的に挙げ、この独善的で最も反動的人物にも、肯定すべき経歴を見いだそうとした。その主なものは、第一次国共合作[*3]から北伐時期にかけての三つの大事件であった。

　一つ目は、蒋介石が、広州商団を討伐した事件である。1924年10月、滙豊銀行広州支店の買弁[*4]陳廉伯と佛山の大地主陳恭受をはじめとする広州商団の反革命武装集団は、イギリス砲艦の支援を受けつつ、広州に樹立された孫文の革命

---

*3　〔訳注〕第一次国共合作：国民党を率いる孫文は、1923年「連ソ・容共・扶助工農」という三大新政策を打ち出した。翌年には共産党員が党籍を持ったまま国民党への入党が認められた。以後、1927年8月まで協力体制が続いた。

*4　〔訳注〕外国商人・商社が取引の円滑化のため、仲介人として雇用した中国人商人のことである。また、外国資本に従属して自国・自国民の利益をないがしろにする資本家を指す。

政権に反対する武装反乱を起こした。孫文の命令を受けた黄埔軍官学校校長蒋介石は、広州を守備していた各軍を指揮し、またたく間に商団の武装反乱を平定したのである。

二つ目は楊劉討伐である。1925年5月、広東革命政府が東征した際、雲南の軍閥楊希閔と広西の軍閥劉震寰は、イギリスの支持を受け北洋軍閥とも結託し、広州電報局や駅などを占領するという反革命暴乱を起こした。そのときも、黄埔軍官学校党軍総指揮官であった蒋介石は、広東軍などと同時に東征の前線から広州に軍隊を呼び戻し、速やかに反乱を平定し勝利を得た。

三つ目は、沙基虐殺事件である。1925年6月23日、イギリス軍は、広州市の沙面租界の対岸にある沙基路で、「五・三十運動」*5を支持するデモ隊に発砲し、悲惨な流血事件を引き起こした。当時、周恩来が組織した黄埔学生軍もデモに加わっていたが、23名が犠牲となった。蒋介石は事情を知ると憤りを表し、軍事委員会に対し革命的文言で満ちた「軍事政治意見書」を提出した。

これらは革命的行動と言わざるを得ないが、その後蒋介石は反動の道に走ってしまったのだと、周恩来はきわめて客観的に結論を述べた。

その場にいた11人の中で、10人はかつて蒋介石の部下で、「蒋委員長」のもと国共内戦に従軍して戦犯に成り果てたのであった。しかし、彼らの経歴には、革命の時期に軍閥と戦った功績もあり、抗日戦争の際は、侵略者と血を血で洗うような戦いをしたという史実もあった。彼ら自身は、そんなことを覚えている人がいるとは信じていなかったが、今、目の前にいる周恩来総理がそれを覚えていたと悟ったのである。

溥儀は、蒋介石とまったく関わりがなかった。歴史を遡ったとしても、彼には封建的で反動的な歴史、祖国を裏切り敵に投降した歴史しかなく、進歩的あるいは革命的事績はまったくなかった。しかし、彼は54歳になったばかりだった。まだ60歳、70歳、80歳と、もしも栄誉ある後半生を創造することができたら、同じように総理の称賛を受けることができるだろう。

---

*5 〔訳注〕いわゆる「五・三十事件」のこと。反帝国主義運動が激化していく過程で、上海において勃発した事件。日本人経営の紡績工場における中国人労働者のストライキをきっかけに闘争が激化し、1925年5月30日、学生・労働者のデモにイギリス警官隊が発砲、多数の死傷者を出した。これ以降、全国的な規模で反帝国主義運動が展開されていった。

「民族の利益と勤労大衆の利益は一致する。民族として観点を持ち、さらに進んで勤労大衆の立場に立てるのだ。」周恩来による立脚点についての説明は、ここからさらに一歩踏み込んでいった。彼はこう言った。今日の人民はプロレタリアート、農民階級、プチブルおよび民族ブルジョアジーを含んでいる。プロレタリアートは指導階級であり、農民は集団の農民、ブルジョアジーとプチブルは、まだ資本主義の垢が残っている。勤労大衆の立場を打ち立てるには、搾取階級の立場を取り除き、徐々に勤労大衆の側に立つようにならなければいけない。周恩来は、勤労大衆の立場に立つには、そのときどきで取り繕うだけでは駄目で、長期の鍛錬を通じ、絶えず思想改造を強化していかなければならないのだ。

周恩来は次のように述べた。立脚点を知るというのが第一で、次に足元がしっかりと定まるかどうか、これが第二の問題だ。陳独秀、張国燾らは、立場がぐらついていたせいで寝返ってしまった。ここからわかるのは、たとえ共産党員であっても、終始一貫して物事はなせない、常に用心してかからなければならない、ということだ。

また、周恩来は特赦された元戦犯の具体的な状況を分析し、改造教育の期間中は明確な思想的基準があったが、釈放後思想的な試練にさらされる中で、改造の成果がぐらつかないかどうか見守る必要がある、と指摘した。

さらに、周恩来は溥儀や杜聿明らに本をたくさん読むように励ました。読書をすれば役に立つ、特に『毛沢東選集』をたくさん読むようにと言った。内容がわかりやすく、しかも中国の革命の過程と結びつけることができるからだ。

人民の内部の問題は絶えず討論しなければならない、真理は論じれば論じるほど明らかになる、弁証法的な観点で解決しなければならない、と周恩来は言った。

周恩来は、かつて負傷して後遺症の残る右手を振るい、微笑みながらみなに言った。「絶えず論争し討論して、ようやく真理を知ることができる。滓を捨てて真実を取り、対立物の統一を求めるのだ。今日は、生まれ変わった人間として出発したあなたたちに出会ったのです。あなたたちは最早、皇帝や総司令官ではなく、友人として私に相対しているのです。」

周恩来は話を続けた。二段階革命論*6 を取るべきか、それとも継続革命論を取るべきか。もちろん継続革命論を取るべきだ。社会主義という関門を経て、将来は共産主義に至るのだ。やるべきことは多い、個人も社会も、すべて革命を継続

しなければならない。ネルーは、我々が今「革命の火が燃えさかる時代」にいる、と言っている。また、アメリカ帝国主義は我々のことを「革命的熱狂」と言っている。その通り、革命の火は永遠に私たちのところに存在するのだ。我が中国は、経済建設だけをしているのではなく、また政治建設と精神建設もしているのだ。私たちの時代は前へ向かって発展していくのだから、みなさんも絶えず進歩しなければならない。

　懇々と説き、あれこれと忠告をしてくれる、なんと民主的で優しく親切な総理なのだろうか。溥儀の心は周恩来に対する崇敬の念で一杯になった。彼は自ら記録した周恩来の演説の原稿の中から、たくさんの警句を抜粋し、繰り返し日記の中に書き写した。それによって自分を鞭打つように自身を励ましたのだ。もちろん、今日の視点でこの演説を見れば、いくつかの内容はどうしても1950年代後期の時代的痕跡が付随しているのは免れない。しかし、そこに歴史的真実が垣間見えることは理解していただけるだろう。

＊6　〔訳注〕社会主義社会の実現は、第一段階のブルジョア民主主義革命、第二段階の社会主義革命を経て成り立つという理論。

13

「四訓」

毛沢東、周恩来と溥儀

周恩来の懇切丁寧な説明を、溥儀や杜聿明らは、まさに脳裏に刻み込むように耳を傾けて聞いていた。

立場の問題を話し終わると、周恩来は次に、三つの基本的思想観点について、つまり労働的観点、集団的観点、大衆的観点に分けて話し始めた。

社会主義の原則は「働かざる者食うべからず」だ、自分を鍛えるために働くことが必要だ。あなたたちは、すでにこの10年来、ある程度の労働的観点、つまり労働者の立場に立った考え方を身につけてきた。しかし釈放されて後も、それを強固なものにするのは容易ではない。そこのところを注意して、やり通さなければならない、放棄してはならない。家族も生産活動に参加することができ、生活様式も変わった。これは素晴らしいことで、励みになるだろう。家族も社会人なのだから、あなたたちを助けてくれるだろう。

周恩来はこうも話した。10年間の改造には良い面がある。きっと、あなたたちは集団生活をしたことで、集団的観点が芽生えたはずである。それを強固なものにすべきで、一時もおろそかにしてはいけない、さもないと個人主義の思想が頭をもたげてくるだろう。なぜなら、あなたたちは、個人主義を完全に払拭したわけではなく、まだそうした考えが少なからず頭の中に残っているからだ。やはり集団生活をするのがよい。だから今、あなたたちを組織し、政協と連絡しながら学習してもらおうと思う。

周恩来は、ここでユーモアたっぷりに言った。「私たちはみな集団生活をしているのですよ。家庭も小さな集団です。女性が働くのは良いことで、夫婦がともに外で働いていれば、一緒にいるのは日曜日だけ。毎日一緒だと喧嘩になりますからね。子供もあなたと論争したり、あるいはあなたたちを批判したりするでしょう。それに対しては、心の準備をしておきなさいよ。」

大衆的観点に話が及ぶと、周恩来は、実はそれは集団的観点の延長だと言い、それらは一つの問題を二つの側面から見たものであると述べた。大衆的観点は、中国革命の最も重要な問題で、共産党員であっても優れた能力があるわけではなく、毛主席の思想と大衆に頼って、蒋介石の反動的統治を覆した。今日我々が経済建設をし、科学文化建設をやっているのは、すべて6億5000万の人民に頼っているのだ、と言った。

　また、どのように共産主義の思想を打ち立てるのか、言い換えると、どのように正しい思想的観点を確立するのか。毛主席の著作、マルクス・レーニン主義の中から労働的観点、集団的観点を学び、それに加えて大衆的観点を強化しなければならない、とも述べた。

　周恩来は以上のように話をまとめ終わると、またも慈愛に満ちた視線を溥儀や杜聿明らに投げかけ、「あなたたちが生まれ変わった人間としての気持ちを持つには、引き続き思想を改造しなければなりません。一生懸命学習し、これらの観点を強化してください」と言った。

　周恩来は、溥儀ら11人が正しい立場と観点を確立できるかに関心を持っていただけではなく、特赦後の彼らの仕事と生活の問題について具体的に取り組んでいた。「仕事、生活、労働、学習、見学などは、しっかりと世話をしますから。見学の目的は、あなたたちに国内の状況をもっと知ってもらうためです。」

　周恩来はそう言うと、具体的に説明した。今後2か月の間に全国政治協商会議が見学および報告会を開く、内部の文化娯楽施設として政協講堂3階の各部屋を特赦された人々が自由に本や新聞を読むことができるようにし、その他レクリエーションに参加できるようにする。そして2か月後には仕事の紹介をする、この期間に、家が大陸にある者はみな親族に会いに帰郷してよいし、家族を北京に呼び寄せてもよい、具体的な話は統一戦線工作部と政協が担当する。以上の配慮が、溥儀たちに示されたのであった。

　一部の者から、台湾にいる友人や親戚と手紙のやり取りをしたいという申し出があった。周恩来は、それによって台湾の祖国復帰に貢献しなさいと言って許可した。個人の手紙は相手も信用するだろう、ただし、ゆっくりやることが肝心で焦ってはならない、皮肉を言ったりしてはいけない、相手には民族の利益が大切だと思わせることだ、こうした仕事は長い時間をかけてやっと効果が表れるのだ、

と忠告した。

　周恩来は最後に、再び溥儀ら特赦された人々の前途について語った。社会主義・共産主義の道を歩み、生まれ変われば希望が持てる。あなたたちがしっかりやれば、獄中の人たちはさらに望みがあると感じるはずだ。彼らの改造が上手くいけば、何回かに分けて釈放されるだろうし、それは社会にとってもよいことだ。しかし、それはすでに出所したあなたたちが「確かに上手くやっている」と社会の人々が認識しない限り駄目なのだ。あなたたちのような最初に釈放された人間は、互いに励まし合わなければならない。そのために、あなたたちがお互いの間を自由に行き来するのを許可する。自分自身を励まし、獄中の人々をも励まさなければならない。獄中には頑迷で改造を受け入れない者もいるだろうが、大多数は改造を受け、何回かに分けて特赦されるだろう。彼らにも前途はあるし、社会とともに前進するはずだ。今回出所した者は 33 人だが、これから出所する人はもっと多くなる。みな落伍しないようしてほしい。

　周恩来は、特赦された人々と拘留中の戦犯たちに明るい前途を示した。同時にこのような説明を行った。道は自分で選ぶものだ、別の道を行ってもよい。一部の人は出て行きたくてこそこそしている、周 鯨文[*1]（しゅうげいぶん）のように。我々は公然と周鯨文を出て行かせたのだ。出て行ってから、彼は『風暴十年』という本を書いたが、それはわずかな米ドルを稼ぐためだった。

　我々はこのことで大げさに騒ぎはしない、民主人士や共産党員の中にも敵前逃亡するような脱走兵もいる。もしもまだこうした考えを持つ人がいるなら、我々に言えばよい。

　周恩来は 2 種類の未来を溥儀らの目の前に並べると、すぐ話題を変えた。当時の厳しい国内外の情勢を事実に即して説明し、新中国建設において必ずや出くわすさまざまな困難について、すべて洗いざらいぶちまけた。帝国主義の独占ブルジョア階級は、我々を消滅させようとしているし、ある民族国家も面倒を起こしている、我々はこのような条件下で、貧しい中国を繁栄させ、富強で近代化した

---

*1　〔訳注〕1908〜1985 年。第一期全国政治協商会議委員や政務院政治法律委員会委員などを務めたが、1956 年 12 月に香港に渡り、その後は香港で反共的活動をした。『風暴十年』はその著作で、日本では 1959 年池田篤紀訳で時事通信社から出版されている。

中国にし、さらにイギリスに追いつき追いこさなければならない。これにはもちろん友好国の助けが必要だ。しかし、主には自力更生とみなの努力にかかっているのだ。

　周恩来は心の底からの思いを溥儀たちに強調して言った。あなたたちは今これでよいなどと思わないでほしい。北京の路地にはまだたくさんの小さくみすぼらしい家屋がある。全中国の近代化実現には、あと数十年が必要だろう。人々の考え方も一致しているとは言えない、ある者はあなたたちより、もっと個人主義的な生活をしており、進歩が遅いのだ。甘く考えてはいけない、それは自己欺瞞というものだ。もちろん、基本的には以前より良くなってはいるが、欠点もあるのだから、絶えず改めなければならない。我々は後代の人のために道を切り開かなければならない。第二次５年計画は、第一次５年計画より速く進んでおり、絶えず経験を総括して、進歩を求めなければならないのだ。

　前途の問題について話し終わると、周恩来は溥儀たちに、次の二つのことを望みたいと言った。「一つ目は、党と国家を信じてほしい。党と国家はあなたたちを信用しているのだから、あなたたちは自分自身の力で、国家や民族のために多くの貢献をしなければならない。二つ目は、もしも思い通りにならないことがあったら、手紙で中国共産党中央統一戦線工作部と連絡を取ってもらってよい、話があれば言ってほしい、小さい問題でも山積みにしてはいけない。しこりを残さないように。」

　周恩来の講話は、決してこれで終わりではなかった。溥儀、杜聿明たちは、現在すでに社会に出て来ているが、今後何に出くわすだろうか、何ができるだろうか、どんな影響を受けるだろうか、またどんな影響を与えられるだろうか、ということを周恩来は心配したのだった。どうやら事前に話し合っておくほうがよいと思い、彼は少し考えて、話を続けた。「あなたたちは旧社会との関わりが強いですから、自らの実体験でもって、社会上の死角、つまりほかの人が気づかないような点を改める手助けができると思います。」周恩来はそこで言葉を切ると、隣に座っていた溥儀に微笑みかけ、「溥儀さんは、私たちができないような影響をもたらすことができるでしょう」と言った。

　周恩来には、溥儀が社会に対して発揮できる力について十分な見通しがあった。彼は溥儀や杜聿明らはみなそれぞれ長所があり、社会を変えていく戦力になると

深く信じていたのである。また同時に、溥儀や杜聿明らには、社会や親戚友人たちからの悪い影響を防ぎ止める能力もあるとも確信していた。

　周恩来は懇切丁寧に溥儀たちに説き続けた。あなたたちが旧社会で数十年間築いた複雑な関係は、一刀の下に断ち切ることはできないし、それらの関係を拒絶してはいけない、社会に彼らを改造させればよいのだ。あなたたちが、社会や親戚友人の間に入っていけば、二つの可能性が考えられる。一つはあなたたちが彼らに、もう一つは彼らがあなたたちに影響を与えるかもしれないということだ。親戚友人の中の新世代は、あなたたちを批判するかもしれないが、絶えず闘争しなさい。人と社会はそうしてようやく進歩できるのだから。これは新たな試練で、良い影響は受け入れ、悪い影響は遮らなければならない、人間としての楽しみはこういうところにこそあるのだ。お互いにほめそやすような低俗なやり方では駄目だ。

　ここまで話すと、周恩来は傅作義（字は宜生）水利電力部部長をちらっと見て、称賛の口ぶりで言った。「彼は、水利事業に参画する際、どんな計画でも論争するのをやめないのです。これは立派な政治的姿勢といえます。」すると陳毅が横から、旧社会や古い官界の悪習慣を今日に引き継いでは絶対にならない、と口をはさんだ。周恩来もうなずいて、「陳毅同志が鋭く指摘したとおりです、新しい環境の中に置かれるということ自体が試練ですからね」と言った。

　最後に、傅作義、章士釗の二人が少し話をした。章士釗は、「共産党と毛主席が指導する新中国は、元将軍のみなさんを特赦にしたのです。これは、わが国の歴史上初めてのことです。みなさんが総理のご指示に従って、改造のお手本となるという栄誉ある任務実現に向けて努力されることを望みます」と話した。

　周恩来の淮安訛りの演説は、過去の出来事から現在の事象まで、そして理論から実行にまでわたり、2時間以上に及んだ。周恩来は腕時計をちらっと見ると、夕食の準備はしてあるのか職員に尋ねた。「準備していません」という返事を聞くと、溥儀ら接見者たちのほうを向いてすまなそうに、「またの機会にしましょう」と言った。

　溥儀は、感激の涙を潤ませながら周恩来に別れの挨拶をした。彼が両手で力いっぱい周恩来と握手している様子が、その場にいる人の目に映った。二人が、何か言おうとしたちょうどそのとき、曾拡情、陳長捷そして国民党第6兵団

司令官の盧濬泉元中将、国民党青年軍206師団師団長兼洛陽警備司令官の邱行湘元少将ら四人が歩み寄ってきて、自分たちはもうすぐ北京を離れてそれぞれ帰郷する旨を告げた。周恩来は、当時の黄埔軍官学校学生が自分に別れの挨拶をしに来たので、溥儀に向かって「またいつかお会いしましょう」と丁寧に挨拶してから、今度は曾拡情ら四人と一人ひとり握手した。そして、「必ず家に帰って家族と新年を祝いなさいよ」と言い聞かせるように声をかけながら彼らを客間の入口まで見送ったのだった。

　周恩来の今回の接見と演説は、溥儀や杜聿明ら11人にとって大きな励みとなった。演説の中で溥儀に言及し、彼の半生を客観的に評価し、深い感動を与えた。

　接見後、溥儀や杜聿明らは、自発的に周恩来が行った講話の原稿を整理・要約し、その中で言及した愛国的観点、階級的観点、大衆的観点および労働的観点を一つにまとめ、敬意を込めて「四訓・四つの教え」と称して、行動の指針として銘記し、永遠に忘れることがなかった。

14

新しい生活

毛沢東、周恩来と溥儀

　周恩来との接見後、国務院の乗用車は溥儀を西城区前井胡同6番にある五妹韞馨(うんけい)の家に送っていった。10日も経たないうちに、周恩来の派遣した人物が、またもこの小さな四合院の黒塗りの表門を叩いた。総理の提案を口頭で伝えるためだった。提案は、溥儀が長期にわたって妹の家に住むのは適当ではない、生活も不便だから、もうしばらくの間は、集団生活をしたほうがよい、というものだった。

　溥儀は喜んで周恩来の提案を受け入れ、1959年12月23日、東単付近の蘇州胡同南にある崇内旅館(すうない)に引っ越した。杜聿明(といつめい)、宋希濂(そうきれん)、鄭庭笈(ていていきゅう)および国民党第2綏靖区司令官兼山東省政府主席であった王耀武(おうようぶ)元中将らと一緒に暮らすことになった。彼らは一人1部屋ずつをあてがわれ、もちろん政府が部屋代を出した。溥儀は214号室だった。

　特赦第1陣で、北京に残った者の中には、その他に邱行湘(きゅうこうしょう)、陳長捷(ちんちょうしょう)、曾擴情(そうかくじょう)、盧浚泉(ろしゅんせん)、楊伯濤(ようはくとう)および国民党浙江西師団管区司令官兼金華市防衛指揮官だった周振強(しゅうしんきょう)元中将ら六人がおり、彼らは前門の南にある虎坊橋(こぼうきょう)旅館に宿泊していた。

　周恩来の手配によって、元皇帝1名と国民党の元将軍10名は、一つの特別班として編成された。周恩来はさらに、秘書を連絡要員として派遣し、この班の学習および日常生活を担当させ、北京市民政局とのパイプ役とした。これ以降、溥儀は崇内旅館で、忘れがたい充実した時間を過ごすことになった。6日後の1959年12月29日、溥儀は撫順戦犯管理所金源副所長に手紙を書いて、新生活に踏み込んだ大きな喜びの気持ちを漏らしている。彼はこう書いている。

　私は最近、民政局の殷兆玉(いんちょうぎょく)同志、市政治協商会議の林月(りんげつ)同志らによる案

128

内のもと、杜聿明ら10人と一緒に、農業展覧館、工業交通展覧館、スタジアム、宣武製鉄所、民族文化宮、民族飯店などを見学しました。その後、毎週水曜日と土曜日になると、私たちはいつも見学に行きました。見学から帰ってくると、自由に話し合いました。春節の前、政府は私たちを組織して見学や学習、あるいは報告を聞かせてくれました……昨日（28日）、私たちは連絡を受け、なんと人民大会堂で、陳毅副首相から国内外の情勢についての話を聞きました。人民大会堂で人民とともに中央指導者の報告を聞くなど、本当に思ってもいないことでした。これこそ私の生涯の中で最も光栄な出来事であり、同時にきわめて大きく私を鼓舞してくれるものでした。

　溥儀や杜聿明らに対して、周恩来はしかつめらしく説教をするような政治家の顔で、彼らの見学や学習などに口を出していたのではなく、人情味あふれる総理として、心から彼らの日常生活に関心を持っていた。

　崇内旅館と虎坊橋旅館にいた11人の新しい公民たちの誰もが、決して忘れられない出来事があった。ある吹雪舞う朝、中国共産党中央統一戦線工作部聯絡委員会主任の馬正信が、あたふたしながらやって来た。そして、みんなに使える石鹸がありますかと尋ね、「これは総理が思いついたことです。総理は今日午前2時、私に電話をかけてきて、あなたたちに使える石鹸があるか聞きに行くように、そして少し多めに買い与えるよう言いつけたのです」と言った。そして、続けてこう言った、「私と一緒に街へ行って衣類を買いましょう。総理は私にあなたたち一人ひとりのコートを買うよう、命じられました。」

　関係資料によると、これは1960年1月9日の朝食前後の出来事だった。その日の午前中、一人ひとりに石鹸を配り、コートは何人かを引率して店に行き、試着して購入したのである。費用はすべて政府が支払った。最初、溥儀やその他の人々は総理がなぜこのような些細なことに関心を持つのかを不思議に思ったが、後になって理由を知った。1960年初め、国家経済が困難な時期に突入し、物資供給面で配給切符による統制と定量の割り当て方法が採用される直前だったのだ。溥儀は金源への手紙の中で、殷兆玉が自分と一緒に店へコートを買いに行ってくれた経緯について述べている。

　　政府はまた私たち一人ひとりにコートを支給してくれました。昨日、殷同

志と私は百貨店へ服を買いに行きました。もうすぐ新年なので、買い物客で大変賑わっていました。私の体に合うコートは9号なのですが、9号は売り切れでした。すると殷同志は、店の責任者と相談してくれました。おそらく今日あたり、9号のコートが私のところに届けられるはずです。

　周恩来の配慮はまったく至れり尽くせりで、新しい生活に踏み込んだばかりの溥儀や杜聿明ら11人が、大満足するような条件と環境を提供したのである。

　金源への手紙の中には、それを具体的に示す溥儀の説明が書かれている。「各人への生活費として60元が補助されます」、「病気になっても医療費は組織が負担します」、「ここでは入浴、飲食すべてがとても便利で、テレビまであります。」1960年代初め、テレビは中国の多くの家庭では、はるかに遠い存在だった。溥儀が目新しさを感じたのも無理はない。

　当時、溥儀たちの部屋代や外出する際の交通費はすべて国家が清算した。食事も込みで、一人毎日1元だけ支払えば肉料理、野菜料理それぞれ2品の計4品にスープ1品を食べられた。溥儀は撫順にいたころから旺盛な食欲を示していたが、ここでも相変わらず大食漢であった。そのため、このかつての「皇帝」は生活レベルが落ちたとはまったく思っていなかった。溥儀は党と政府からの優遇と、総理の配慮に心から感謝し、祖国や人民に対して全力で貢献したいと何度も表明している。

　またたく間に1月下旬となった。北京の路地ではときどき爆竹の音が響き渡った。もう何日かしたら春節なのだ。

　北京市委員会統一戦線工作部と北京市民政局は、崇内旅館で非公式の宴会を開き、北京に残っている特赦第1陣の人々を招待した。宴会が終わった後、みなで特赦されてからの感想を話し合っていた。話が盛り上がっていたそのとき、旅館の従業員が溥儀に、階下で老人が二人面会を求めていると言いに来た。従業員の手から封筒を受け取り、開けてみて溥儀は仰天した。なんとそれは「皇帝陛下」に「ご機嫌うかがい」をする2枚の赤い書状だった。模様の入った赤い紙には、「前大清翰林院編修陳雲浩」と仰々しく楷書で署名がしてあり、同じくもう1枚には「前大清度支部主事孫忠亮」とあった。溥儀はそれを一目見た途端ひどく腹を立て、従業員に向かって「追い返せ、そいつらとは会わんぞ」と大声で叫ん

だ。杜聿明、宋希濂そして王耀武ら数名が駆け寄ってきて、何をそんなに怒っているのか溥儀に聞いた。溥儀が赤い書状を渡して見せると、みんなはこらえきれず笑い出した。確かに国民党の元将軍たちにとっては初めて見るものかもしれなかったが、溥儀にしてみれば、3歳で皇帝に即位してから40歳までの長い歳月の間、こうした精緻で凝った赤い書状を毎年数え切れぬほど受け取ってきたのだ。だが、意外なのは清が滅んですでに半世紀も経った今、このような頑固な思想を持つ遺臣がいまだにいたという事実だった。これも周恩来が接見のときに言っていた「社会の死角」が、事実存在するということを証明していた。旅館の従業員は溥儀が怒りを爆発させているので、応接室に戻ると来客に「溥儀は外出して不在です」と言って門前払いを食わせたのだった。

　この件が、翌日周恩来の耳に伝わると、周恩来は大笑いして言った。清朝が滅んですでに数十年、新中国が成立して11年も経つのに、今も皇帝を慕い新年の挨拶をしに来る人間がいるとは驚きだ。もしも溥儀が特赦されてなければ、新しい社会になってもこのような人間がまだいることを、誰が信じられただろうか。[1]

　これは、決して単なる面白いエピソードではなく、最も鮮烈で典型的な事例であり、周恩来も深く考え込まないわけにはいかなかった。周恩来はかつてこう言ったことがある。人の思想は容易には改造できない。皇帝は改造を経て皇帝ではいたくなくなったが、かつての臣下は、いまだその皇帝を忘れず、臣下でいたいと思っているとはまったく不思議だ。

　このことから周恩来はある重大な問題に気づいた。それは、溥儀の改造の成果を強固なものにしなければならないということだ。過去10年間、溥儀は収監という条件の下に置かれたので、その思想の改造には強制的な性質を帯びていた。しかし、特赦後は環境が変わった。この新しい状況の下、どうしたら思想的な動揺を防いだらよいか。

　数日後の1960年1月26日、周恩来が溥儀とその一族に接見したとき、腹を割って話し合い、直接溥儀にこの新しい課題を検討するように励ました。以下はそのときの二人の会話である。

＊1　溥儀の未刊の原稿によった。また、沈酔：「特赦された後の皇帝」、香港『新晩報』1981
　　年3月12日掲載を参照。

周恩来：……あなたはこの数年間で大分進歩的になりました。しかし、基礎がしっかり固まっているとはいえません。改造に必要なのは、第一に客観的環境で、第二は主観的努力です。今、あなたの環境は変わりました。あのころ〔戦犯管理所に収容されていたときを指す〕、あなたはそうしなければいけない状況でしたが、環境が変わったので、するべきことをしなくてよくなったのです。その上、今でも、誰もがあなたを庶民として扱うとは限りません。いまだに、あなたに向かって跪きお辞儀をする者が、おそらくいるでしょう。

溥儀：今回、北京に戻ってきた後、老人が二人、清朝の官職名を書いた手紙を持って私を訪ねて来ました。そのとき、私は外出するところで暇がないからと言って会いませんでした。彼らを説得することができないし、仕方がありません。

周恩来：今の環境の下で、あなたは必ず変わらなければならないし、こうした環境を認識しなければなりません。この環境を克服するのです。

溥儀：自分の立場がしっかりしていていれば、立ち後れた人を手助けできるのですね。自分の立場がぐらついていると、影響を受けてしまいます。

周恩来：それは、本当に容易ではありません。共産党が革命を起こして数十年になりますが、まだ間違いを犯す者もいるのですから。

溥儀や杜聿明ら11人に、引き続き集団生活を送らせ、見学、学習、報告会への参加を手配し、多彩な社会活動に参加させる。周恩来が行ったこうした施策は、すべて彼らに新しい環境を理解させ、監獄で拘禁されない自由な条件下で、改造の成果を強化し、正しい立場を確立し、自分自身の歴史を書き替えられるようにするためだった。

この談話の中で、周恩来は大変な関心をもって、溥儀に見学や学習の感想を尋ねている。周恩来は明らかに、自分が決定した方策の効果を知るため、溥儀本人の口から聞きたかったのである。会話はくつろいだ雰囲気の中で進んだ。

周恩来：あなたたちはどこを見学しましたか？

溥儀：電子管工場、民族宮、民族飯店、清華大学などたくさんの場所を見学しました。清華大学は本当に素晴らしかったです。学生は最先端の科学に取り組んでいました。

溥儀は今回の北京を見学して深い感銘を受けていた。そのことを彼は総理に話し、同じく彼を訪問してきた外国人に話し、さらに親戚や友人にも話した。それ

からしばらくして溥儀が、一族の甥である毓嵣に宛てた私信の中にはこのような話もある。

　政府は、私を蔣介石グループの戦犯で今回特赦された10人と一緒に崇内旅館に住まわせ、首都の工業、農業、学校、大通りなどの社会主義建設を見学させてくれた。首都建設による大きな変化や各種建設による飛躍的発展を目の当たりにして、本当に驚いたり喜んだりしている。偉大な毛沢東の時代に生きていることを感じ、中国の公民の一人として、限りない誇りを抱いている。*2

周恩来は、溥儀が見学の印象と感想を話すのを聞いて、彼が思想的に大きな収穫を得たと喜んだ。対話は引き続く。

周恩来：それでは、あなたは私よりもたくさんのものを見ていますね。農業用機械工場も行きましたか。

溥儀：行っていません。公社は一つ見ただけです。何日か前に、宋希濂と一緒に動物園に行ってきました。

周恩来：以前にも動物園に行ったことがありますか？

溥儀：それはとても昔のことで、まったく憶えていません。七叔〔載濤〕の話では、私が2歳のときに一度行ったことがあるそうです。

周恩来：今は、新しい動物や新しい設備がたくさん増えましたよ。その中のいくつかは、外国の友人が贈ってくれたものです。

動物園から話題が清の宮廷のことになった。すると周恩来は溥儀にこう言った。彼らは故宮に行ったことがないから、みんな行きたがっている。あなたは彼らを案内できるでしょう。周恩来がいう「彼ら」とは、もちろん崇内旅館と虎坊橋旅館に宿泊している国民党の元将軍たちを指していた。周恩来は故宮のもとの主人に、元将軍たちの案内役をさせ、同時に溥儀が幼いとき即位した場所を溥儀自身に見せてやろうと思ったのだ。そして、この件は数日後実現した。

1960年2月初め、溥儀と杜聿明らは故宮をたっぷりと一日かけて遊覧した。昔住んでいた場所を再び訪れ、溥儀は感慨もひとしおだった。かつては、この四

───────────────

*2　1960年8月18日に溥儀が毓嵣に宛てた自筆の手紙を参照。

角い城の高い壁に向かって切歯扼腕したものだが、いま養心殿や坤寧宮の前に立つと、溥儀の胸内に暖かく素晴らしい思い出が蘇ってきた。当時、馮玉祥将軍は人民の意志を実行し、この中国最後の君主をここから追い出した。いま周恩来総理は、人民の利益を代表し、普通の公民となった溥儀をここに来させたのである。30年余りの時間が経ち、故宮の今昔を目の当たりにして、溥儀は驚くしかなかった。歴史の証人として、彼は『わが半生』の中で、以下のように書いている。

　驚いたことに、私が故宮を離れた際のあの古ぼけた、崩れかけた様子はどこにも見当たらなかった。どこもかしこも修理され、塗り替えられて面目を一新していた。入口の幕や窓のカーテン、寝室の帳、座布団、テーブル掛けなどに至るまで、ことごとく新品であった。尋ねてみて初めてわかったことだが、それらはすべて故宮に敷設された工場で、もとと同じように新しく織ったものであった。故宮の玉器や陶磁器、書画などの文化財は、北洋政府、国民党政府や私を含めた管理者自身が横領して盗み出してしまい、残されたものはきわめて少なかった。しかし、私はそこに、解放後改めて博物院が買い戻したもの、あるいは収集家が寄贈したものがかなりあるのに気づいた。例えば、張択端の「清明上画図」は、私と溥傑が盗み出したものであったが、今それも買い戻されていた。*3

　御花園では、日なたで戯れている子供たちや、茶店でお茶を味わっている老人たちの姿を見かけた。古いヒノキの木から発散する青春の香気をかいで、この辺りの日差しも以前より明るくなった感じがした。故宮も新しい生命を

---

*3 〔訳者注〕清朝の秘宝流出：清朝の秘宝が紫禁城から持ち出されるのは、なにも溥儀に始まったことではない。宮中に仕える宦官たちが、密かにあらゆる手を尽くして、外に持ち出し私腹を肥やしたのである。溥儀自身こうした宦官の動きを牽制すべく、調査を始めさせたところ、1923年6月26日夜、建福宮から出火し多くの文物が灰と化した。しかし、溥儀はこの出火自体が宦官たちによる証拠隠滅の企みだと疑い、これが宦官の紫禁城追放に発展するのである。なお、民国以後、宮廷費の捻出が困難となり、多数の宮廷財産はいわば公然と売却されていた。こうした、紫禁城より持ち出された文物秘宝はさまざまなルートで海外に流出していった。富田昇：『流転清朝秘宝』、NHK出版、2002年参照。

獲得したに違いない。*4

　新しい生活に踏み込んだばかりの溥儀は、周恩来の時宜にかない、十分な検討を経て、思想性に富み、人情味溢れる教えと導きを得、新しい社会に向かって大きく前進したのである。

---

*4　〔訳者注〕この引用部分の訳出に当たっては、小野忍他訳：『わが半生』、ちくま文庫、1992年、435〜436ページを参照した。

15

就職面談

毛沢東、周恩来と溥儀

1960年1月26日午前11時30分から午後3時。
全国政治協商会議講堂内の小会議室。
これこそ、周恩来が溥儀とその一族を宴席に招待し、接見した具体的な時間と場所である。3週間後、溥儀は撫順戦犯管理所副所長金源への手紙の中で、そのときの感動的な場面と自分自身の興奮を綴っている。

　われらの周恩来総理は政務が多忙を極める中、政協の講堂で私と私の一族に接見してくれました。七叔の載波、四弟の金友之（すなわち溥任）、六人の妹、そして私と一人ひとり握手し、それから一緒に昼食を取りました。政協の講堂に入ったとき、周恩来総理はすでにそこで私たちを待っていました。首相の逞しい体、慈悲深くて優しい顔、父母のような心遣いと期待を込めて語りかけてくる情景は、脳裏に深く刻み込まれ永遠に忘れることができません。総理から多くの励ましの言葉を頂きました。総理との談話の最中、私は感動して何度も涙を流さずにはいられませんでした。

　溥儀は非常に真摯な気持ちで、半年後にも一族の甥である毓嶂に手紙を書き、再び総理との接見および宴席に招待されたことに触れている。その中で、「周恩来総理は、……いろいろと気づかい、慰め、励ましてくれ、私は感動の余り何度も涙を流した」など、嘘偽りのない気持ちを言葉にしている。
　接見と宴会の最中、周恩来は溥儀たち一族に終始温かい言葉をかけながら談話した。その話の内容は幅広かったが、やはり溥儀の仕事をどうするか、という話題が主であった。
　溥儀の仕事の件は、すでに半月前の1月12日に持ち出されていた。その日、中国共産党中央統一戦線工作部副部長の平傑三と賀一平、中国共産党中央統一戦

1960年1月26日、周恩来が溥儀と仕事に関する面談をしたときの様子。左端は載濤

線工作部連絡委員会主任馬正信、北京市委員会統一戦線工作部部長廖沫沙、全国政治協商会議副秘書長申伯純、全国政治協商会議機関秘書処長史永、総務処長連以農ら統一戦線関係の指導者たちは、全国政治協商会議講堂の宴会場で昼餐会を催し、溥儀や杜聿明ら11人を招待した。

　実はこれは「仕事の打ち合わせをするための昼食会」、すなわち現代でいえば「ビジネスランチ」ともいうべきものであった。食事中、指導者たちは、溥儀ら一人ひとりに見学・学習期間終了後、北京に残るかそれとも郷里に戻るか、意向を聞いた。溥儀はすでに長春で離婚していたので、北京に残るしかなかった。彼は1960年2月19日金源に宛てた手紙の中で、このときの情景を以下のように記している。

　　統一戦線工作部の上級指導者たちは、私たちの生活、学習、そして仕事について、個人の希望に沿って、それぞれ適切な手配をしてくれました。私たち11名の中で、曾拡情、盧浚泉、邱行湘、陳長捷は自分の郷里に帰り、現地でそれぞれ仕事を探すことになりました。楊伯濤、周振強はいったん帰郷し、再び北京へ戻ってきたいと言っていますが、その往復の旅費は政府が支給してくれます。杜聿明、宋希濂、王耀武、鄭庭笈と私は北京に残り、政府が仕事を紹介してくれることになりました。

北京に残るかどうかが決まった後、当然ながら職場をどこに決めるか、という問題が浮かび上がってきた。中国最後の皇帝が人民に奉仕するための仕事を手配するというのは、全世界でもいまだかつてない斬新な出来事であった。そして、中国でこうした問題は、決まって周恩来にお鉢が回ってくることになるのだ。

1月26日の接見と宴席の席上で、周恩来は溥儀本人から彼の基礎的な教養や健康状態、趣味などについて直接聞こうとした。要するに、百方手を尽くして溥儀自身の力でできる仕事を探してやろうとしたのである。以下は、周恩来と溥儀が直接話し合ったときの会話である。

周恩来：今日は、あなたと仕事のことについて話したいと思います。工業部門で働くとしたら、どんな種類の工業でしょうか。

溥儀：軽工業に従事したいと思います。あるいは人民公社でもいいですし、何でもかまいません。

周恩来：一体、どのような仕事が適当だと自分では思いますか。

溥儀：どのみちすべて学習ですから、私自身もどのようなものがよいか、今ははっきり言えません。

周恩来：今何歳ですか。誕生日は何月ですか。

溥儀：正月が誕生日で、もうすぐ満54歳になります。

周恩来：選挙年齢だと、もう54歳ですね。それでまだ工業の仕事を勉強したいというのは、私よりも先進的ですよ。工業のことを学ぶのは難しくはありませんが、あなたの目は旋盤などを扱うときに大丈夫ですか。

溥儀：目は…強度の近視です。

周恩来：それでは、精密機械はおそらく操作できないでしょう。各機関の研究所を当たって、適当な仕事を探すのがよいと思います。昔勉強していたとき、化学が好きでしたか、それとも物理が好きでしたか。

溥儀：私は何も勉強したことがなく、物理、化学はまったくできません。昔、孔子の学門を少し習っただけです。

周恩来：あなたが書いたあの『わが半生』は素晴らしいですよ。

溥儀：あれは、実は弟が筆記したのです。その他に阮振鐸も手伝ってくれました。

周恩来：それでは、文学の能力もないということでしょうか。

溥儀：それこそ封建時代の特徴といえるでしょう。私は小さいころ遊び呆けて勉強せず、先生も注意しようとしませんでした。大きくなってからは、先生が生徒の言うことを聞くありさまで、四書五経を学ぶ際も、声に出して読むだけで説明しませんでしたし、たとえ先生が説明したとしても、心ここにあらずといった様子でまったく聞いていませんでした。6歳から17歳まで勉強しましたが、何も身につきませんでした。英語も3年間勉強しましたが、忘れました。簡単な言葉ならまだ話せますが。物理、化学となると、まったく勉強していません。

周恩来：日本語はできますか。

溥儀：できません。溥傑はできます。

周恩来：軽工業の仕事はとても細かいので、おそらくもっと疲れるでしょう。何ができるかもう少し考えてみてください。

溥儀：今は、党が適切だと考えたものであれば何でもやります。

周恩来：体のほうはどうでしょうか。体のことも気をつけねば。

溥儀：今は何の病気もありません。撫順にいたとき検査したことがあって、痔だけです。

　すると、周恩来は、傍にいた国務院副秘書長で総理弁公室主任童小鵬、同副主任羅青、中国共産党中央統一戦線工作部連絡委員会主任馬正信の三人に向かって、「病院を見つけて、一度健康診断をしてもらいましょう。長生きしないといけませんからね」と言った。

溥儀：それは当然です。私は今新しく生まれ変わって、長生きし、国家のために多くのことをしたいと思います。

周恩来：どこで働くのがよいか、自分でもっと考えてみてください。やはり各機関の研究所を探してみて、学びながら仕事をするというのが、体にも無理がないでしょうし、そうやって自然科学も少し勉強するのがよいと思います。研究員たちに指導させてもよいですが、みなとても若いので、彼らの言うことを聞けますか。あなたは研究員たちに歴史の知識を教えられるから、相互に助け合いなさいと彼らに言っておきましょう。今の若者の多くは歴史を知りませんからね。研究所に行けば、政治面でも学習や討論に参加できます。寝泊まりは集団で暮らす寮に入ればよい、日曜日になったら家に帰れます。まず数年間学ぶことです。どうです、こういうのは。こうすれば、基礎を固められるし、今後のためにも有益

です。

溥儀：はい、それで結構です。

溥儀のために適切な仕事を斡旋すべく、周恩来は知恵を絞り熟慮を重ねた。そのために十分な調査をし、溥儀とも直接話し合ったのである。周恩来がこの問題を考えたそもそものきっかけは、溥儀の10年間における思想改造強化の成果だった。この成果を人民と社会主義の勝利と見て重視していたからである。

そのために、周恩来は注意深く溥儀の健康状態を尋ね、彼の基礎的教養の程度を調べ、彼が書いた長編の自叙伝を入念に読み込み、趣味なども理解し、その歴史的役割や現在の立場を分析した。周恩来の気遣いや気苦労は生半可なものではなかった。

当初、北京市民政局は、溥儀が故宮博物館で仕事をし、軽い労働をするという提案を出した。しかし、周恩来は即座に否決した。それは適切ではない、もし溥儀を故宮で働かせたら観光客がきっと彼を取り囲んでしまうだろう、そのような状態で彼をどう働かせるのだ、それは火を見るより明らかではないか、と周恩来は言った。

皇帝だったころ、溥儀にも趣味があった。自分自身で中国医学の本を何冊か読み、朱益藩から中国医学や薬に関する「御進講」を受け、実際に数え切れぬほどの中国医学や西洋医学の薬を研究したこともあった。また、撫順戦犯管理所でも専門的に医学を学び、医務室で聴診器を扱い、注射、血圧測定、鍼灸など医療関係の実践活動にも加わった。そこで周恩来と仕事のことで相談をした際、溥儀は医者になりたいという気持ちを伝えた。しかし、周恩来はその場ではっきりと反対した。

周恩来：少なからぬ医学書を読んでいるようですが、人に治療を施すのはよくない、患者が治ればよいが、治らなかったら、何を言われるかわからない、それはまずいですよ。

溥儀：実は、それほど多くの医学書を読んだわけではないのです。医学書を読んだ主な目的は、あのころ自分の体が良くなかったからです。あんな生活を続けていたら、私の命はなかったでしょう。

周恩来：まず健康診断をしてから、いくつかの研究所に連絡を取ってみましょう。どこがよいだろうか。3年計画でいきましょう。自然科学を少し勉強するの

です。

　溥儀：私は、算数もまったく駄目で、簡単な計算さえあまりできません。

　周恩来：撫順にいたとき、自然科学のことがわかりましたか。生産に関する知識はたぶんもっとないでしょうね。

　溥儀：旧社会は私を、ただうまい汁を吸うだけのとんでもない厄介者にしてしまいました。

　周恩来：撫順にいたときに農作業はしましたか。

　溥儀：ちょっと水をかけたり、物を担いだりするだけでした。それから、ニンニクの皮を剥いたことがあります。

　周恩来：本格的な農作業はやったことがないのですね。

　溥儀：農作業は、満州国戦犯でなく国民党戦犯の受け持ちでした。電気機械がもともと満州国戦犯の受け持ちでしたが、後には国民党戦犯が引き継ぎました。繁忙期には、養豚の手伝いや厨房の手伝いをやりました。

　周恩来：それなら、料理ができるのですか。

　溥儀：料理もできません。

　周恩来：では皿洗いくらいということですか。

　溥儀：それはできます。

　周恩来：あなたの能力がどのくらいあるかわからないから、学びやすいことが始めるのがよいでしょう。物理、化学、数学からまず始めましょうか。

　そのとき、童小鵬が、農業研究所に行って、農業用機械を扱ってみてはどうかと、横から口をはさんだ。

　周恩来：農業用機械は比較的簡単だが、そうとも限らないし……もし屋外での農作業がよいと言うならそれでもよいですが。科学を学ぶのが目的なら、実験農場もよいかもしれない。

　溥儀：簡単なのがよいと思います。ゼロからスタートして、浅いところから深めていきます。

　周恩来：３年計画でやりましょう。能力を身につけるのが一番です。改造できるかどうか、環境は客観的存在です。客観的可能性を自発的積極性と結びつけるのです。『毛沢東選集』を何回読みましたか。

　溥儀：全部を読んだことはありません。部分的に拾い読みしただけです。

141

周恩来：おそらく家に『毛沢東選集』が2部あったはずです。帰ったら調べてみましょう。学習しなければならないのだから、1部差し上げましょう。

溥儀：私の生命は党と人民のものです。私は全力を尽くして仕事をしっかりと行い、毛主席と総理のご期待に背かないようにします、必ずそういたします。

現職の総理と退位した皇帝による、この腹を割った会話は、その内容は平凡だが、意義は深く、永遠に歴史に記載される価値があろう。ここでの会話はまったく加筆、誇張していない。しかし読者は、さりげない生の会話記録から、そのときの雰囲気や当事者の心情ないしは表情を感じ取ることができよう。

面談が終わると、周恩来はすぐさま平傑三、童小鵬らに国務院各部署の研究所の状況を一々調べさせ、最後に溥儀を中国科学院植物研究所所属の北京植物園に配属することを決定した。首都西郊に位置するこの緑豊かな場所は、空気が新鮮で美しく静かな環境にも恵まれていた。

手配が確定すると、周恩来は自ら中国科学院院長郭沫若に話をした。同時に、平傑三に北京植物園へ自分の意見を伝えさせた。

溥儀の北京植物園での労働期間は1年とすること、原則半日は労働、半日は学習とすること、彼の体調を配慮し労働時間も短縮できるようにすること、日曜日は休みとし自由に行動させること、1週間に一度市内へ連れて行き、親族訪問や買い物をさせること、生活に困ったら、補助費を支給することなどがそのときに決められた。

1960年2月10日、旧暦庚子の年の正月14日、その日は溥儀の54歳の誕生日であった。中国共産党北京市委員会統一戦線工作部部長廖沫沙は溥儀ら五人と会見して、彼らの新しい仕事について発表した。2月24日、溥儀は金源に手紙を書き、このことを厳粛な面持ちでこうしたためている。

> 市の委員会統一戦線工作部廖部長は（その他に統一戦線工作部および民政局の上級指導者が何人かいました）、政治協商会議文化クラブで、杜聿明、王耀武、宋希濂、鄭庭笈そして私を招き、私たちの仕事、学習、労働に対して手配をしてくれました。私は中国科学院の北京植物園（香山）へ働きに行くことになりました。熱帯植物を研究するのです。杜聿明ら四人は紅星人民公社へ働きに行きます。私たちは、毎日の半分を学習に、半分を労働に当て

ます。時には北京へ行って上級指導者たちの報告を聞きます。政府は相変わらず、私たちに生活補助費を支給してくれています。廖部長は、私たちにとても丁寧に励ましの言葉をかけてくれました。

16

愛新覚羅一族の団欒

毛沢東、周恩来と溥儀

　1960年1月26日は、溥儀にとって忘れがたい日となった。この日は旧暦己亥の年12月28日で、もう一晩過ぎれば大晦日だった。周恩来がわざわざこの日を選んで溥儀と仕事に関して話をしようとしたのは、その他にも思惑があったからである。
　春節は、中国の民間で最も盛大でにぎやかな祝日である。それが近づくと、何があっても親戚がみんな集まってきて、にぎやかに年越しのごちそうを食べ、身内同士の話に花を咲かせる。愛新覚羅一族にとって、溥儀が特赦され北京に帰ってきたことは、当然御先祖様に報告し、大いに祝うべき慶事であった。では、彼らは本当に何の気兼ねもなく思う存分、春節の到来を待つことができたであろうか。
　1959年12月9日、溥儀が撫順から北京に帰ってきたとき、北京駅で彼を迎えたのは、四弟溥任、五妹韞馨とその夫万嘉熙、その他には溥倹と溥佳の従弟二人だけであった。他の妹や妹婿たちは来なかった。忙しかったからか、あるいは疎遠であったからだろうか。実はどちらも違う。
　溥儀が紫禁城に「蟄居した皇帝」であったころ、醇王府の格格〔皇女、姫のこと。73ページ訳注＊7参照〕たちは、宮殿に参内し、そこで会っていた。溥儀にとっては妹たちと一緒にいるときだけが楽しい時間であった。また、溥儀が天津に「寄寓」していたとき、弟や妹たちは張園や静園[*1]に集って勉強し、兄と街へ出て買い物をし、「起士林」[*2]で食事し、競馬場へ行ったりした。さらに溥儀が満

＊1 〔訳注〕どちらも天津時代の溥儀の住まいで、当時の日本租界の中にあった。静園は現在一般に公開されている。
＊2 〔訳注〕当時の天津で有名なレストラン。ドイツ人アルベルト・キースリングが1901年に創業した。

144

州国皇帝になってからも、二弟と二妹、三妹、四妹と五妹と次々に溥儀の身辺に集まってきた。その上、妹たちはみんな彼の「指婚」*3 によって嫁いだ。つまり、兄と妹たちの関係は、実際のところ尋常なものではなかった。

やがて、歴史が移り変わっていく中で、溥儀は一瞬にして皇帝の玉座から滑り落ち、囚われの身となり、人々から指さされる人民の敵になった。格格たちもあっという間に皇女の地位を失い、辛苦を嘗めつくしながら後半生を歩んできたのだった。

1950 年代末になり、兄の妹たちは突然また集まれるようになった。しかし、時代、歴史そして政治の隔たりによって、往年の格格たちはどうしても慎重にならざるを得なかったのである。

溥儀は長く孤独な宮廷生活を経験し、また囚人としての生活も長く、特に撫順時代の後期には、離婚という打撃も受けていた。彼が、家族の暖かさをどれほど求めていたかは想像に余りある。崇内旅館での生活について、1960 年 1 月 3 日金源に宛てた手紙の中では、しみじみとこう書いている。

　……学習や見学をする以外、妹たちや（七妹の韞歓だけにはまだ会っていません）、弟、甥が、私を訪ねてきて食事をし、楽しく語り合い、毎日時間が経つのがとても速いと感じています。

当時、親族たちはまだ溥儀に近づき過ぎないようにしていた。例えば、七妹韞歓は、兄など知らないと言って、はなから会おうとしなかった。溥儀が満州へ行って日本の手先となったとき、彼女はわずか 10 歳で、それ以後は会っていなかった。成長した後、両耳から入ってくるのは、兄のことを「皇帝」ではなく、「裏切り者」だと口汚く罵る国民の声ばかりであった。韞歓は、もう何年も溥儀との手紙のやり取りもなく、彼はもはや死んだも同然の遠い存在なのだと思っていた。その後、突然「皇帝」だった兄が特赦で北京に帰ってきたと聞いた。しかし、彼女は何の興奮も喜びも感じなかった。溥儀に対する恨みと憤りの感情が急に変わるはずもなかったからである。それで、学校の仕事が忙しいという理由をつけて、駅に迎えに行かなかったし、その後も訪ねていなかった。

---

*3 〔訳注〕清代、皇族子女は皇帝の指定で結婚したので、その婚嫁を「指婚」といった。

周恩来は、愛新覚羅一族内に潜む隔たりを敏感に感じ取っていた。愛新覚羅一族と特赦を受けた中国最後の皇帝が、享受すべき一家団欒を実現するため、周恩来は自ら表に立って動くことにした。彼は溥儀と仕事についての面談をする日取りを決めるに当たって、それをわざと除夜の前日に設けた。その気配りは誰の目にも明らかであった。

その日、周恩来は溥儀の親族の一部を招待した。招待されたのは、溥儀の七叔で全国人民代表大会代表兼全国政協委員の載濤、四弟で北京市西板橋小学校校長の溥任、二妹で主婦の韞和、三妹で北京市東城区政協委員の韞穎、五妹で北京市新街口食堂会計係の韞馨、六妹で主婦の韞娛、七妹で北京市崇文区精忠廟小学校教務主任兼区政協委員の韞歓であった。四妹の韞嫻だけは病気で来ていなかった。

総理から招待されたのは、全員溥儀と同姓の直系親族で、血を分けた兄弟姉妹であり、気のおける間柄であった。挨拶の後、周恩来は溥儀に「あなたの一族は本当に大家族ですね。今日はあなたの妹さんたちだけをご招待し、ご主人たちはお呼びしませんでした。時間的に間に合わなかったからです。春節が過ぎたら、私は国外に行かなければならないものですから」とわざわざ説明した。周恩来は多忙な政務の中で、時間を割いて今回の面会を手配したのである。春節後間もなく、彼は陳毅らとネパール、カンボジア、ベトナムおよびモンゴルなどアジアの国々を続けて訪問する予定であった。

「妹さんは何人いるのですか。」話始めてすぐ、周恩来は溥儀に最初の質問をした。「妹は全部で六人います。二妹と三妹の母が同じで、四妹、五妹、六妹、七妹の母が同じです。」溥儀は答えた。

接見の報せは、当日の午前中にやっとみんなに届けられた。次いで、それぞれ迎えの車で全国政治協商会議講堂に来ることになったため、どうしても到着が相前後した。溥儀の弟や妹たちは例外なくみんな国家の総理に会うのは初めてだったので、とても緊張した様子だった。周恩来は一人ひとりに親しく話しかけ、また冗談を言って、雰囲気を和ませようとした。

一同に席を勧めるに当たって、周恩来は茶卓の片側にある小さいソファーに腰かけ、真ん中の目立って大きなソファーに溥儀を座らせた。そして、自分はここが定位置だからと言い、みんなに自由に座るよう言った。しかし、載濤は躊躇して、溥儀の座っている真ん中の大きいソファーにすぐには座ろうとしなかった。

もし、家であったらそうした行動はとらなかったかもしれないが、このわずかな動作を周恩来は見逃さなかった。そして、決して非難する風でもなく、ユーモアたっぷりに載濤に向かってこう言った。「あなたは彼のおじさんですよ。それなのにどうして隣に座ろうとしないのですか。陛下を畏れているのかな。皇帝が座らないとあなたも座れないのでしょうか。」それで、載濤は笑いながら溥儀の隣に腰掛けた。[*4]

　周恩来と溥儀が雑談をしてしばらくすると、韞和、韞馨、韞娯の三人が一緒に入ってきた。彼女たちは一人ひとり総理に挨拶し、溥儀を「お兄さん」と呼んだ。溥儀は感慨を覚え、思わず、「今日は私だけでなくて、私の家族全員をご招待くださったのですね」と言った。実は、周恩来はこのときまで、今日誰を招待してあるのか溥儀に教えていなかったのである。

　「六番目の妹さんはどこで働いているのですか？」周恩来は韞娯のほうを向いて尋ねた。

　「私は家で絵を描いていますが、上手ではありません。政府が私を養成教育してくれることに感謝しております。一生懸命頑張ります」と韞娯は答えた。

　周恩来は韞娯が正式にまだ仕事に就いておらず、安定門の中国画工場に栞を描いて届けているだけだと知ると、誰に絵を習ったのか聞いた。彼女は、七妹と一緒に故宮の如意館のある絵師から何年か習ったのだと答えた。

　周恩来は自らの考えを述べた。如意館は皇帝のために絵画を描く場所であり、絵師は宮廷の求めに応じて製作したので、その作品は往々にして生気に乏しかった。しかし、絵そのものは優雅で、技術も熟達しており、研究に値する。民国時代、如意館の絵を学ぶため、絵師の教えを受けられるのは、おそらく醇王府の子弟しかいなかった。中国画の水準を向上させるには、今でも如意館の画風を手本にしながら、長所を生かし短所を克服していくべきだ。この方面でも人材が必要だが、おそらく如意館の絵師は少なくなっているだろう。

　ここまで話すと、周恩来首相は会見に同伴していた職員に、韞娯の仕事についてメモしておくよう命じた。その後まもなく、彼女は北京画院に招聘されること

＊4　溥儀の親戚友人が『連続テレビドラマ〈ラスト・エンペラー〉』脚本について語った報道。
　　『北京晩報』1982 年 10 月 24 日掲載参照。

になった。[*2]

「五番目の妹さんはどこで働いているのですか。」周恩来の視線は、今度は韞馨に向けられた。韞馨はとてもはにかんで、総理に何と答えてよいかわからない様子だったので、叔父の載濤が、彼女に代わって答えた。「彼女はこの数年間ずっと飲食店で働いています。前は給仕の仕事でしたが、今は帳簿を管理していて、表彰されたことが何度もあります。」

載濤の説明を聞いて、周恩来は韞馨を称賛した。「あなたのような身分の人が、飲食店で働こうというのは、珍しいことですね。」後日、韞馨はこう述べている。彼女は当時、飲食店の仕事があまり好きではなかった。しかし、総理に褒められてからは、本当に仕事に身を入れるようになり、頑張るようになった、と。

「あなたはまだ40歳前ですか。見たところ丈夫そうですね。」周恩来は韞馨に穏やかに尋ねた。

「42歳になります。」韞馨は答えた。

招待者の中で韞歓は最後に到着した。周恩来から「金志堅（きんしけん）先生」と呼びかけられると、小学校で教務主任をしているこの「皇女」はとても興奮し、お辞儀をしようとしたが、そのとき彼女の手は周恩来にしっかりと握られていた。

この日、韞歓が学校で報告書を書いていると、午前10時、区の政治協商委員会から電話があった。しばらくしたら人が訪ねてくるので、その場を離れないように、ということだった。11時ごろに乗用車が1台来た。校長は彼女に上級指導者の接見があるから、車に乗るよう言った。それを聞いた韞歓は慌ててしまった。清掃活動に参加したばかりで、全身埃まみれだったからだ。それで、家に帰って着替えをしたいと申し出ると、運転手に間に合わないと言われた。

車に乗った後、運転手は彼女にこう言った。「今日、総理があなたたち一家に接見します。総理はもう到着されています。ほかの人たちもみんな着いています。後はあなただけです。あなたの居場所は、本当に見つけにくくて、長いことあちこち回ってやっと探し当てたのです。もう遅れてしまっていますし、総理は昼食もご招待されるとのことです。」韞歓は自分の耳を疑った。総理に会ったときは、もっと興奮してしまい、あらかじめ考えていた挨拶の言葉も忘れてしまった。

＊5　凌氷：『愛新覚羅温・韞歓』、寧夏人民出版社、1984年版、161～162ページ参照。

「私は金韞歓です。学校から来たばかりで、遅くなりました……。」

「お休みを取ったのですか。」周恩来は優しく尋ねた。

「校長先生が私に行けと言ってくれたのです。」

この韞歓という、26歳まで醇王府の花園から出たことがなかったかつての皇女は、勇敢な精神の持ち主であった。北京解放の前夜、彼女は封建的な家庭の束縛を突き破り、まず四兄の溥任が始めた競業学校を手伝った。*6 続いて、信念を同じくするある女性教師と一緒に、貯金を取り崩し宝飾品まで換金して、「堅志女子職業学校」を創立し、自立を目指しながらも勉学の機会に恵まれない女子学生を専門的に育成しようとした。その間、彼女は毛沢東の著作を読み、共産党員とも接触した。それによって、封建的な家庭から抜け出し、新しい社会に向かう強靱な意志を確固たるものにしたのである。名前も自ら「金志堅」と改め、新中国における教育現場を進む心意気をその名に託した。周恩来がその名前を呼んだのは、まさしく彼女への理解、評価そして称賛を示すものであった。

韞歓は後に当時の様子をこう回想している。七叔、四兄と姉たちはみんな来ているのに、溥儀だけ姿が見えないので、ひどく腹が立った。まさか、いまだに皇帝気取りで体裁を繕っているのか、総理を待たせて何様のつもりか、と心の中で思った。28年前幼い妹の目に残っている溥儀の姿は、25歳のすらりとした青年であった。それが今、総理と七叔の間に座っている痩せこけた老人であろうとは、彼女には想像もつかなかったのである。彼女はこの「見知らぬ人物」を国務院か政協の職員だと思っていた。その誤解の中には、明らかに兄と妹の隔たりが背景にあった。

こうした状況を、周恩来は目ざとく察知した。彼は溥儀と韞歓を交互に見ながら、ユーモアたっぷりに言った。「これがまさに、洪水が水神様の御社を押し流すということですね。身内の人が身内の人をわからないのですから。やはり、私からあなた方兄妹を紹介しましょうか。」韞歓はそれでようやく総理の目の前にいる兄と握手した。だが、その口から「お兄さん」という言葉が発せられることはなかった。このような些細なところも、周恩来は当然見逃さなかった。

韞歓は教育事業に携わるのが心底好きで、成績も優秀であった。また、全国群

───────────────────

＊6 〔訳注〕1947年、溥任は醇王府の家廟の建物を利用して競業小学校を創立した。

英会にも列席していた。周恩来はそうしたことをすべて熟知していただけでなく、彼女の暮らし向きが割合厳しく、子供もいて大変なのを知っていて、こう言った。「あなたは優秀な先生だそうですね。でも、体に気をつけて、労働と休息のバランスを上手く取らないといけませんよ。」

「私は大して良い成績を挙げているわけではありません。ただ努力して学んでいるだけです。」韞歓は落ち着いた様子で言った。

「以前から、元皇女なのにあなたは謙虚だと聞いていましたが、本当にその通りですね。」周恩来はさわやかに笑いながら続けた。「もちろん、謙虚なのは傲慢なのよりはよいことです。今の成績に満足しなければ、絶えず進歩できますから。」

周恩来は韞歓の長所を讃えた後、話題をさりげなく変えた。

「進んだ考えと遅れた考えの争いは、社会だけでなく、一族内あるいは家庭内にも存在します。たとえ同じ家族といえども、経験や環境がまったく同じというわけではありません。進歩が早い者もいれば遅い者もいます。こうした状態になったらどうすべきか。進歩の遅い者は、早い者から謙虚に学び、できるだけ早く追いつくようにしなければなりません。進歩の早い者は、遅い者を助けるのを自分の役目だと考えなければならないし、相手にするのを嫌い、面倒がってはいけないのです。自分自身も、先を行く者からの手助けで進歩したのではありませんか。自分が少しばかり進歩しているからといって、他人ばかりか自分の兄弟姉妹さえ嫌って相手にしないというのでしょうか。」

韞歓には、総理がもっぱら自分に対してこの話をしているのだと十分わかっていた。兄の改造期間、自分はずっと連絡もせず、特赦になったと聞いても駅に迎えに行かず、その後も今まで一度として会いに行かなかった。これはやはり嫌がって相手にしないということではないだろうか。事実、自分の進歩に差し障るのを恐れ、その結果、兄と妹が出会っても顔がわからないという喜劇を演じてしまったのだ。このことから、韞歓の兄に対する態度は変わった。

場の空気を読むのが得意な周恩来は、また話題を変えて韞歓に「まだ絵を描いているのですか」と聞いた。韞歓が今も余暇に絵を描いていると知ると、周恩来は何度もうなずいて言った。それはよいことだ、たとえ筆を執る時間がなくても、絵画の理論と実践を常に意識し、良い作品をまね、絶えず理論的水準と鑑賞力を

高めるようにしなさい、と。

　周恩来はまた、将来、六妹と七妹の作品を見るのを楽しみにしているとも語った。[7]

　周恩来は薄儀と仕事について話す合間に、韞頴にも話しかけた。

　「あなたは三女ですか。」

　「はい、三番目です。」

　「あなたは区の政治協商委員会で仕事をしているのですか。」

　「東城区政治協商委員会で、毎日勤務しています。学習通知の発送を担当しております。」

　「あなたたちのところには委員が何人くらいいるのですか。」

　「300数名います。」

　「男性の委員は何人で、女性は何人ですか。」

　韞頴は数をはっきり覚えていなかったので、すぐには答えられず、きまりわるそうにした。すると、周恩来はすぐそれに気づき、空気を和ませようと気楽に韞頴に声をかけた。「私は全国政治協商会議に所属し、あなたは区の政治協商委員会に所属しています。ということは、私たちは同僚ですね。」これで雰囲気は和らいだ。[8]

　周恩来は、今度は話題を韞和のほうに移した。彼女は政府の呼びかけに応え、数か月前から大通りの中にある託児所を運営し、社会奉仕を始めたばかりだった。周恩来は、そのことを知ると、それに肯定的な評価を下した。

　「あなたのご主人はどこで働いているのですか。」

　「郵便局基本建設処で、土木工事の技師をしています。」

　「満州族ですか？」

　「漢族です。」

　「お名前はなんとおっしゃいますか。」

　「鄭といいます。」

＊7　凌氷：『愛新覚羅温・韞歓』、寧夏人民出版社、1984年版、162〜163ページ参照。

＊8　金蕊秀：「党と国家指導者の我々の全家族に対する配慮」、『貴顕との出会い』第2集、遼寧教育出版社、1987年版、280ページ。

「ああ、鄭孝胥の家の方ですね。」韞和の夫は鄭広元、元の名前を鄭隋啟と言い、満州国総理大臣鄭孝胥の孫で、上海セントヨハネ大学を卒業後、イギリスに留学した知識人だった。

「五番目の妹さんのご主人は何という方ですか。」周恩来は、またも韞馨に聞いた。

「万といいます。」と韞馨は答えた。

「万」という苗字を聞いて、周恩来はすぐ思い出した。五妹の夫万嘉熙は北京編訳社で翻訳の仕事をしており、父親の万縄栻は清の忠臣で、溥儀にも忠誠を尽くしていた。また地方でも有名人であった。

「ああ、江西の万家ですか、張勲の秘書長でしたね。万家とわが周家は親戚関係ですよ。」

周恩来は党と国家の指導者であったが、一人の普通の人間でもあった。愛新覚羅一族の人々と話をしている間、親しみを相手に感じさせていた周恩来は、老舎夫人胡絜青に会ったときの話をした。一目で彼女が満州族だと見抜き、「あなたは満州族でしょう」と聞くとはたしてその通りだったという。ここまで話すと、周恩来は、韞馨を指して冗談を言った。「あなたは満州族に見えないですね。たぶん漢人の乳を飲み過ぎたのでしょう。」その場にいる人はみんな笑って、誰も緊張や堅苦しさをまったく感じなくなり、ごく自然に総理を身内のようにみなしていた。

昼餐会の食卓で、周恩来は席についている人々に自ら料理を取り分けた。溥儀はこのような場所で、誰よりも遠慮がなかった。どんな大人物が出席している宴会であろうと、自分が食事をするときは他人の目を気にしない人間であった。それはおそらく皇帝としての習慣が抜けていなかったからだろう。周恩来は、それにはかかわらず、自分自身が食べるよりも話すことに集中していた。主な話題は、列席者の「代々の先祖」であった。康熙帝から宣統帝まで、周恩来はまるで歴史学者のように、唯物史観の見地から科学的に清朝歴代皇帝の功罪を評価した。康熙帝と乾隆帝の時代に現在の中国の版図がほぼ確定された。彼らは中華民族に対して功績があった。溥儀が3歳で宣統帝として即位したのは、自分自身の責任ではない。しかし、その後満州国皇帝になったのは罪がある。今は改造されて人民の中に戻ってきた。

そのとき、卓上では溥儀だけが遠慮なく料理に箸を伸ばしており、ほかの人々は堅苦しそうな感じだった。周恩来は微笑みながら、あなた方醇親王府の人は家の掟に縛られ過ぎている。請安の礼[*9]、叩頭の礼[*10]だの面倒すぎる。もうそのようなたくさんの掟に拘らないほうがよいし、もし自分に誰かが額ずいて礼をしたら、それは侮辱されているのだと思うだろう、と言った。

　周恩来はみんながくつろいで箸を伸ばしはじめたのを見て、滔々と話し続けた。有名な京劇役者譚富英の夫人は、古い礼儀作法を打ち破った。舅に対し嫁として反抗し請安の礼をしなかった。これには舅もなすすべがなかったという。陋習を含むあらゆる古臭いものに抵抗するのは、勇気が必要なのだ、と。

　カビの生えた封建社会の礼儀に話が及ぶと、周恩来は卓文君の故事を思い出し、話をした。臨邛〔四川省邛崍市〕の豪商であった卓王孫の娘卓文君は、後家を通さず、文学者の司馬相如と恋仲になり駆け落ちした。二人は貧しかったので、臨邛に舞い戻り、自分たちで酒を造って売り歩いた。父の卓王孫はそれを恥じて、娘の結婚を認めざるを得ず、財産を分け与えた。そこで二人は成都へ移り住んで無事に暮らした。こうした話の中には、周恩来の真意が込められていた。

　愛新覚羅一族の人々は、周恩来が歴史的な故事に託して、溥儀のことを「進歩的」と褒め称えているとは、考えもしなかった。周恩来は、溥儀が撫順で書いた長編の自叙伝を読むと、改造されたこの元皇帝が、「革命精神で封建主義に対して宣戦し」、「自分の中の古臭いものを洗いざらいさらけ出した」のは立派なものだ、と述べた。さらに、親族たちに向かって「あなたたちはもしかしたら我慢できないかもしれないが、あなたたちは彼に学ぶべきです。決して彼の足を引っ張ってはいけません」と言った。[*11]

　周恩来は溥儀の欠点に触れただけでなく、その長所も強調した。また、ほかの一族たちの長所を指摘した上で、その欠点も見逃さなかった。溥儀は個人的な書簡[*12]の中で「昼食のとき、総理は私と私の一族に多くのことを話してくれまし

―――――――――――――

＊9〔訳注〕清代の目上に対する挨拶で、右足を後ろに引き、左膝を曲げて腰を低くして右手を前方に垂らす形で敬意を示した。

＊10〔訳注〕平伏して頭を地に打ちつける非常に敬意を込めた礼。

＊11　溥儀が金源に宛てて出した手紙、1960年2月19日、未刊。

＊12　溥儀が金源に宛てて出した手紙、1960年2月19日、未刊。

たが、それは私の一族一人ひとりにとって大変勉強になるものでした」と述べている。こうして、愛新覚羅一族内に存在した思想的隔たりは、完全に取り除かれたのである。

周恩来の話はまだ終わっていなかった。次に彼は、その場にいる人々がみな尊敬し崇拝する一人の人物に言及した。それは元醇王府の家長、載灃である。周恩来は、この中国を3年間統治した清末の監国摂政王を、史的唯物論から、あらゆる方面にわたる公正な評価を下した。

晩年の載灃

周恩来はこう言った。西太后は、「垂簾聴政」*13 を行うため、まだ3歳の溥儀を光緒帝の跡継ぎとして選んだ。そして政治に関わる気がなかった27歳の載灃を、監国摂政王の高位に押し上げた。この史実はもちろん載灃に責任はない。政務を執った期間、載灃は清朝に忠実で最大限の努力をしたが、中国における封建専制制度の終焉を阻止することはできなかった。これは歴史発展の結果であって、決して載灃個人の過ちではない。

天津における載灃と子供たち（左から、七妹韞歓、五妹韞馨、六妹韞娛、三妹韞頴、二妹韞和、四妹韞嫻、四弟溥任）

周恩来は、載灃の辛亥革命中における行動も肯定的に評価した。革命の中で載灃は監国摂政王の職務を辞し、革命に武力で対抗すると主張せず、宣統帝の「退位」にも反対しなかった。こうした振る舞いは、時代の潮流と人民の願望に順応したもので、客観的には革命に利益をもたらした。

民国以降の載灃について、周恩来はこう評価した。載灃は、前朝

---

*13 〔訳注〕御簾を垂れてその奥で幼い皇帝の代わりに臣下からの奏上を聞くという意味で、皇太后が執政すること。清末、西太后は同治、光緒二代にわたって垂簾聴政を行った。

の遺臣たちによる清朝復活の動きに関わらなかった。政治家でありながら祖国分裂に反対する愛国者として、満州国統治下でも、日本人の勧誘に決して屈せず、溥儀が傀儡皇帝として東北へ行くのにも反対した。政治の上でも「満州国」とははっきり一線を画し、民族的気骨、政治的胆力と識見および気迫を示した。これは彼の晩年における最大の功績である。

　周恩来は溥儀に面と向かって「もともとあなたのお父上にお会いしたかったのですが、病気になったそうで、会えないうちに他界されました。あなたは東北へ行きましたが、お父上は反対し、賛成しませんでした」と言い、政治的な評価から儀礼と文化の面へ話題を変えた。民国時代、載灃は王府内では依然として煩瑣な清朝の古い儀礼を実行していたが、新中国成立後は、直ちに封建的な礼儀作法を廃止した。その思想は開明的で歴史の進歩に随っていることの証である。

　周恩来の話は続いた。載灃は、満州語の貴重な専門家で、国学の素養も大変豊かで、また清末民国初期から満州国時代までの歴史の生き証人であった。さらに、天文学に対して造詣が深かった。文学歴史研究の方面で貢献するだけでなく、自然科学の方面でも成果を挙げられたはずだ。中国成立後、もし彼が半身不随で床についていたのでなければ、彼にも働く機会を与えただろう。

　載灃は科学を学んでいた半面、占いを信じ、中国医学も西洋医学も信じていなかった、ということまで周恩来は知っていた。そのため、載灃は病気があっても治療せず、薬があるのに飲まなかったため、結果的に本来完治するか軽くなるような病気が急速に悪化してしまい、1951年2月3日亡くなった。享年68歳であった。本当に残念なことだ、と周恩来は結んだ。[14]

　周恩来の話を聞き終わると、載灃の息子と娘たちの誰もが、興奮し感激しないではいられなかった。

　昼食会が終わったのは、すでに午後2時過ぎだった。周恩来は最後に団結の問題について話し、その場にいた者たちに深い印象を残した。

　周恩来はまず民族間における団結問題について話した。民族は最後には同化する。満州族も漢民族も区別がなくなる。しかし、これはもっと先のことだ。今は民族の平等が重要だ。各民族がともに発展し、満州族と漢民族が団結できれば

＊14　凌氷：『愛新覚羅・載灃』、文化芸術出版社、1988年版、260～262ページ参照。

155

五妹韞馨の家中庭で撮影した溥儀と親戚たちの集合写真

もっとよい。そして、溥儀のほうを振り向いて言った。「一生懸命学習し、成果を挙げてください。それはあなた個人にとって有益であり、人民に対して貢献することになり、満州族にとっても有益なのですから。あなたはまだ学び足りません、頑張ってください。」

　周恩来は、さらに全員に向かって、こう続けた。清の八旗制度は清末には腐敗してしまい、清朝自体を弱めることになった。しかし、清朝は滅ぼされたものの、満州族は逆に復興したのだ。[*15]

　周恩来はまた、家庭における団結の問題を話した。彼は溥儀を指さすと、その場にいる愛新覚羅一族の人々にこう言った。あなたたち家族は彼を助けてあげなければならない。一つの家庭でも、左、中、右がある。私の兄弟三人にも、左、中、右と違いがある。先に進んだ者が、遅れている者を助けてやらなければならない。

　家族が集まったら、昔のことを話すのが一番よい。例えば、昔どんな劇を見に行ったかなどだ。実は今の出し物は、昔の劇に比べてずっと良くなっている。絵

＊15　『周恩来統一戦線文選』、人民出版社、1984年版、403ページ参照。

も今は有名な画家が協力できるようになっている。昔そんなことができただろうか。他人の絵に一筆でも手を入れるのは無理だった。ここまで話すと、周恩来は特に非闇（1888～1959年）と陳半丁（1876～1970年）を例として挙げた。二人とも有名な中国画家で、生前どちらも北京中国画院副院長を務めている。

　周恩来は、昔は彼らが協力することなどあり得なかったが、50年代以降は協力して大作を描けるようになった。このような社会だからこそ、はじめてこうしたことが可能になったのだ。旧社会は人を鬼畜にしたが、新しい社会は鬼畜を人に変えたのだ。状況はすべて変化したのだ、と言った。

　周恩来は、変化・発展という観点に立って、愛新覚羅一族の人々を教育し、彼らに正しく溥儀と向き合うよう求めたのだった。

　周恩来は午後も会議があり、秘書が何度もそばから声をかけ促すと、ようやく立ち上がった。そして途中で席を外す非礼を詫びた。退出間際に、「妻の鄧穎超は体の調子があまり良くなくて、今日どうしても来られませんでした。後日、みなさんを家にご招待いたします。私はお先に失礼しますが、みなさんご兄弟姉妹が揃うのも簡単ではないでしょうから、どうぞそのままお話をお続けください。」

　周恩来が出て行った後、溥儀と妹たちは依然として幸せな思いに包まれていた。そのときついに韞歓は、あの最初目障りだった痩せた老人に向かって、親しげに口を開き「お兄さん」と呼びかけた。溥儀の両目から、きらきらと光る涙の粒がこぼれ落ち、それを見たその場の人々全員が、感動を覚えていた。

17

世界に向けて歩む庭師

　1960年2月10日、廖沫沙北京市委員会統一戦線工作部部長は、溥儀、杜聿明、王耀武、宋希濂および鄭庭笈の五人と会見し、彼らのこれからの仕事について言い渡した。

　その後、徐冰中国共産党中央統一戦線工作部副部長兼全国政治協商会議秘書長、張執一全国政治協商会議副秘書長、邵力子全国政治協商会議常務委員兼聯絡委員会主任委員、連以農全国政治協商会議事務局副処長、夏英喆北京市委員会統一戦線工作部副部長および龔引斌連絡委員会副主任らは、全国政治協商会議ビル内のレストランに宴席を設けて、溥儀ら五人のために送別の宴を開いた。一両日中に、溥儀や杜聿明らはそれぞれ自分の職場に行くことになっていた。

　ある私信の中で、溥儀はその当時の行動を詳しく記述しているが、その行間からは躍り上がらんばかりの気持ちがにじみ出ている。

　2月14日、民政局の殷［兆玉］同志と一緒に、科学研究院植物園［中国科学院北京植物園のこと］に行き、そこの寮、食堂、温室などを見ました。市［委員会］の統一戦線工作部の廖［沫沙］部長、民政局事務所の王旭東主任も植物園に同行し、私たちと一緒に見学しました。そして植物園事務室主任の奚斌同志と話をしました。

　2月16日、殷［兆玉］同志は、私が仕事に就くため中国科学院北京植物園へ行くのを見送ってくれました。これが、特赦された私にとって、初めて偉大な祖国の社会主義建設および労働に参加した日でした。勤労大衆と一緒に学び、生活し働くということ、これは人生最大の光栄ある嬉しい日であり、私の幸せな生活のスタートでもありました。私は［北京植物園］主任の兪徳浚、事務室主任の奚斌と会いました。

毛沢東、周恩来と溥儀

18日には、奚斌主任と兪徳浚主任は全植物園各班の同志による座談会を開き、各班長に引き合わせてくれ、お互いに話をしました。そして、温室の仕事を手配してくれました。班長は呉応祥同志と孫可群同志です。午後、呉応祥同志は温室に来るよう言い、そこでまた全温室各班の同志たちと会って話をしました。

19日午前、温室に行き仕事をしました。班長、班のメンバーは、根気よく学習と仕事を助けてくれ、とても感激しました。午後は政治と業務の学習でした。このたび、政府は

北京植物園における溥儀
（1960年撮影）

『毛沢東選集』を購入してくれました。業務面では、呉班長は本を3冊くださいました。1冊は自然科学叢書の『植物学基礎知識』で、1冊は兪徳浚主任編纂の『植物園業務便覧』、もう1冊は『華北の観葉植物』です。今は午後5時の学習時間で、所長に出す手紙を書いているところです。みなさんが私の手紙を見たら、きっと喜んでくださるでしょう。[*1]

溥儀は初めての職場に足を踏み入れて、心は喜びに満ち興奮していた。彼にしてみれば、新しい生活がスタートしたからである。文武百官が仕え、奴僕がかしずくような雰囲気の中で人生の大半を過ごした人物が、ついに自分の両手を使って他人のために何かをすることができるのだ。

植物園では、溥儀は普通の園芸労働者として扱われた。毎月の生活補助費として人民元で60元が支給された。これは、当時の熟練労働者一人分の月給に相当した。従業員食堂で食べ、独身寮に住み、労働においては所属班長の指導を受けた。真剣に熟練の職人から技術を学んだ。このように、普通の労働者と何ら変わらなかった。

[*1] 溥儀から金源に宛てた手紙（1960年2月19日、未刊）参照。引用文中［　］の文字は原著者による。

毛沢東、周恩来と溥儀

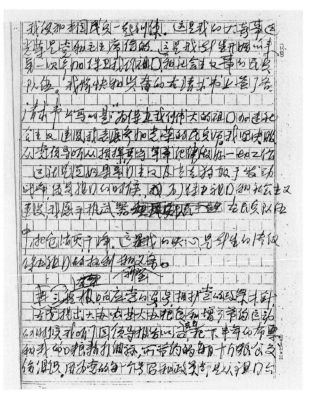

溥儀が植物園で民兵訓練参加を求めた「申請書」

しかし、溥儀にはやや特殊な部分が依然としてあった点は否定できない。例えば上層部による配慮はとりわけ多く、それは一般人が享受できるものではなかった。

　郭沫若（かくまつじゃく）中国科学院院長や張勁夫（ちょうけいふ）同院党委員会書記兼副院長は、下部部門に赴任したこの新米の見習い園芸工を気にかけていた。彼らは溥儀の仕事と生活状況に直接口を出し、時間があれば、なんと植物園まで彼の様子を見に行った。

　北京市民政局は、溥儀が公民になって以降最初に責任を負った政府部門として、終始この新しい北京市民を気にかけていた。王旭東、殷兆玉ら民政局の幹部は、しばしば彭真（ほうしん）市長の指示を受け植物園にやって来て、何か困ったことがないか聞くなど、溥儀と膝を突き合わせて話をした。彭真自らが植物園の主任事務室に直

1960年夏、溥儀が植物園で栽培の知識を学ぶために記したノート

接電話を掛けて、この新しい市民の思想と暮らしぶりをできる限り知ろうとした。

溥儀を戦犯から改造し公民とする政府専門機関の代表として、謝覚哉最高人民法院院長、張鼎丞最高人民検察院検察長は、引き続き溥儀に注意を払った。そして、植物園へ様子を見に訪れ、彼が改造の成果を強固なものとし、絶えず進歩できるよう声をかけた。謝覚哉は、1960年4月上旬に開催された第2期全国人民代表大会第2回会議の中で溥儀の改造成功を特に取り上げ、何の役にも立たず右も左もわからない存在から「植物園の職員」に生まれ変わった、これはまさしく溥儀自身が言う「祖国が自分に命をくれた」ということだと述べた。

朱徳第2期全国人民代表大会常務委員会委員長、傅作義水利電力部部長ら国家指導者は、北京植物園に草花を観賞に行く機会を利用して、しばしば溥儀と会見し、親しく話しかけた。

公民としての溥儀は、国内各界から関心を持たれただけでなく、全世界から注目される人物でもあった。彼が崇内旅館に宿泊していたときから、皮膚の色が異なる大勢の来訪者に次々と囲まれた。その中には、ロシアの哲学家、ウクライナの女流作家、ハンガリーとメキシコの記者、チリなど南米の法律専門家およびイギリス、アメリカ、日本などの作家や記者がいた。

誰が公民として溥儀を社会に紹介し、各界の関心を引き起こしたのか。また、誰が見事に改造された中国最後の皇帝を世界に押し出し、それによってさまざま

ウクライナの女流作家と会見する溥儀

な思慮をもたらし注目を集めるに至ったのか。それは、まぎれもなく毛沢東と周恩来であった。

　毛沢東と周恩来は、溥儀を普通の公民、園芸労働者とするにとどまらず、彼により大きな効果を期待したのである。例えて言えば、一昨日は溥儀を皇帝の玉座から引き降ろし、昨日は彼を刑務所の中から解き放ち、今日は彼を社会に復帰させ、世界に向けて歩ませようとしたのである。これらはすべて歴史における新しい課題であった。毛沢東と周恩来の発想は、時代に順応した合理的なものであった。溥儀の具体的な条件に合わせ、実際に効果を発揮できる多くの機会を与えたのだ。それは、溥儀の改造の成果を確固たるものにしただけではなくて、努力すれば報われると感じさせ、思想的にも発奮させることになった。

　1960年5月9日、毛沢東がイラク、イランおよびキプロスからの賓客と接見したとき、各国人民による帝国主義とその傀儡政権との戦いにおける情勢と経験から、統一戦線とその団結にまで話が及んだ。毛沢東は、その場にいた通訳の馬堅を指して言った。彼はムハンマドを信奉しているけれども、社会主義に反対してはいない。我々二人は、決して争わない。今日、彼がいなかったら、我々は会議をすることはできない。我々は彼を手放せないのだ、と。ここで、毛沢東は一つの大変意味深い道理を語った。彼はまさに溥儀という事例を使って、中国革命という根幹をなす経験を説明しようとしたのである。

　いろいろな人がいて、みんなが共産党というわけではありません。私たちには6億6千万の人口がありますが、共産党員は1300万しかいません。共産党の任務は6億5千万人を団結させることです。打倒した階級、例えば地主階級やその他の搾取階級を私たちは改造しなければなりません。解放戦争中、私たちの捕虜になった国民党の将軍たちにも、改造という手段を取っています。すでに赦免させられた一部の人々がいますが、その中には皇帝もいます。彼は北京にいて、

名前を溥儀と言います。3歳から6歳まで中国全土を統治し、我々を統治していました。その後、打倒されました。彼は今、とても進歩しました。すでに赦免されて、戦争犯罪人ではなくなり自由を回復しました。今年53歳になりました。彼は自分が今本当に解放された、自由になったと言っています。

彼は今北京植物園で働いています。あなた方がもし興味があれば、彼を訪ねて話をしてみてください。彼のような人物でも、我々は決して殺しはしません。しっかりと改造すれば、仕事をする能力がつくのです。ただ国王をすることはできませんけどね。帝国主義に打ち勝つには、広範な統一戦線が必要です。団結し得る敵以外の全勢力と団結しなければなりません。それが私たちの経験なのです。

毛沢東は外国からの賓客に中国の歴史を語ると同時に、溥儀のことも紹介した。それは、この時期一度だけではなかった。半月ほど後、またも南米からの客が、毛沢東の提案により、わざわざ北京植物園に来て、中国最後の皇帝と会ったのである。溥儀はこのことを日記に以下のように書いている。[*2]

> 午前中、チリ人一人、アルゼンチン人一人、ペルー人三人（弁護士、作家、医者、画家、バイオリニスト）が植物園に私を訪ねてきた。（王旭東主任、殷［兆玉］秘書、奚［斌］主任が同席）、周而復［同行員］と対外文化聯絡委員会が紹介をした。
>
> 私がどのように学んだか、その改造の具体的過程について、彼らは非常に興味を示した。
>
> わが指導者毛［沢東］主席が、南米の友達に接見した際、溥儀に会いに行ってみるとよい、と話されたそうだ。
>
> 南米の友人たちは、わが国政府の改造政策および私の改造過程に対し、きわめて興味を持っており、それで私を訪問して、私の学習および改造のプロセスを特に重点的に聞いたのである。

この日溥儀は、午前中に毛沢東が紹介した南米からの来訪者の接待をし、午後は周恩来の招待を受けて人民大会堂に赴いた。そこでは、イギリスの前参謀総長

---

*2　溥儀の日記、1960年5月26日の手稿を参照。引用句の中で［　］内の文字は原著者によるもの。

モントゴメリー陸軍元帥を迎えて、政府主催の盛大な晩餐会が行われていた。モントゴメリーは、第二次世界大戦時連合軍の最も名高い指揮官の一人で、1960年5月24日から28日、初めて中国を訪問し、毛沢東、周恩来および陳毅(ちんき)と会見した。そのとき、周恩来と陳毅はちょうどネパール、カンボジアとベトナムへの訪問を終えたばかりで、それからさらにモンゴルを訪問する予定であった。モントゴメリーを招待した今回の晩餐会は、モンゴル訪問に出発する前夜に行われたものだった。周恩来が特に招待した客と

記者の取材を受ける溥儀

して、溥儀以外に紅星人民公社で働いていた杜聿明もいた。これは明らかにモントゴメリーと杜聿明の二人が、それぞれの角度から第二次世界大戦と関連していたからである。

　開宴後、周恩来は客に対し、在席の人物をそれぞれ紹介していった。溥儀の日記によると、陳毅、賀竜(がりゅう)、羅瑞卿(らずいけい)、習仲勲(しゅうちゅうくん)の副総理四人、国防部副部長肖勁光(しょうけいこう)海軍大将、中央監察委員副書記肖華上将、国務院副事務総長齊燕銘(さいえんめい)、水利電力部部長傅作義、衛生部部長李徳全(りとくぜん)、文化部部長沈雁氷(しんがんひょう)、外交部常務副部長章漢夫(しょうかんふ)、対外文化聯絡委員会主任張奚若(ちょうけいじゃく)、文化部副部長夏衍(かえん)、その他に中国致公党主席陳其尤(ちんきゆう)、愛国的教育者として中国イスラム教の大アホン〔指導者〕である達浦生(たつほせい)、著名な民主派人士である章士釗(しょうししょう)、文学者舒舎予(じょしゃよ)[*3]、歴史学者の侯外盧(こうがいろ)、声楽家の郭蘭英(かくらんえい)などがいた。周恩来が溥儀を指して、モントゴメリーに「こちらの方が中国清朝の宣統皇帝です」と紹介すると、溥儀は周りの人が驚くほどの大声で、「今日の光栄ある中華人民共和国の公民、溥儀であります」と答えた。周恩来をはじめ、その場の人々は一斉に嵐のような拍手を送った。

---

*3 〔訳注〕老舎(1899〜1966年)のこと。舎予は字(あざな)で、本名は舒慶春(じょけいしゅん)である。老舎も満州族であった。

溥儀がモントゴメリー元帥の目の前で、自分の公民としての身分を強調したのには理由があった。1939年2月24日、「康徳帝」溥儀の手を通じて「満州国の対国際共産主義協定参加に関する議定書」が裁可され交付された。これによって満州国は「日独尹防共協定」に加わり、自らをヒトラーのファシズム陣営に縛りつけたのである。もちろんこれは日本という主人の命令を実行したものであったが、恥ずべき一幕でもあった。溥儀が、世界にその名を馳せる反ファシストの司令官モントゴメリー元帥の側に座ったとき、反動的陣営の内で「手先」となっていた己の過去をどうして恥ずかしがらずにいられようか。このときの溥儀が、歴史をすっかり忘却の彼方に追いやり、今の姿のみを元帥に見せたかったという心情は理解できなくもない。

　杜聿明の心情は溥儀とは若干異なるところがあった。モントゴメリーと杜聿明の二人は同じ歴史的時期に、いわば同じ塹壕で戦った戦友であった。彼らは反ファシズムの旗の下、共に人類のために貢献をしたので、共通の話題があったと言える。

「あなたの百万の軍隊はどこへ行ったのですか。」

　第二次世界大戦中、アフリカ戦線の地中海戦域指揮官であったモントゴメリーは、当時の中国戦線におけるビルマ戦域指揮官であった杜聿明に向かって質問した。

「すべて彼に差し上げたのですよ。」

　杜聿明は向かい側に座っている陳毅を指し、ユーモアを交えて答えた。

「あなたはそんなに気前良くありませんでしたよ。だから我々は、あなたの兵力を一口一口いただいたのですよ。」

　陳毅は頭を振って、微笑みながら口をはさんだ。

「結局のところ差し上げたのは半分です。なぜなら半分は国民党が手元に残しましたから。」

　杜聿明は、国民党の大陸政権壊滅の理由について、確かな見解を持っていた。つまり理由の半分は、共産党が正しく強大なおかげで人民大衆の支持を得たからだが、残りの半分は、国民党が反動的で腐敗しているため人心も士気も失ったからなのだと考えていた。後者に関しては、杜聿明自身その痛みを切実に感じた経験をしているのだ。

165

「一人の兵士さえ残っていないのですか。」モントゴメリーは真剣な面持ちで尋ねた。もしかすると、中国で起こったこの頗る価値ある戦例を、研究したいと思ったのかもしれない。

「私自身が残りました。」杜聿明の答えはふざけているようで事実に基づいた真実であった。

「あなたも社会主義に加わったのですよ。」周恩来のこの一言で、その場の人すべてが笑い出した。

杜聿明は、その指揮下にあった100万の大軍を、また続いて自らの思想をすべて陳毅元帥に差し出したのだ。一方、溥儀は金鑾殿や皇帝の玉座を、自分の脳裏にあった「大清帝国」とともにすべて周恩来総理に手渡したのである。今や彼らは尊敬に値する愛国者になったのだ。

1960年10月29日の溥儀の日記を紐解くと、この国内外から注目された人物が、廖承志国務院外交事務室主任の招きに応じて、国際クラブでエドガー・スノーの歓送会に出席した記録を見いだすことができる。

著名な米国人記者として、スノーは1936年に危険を冒して陝西・甘寧の辺境地区を取材し、『中国の赤い星』という本を書き、全世界に中国革命の状況をありのまま報道した。このときから、毛沢東と交友関係を持った。中華人民共和国成立後、スノーは1960年6月から10月、1964年および1970年の3回にわたって中国を訪れた。毎回常に毛沢東、周恩来と会談し、米中両国関係の面において「春を告げるツバメ」と言われた。1962年1月30日開催された拡大中央工作会議の中で、毛沢東はスノーについて率直な口ぶりで親しみを込めて言及している。

　彼はよく中国に来るが、1960年、彼に来てもらったとき、彼と一度こういう話をしたことがある。彼に「あなたは知っていると思いますが、政治、軍事および階級闘争について、私たちは一連の経験があります。一連の方針と政策および方法があります。社会主義建設となると、以前にやったことがなく、まだ経験がありません。すでに11年もやっているじゃないか、とあなたは言うかもしれません。確かに11年やりましたが、まだ知識も経験が不足しています。たとえ少しあったとしても、まだ多くはありません」と言うと、スノーは中国建設の長期的計画について話してくれと言った。私が「よくわ

からない」と言うと、彼は「あなたは慎重すぎます」と言った。私は「慎重かどうかではなくて、要するに私は知らないし、経験がないのです」と答えた。同志諸君も、同じく本当に知らないし、我々は確かにまだ経験が不足しており、まだこうした長期的計画がない。1960年というのは、まさに我々が多くの障害にぶち当たっているときだった。1961年、私はモントゴメリーと話をしていて、上に述べたそれらの意見にも話が及んだ。彼はこう言った。「あと50年が過ぎたら、あなた方は大したものになっているでしょう。」彼の言わんとしたことは、50年経ったら、我々は強大になり、その上よそを「侵略」できるようになるだろうが、50年の間はまだできないだろうということだ。モントゴメリーは、こうした見方を、1960年の訪中のときにも私に対して言った。私はこう言ってやった。「我々はマルクス・レーニン主義者であり、我々の国は社会主義国家であって、資本主義国家ではありません。したがって、100年、1万年経とうとも、我々が他国を侵略することはありえません。強大な社会主義経済を建設するには、中国では、50年では駄目です。100年、あるいはもっと多い時間を要するでしょう……。」[4]

「あ、皇帝のお出ましだ。私はあなたに額ずかなければ。」スノーは、すでに毛沢東から溥儀の近況を聞いており、微笑みながらもややぎこちない中国語で彼に冗談を言った。

「歴史上の罪深い皇帝はすでに死んでしまいました。今、あなたの目の前に立っているのは公民の溥儀です……」と溥儀は応じた。

「体の具合はどうですか。」スノーがこう尋ねた。

「旧社会では、私は腐って堕落した生活を送っていました。体調もとても悪くて、500メートルか1キロ歩いただけで、ふうふう言ってぐったりしてしまいました。今、私は1日中歩き働いても、疲れを感じませんし、本当にますます若返っています。」溥儀は誇らしげに答えた。

「私の印象では、あなたは以前日本人に無理やり東北に連れて行かれたのでは

---

[4] 『毛沢東著作選集』下冊、人民出版社、1986年版、827ページ参照。

毛沢東、周恩来と溥儀

著名なアメリカ人記者のスノーの取材を受ける溥儀

ないですか。」スノーは、ここでついに昔のことを話題として切り出した。

「日本の軍国主義は、清朝の皇帝であった私のような封建的残存勢力に興味を抱いていて、利用価値のあるものとみなしたのです。私はというと、日本の力を借りて清朝を復活したかったのです。満州国は、このような陰謀が結託した産物でした。私の祖国に対する裏切り行為は、日本侵略軍の凶悪な横暴さを助長しました。その結果、中華民族1000数万に及ぶ同胞の命を犠牲にし、その財産500数億ドルに損害を与えました。中国の歴史上前例のない災難をもたらしたのです。このような大罪を犯したのに、党と政府は私を殺すべきでありながら殺さず、私を教育し新しい人間に改造してくれました。これは史上かつてない壮挙なのです。」

スノーは喜んで、また話題を歴史から戻した。

「あなたは今どのような部署で働いているのですか？」

「北京植物園です。」

「あなたは植物が好きなのですか？」

「私はそこですでに半年間を過ごしていて、いろいろな草花に強い興味がわいてきました。」

レセプションの主賓として、微笑みを浮かべたスノーは、各テーブルに酒をすすめに行った。そのとき、物腰が温和で気品があり、整った顔立ちの老齢の外国

人女性が溥儀に歩み寄ってきて、流暢な中国語で溥儀に挨拶した。彼女も毛沢東の友人で、有名な米国人ジャーナリスト、進歩的作家のアンナ・ルイス・ストロング女史であった。1946年8月、毛沢東は延安で彼女と会見した際、当時の国際、国内の情勢について談話を発表したことがあった。「反動派はすべて張り子の虎である」の有名な論点はこのとき出されたものだ。中華人民共和国成立前後、彼女は6回訪中した。1958年に72歳の高齢で最後に中国を訪れたときは、長い間北京に滞在し、全世界に中国の状況を紹介した。このプロのジャーナリストが、中国最後の皇帝と聞いて、この絶好の取材する機会を諦めるはずがない。一方、溥儀もストロング女史だと知ると、尊敬と羨望の感情が自然に起こり、彼らは意気投合して話をし始めた。

「あなたが延安で我々の毛主席に会って、あの世界的にも名高い重要な談話が行われたのですね？」

「はい、毛主席にはたびたびお会いしています。私が中国に来たのは今回で6回目になります。私は国内の多くの場所へ遊覧しに行きました。」

「それでは、あなたは今日中国人民がすでに立ち上がり、中国共産党と毛主席の指導の下、数十年の革命闘争を行い、帝国主義、封建主義と官僚資本主義を打倒し、ついに富強で幸福に満ちた新中国を作り出したのを、きっとご覧になったでしょうね。」

「私は立ち上がる中国人民を見ただけではなくて、強大な中国をも見ました。それは世界平和を守り、戦争を抑止するのに、きわめて大きい影響を及ぼしました。」

溥儀は当日の日記の中で、宴会での様子と見聞を詳しく記述している。彼はさらに以下のように書いている。

　私はまたほかの人から聞いたのだが、アメリカ人作家スノーは、今アメリカに帰るつもりはなく、ヨーロッパへ行くそうだ。彼が言うには、アメリカの物価が高いので、アメリカでは生活できないそうだ。ストロング女史は今回すでに2年中国に住んでいる。彼女はアメリカへ帰りたくないという。彼女の話では、アメリカに帰ってしまうと、もう中国に来られなくなってしまうのだそうだ。アメリカが出国許可を与えないからだ。

17　世界に向けて歩む庭師

日本の平和主義者である西園寺公一も私と話をしに来た。私はこう言った。アメリカ帝国主義は中日両国人民にとって最も恐ろしい敵だ。私は日本国民が平和、民主、独立、反帝国主義闘争を勝ち取ることに共感している。しかし、日本は、いまだ反動的な統治の下に置かれ、池田反動内閣は中日友好を妨害している。そのことに私は反対する、と。

西園寺はこう言った。日本における反動派の人数は少なく、日本の広大な人民大衆は、力を持っている。平和と民主のため、植民地主義に反対するため、私たち中日両国人民は一本の道の上に立っている、と。私はその通りだと答えた。その後、西園寺はほかのテーブルに話をしに行った。

外国からの賓客は毛沢東に紹介され、次から次へと植物園にやって来た。周恩来の招待状も、次々と溥儀の手元に届けられた。こうして中国がちょうど1960年代に入るころ、もしかすると今日の若い人には理解しがたいような多くのことが、さらに溥儀の身の回りで起こった。ほとんどが、ほんの些細な事柄にもかかわらず、一国の総理が気を使わざるを得なかったのである。

1960年10月、溥儀の当時の職場であった香山人民公社では、人民代表選挙が始まった。溥儀は、これまでこうした選挙に触れる機会がなく、自分が有権者となる資格があるかどうかもわからなかった。そこで北京植物園の上司にお伺いを立てた。溥儀は出所してまだ日が浅く、外部の事情に通じていなかったので、長年行政の下部組織を指導してきた人が判断を下すべきであった。しかしながら、「左傾の間違いをしようとも、右傾の間違いをするな」という時代にあって、皇帝の経歴を持つ特殊な職員に相対したとき、彼らはみな理性ある判断を忘れてしまい、溥儀が有権者かどうかを誰もはっきり言えないでいた。そのため、溥儀はこのことが気にかかり不安の中で生活していた。

植物園の指導者は、すぐ中国科学院本部に指示を仰ぎ、科学院本部の指導者はさらに国務院に指示を仰ぐという経緯をたどり、ついには総理まで問題が届けられた。周恩来はすぐさま職員に電話をかけさせ返答するよう指示した。特赦後の溥儀は公民であり、どうして公民権がないと言えるだろうか。選挙権もあるし被選挙権もある。言うまでもないことだ、と。間もなく、溥儀は南辛村の大きな壁に貼られた有権者名簿の中に、自分の名前があるのを喜々とした目で見つめた。

溥儀の1960年の選挙人証

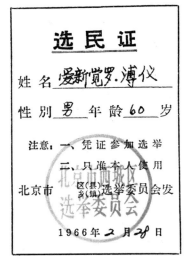
溥儀の1966年の選挙人証

　その後、彼は自分の本の中で、1960年11月26日に公民として投票に参加したときの喜ばしい気持ちを記述している。彼にとって有権者証は、自分がかつて見た、いかなる宝より貴重なものであった。その有権者証は、彼を「世界で最も豊かな人間」にしたのである。
　1963年4月14日、溥儀は、今度は有権者証を堂々とかざして北京西城区豊盛投票所で投票をした。さらに、三度目となる1966年4月3日、溥儀は南牧草地帯小学校の投票所に置かれた投票箱に、自らの厳粛かつ神聖な1票を投じた。
　1961年2月、1年が経ち、溥儀は名残尽きぬまま植物園を離れることになった。彼は去りがたく、上司に直接請求を出した。毎週1日か2日泊まりに戻って来ることを承諾してもらい、やっと快く新しい職場へ移った。彼はさらに「北京植物園における1年来のわが労働訓練、およびいくつかの観点からの初歩的実践」というタイトルで、植物園での1年間の生活を総括した。その冒頭、溥儀は以下のように述べている。

　植物園での1年間の仕事を振り返って、学習面でも仕事面でも進歩がありました。もちろん、少なからぬ欠点もあります。今総括するのは、今後の思

想改造に対して多くの教訓を得たからです。

　植物園に来る前、周恩来総理は第1陣として特赦された者たちと優しく接見し、丁寧に私たちを励ましてくださいました。そして、私たちにしっかりと四つの観点を確立するよう求めました。つまり民族の立場（愛国主義の観点）、集団の観点、大衆の観点、労働者の観点です。今、私は上に述べた観点の初歩的な実践を経験したと、嬉しく感じています。私は、植物園が私のためにこれらの観点を打ち立て確立し、最も良い環境を提供してくれたと思っています…。

北京植物園で、溥儀は一人の普通の庭師に過ぎなかったが、有権者になれるかどうかということでさえ、すべて伺いを立てなければならなかった。しかし、毛沢東と周恩来を通じて、彼は「中国が経験した」一つの鮮明な例証として、世界に向かって歩み出したのである。

18

揺りかごの中の著作

　溥儀は、360日ものときを北京植物園で過ごした。同時に、温室の草花や香山の小道を、暖かい記憶として忘れることがなかった。彼は、植物園で草花を栽培する技術をそれなりに学んだが、それ以上に、不朽の著作を世界のために育んでいたのである。これこそが、出版されるやあっという間に広範な読者を獲得して、広く世に知られるようになった『わが半生』であった。

　『わが半生』の基礎となったのは、1957年から1958年、溥儀が撫順戦犯管理所で書いた長編の自叙伝である。当時、1954年から始まった戦犯が自分の罪を認めるという段階が終わったばかりで、管理所の指導者は、拘禁している戦犯全員に「私の前半生」を主題として、それぞれが自叙伝を書くよう指示した。実際に戦犯たちが罪を認める上で、自分の半生を総括させるためである。このような総括は、しっかりと改造を受け入れるという思想的な成果に有益なだけでなく、文字として表すことで、自ずと各方面にとって価値のある研究資料となった。溥儀の経歴は特殊であり、心から改造を受け入れ、その告白は十分信用に足るものであったため、管理所の指導者は、当然彼の総括に対して、とりわけ大きな期待を寄せ関心を持っていた。

　そのときに書かれた45万字にも及ぶ草稿は、自分の家系、出身、3歳で即位してから1957年に至るまでの、生涯にわたる重要な行動についてつぶさに述べていたが、明らかにまだ熟慮不足で、念入りな構成や事実との照合が欠けていた。まさに、溥傑の言う通り「この資料は、自叙伝的な性質を帯びた自己批判に過ぎず、本といえる代物ではなかった。」[*1] 撫順戦犯管理所における当時の環境と雰囲

＊1　溥傑：「私と『わが半生』」、『人民日報』1984年12月15日掲載を参照。

古今中外的奇事

溥 杰

《我的前半生》由内部发行到公开问世，由初版、再版到现在，确实达到人人抢着买，个个争着读的程度。

为什么会这样？我觉得在作者溥仪的一生中，到处充满了复杂、离奇的成分。例如他曾当过三次皇帝——三岁时登上了末代皇帝的宝座，十二岁时在北洋军阀张勋和一些清末遗老的驾弄下，又当了一次昙花一现的复辟皇帝，当日本帝国主义疯狂扩大侵我国时，又当了一段傀儡儿皇帝——成了「国人皆曰可杀」的罪人。

可是，他的后半生呢？却是在党的改造人类、改造社会的伟大政策下，他不但没有被杀头和被灭门九族，反倒一点点、一步步由鬼变成了人。无怪乎在一般人的眼中看来，都认为改造了一个皇帝确是古今中外从来没有的「奇事」。

这本自传形式的书，完全是通过他本人的亲身感受，原原本本地写出来的。他怎样由一个普通的孩子，登上了末代皇帝的宝座，怎样在幼年时期受过「人上人」的生活，怎样受到最高封建的教育，怎样形成了他惯于倒行逆施的思想、行动……总而言之他是把自己所受到的种种污染的重要部分，抱着惩前毖后的心情如实地写出来的。

我常说，也包括我在内的当然，也包括我在内的，象溥仪、这些人，就好比是命中注定应当被太阳给晒干的一滴淤泥浊水，可是在党的教育改造下，在自拉后推的关怀下，却能一步步地走上了新生的光明大道。溥仪就是在这本书中把这些具体情况如实地记录下来。所以当他这本《现身说法》的自传一经出现，国外也纷纷出版。为什么会这样呢？就是从这本书中很多人可以得到不同程度的启发和教育。惩前毖后这句话，是应当从中吸取的。拿我来说，我和他的关系，从来就是名符其实的「难兄难弟」，所以当我躬逢这本书出版二十周年之际，深深感到「有不能已于言者」的地方，所以拉拉杂杂写了这么一些，说它是所感也可以，说它是跋语也无不可。

1984年2月3日溥傑が書いた「古今東西の珍事」という文章

気から見て、溥傑の言うそうした状況は、なんら怪しむに足りない。その草稿の「序言」の中で、溥儀は自ら自叙伝を書いた動機を以下のように述べている。

　私の書いたこの本は、私が前半生で歩んできた、人様に顔向けできない薄汚れた醜い経験である。だから自分がこれを書こうと決心した主な理由は、「隠し立てしても、いつかは露見する」という消極的な気持ちではなく、まして「破れかぶれ」の心理になったからでもない。泣くに泣けず笑うに笑えない、私という「歪んだ鏡」——もう少し適切に言えば、1枚の「照魔鏡

〔妖怪などの正体を照らし出す鏡〕」で、当時の私の醜い正体を祖国の人民の面前で赤裸々に示し、頭を下げて罪を認め懺悔する気持ちを表したいと思ったからである。同時に、50年来に及ぶ前半生におけるすべての事実を、自ら暴露し比較的系統的に並べるため、私自身の新旧の体験を対比しながら見ていきたい。すなわち、かつての反動的封建専制制度が、どうやって人民を陥れて欺いたのか、封建統治者に奉仕した「孔子一派」の学説やまったくの迷信である宿命論、またもっぱら人民の判断力を奪い惑わせた宗教など、これらすべてが、どれほど陰険悪辣で邪悪な刃物であったか、帝国主義、資本主義制度および封建支配階級が、どうやってグルになって悪事を働き、人類の幸福を壊し人類社会の発展を妨げたのか、ということを見ていきたい。それ以外にも、私たちの祖国における今の新しい社会制度が、どんなにか優れていて、広範な人民大衆が今後享受するであろう、無窮の幸福に満ちた生活と切っても切れない関係にあるか、また、種々の妖怪変化ども——もちろん私は真っ先にその中に含まれるべきなのだが——が、マルクス主義の偉大な科学的真理によって改造され、新しい人間に生まれ変わった経緯を、この生々しい新旧の比較の中で見ていきたい。

　これは自らをさらけ出すような性質の草稿ではあるが、もともとは犯罪人の自白資料の一部分として書かれたものであった。しかし、溥儀はそれを発表したいと思っていた。「特に、1959年にもたらされた予想外の特赦によって、前半生を広く公にしたいという願望は、いっそう強いものになった。」[*2] では、誰が溥儀を鼓舞して、その決心を促し、自己批判の文字が連ねてあるような資料を著作にまで昇華し、世に公開させたのか。その最初の人物こそ、周恩来であった。

　溥儀が特赦を得て北京に帰ってから5日目、杜聿明など10人とともに周恩来の接見を受けた。周恩来は溥儀に、たくさん回想録を書くよう心待ちにしていると話した。溥儀は撫順で書いた長編の自叙伝のことを思い出し、すぐこのことを総理に報告した。

　「どこで書いたのですか？」

---

*2　溥儀の未刊の草稿参照。

周恩来は非常に関心を抱いて問いただした。

「撫順戦犯管理所です。」

溥儀は答えた。

「管理所は撫順市のどの区にありましたか？ どの街でしたか？」

陪席していた上級幹部の一人が興味深そうに尋ねた。

「それは、はっきり言えません。」

溥儀は管理所に10年いたが、そこがどの街区であるか詳しくは知る必要はなかった。規定により、手紙をやり取りするときに街区の番号は不要で、「遼寧省撫順管理所」とだけ書けばよかったので、この質問にはっきり答えられなかったのだ。

「すでに原稿は完成したのですか？」

周恩来がまた聞いた。

「草稿としか言えないものですが、すでに二度修訂を行っています。でも、まだきちんと整理はしていません。」

そう溥儀は答えた。

溥儀が、こう話したのには理由があった。彼には、はっきりわかっていた。ぶ厚い自筆原稿草稿の何冊かの中で、最初の1冊に前後二度ほど手を入れただけであり、それも、ざっと字句を足したり削ったりしたものの清書もしていなかった。残りの原稿も手を加える必要があった。

こうした状況に鑑み、溥儀はすぐさま12月29日に、撫順戦犯管理所の金源副所長に手紙を書いた。彼と周恩来が話し合った状況を説明する以外に、さらに自分の見解を次のように述べた。周恩来総理は非常にこの草稿を重視しており、近いうちに取り寄せて読む可能性が高い。だから、総理その他中央の指導者が読みやすいよう、誰かに清書してもらうか、あるいは思い切って印刷すべきではなかろうか、と。

溥儀が知る由もなかったが、この手紙が出される前、もしかすると彼がまだ撫順を離れる以前、あるいはちょうどこの自叙伝の草稿のガリ版刷りが修訂されているころ、撫順戦犯管理所から公安部に届けられた何冊かのガリ版本は、すでに公安部、中国共産党中央統一戦線工作部および全国政治協商会議の指導者たちの大きな注目を集めていた。

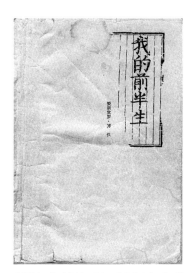

意見を求めるために1960年1月に内部で印刷配布された溥儀『わが半生』(未定稿)、いわゆる「灰色表紙」本

その上、徐氷中国共産党中央統一戦線工作部部長の指示によって、4号活字16折り判〔B5判〕による3分冊とされ、「未定稿」という名で400部活字印刷されていた。溥儀が周恩来に直接自叙伝の草稿についての状況を報告したとき、「未定稿」はすでに印刷中であったのである。

ほどなく、白い表紙で1部3冊からなる『わが半生』(未定稿)は、周恩来をはじめその他多くの中央責任者の前に並べられた。同時に、国務院の指示によって、群衆出版社も溥儀の自叙伝の草稿を、「内部発行して意見を求める」として限定出版した。これが1960年1月に書籍として世に出た、いわゆる「灰色表紙」本である。

日々政務で多忙を極める周恩来は、1960年1月26日、溥儀とその一族に接見したときには、その3冊の膨大な「未定稿」を、読み終える寸前であった。周恩来は話の中で、何度もこの草稿に言及し、高い評価と称賛の気持ちがその語気には滲み出ていた。そして、その重要な価値を認めつつも、同時にその欠点をも指摘して、この草稿にきちんと手を入れるという任務を溥儀に与えた。

溥儀の就職について相談していたとき、童小鵬が「農業用機械」の仕事はどうか、と口をはさんだ。周恩来は、あまり適切でないと感じたのか、何か思いついたように溥儀のほうへ顔を向けた。そして、就職「面談」の内容からずれたことを言い出した。

周恩来：あなたの記憶力はどうですか？

溥儀：記憶力は悪いです。

周恩来：あなたが書いたという資料を見ると、ああしたことを思い出すのは簡単ではないと思いますが。

溥儀：それは、ほかの人が手伝ってくれたからです。

周恩来：あなたの記憶力はなかなかのものです。でも、結婚したときに黎元洪がまだ大総統だった、とあなたは書いていますが、それは少し間違っていますね。

溥儀：いいえ、徐世昌だった、と書きましたが。

周恩来：あなたはいつ結婚したのですか？

溥儀：1922年です。

周恩来：そのとき、徐世昌は大総統ではありません。ここは少し食い違いがありますね。

溥儀：それはまだ下書きにすぎません、まだ修訂する必要があります。

　溥儀自身は記憶力が悪いと言い、周恩来は良いと言っている。この点については、すでにその何年か前に論争した人たちがいる。章士釗は、1954年に溥儀の三妹韞頴が毛主席に手紙を書くのを手伝った際、「溥儀は記憶力が良く、人の名前をはっきりと覚えていて、大変賢い」と手紙に書き添えた。それに対し韞頴は賛成せず、その部分は絶対削るべきだと主張し、以下のような面白い事例を挙げた。

　　私の記憶では、30年代に私が日本にいたとき、溥儀に手紙を書いたことがありました。私はその中で「バナナとサツマイモは一緒に食べてはいけません。体に良くない」と教えました。すると、その後、彼が手紙をよこして、「バナナとサツマイモは一緒に食べてはいけません。体に良くありません。」と言ってきました。これは彼の記憶力がやはり良くないという証明です。

　今ここで溥儀の記憶力に言及したのは、自叙伝の草稿で、溥儀が皇帝として婚礼を挙げたときの国内の政治背景に関連しているからである。史実から見ると、黎元洪は1916年6月に袁世凱から中華民国大総統を継ぎ、1917年7月張勲の復辟のとき辞職して難を逃れ、その後を馮国璋が代行した。1918年10月から1922年6月までは徐世昌が大総統であった。1922年6月奉直戦争後、黎元洪はまたも大総統となったが、1923年10月曹錕にその席を譲った。溥儀の婚礼は1922年12月1日で、そのとき民国の大総統は確かに黎元洪で、彼は宮殿に使いを派遣して祝意を表している。

　周恩来と溥儀の対話を見ると、二人とも記憶違いがある。もちろん、ここでの重要な問題は、決して史実の枝葉末節ではない。周恩来は溥儀の記憶力から自叙

伝の草稿の価値を見いだしたのである。同じ日の談話の中で、彼は溥儀の「わが半生」をテーマとするその自叙伝の草稿が「なかなかのものである」ことを初めて評価し、続いて今度は対話の中で系統だって自分自身の見方を明らかにした。

周恩来：あなたの書いたものは 40 数万字以上あります。いつも忙しいので、私はまだ読み終わっていません。春節以降に私は外国に出かけますが、今はまず少々お話をしたいのです。あなたの書いたものは、基本的には旧社会に向かって宣戦し、自己を徹底的に暴露しています。これは大変なことです。最後の皇帝が、このように自分の非を認めてすべてをさらけ出すのは容易ではありません。ロシアのツァーリやドイツのヴィルヘルム 2 世の回想録はすべて自分のことを良く書いています。イギリスのウェールズ親王も自分自身を鼓吹しています。歴史上いまだこのような例はありません。あなたは一つの新紀元を画したのです。

周恩来は思想改造という角度から溥儀の自叙伝の草稿を評価した。溥儀は世界で唯一改造を受け入れた君主であり、溥儀の書いたものは動かぬ証拠だと彼は考えていた。そして、溥儀の改造を評価し、直接励ますと同時にまた「基礎がまだ強固ではない」と彼に助言した。

周恩来はこう語った。1950 年 7 月ソ連から引き渡されて帰国してから数えてもやっと 10 年、1945 年 8 月ソ連の捕虜になってから数えても 14、5 年に過ぎない。「その上、最初の数年あなたはまだ心が落ち着いていなかった。それは最もなことだ。おかしくはない。どうして急に信じられるだろうか。例えば、あなたの 7 番目のおじさんは今や人民代表だ。」周恩来はそこまで言うと顔を載濤に向けて「そもそもあなたを訪ねて政協委員になってくれと言ったとき、あなたは私たちを信じましたか」と語りかけ、溥儀に向かって、「あなたが本当に自分の問題を理解したのは、後半の数年になってからのことでしょう」と言った。

周恩来：あなたは執筆にどれだけの時間を使いましたか。

溥儀：1 年余りです。

周恩来：これはあなたが、改造された後の数年間で進歩したという証拠です。しかし、まだしっかりしているとは言えません。

イギリス、ドイツ、ロシアなどの皇帝や親王と比べると、溥儀は中国最後の皇帝として、回想録中で自分の良い面を自慢するのではなく、自分の非を暴露しているのだ。

この点において、周恩来は、彼は「一つの新紀元を画した」と称賛したのである。称賛が行き過ぎではないことは、溥儀がソ連抑留期間に東京での国際軍事裁判へ出廷した際、いくつかの犯罪を認める勇気がなかったものの、自叙伝「わが半生」の草稿内では認めており、それこそ、彼が改造後の数年間で本当に進歩的になったことの証であった。

周恩来：あなたの書いたものは非常に価値がある。未定稿として、4号活字で印刷した後に1部送りましょう。あなたはそれをまた直して、より完全なものにしてください。これは旧社会を映す1枚の鏡です。旧社会は終わりました。あなたも新しい人間に生まれ変わったのです。

総理は周囲をぐるりと見渡して、みんなに面と向かって語り続けた。あなたたちは彼を責めてはいけない。この本はきちんと修訂されたら、内容もしっかりするだろう。後の時代の人もこう言うだろう。最後の皇帝は共産党によって完全に改造された。自分の罪を告白することができた。ほかの皇帝にはそれができなかったのだと。

溥儀：私の生命は党に属し、人民に属しています。すべての力を尽くしてやり終えます。必ずや毛主席と総理の期待に応えます。必ず応えます。

「わが半生」という自叙伝の草稿発表に対する周恩来の見方は、正に今日世界に行きわたっている、かの『わが半生』における最良の序文であった。これらの見方は本の前のほうには印刷されていないが、かの本は確かに今回の談話の中から出てきたものなのだ。周恩来は中央の指導者として、最初にあの「わが半生」という自叙伝の草稿の価値を確かなものとして肯定したのである。「反右派」、「反右傾」運動が続けざまに起こり、政策も「左」の時代において、こうした基礎を定める仕事は、周恩来以外には成し得なかった。また、草稿はいまだ「比較的整っている」どころではなく、手直しが必要だと、周恩来が客観的に言ったからこそ、内容が十分に「確立する」まで改訂がなされたのである。こうして、後に公開出版された『わが半生』に向けて明確な質的基準が定められ、この本をベストセラーとしたのである。

今回の談話が終わって間もなく、溥儀は白い表紙の右上に「未定稿」という文字が記してある1部3冊の「わが半生」の草稿を受け取った。内容を見ると、以前撫順にいたときのガリ版刷りの本に修訂を加えた部分が盛り込まれていなかっ

た。そこで、すぐさま 1960 年 2 月 19 日、金源に相談の手紙を送り、こう書いた。

　あなたに相談したいことがあります。今、すでに統一戦線工作部から私宛
てに送られてきた「わが半生」3 冊を読みました。しかし、この 3 冊の中に
は、私が撫順で最後に修訂した部分が入っていません。最後に修訂補充した
部分を加えるのは適切でしょうか。あるいは加える必要はないでしょうか。
もしも加えるのがよいとして、修訂した部分を管理所で改めて印刷するので
しょうか。それとも私に送られてきたら、私がそれを書き写して補うので
しょうか。一体どうするのが適切でしょうか、あなた方が暇なときに手紙を
ください。それによってこの問題を解決したいと思います。

　この自叙伝の草稿について、溥儀は自分でも気に入らず、すでに修訂した内容
を組み入れるのを望んだ。さらに、周恩来の指示によってよりいっそうの修訂を
希望した。ほどなくして、上下 2 冊に分かれた灰色表紙本の見本が、溥儀の手元
に届いた。本文の前に印刷されているのは、中国共産党中央統一戦線工作部と公
安部の指導者の審査を経て、1959 年 12 月 28 日に承認の署名がされた「出版説
明」である。

　これは満州国戦犯、満州国「皇帝」の愛新覚羅・溥儀が服役期間中に書い
た反省の手記である。溥儀はこの「懺悔録」の中で、彼と彼の一味である封
建的残存勢力が、数十年来帝国主義と結託し、祖国を裏切り、人民を殺害し
た重大な罪状の一部を、自ら暴き出している。彼の本書の中で触れている歴
史的事実は、すべてまだ照合・確認がなされていない。また、彼の出した論
点は、妥当性を欠き錯誤も多くある。我々は一部の誤字と句読点を改めた以
外、文章の内容に対してはまったく変更を加えていない。完全に原稿に基づ
いて印刷した。内部に参考を供せんとするものである。

　白い表紙の「未定稿」であろうと灰色の表紙の「内部版」であろうと、目的は
すべて溥儀が自分の著作を修訂するための準備をすることであった。その間、周
恩来は、また何度もいろいろな場所で、溥儀がその自叙伝の草稿を修訂するため
の具体的な意見を述べた。これらの意見の基本的な考えは、溥儀の精神的負担を
軽くするためだった。周恩来は、「本の中には自己批判が多すぎる。それらのこ

とは、すべて打っ棄ってしまいなさい」と言った。[*3] またこうも言った。一つの事柄の後に、一大検討を加えてはいけない。そんなふうにせず、歴史の事実に基づいて書けばよい。[*4] 当時は政治色が濃厚で、溥儀の出身が複雑であり、また世人の注目を集めていた。周恩来自らが彼の肩の荷が下りるようなことを言ってくれなかったら、溥儀は、世間が瞠目するこの本を書けなかったに違いない。

毛沢東、周恩来と溥儀

---

*3　葉祖孚：「中日の友好事業に力を尽くす人――溥傑先生を訪ねて」、『北京政協報』1985年2月3日を参照。

*4　王世敏：「溥傑の近況」、香港『大公報』1983年3月31掲載を参照。

19

「家庭内における問題」の仲裁

　1960年5月の麗らかなある日、樹木は青々とし、色とりどりの草花が咲き乱れていた。二人の世界的著名人物──周恩来と鄧穎超は、自宅で溥儀とその親族を、温かくもてなした。招待されたのは、溥儀の七叔載濤、二妹韞和と夫の鄭広元、三妹韞頴と夫の潤麒、五妹韞馨と夫の万嘉煕、四弟溥任と妻の張茂瑩、六妹韞娛と夫の王愛蘭、七妹韞歓であった。ただ、四妹韞嫻は病気のため欠席であった。また、その夫の趙琪璠は、当時、独り離れて台湾にいた。七妹の夫喬洪志は、残念ながら1か月前に病死していた。

　今回の会見は早くに計画されていた。1月26日の接見終了間際、周恩来は、今回は時間的に間に合わなかったので、溥儀と弟妹しか呼べず、弟や妹の連れ合いは呼べなかった、また妻の鄧穎超も病気で顔を出せなかった、と詫び、「今度は必ずみなさん全員をご招待しましょう」と約束していた。今、その約束は果たされたのである。

　誰もが予想していなかったが、周恩来は冒頭から一人の日本人女性の名前を口にした。もちろん、その名を、その場に同席した者全員がよく知っていた。彼ら親族の一員でもあったからだ。溥傑夫人嵯峨浩が、自分に手紙を寄こした。その中で、中国に帰国し定住したい、夫が特赦となったら北京に来て再会したいと望んでいる、と周恩来は言った。[*1]

　「私と鄧穎超同志が、今回あなたたちを家にお招きした主な目的は、嵯峨浩女史の帰国定住問題について意見を聞くことです。あなたたちはみな溥傑さんの親族なのですから。」周恩来の声が止むと、一同は押し黙ってしまった。

　ことわざに、「公正な裁判官も家族の内輪もめには手を焼く」というが、周恩

---

*1　凌氷：『愛新覚羅・韞歓』、寧夏人民出版社、1984年版、166〜169ページ参照。

来はわざわざ愛新覚羅一族のこの「家庭内のいざこざ」を仲裁しようとしたのだ。

　16年前の溥傑夫妻の離散は、その時代の一悲劇であった。そのときから今日まで、彼らは長い間離れ離れとなり、1年1年を迎えてきたのだ。そして今、二人は再会を果たした。それはドラマの一幕のようであり、みんなが喜んでしかるべきであった。その上に、まだ何か難しい「家庭内の事情」が存在するというのだろうか。実は、ことはそれほど単純ではなかったのだ。この間に起こった悲喜こもごもの物語は、すでによく知られているかもしれない。ただ、この離れ離れになりながらも、こまやかな愛情に満ちた夫婦が再び一緒になるに当たって、意外にも溥儀は硬くなに反対した。多くの人は、それを不思議がるに違いないが、そこにはそれなりの理由があったのだ。

　1937年4月3日、「満州国」康徳帝（こうとく）の弟溥傑は、日本の華族嵯峨実勝侯爵の長女嵯峨浩と、東京九段にある軍人会館で盛大な挙式を執り行った。前関東軍司令官本庄繁大将と前陸軍大臣南二郎大将が裏で糸を引き、結婚式の費用までも関東軍が支払うというこの結婚は、当然ながら普通の婚姻ではなかった。日本の軍国主義者は、この結びつきを「日満親善」鼓吹のために利用しただけでなく、そのため「弟の子」が跡継ぎとなれる「帝位継承法」を制定した。それによって、溥傑と嵯峨浩による混血の次世代が、溥儀の帝位を継げるようにしたのである。この「政略結婚」には、こうした大陰謀が含まれていたのである。「大清皇帝」の皇位と自分自身の生命にも関わるため、溥儀は、その当時このことについて異常なまでの警戒心を抱いていた。そして相応の予防措置を取った。

1937年4月3日、溥傑と嵯峨浩の結婚式の記念写真

そのころ、兄弟間は表面では礼儀正しかったが、陰では勘ぐることが多く、人情的にも冷えた関係であった。しかし、関東軍の言いなりであった傀儡皇帝には、口出しも反対もする力はなかった。彼を非常に怒らせたのは、溥傑と嵯峨浩の結婚後の生活がきわめて親密で愛情もこまやかであったことだ。

撫順における改造時代、周恩来が慧生の手紙を父親の溥傑に転送して以来、溥傑と嵯峨浩は頻繁に手紙のやり取りを始めた。嵯峨浩は日本語で書いた手紙の中で、夫に対する深い気持ちを表していたが、また夫に会いに中国へ行きたいと

満州族の服装をした嵯峨浩

何度も訴えていた。夫婦の情から言っても、これは十分に理解できる。しかし、日本で暮らす妻の浩と中国で改造を受けつつある溥傑とで、一致した政治的立場や思想を持つことは不可能であった。

嵯峨浩は1959年8月31日、溥傑への手紙の中で、当時彼女が取り組み、今後も継続していくつもりの活動について言及している。それは、「満州国」の元日本人高級官僚を中心に、岸信介内閣の何人かが加わり、いくつかの新聞社の協力も得て、署名運動を起こすことについてであった。その目的は中国政府に対し、「満州国」の戦犯釈放を請願し、「人情と人類愛への理解」を示してほしい、とするものであった。嵯峨浩は手紙の中で以下のように書いている。

> できるだけ早く全日本国民のお願いを伝えるため、私はこれらの署名と請願書を持って、中国へ行き周恩来総理にお礼を言いたいと思います。そして、あなたと面会しに撫順に行きたいと思っております。いかがでしょうか。もし、お許しくださったら、すぐにでも周恩来総理にお手紙を書きます。

溥傑は、妻のこのやり方には賛成しなかった。返信の中で、手を差し伸べる姿勢で、真心を込めて自分の意見を語っている。

私はこう思う。もし、あなたがそのようにするのであれば、それは私の現在の立場と観点からは大きな食い違いがある。どうか、私の今の気持ちをよく考えほしい。

知っているように、私の前半生は罪悪の過程だ。私が祖国と祖国人民にもたらした災難は、万死でも償えないものだ。これは根本的問題であり、だからまずそのことをはっきりと認識してほしいのだ。

かつて私たちの罪悪によって、有史以来空前の災害を被った中国の人民大衆は、この14年来私の命を奪わなかったばかりか、きわめて寛大な態度と人道主義によって、一貫して温かい待遇をしてくれた。その上、光明に満ちた前途を指し示してくれたのだ。こうした「徳をもって怨みに報い」、「病気を治して人を救う」というような、大海の如き寛容さは、古今東西いまだ見たことがない。想像してみてほしい。もし、このような新しい社会制度と出会わなかったら、私のような重大な戦争犯罪人は、たとえ命が百あったとしても全うできないだろう。被害者である中国人民の立場に立ってほしい。そして私の罪業をよく考えてほしい。1000万余りの祖国人民が、私たちによって愛する父母や妻、兄弟姉妹を失ったのだ。被害を受けた人々は、この深い恨みを永遠に忘れることができないだろう。もしあなたがこの立場に立って考えたら、わかるだろう。私が殺されなかったのは、とてつもなく寛大で、実にありがたいことなのだと。その上、明るい明日まで与えてくれたのだ。そういうわけだから、署名運動とかなんとかは、私にとって何の利点もないばかりか、逆に私の罪悪をさらに深めるものだ。どうか目をもっと遠くにおいてほしい。私たちの将来の明るい前途を見、祖国人民に対する感謝の気持ちを抱きつつ、明るい前途の到来を待とうではないか。今後は、私たち二人は足並みを揃えて、考え方も同じにしなければいけないのだ。

　薄傑のこの手紙は長々と3000字余りにも及び、さまざまな角度から繰り返し署名運動をすべきでない道理を説いている。彼はさらにこのような例を挙げている。入院中の伝染病患者がいて、もし病が完治してもう伝染の恐れがないなら、医者は退院を許可するだろう。しかし、まだ治癒していなければ、たとえ、患者の妻がどんなに強く面会を求めても、医者は絶対に退院を許可しないだろう、と。

溥傑は「署名運動自体の本質は、中国人民の立場と相反する」と考えていた。それゆえ彼は、妻がこの目的のため訪中することに、はっきりと反対する一方、妻が祖国と新社会の希望に対して正しい認識を持つならば、訪中に賛成すると表明したのである。

残念ながら当時の郵便ルートは十分なものではなく、日中間の郵便物は国際赤十字会によって中継する必要があった。嵯峨浩が、溥傑のこの手紙を受け取って読む前に、この活動はさらに一歩進んでしまった。むろん客観的には、日本の前首相石橋湛山と日本自由民主党顧問で衆議院議員の松村謙三らの訪中と関係がある。周恩来は彼らと会見して、ともに日中関係を改善するための有名「政治三原則」*2 を共同で提出した。

嵯峨浩は、1959年10月14日、溥傑に書き送った手紙の中で

数日前、石橋湛山氏が訪中する際、周総理と李徳全女史宛ての手紙を託しました。そこには、私があなたに会いに撫順に行きたいということに触れました。手紙の中で、私は建国10周年のお祝いを述べるとともに、撫順にいる日本人と中国人を釈放するように請願しました。現在、多くの日本人が、この種の願望を抱いており、釈放運動が盛り上がっています。彼らからの私宛ての手紙もとても多いです。今回の松村謙三氏の訪中の際、もう一度請願をしようと考えています。日本の新聞記事によると、中国人戦犯に対する大赦が発表されたそうです。香港からの手紙では、現地新聞に大赦のリストが出ているそうですが、まだよくわかりません。伊本立さんが私にくださった手紙で「もうすぐ釈放される」と書いてありましたが、はっきりしません。

通化、大栗子で別れて以来、溥傑は妻と娘に会うことはなかったが、四面を高い壁で囲まれた道も通じていない彼方の地であろうと、彼の思いを隔てることはできなかった。彼ら夫婦の愛情の深さは、時間が経っても薄れるものではなかった。仮に一時の間、厳しい思想的矛盾が生じても、双方は寄り添う形で克服でき

---

*2 「政治三原則」とは、日本政府は再び中国を敵視する言論を発表しないことを保証する。「二つの中国」をねつ造する陰謀に加担しない。両国民間の正常な関係の発展を邪魔しない。これは日本の岸信介内閣との貿易協定決裂以後、周恩来が中日友好を願って提出したものである。

るはずであった。

　まさしく、溥傑が夫婦としての愛情を忘れられないのと同様、溥儀も「政略結婚」が気持ちの中で引っかかり忘れられないでいた。撫順に着いて以後、溥儀は溥傑に対し、嵯峨浩のことはきれいさっぱり忘れて、永遠に彼女のことは持ち出すな、とはっきり求めた。溥傑はそれでも妻を懐かしみ、思い悩んだあまりノイローゼのようになってしまった。溥儀は同情しないばかりか、いっそう反感を露わにした。

　賀龍と聶栄臻の両元帥が、彼ら兄弟と接見した際、溥儀は弟に妻と別れてほしいと明言し、元帥たちにも離婚に協力するよう頼んだ。すると、溥傑は、妻を慕う気持ちをその場で吐露した。そして、二人の元帥の意見は、溥儀をさらに失望させるものであった。彼らは溥傑に、国と国の諍いはあなたたち夫妻に影響しない、嵯峨浩は早晩帰国できるだろう、あなたも積極的にその帰国を促すべきだ、と言ったのである。

　溥傑夫婦が手紙の往来を始めて以後、溥儀は反対の態度を示していた。しかし、元帥たちとの接見後、溥傑の心には成算が生じ、自分の考えを貫き通した。ただ、嵯峨浩の『流転の王妃』という本は、たしかに中国人民を刺激するようなエピソードを含んでいたし、彼女の手紙中にも同様のことが書かれており、その点を溥儀に突かれることになった。

　「おまえが浩子*3 と連絡を取り合っているというのは、民族の観点からもゆゆしき問題だ。」溥儀は硬い表情で言い放った。

　「手紙のやり取りは、管理所も許可しています。」溥傑も負けずに言い返した。

　「おまえたちの状況は特殊だ。これは日本人の陰謀だ。だから態度を明らかにして、一刀両断しなければいけない。」

　「私は納得できません……。」

　1959 年 12 月 8 日は、溥儀の撫順戦犯管理所における最後の一夜であった。管理所所長は、わざわざ溥傑を溥儀の前に呼び出し、兄弟二人が離れ離れになる前に、腹蔵なく話す機会を与えた。すでに特赦された兄は、改造を続けている弟に

---

*3 〔訳注〕浩のこと。溥儀は嵯峨浩を「浩子」と呼んだ。これは中国語で鼠を意味する「耗子・ハオズ」と音が通じ、暗に揶揄の意味を込めたものであった。

厳かに言い渡した。自分は明日撫順を離れるが、ただ一つの心残りは、言うまでもなく、おまえの結婚問題である。政治的見地に立って、快刀乱麻、嵯峨浩と一切の関係を絶つこと。釈放されて北京に戻った暁には、再婚を考えること。それに対し、溥傑は正面からの回答を避けた。もちろん、彼としては受け入れられなかったからである。

溥儀は、特赦後も、溥傑と嵯峨浩の関係については、依然として自説を曲げなかった。1960年1月26日、周恩来と接見した際もその件が気にかかって忘れられず、「溥傑と日本人の結婚は陰謀である」ことを話題にした。彼自身は「政治的観点に立った」つもりであった。しかし、固定観念で政治を見れば、畢竟偏見に陥る、ということがまだ理解できていなかったのだ。

周恩来には、溥傑と嵯峨浩の婚姻関係について独自の見方があった。早くも1959年春、戦犯が特赦されるというニュースが発表される前、呉学文は訪日期間中に、日本の著名な平和愛好家西園寺公一の友人として、周恩来の代わりに、恵比寿にある事務所で嵯峨浩に会見した。そして、彼女が夫の元に帰りたいと思っているかどうか尋ねた。嵯峨浩の回想によれば、そのとき以降、彼女は帰国を切実に待ちこがれるようになり、荷物の準備をし、いつでも東京を離れられるようにしたという。[*4]

嵯峨浩が、溥傑の特赦を求めて訪中し、夫と再会して北京に定住したいという上申書は、すぐさま周恩来の手中に届けられた。溥傑とともに8年暮らし二人の娘を生んで、その後16年間苦労を耐え忍んできた一人の日本人女性が、切迫した心情で夫との再会を求めてきたのは、情理にかなっており、満足できる回答を与えるべきだ、と中国の総理は考えた。

しばらくして、溥儀は特赦され、そのニュースが全世界、なかんずく日本まで伝わった。溥傑の特赦も先のことではないのは歴然としていた。こうした状況下で、周恩来は、まずすべきことがあると思っていた。なぜなら、溥傑と嵯峨浩の再会問題は、いまだ多くの困難に直面していたのだ。第一に、中日両国はまだ国交を結んでおらず、政治上行き詰まっており、人員の出入国はすべて厳格に制限されていたこと。第二に、溥儀をはじめ愛新覚羅一族の嵯峨浩に対する警戒心が

＊4　嵯峨浩：『流転の王妃』、北京十月文芸書店、1985年、167ページ参照。

いまだ取り除かれていないことであった。もし、前者が政治的外交的アプローチによって解決できるとすれば、後者については、忠告と説得が必要である。要するに細かい思想教育を施す必要があり、それによって彼ら親族間の脳裏にあるわだかまりをなくさなければならないのである。そういうわけで、周恩来と鄧穎超は、溥儀とその親族たちを家に招いたのであった。

溥儀は心底、嵯峨浩を北京に帰らせたくないと思っていたが、まずは押し黙り言葉を発しなかった。韞和、韞穎そして韞馨は、「満州国」時代、嵯峨浩と始終一緒にいた。特に韞穎は、日本滞在時にこの兄嫁との交際が親密であった。後に、通化に逃れたときには、生死を共にし、苦難を共にしていたので、嵯峨浩に対する感情もほかの親族とは異なっていた。しかし、政治的波風をしばしば経験してきた皇族姉妹兄弟たちは、ともすれば余計な心配をしがちであった。労働者農民という一般大衆とは、革命的な階級区分がかけ離れ過ぎているばかりでなく、周りの同志と比べて経歴の上でやや複雑であった。今、日本人と関わり合って、一言でも口を滑らせたら、新たな厄介ごとを背負い込むかもしれない。それに、総理の態度がまだはっきりわからないし、長兄溥儀は断固反対している。これでは、たしかに口を開くのは難しかった。

「みなさん、堅苦しくしないでください。この件については、どんな見方をしてもかまいません。自由に話してもらってかまいません。もともと考えていなかったことでしょうが、今考えてみたらどうでしょうか。」周恩来は皆それぞれに思いがあるのに気づき、つとめて心理的な負担を取り除こうとした。顔に微笑みを浮かべながら話した。

「嵯峨浩は、日本の華族で、天皇の親戚だからな。」

「彼らは30年代に侵略戦争を起こした。中国人民の死傷800余万、軍人の犠牲は400万。さらにわが国に500億ドル以上の経済的損失をもたらしたのだ。酷いものだ。」

「手紙のやり取りを認めるのはよいし、嵯峨浩が一時帰省するのはいいだろう。ただ、現在中日両国は敵対状態が続いている。万一を防ぐためにも、彼女に北京での長期居住という待遇は与えられない。」

「………」

その場にいた人々は、結局おのおのの見方を口にした。一つひとつの言葉は受

け身に見え、また観点も曖昧模糊としており、また、ある言葉は必ずしも本心からではなく、また、ある内容は満州国宮廷の面影を帯びていたが、はっきりとした傾向があった。要するに嵯峨浩を帰国定住させないほうがよいという考えだ。それが、長兄溥儀の願望に沿ったものだし、外国との揉め事も回避できる。それでよいのではないか、と考えたのだ。

韞歓は、みんなとは異なった考えを述べた。彼女の意見では、溥傑と嵯峨浩の婚姻関係が存続している以上、兄嫁である嵯峨浩が北京に来て定住するのを許すべきだというのである。

韞歓の意見を聞き終わると、周恩来は笑って、みんなにどう思うか意見を求めた。人々は、総理の心をはっきりと悟り、次々と「立場を変え」賛同を示した。実際、彼らの中で溥傑夫婦の再会を願わぬ者はいなかった。

周恩来は頃合いを見て、滔滔と道理を説き始めた。

みんながこの問題を考えている最中に思い浮かんだであろうさまざまな懸念については、すべて理解できる。中日両国はかつて戦った事実があり、日本は紛れもなく侵略者で、これは動かせぬ歴史的事実だ。しかし、両国人民方面の立場から見ると、ずっと友好関係にある。溥傑と嵯峨浩は結婚して、数十年以上になる。嵯峨浩が中国に来たいというなら、私たちが拒絶するのは、あまり良いことではない。彼女が来ることは、中日両国人民の友好往来を推進する上では、良いことではないか。我々は大国だ。大国としての風格がなければならない。彼女を歓迎するだけでなく、来たら、しっかりともてなしてあげなければならない。みんなは近親者で、彼女は溥儀の弟の嫁であり、載濤にとっては甥の嫁なのだから、彼女と仲良くしなければいけない。彼女は外国人であると同時に中国人でもあり、とっくに中国籍に入っているではないか。その上、みな家族の人間なのだから、彼女を遠ざけてはいけない。[*5]

周恩来のこの場における話は、みんなを感服させた。ただ、溥儀だけは少し様子が違い、それほどうれしそうでなかった。この小さな差を周恩来は見逃さなかった。

＊5　凌氷：『愛新覚羅・韞歓』、寧夏人民出版社、1984 年版参照。

20

専門要員

毛沢東、周恩来と溥儀

挿し木の繁殖用の温室から、色とりどりの花が美しく咲き乱れる観葉植物用の温室へと、溥儀は熟練の職人について夢中で勉強した。

植物園での労働を割り当てられた溥儀は、これが臨時的な配属だということをまったく知らなかった。杜聿明、宋希濂ら国民党の元将軍たちは紅星人民公社に配属されたが、彼らも同様に後半生を郊外で過ごすのだろうと思っていた。「将来もしかすると変化があるかもしれない」と推測する者もいたが、市内のどこかの公園で、門衛か清掃員でもすることになれば、十分な配慮を受けたことになるだろうと考えていた。彼らからすれば、余生は人民大衆のために貢献することができる、ただそのための体力を残すのみと思っていたのだ。

溥儀には独自の考えがあった。彼はかつて大清帝国を自分のものとした。だがその実感が一度もないうちに、皇帝の玉座は雲のように去って行ってしまった。また、「満州帝国皇帝」という偽りの玉座も手にしたが、自分の人生の中では恥辱を残しただけだった。今、彼は緑の王国を手にした。ここには真新しく清らかな空気があり、広大で自由な天地があった。彼はそれに酔いしれ満足していた。

しかし、周恩来は満足していなかった。旧中国の「皇帝」に新しい社会における適切な職場を手配すべく、知恵を絞り、考えを反芻し、一つまた一つと方法を編み出していった。それは、1960年1月26日の「面談」における会話内容から見て取れる。

溥儀はそのときの「面談」で、自分自身の不安な気持ちを打ち明けている。周恩来が、基礎的な知識や技能などについて尋ねると、数学・物理学・化学などは「ちんぷんかんぷん」、いくらか話せた英語も「忘れ」、工場の作業は「強度の近視」で無理、農作業もできないことばかり、台所に入っても料理ろくに作れない、と自分自身を振り返り、「旧社会は、私をただ座って何もしないろくでなし

にしてしまいました」と口惜しそうに述べた。彼は政府の寛大さと改造に感謝しており、それに報いたいという切実な気持ちを抱いていた。しかし、何のとりえもない自分がどうしたら国家と人民に貢献できるのだろうか。

「面談」のときに周恩来は、溥儀のために、科学文化に触れ、軽い肉体労働をし、比較的充実した社会・政治的生活が営める環境を用意すると約束した。そして、植物園を選び、溥儀に対し「三か年計画」を立て、「初めから数学・物理学・化学等を学ぶ」よう求めたのである。これは周恩来が、溥儀にある種の技能を学ばせ、それによって社会貢献できるよう願ったからにほかならない。しかし、50歳を過ぎた人間が過去の経歴を完全に捨て去り、一から植物を研究するのが、理想的とは言いにくいことは、周恩来も思い至らないわけではなかった。

北京植物園や紅星人民公社を臨時の職場として、溥儀や杜聿明らを一定期間働かせるのは悪くはないが、長いほうがよいのか短めのほうがよいのかについて、周恩来は考え続けていた。彼らが最終的に落ち着く先を一体どこにしたらよいだろうか。著名な共産党指導者であり、多忙な政務に日夜追われている中国の総理、博学で温和な周恩来が、今もなお自分たちの前途のため理想的な方策を苦心して練っているとは、溥儀のみならず杜聿明たちには想像もできなかった。

注目に値するのは、周恩来は「面談」の過程で溥儀の記憶力が良いのに気がついた点だ。もちろんそれは例の自叙伝の草稿を指して言ったのである。しかも、溥儀のように国や民族そして社会全体に関わる重要な経歴の持ち主が、こうした伝記を書き記すのはきわめて貴重であり、後代の人々に歴史の真相を直接伝えるものになるはずだ。周恩来は「記憶力」という言葉を何度も強調し、回想録および回想録が後世に与える教育的効果を溥儀と語り合った。それは周恩来の深淵な思考の中で、すでに深い印象を残したということを物語っており、溥儀の自叙伝作成に向けた手配が、育まれ始めたという歴史的な証左でもあった。

20年後、溥傑は中央戯劇学院などの関係方面が当時撮影準備をしていた連続テレビドラマ『末代皇帝〈ラスト・エンペラー〉』の座談会上、この史実に言及している。彼は毛沢東、周恩来の溥儀に対する配慮に対し、大きな感謝の気持ちを込めて次のように語っている。

総理は、溥儀の思想上の進歩に非常に関心を持っていて、党の政策を常々

説明していました。総理が溥儀にどんな仕事をしたいか尋ねたことがあります。そのとき、溥儀は医者になりたいと答えたのですが、総理は、それは適当ではない、やはり文史資料収集編纂の面で貢献すべきだと言いました。溥儀は、総理の言うとおり熱心にその仕事をしました。[*1]

溥傑の回想と、周恩来が溥儀と仕事に関して直接話し合った内容とは符合している。

特赦されて北京に戻った溥傑を祝う溥儀

木々の枝には雪が残り、路面にも薄い氷が貼っていた。1960年11月28日、特赦第2陣の名簿が公表された。溥傑の特赦は、愛新覚羅一族の人々にとって嬉しいニュースであり、溥傑にとっても新しい生活のスタートであった。

溥傑は北京に帰った直後、溥儀と同じく五妹韞馨の家に住んでいた。周恩来はそれを知ると、北京市民政局に電話で指示を言い渡した。溥傑は出所したばかりで、歳もとっている、彼は生活するだけではなく、まだ学習や見学をしなければならない、それには妹の家に住んでいるのは都合がよくないから、できるだけ早く宿泊所を手配するように、という内容だった。そこで、溥傑も崇内旅館に引っ越すことになった。同時に釈放された国民党東北「剿共総司令部」副司令官兼錦州指揮所主任であった范漢傑元中将、国民党第3軍軍司令官の羅歴戎元中将、国民党第5軍副司令官兼独立第5師団師団長の李劻元中将、国民党国防部保秘局雲南機関長の沈酔元少将、国民党第15地方綏靖区司令部第二処長の董益元少将も一緒だった。

[*1]「連続テレビドラマ〈ラスト・エンペラー〉撮影スタート」、『北京晩報』1982年10月24日掲載参照。

溥儀、溥傑および親族たち

　間もなく、溥儀と溥傑は、周恩来が彼ら兄弟と会見したがっているという報せを受けた。溥傑は総理に会ったことがないので、緊張した様子だった。そこで、経験のある兄に相談すると、溥儀は笑ってこう言った。「私も初めて総理にお会いしたときは、お前のように緊張していたが、総理に会ってみると、かえって心が落ち着いたものだよ。総理は気さくな方で、誰に対しても家族や親戚というような安心感や幸福感を知らず知らずのうちに与える方だ。おまえも会えばきっとそう感じるだろう。」

　12月下旬のある日、溥儀は北京植物園で報せを受けると、すぐさま崇内旅館に駆けつけて溥傑と一緒に接見を待った。

　夜7時頃、溥儀、溥傑兄弟を乗せた国務院の乗用車「紅旗」は、中南海にある周恩来の家に到着した。応接間で、職員がお茶を注ぎ、煙草を勧め、微笑みながら彼らに、総理は外国からのお客と会見中なので待つようにと告げた。ほどなく、周恩来総理が大股で室内に入ってきた。「お待たせして申し訳ない、あなた方皇室ご兄弟のご光臨を歓迎します。どうですか、お変わりありませんか。」周恩来の質問は、温かみを感じさせるものだった。

　「総理のお心遣いに感謝致します。総理と奥様〔鄧穎超（とうえいちょう）〕にご挨拶申し上げます。」この年の5月に、溥儀はすでに一度来ていてこの場を熟知していたせいもあり、口も滑らかであった。

195

「総理、はじめまして。」溥傑も緊張をほどいて挨拶した。

「あなたの気管支はあまり良くないし、今は良い煙草も買えないのだから、煙草は控えめにしないといけませんね。」周恩来は柔らかい語調で、溥儀の健康を気遣った。

「これからは控えるようにします。長年身についた悪い習慣がなかなか抜けません。」溥儀は慌ててまだ火のついている吸い殻を灰皿の中でねじって消した。

周恩来の話題は、案の定「特赦」という二文字から始まった。

「いわゆる特赦とは、その人を許すのであって、その罪を許すのではありません。」周恩来は溥儀・溥傑兄弟に対して、至極率直に誠意を込めて自分の見方を話した。それからまた溥儀に向かって言った。「溥儀さん、清末に皇帝になったこと、これはあなたの罪過ではありません。しかし、あなたが日本人の保護のもと天津から逃げ出して、長春で『満州国皇帝』となったときにしたことは、自分ですべてよくわかっているでしょうが、当然全部責任を負わなければなりません。」

「は、はい、総理のおっしゃるとおりです。」溥儀は得心したように答えた。

「しかしながら、政府は今溥儀さんを清朝の後裔として扱っているのであって、『満州国皇帝』として扱っているのではありません。あなたたちは知っていると思いますが、この両者の利害はかなりの違いがあるのです。」ここまで話が及ぶと、周恩来の話題はまたほかのことに移った。

周恩来が今回溥儀と溥傑に接見した主な目的は、特赦された後の溥傑の仕事について、本人と面と向かって相談することだった。その年の初めに溥儀の仕事の件で面談をしていたが、今回は少し違っていた。前回が溥儀の様子を知ることに重きを置いていたとしたら、今回はすでに周恩来の意見が固まっていたのだ。

「あなたはこれからどんな仕事をしたいですか。」単刀直入な質問に、溥傑は戸惑いを隠せなかった。周恩来はそれを見て取ると、すぐさま相手を落ち着かせるように「慌てないで、よく考えてみてください」と言った。

「私は自力で生活する労働者になるのを望んでいます。工場、農村どこでもかまいません。」溥傑の答は、はっきりと態度を表明しているようではあったが、恩に感じた感謝の気持ちが背景にあり、本当に自らの意志を示したものではなかった。

「そのことはわかっていますが、本音を話してごらんなさい。」周恩来は笑って言った。

「おまえが一番興味を持っている仕事は何か言ってみろ、もう少しはっきりと。」溥儀もそのときようやく周恩来の意図に気がついたのだが、さすがに一度経験しているので、弟が正面切って質問に答えようとしないのを見て、慌てて傍から口を挟んだのである。

「私が最も好きなのは文芸方面の仕事です。」溥傑はしばらく真剣に考えた末、思い切って周恩来に言った。

それは確かに溥傑の本心から出た言葉だった。彼は何度か日本に留学し、前後して10数年、学んだのは軍事であった。卒業後、満州国の中尉として禁衛歩兵団小隊長から始まり、同大尉として中隊長、満州国駐日本東京大使館の武官室勤務、少佐として満州国陸軍士官学校予科生徒隊中隊長、そして中佐に昇進後満州国皇帝侍従武官室武官となるなどの軍歴を有していた。

しかし、彼にとって軍務に服することは、政治の場面から遠ざかっていたかっただけで、文学こそが本当に好きな仕事であった。清の宮廷で「伴読」つまり皇帝のご学友として一緒に勉強していた際、溥儀より彼のほうが読むことも書くことも優れていた。普段から多くの詩文を作っており、文才に恵まれていた。撫順で拘禁されていたとき、溥傑は、余生は文学を研究したいと何度も言っていた。そのころも才能を発揮し、内部娯楽用の脚本を書いていた。例えば、現代物の「暗黒から光明に向かって」、「侵略者の失敗」、また古典を題材にした「蕭何、月下に韓信を追う」などで、その他自分で漫才を自作自演し、自作の詩を高い声で朗読したこともあった。今、彼はついに国家の総理に面と向かって自分の希望を打ち明けたのだ。

「やはり自分の力でできる仕事がいいですね。」周恩来は溥傑の意見を聞き終わってうなずいた。

「あなたは植物園でもう半年余りになるでしょう。どんなことを体得しましたか、話してみてください。」周恩来は溥儀のほうを向いて尋ねた。

「私は植物園が好きなのです。」溥儀は率直に心のうちを述べた。彼は植物園での数か月間の生活を、生まれてこのかた最も満足できる時間とみなしていたのだ。彼はよどみなく言い続けた。香山のふもとの静かで趣がある環境が気に入ってお

197

毛沢東、周恩来と溥儀

溥儀自ら書いた「北京植物園における労働の総括」の中の１ページ

り、緑の世界の豊かな生活が素晴らしく、ほかの労働者とも知り合い、知識を得、毎日意義があると感じていると。

「あなたの暮らしぶりは悪くなさそうだが、毎月60元の補助費では恐らく足らないのではないですか。本当に足りなくなったら、補助の申請をしてよいのですよ。」周恩来は、うれしそうに、また真剣に溥儀のひと言ひと言を聞き終わると、彼の進歩をほめたたえ、こう言った。「どうやら、まず少し軽微な肉体労働に従事したのは、社会のことをよく知り、時代に適応する上で、良い効果があったようですね。しかし、移行段階の過程で、時間が長すぎるのはよくありません。これからはやはり文史研究の方面に移っていきましょう。」

　もともと、周恩来は特赦された人々の仕事に関する全体的な方案を、このときすでに練っており、それを徐々に漏らしてきていた。つまり、労働期間は１年とし、その後は歴史資料執筆、整理、研究および編集などの業務に移っていく、というものだ。このニュースは最初1961年春節の前夜、中国共産党北京市委員会統一戦線工作部と北京市民政局が、北京在住の特赦された人々のため催した盛大な宴会の席上で伝えられた。

　正月４日、中国共産党中央統一戦線工作部は、再び在京の特赦された人々を招き宴席を張った。李維漢部長、徐氷、薛子正両副部長、および童小鵬国務院副

秘書長兼総理事務室主任らが宴会に出席した。その宴会で、周恩来の指示を受け、李維漢はその場で溥儀と杜聿明ら7名の第1陣メンバーの職務について発表した。すなわち、全員を全国政治協商会議文史資料研究委員会の専門職員に転職させること、待遇としては、毎月の生活補助費として60元を支給する、月給も100元に昇給するというものであった。

溥儀はそれを聞くと、非常に興奮してその場で発言した。党と政府は国家経済が困難な時期、国家17級幹部以上の手厚い待遇をしてくれるとはまったく予想外で、心からの謝意を表したいと述べた。溥儀が話し終わると、徐氷が誠意のこもった口調で続けて言った。「あなたたちのような人間は、昔の贅沢な暮らしに慣れています。今日もちろん昔と同じ生活をさせることはできませんが、そうかといって一般人と同じような暮らしもさせられませんから、新中国では中流以上の生活を送ってもらおうと思います。もし特殊な要望があれば、出してもらってかまいません、また臨時の補助金支給も考慮します。」[*2]

翌日、溥儀と杜聿明ら七人は全国政治協商会議が開催した文史資料業務に関する座談会に出席した。これは溥儀が初めて参加した文史資料業務の会議であった。中央文史資料館の館員たちも一緒に話し合いに加わった。周恩来と陳毅は会場に自ら足を運び、みんなと会った。周恩来は、彼ら自らが経験した史実によって、人民を教育し後の世代の人々を教育できるよう、文史資料の仕事をしっかりと行いなさいと励ました。

また1日置いて、周恩来は中南海の西花廳において単独で第2陣として特赦され北京に残った人々と接見した。1年という期限付きでそれぞれ間もなく職場に赴く溥傑や廖耀湘らと直に会い、みんなの不安を取り除いてやり、誠心誠意人民の役に立てるよう激励した。彼はみんなの前で、特赦された元国民党および満州国高官には文史資料収集編纂に従事してもらいたいという考えを説明した。今まさに、年をとった人々に回想録を書くように呼びかけているところだ。かつては後代の人が前の王朝の歴史を書いたものだが、今や現代の人に歴史を書くことが求められているのだと言った。そして当事者自らが自分自身のことを書くのが

---

*2　沈酔：「特赦された後の皇帝——溥儀の近くにいたときの回想」、香港『新晩報』1981年3月9日掲載を参照。

求められていると言った。ありのままに自分の経験を書きさえすれば、歴史編纂に貴重な材料を提供することになり、人民や祖国にも有益であると述べた。[*3]

接見後しばらくして、溥傑は北京市民政局からの紹介状を持って、景山公園庭園管理処に赴任した。このかつて親王の継承者であった人物は、普通の庭園労働者という身分で、新しい生活を始めたのである。

1960年メーデーの式典に参列した後に撮った集合写真。左より：王耀武、楊伯波、宋希濂、溥儀、周振強、鄭庭笈（杜聿明撮影）

1961年3月初め、溥儀と杜聿明、王耀武（おうようぶ）、宋希濂、楊伯濤（ようはくとう）、鄭庭笈（ていていきゅう）、周振強（しゅうしんきょう）の七人は、共に全国政治協商会議文史資料研究委員会の専門員となって執務することとなった。

溥儀は専門職員となった。しかし、彼は職場が変わるにあたり、逡巡しつつも一つのささやかな条件を申し出た。植物園を離れ難かったのである。総理は笑って、それならば植物園を実家と思って、毎週親戚に会うように「帰省」しなさい。1、2日泊まってもいいですよ、と答えた。溥儀はこの言葉を冗談ではなく、厳粛な決定であるとみなした。彼の日記には、毎週植物園に赴いた記録がある。

[*3] 沈酔：『私の知っている杜聿明』、（出版社不詳）参照。

21

正月の団欒

　溥儀、溥傑兄弟にとって、1961年の春節は忘れられないものであった。なぜなら、周恩来が彼らのために余りあるほどの配慮をしてくれたからである。周恩来は、二人の職場について相談に乗るだけでなく、家庭の問題にも手を差し伸べた。しかも、その関心は並々ならぬもので、きわめて具体的な行動であった。

　溥傑は、周恩来の配慮に対して感動もひとしおだった。8か月前、彼はまだ撫順に拘禁されていた。周恩来は、溥儀ら北京駐在の親族と接見し、自分と妻嵯峨浩再会のための環境を整え、特赦後も多くの手を差し伸べたのだ。

　溥傑が釈放されて故郷に帰ったのは、溥儀の帰京一周年の前夜であった。一両日後、彼は東京からの速達電報を受け取った。釈放を祝う妻からのものだった。続いて、妻から達筆な日本語の、細やかな愛情が込められた手紙が届いた。溥傑の心は、またも海の向こうからの報せによって、かき乱され平静ではいられなくなった。

　そのとき、溥儀は再度溥傑に「きっぱりと関係を断て」という圧力を加えた。「再会」するという夢の実現が、とてつもなく難しいと感じた溥傑は、当時の受け入れ担当部門である北京市民政局に、自分の考えを伝えた。

　数日後、溥傑は中国共産党中央統一戦線工作部副部長である薛子正との接見の機会を利用して、妻の帰国問題を組織的に解決してくれるよう、再び直接請願した。溥儀も、そのとき在席していたのだが、兄弟二人はあやうく言い争いになるところだった。溥儀は、嵯峨浩は政治的使命を背負っているから信用できない、彼女と溥傑の関係を単なる婚姻関係とみなすことはできないと、依然思い込んでいた。一方、溥傑は、妻の思想的自覚はもちろん自分たちと比べるべくもないが、思想的に改造することも向上させることもでき、政治上の歩調が一致しさえすれば、婚姻関係と家庭は引き続き維持できると思っていた。この二人の兄弟がぶつ

かり合っているのは、明らかであった。

　周恩来は、すぐさま中南海の家で溥儀、溥傑兄弟に接見することにした。接見の主な目的は、特赦後の溥傑の就職と溥儀が植物園での労働を終えた後どうするかだったが、溥傑の家族との再会について触れないわけにはいかなかった。

　周恩来はまず溥傑に意見を求めた。妻を帰国させ再会したいかどうか聞いた。溥傑は大胆に自分の考えを述べた。自分は寝ても覚めても妻との再会を望んでいる、妻の後れている面については、全力で助けるつもりだと言った。後れている面とは、『流転の王妃』という本のことを指しており、周恩来にもわかっていた。そこで、より突っ込んだ考え方を溥傑に語らせた。

　溥傑は、妻の求めに応じて彼女の著作に序文を書き、本が出版された後、撫　順に郵送されて来たが、その中の観点は正しくなく、東北民主連合軍に触れた一節も偏った見方であったので、手紙を出して妻に是正するよう書き送った、と語った。

　周恩来の思想工作は、もとより自分の意見を他人に強要しないものだった。彼は溥儀が納得していないのをわかっていたが、それでも溥儀が自分の意見を述べることを望んでいた。溥儀が依然として40年代の目で嵯峨浩を評価しようとしていると気づいた周恩来は、決して溥儀を全面的に否定せず、まず、溥儀の考え方の中に存在する積極的な要素を肯定しようとした。

　そして、このように話した。日本の軍閥が溥傑と嵯峨浩の婚姻を画策したこと、『流転の王妃』という本の中に中国人民が受け入れ難い箇所があること、これらはどちらも事実であり、そのために溥儀が心底納得できないというのは理解できる。しかし、歴史は停滞したものではなく、人も変化する、あなたたち兄弟二人とも改造できたのだから、嵯峨浩も良い方向に導けるのではないだろうか、と。

　周恩来は、嵯峨浩の進歩的な面にも目を向けなければならないと話した。彼女は日中友好と文化交流を促進するために動いているではないか。撫順戦犯管理所にいる溥傑に宛てて出した多くの手紙の中で、何通かを自分も読んだ。彼女はその手紙の中で、日中の文化交流を進めるために財団法人設立を申請し、石橋湛山前首相ら著名人物と連携している、と書いている。

　こう述べた周恩来の話には根拠がある。ここでは、嵯峨浩の手紙から一部を抜き出してみたい。

法人設立の問題に関しては、すでに文部省に申請を出しました。政府は歓迎の意向を示しています。日本への留学生受け入れ方法の問題に関し、私は周恩来総理に報告しに行き、直接総理の意見をお聞きしたいと思っています。前首相の石橋先生は、近く訪中されます。人類愛のため、日中両国間の友好関係樹立のためです。…（中略）…政府の態度がどうであろうと、大多数の国民は確かに反省しており、また心から日中友好を望んでいます。日中両国はどちらも同じ東洋人であり、漢字という文字も同じです。両国の関係は親密であるべきです。でも、今日までまだ国交が回復していません。日本国民はこの現状についてたいへん残念に思っています。もしもあなたに何かご意見がありましたら、どうぞおっしゃってください。*¹

　日中文化交流を目的とした法人は、同じくすでに創立されました。私は自分の後半生を、慧生の遺志を受け継いで、日中友好のため尽力したいと思っています。現在、心から日中友好を望む国民がたくさんいます。でも、岸信介が政権を掌握しているこの状況ではまだ難しいでしょう。私は２、３日中に、石橋湛山先生と会見することになっています。私は日中友好のために奮闘しています。私は一日千秋の思いであなたとお会いする日を待っております。よい知らせが来るのを心待ちにしています。どうかお兄様にもよろしくお伝えください。*²

　財団法人の経営はとても順調です。今、特にうれしいのは、後半生を日中文化交流のため、微力ながら力を尽くせる目途が立ったことです。ここしばらく、私は頼まれてものを書いたり、テレビ番組の仕事に関わったり、少し忙しくしていました。今、日本国民は中国に対し、深い反省と郷愁を抱いています。そして、一日も早い国交回復を望んでいます。２、３年内に、おそらく日本で「中国ブーム」が起こるだろうと記者たちは取沙汰していますが、そうなれば、どんなにか喜ばしいことでしょうか。その際には、自分も影響

＊１　嵯峨浩が溥傑に宛てて出した手紙、1959 年 8 月 31 日参照。
＊２　嵯峨浩が溥傑に宛てて出した手紙、1959 年 10 月 14 日参照。

を与えられればと思っています。私はすぐにでも中国に行きたいのですが、まだ中国側の許可が下りません。経済面については、少しも心配はありません。[*3]

嵯峨浩の中国定住に関する問題で、周恩来は多すぎるほどの活動をした。彼がそうした理由は、上に抜粋した嵯峨浩の手紙からも、その一、二を窺い知れる。

周恩来は、溥傑に対し、妻に返事を書くべきだと言った。ただし、いつも相手を批判するばかりでは駄目だ、今あなたはすでに庶民なのだから、もし彼女が庶民の妻として北京へ来るというなら彼女を歓迎しなさい、中国政府も彼女を歓迎する、と言った。周恩来の話は溥傑を喜ばせたが、溥儀はそれほど嬉しそうではなかった。

周恩来は決して問題が解決されたとは思っておらず、引き続き手を回した。

「周恩来だが、頼みたいことがある。」

聞きなれた優しい淮安訛りの言葉が、電話線を通じて中南海の赤い壁を越えていった。

「溥傑の家庭問題についてだが、肝心なのは溥儀の先入観を取り除き、嵯峨浩の帰国定住を促す手紙を書くことだ。」

電話に出たのは、中国共産党北京市委員会統一戦線工作部部長の廖沫沙だった。

「立春」前日、周恩来の命を受けた廖沫沙は、溥儀と北京に在住している彼の親族を集め、意見と行動を一本化するための座談会を開いた。そこでの話し合いの結果、直ちに家族から嵯峨浩へ2通の招待状を書き、帰国と定住を勧めることになった。手紙のうち1通は、溥儀ら親族一同の名義で、万嘉熙が筆を執り、皆と相談の上で書いた。主な内容は一族の様子を知らせ、嵯峨浩と娘嫮生の速やかなる帰国を期待するものであった。もう1通は溥傑個人の名義で書き、それは夫婦間の情愛を語るものであり、どう書くかは他人が関与する必要はなかった。

溥傑と潤麒は、座談会で気がかりなことを口にした。それは、天皇と血縁関係がある家に生まれた嵯峨浩は、小さいときから何不自由のない生活を送って来

---

*3 嵯峨浩が溥傑に宛てて出した手紙、1960年2月3日参照。

た。中国は現在経済的に困難な時期にある。生活面でうまく世話できないかもしれないが、どうしたらよいか、というものであった。

廖沫沙は、政府はこれについては考慮する、彼女は日本の華族としての豊かな生活を捨て、中国へ来て庶民の妻になるのだから、我々も不義理なことをすべきではない、と言った。彼は、すぐ話題を変えて、生活の問題は容易に解決できる、肝心なのは思想の問題だ。嵯峨浩が帰って来たら、歓迎の意を表すだけではなく、心から彼女のことを思いやり、親切に助けてあげなければならない、と話した。

座談会が終わると、万嘉熙は忙しくなった。まず彼は皆の考えを基に手紙の原稿を書き、次いで東奔西走し、親族たちを訪ね真剣に意見を求め、最後に流暢な日本語で一族全体の願望をしたためた手紙を書いた。

溥傑もずっと机に向かい心中の思いを筆にした。その思いは遠い空の彼方へと越えて行った。東京の結婚式から通化の悪夢まで、愛娘慧生の誕生から天城山の峡谷に響く悲惨な銃声まで*⁴、30年代の長春から50年代の撫順までを綴ったものだった。それは、溥傑自身の体験と家族への思いの丈を、ペンとインクに滲ませ、書いている間にも涙が出てくるような、愛情に溢れたものだった。

周恩来と鄧穎超は、再度溥儀とその親族を招待することにした。そして、その日を中国では伝統的な家中の人々が楽しく集う日、すなわち旧暦の辛丑の年の大晦日に決めた。

この日、集まった愛新覚羅一族は前の2回よりも多くなっていた。特赦されたばかりの溥傑と病気が全快した四妹韞嫻が加わったからだ。

周恩来総理とその夫人による連名で、溥儀と弟妹および七叔ら親族すべてを招き、餃子を食べ*⁵、除夜を過ごそうというのである。これはまさに心のこもったもてなしであった。

碧螺春という銘茶のすがすがしい香りが、客間の中に漂っていた。主人役の周恩来・鄧穎超夫妻、中国共産党中央統一戦線工作部副部長徐氷、国務院副事務

＊4　〔訳注〕溥傑の長女慧生が、学習院大学在学中の1957年12月10日、伊豆半島の天城山で、同級生の男性の拳銃により死亡したことを指す。真相は不明だが、当時のマスコミは心中事件として報道した。

＊5　〔訳注〕中国では、大晦日に家族で餃子を食べる風習がある。一説には「餃子」の発音が、子孫繁栄を意味する「交子」に通じており、正月を迎えるのにふさわしい食べ物とされる。

205

総長兼首相秘書室主任童小鵬、総理事務室の羅青長、許明両副主任が、満面に笑みをたたえて溥儀と彼の親族を客として迎えた。そして、お茶を注ぎ、煙草を勧めた。客たちは温かさを感じていた。

周恩来はその場にいる全員に話しかけた。彼らの名前を確認すると、その場で一人ひとりの職業を言い当てた。ことのほか和やかな雰囲気に、愛新覚羅一族の人々は自ずとわが家に帰ったような気持ちになった。

周恩来は、あなたたち一族は本当に大家族だ、去年は二度招待したが、そのとき溥傑はまだ撫順におり、四妹の韞嫻は病気だった。今日集まることができたのは素晴らしい、と言った。

周恩来は嬉しそうな表情を浮かべ、今日、愛新覚羅一族に集まってもらったのは、年越しの餃子をごちそうするためだと切り出した。昔の八路軍には、一般の人と一緒に新年を祝うという伝統があった。この革命の伝統を我々は継承しなければならない、決して人民と離れてはいけない、と付け加えた。彼の総理としての春節期間中の日程がまさにそうだった。大晦日の午前中には、全国から来た英雄的人物や模範的労働者と会い、元日には、各方面の人民代表に向かって新年の挨拶をするのである。

周恩来は、ごく自然に話題を自分が招いた客たちのことに引き戻した。当然ながら、あなたたち愛新覚羅一族は清の皇族で、かつては人民を統治していた、溥儀は皇帝だった。ここはもともとあなたたちの家だったのだと言い出した。

周恩来は、言葉をつないだ。先ほどの話には、一つの歴史的なエピソードが含まれていたのである。半世紀前、溥儀は紫禁城に入り皇帝となった。彼の誕生地である什刹海の醇親王府は、しきたりによって「潜龍邸」として住むことができなくなっていた。そこで、隆裕皇太后[*6]は中南海の紫光閣一帯に大土木工事を行い、載灃一家のために新しい摂政府を建築することを決めた。西花廳はまさに、当時新王府の一部分となる予定だった。しかし、やがて辛亥革命が勃発し、建築は中断したのであった。

また周恩来は、清末宮廷における闘争に関する史実をいくつか話した。そして、清末に禁衛軍大臣兼軍諮大臣であった載濤に微笑みかけた。「あなたはそのころ

---

*6 〔訳注〕光緒帝の皇后、西太后の姪。溥儀即位後は西太后に倣い摂政政治を行おうとした。

まだ子供でした。どうして袁世凱と戦って勝つことができたでしょうか。」

　周恩来のこの話は、当時の重要な史実を濃縮していた。袁世凱は、練兵という名目で築き始めた強大な北洋軍閥の勢力に頼って*7、王朝の命運を完全に握った。載濤は高い地位にあり、強大な軍事力を握っていたが、さすがに20数歳という若さでは、実戦経験も政治的経験も不足しており、袁世凱の相手ではなかった。朝廷の危険な局面を救う力もなかったのである。

　周恩来はすぐ話題を変え、話し続けた。今日、あなたたちは、もはや皇帝でも、親王でも、皇女や附馬〔皇女の夫〕でもなくなり、みんな庶民の一人になった。これは歴史の流れに順応した変化で、前に進んだのだ。あなたたちの中には大きな成果を挙げた人もいる。私と妻の鄧穎超は、愛新覚羅一族からのよい知らせを耳にするのを絶えず望んでいる、と。

　そのとき、周恩来は今回初めて接見に参加した韞嫻のほうを向いて、彼女に家族や生活などの様子を尋ねた。

　「夫は、解放前に大陸を離れました。自分は残って、子供二人と一緒に暮らしています」と韞嫻は答えた。

　「あなたはどこで働いているのですか。」

と周恩来は聞いた。

　「私は臨時雇いの仕事を数年間していました。故宮博物院で明清の保存文書を整理する仕事です。その仕事はすでに終わって、今は何もしていません。」

　周恩来はその場にいた職員のほうを振り向いて、「彼女に適切な仕事を手配するように」と指示した。ほどなく、北京市民政局は、韞嫻が少数民族の就業をもっぱら支援するためのプラスチック工場で働けるよう手配し、正式な職を与えた。

　談話が続く中で、鄧穎超は夫周恩来に「そろそろ食事にしましょう。みなさんお腹を空かせていますよ」と促した。周恩来は「そうですね。妻がそういうから、みなさん食事にしましょう」と応じた。

　食卓には、水餃子、赤米のご飯、煮込んだアヒルや何点かの小皿料理が並んでいた。溥儀と親族たちは着席した。周恩来夫妻は宴席の主人役として、親切にご

─────────────────────

＊7　〔訳注〕1895年（光緒21年）12月、袁世凱が天津小站で新軍の編制を開始したことを指す。

207

飯をよそい料理を取り分けた。周恩来は特にご飯を指しながら溥儀に向かって、「これは故郷の淮安の人が持って来てくれた新鮮な赤米を蒸し上げたものです。「皇帝陛下」のお口に合うかどうかわかりませんが」と言った。周恩来は、こうしたくだけた言葉で雰囲気を和らげ、その場を盛り上げるのが得意だった。

周恩来は、ここでまた笑い話を披露した。北方人が南方人に餃子をごちそうした。南方人は後で料理がまだ出ると思い、餃子を腹いっぱい食べないでいたが、結局空腹で帰ることになった。周恩来は、笑ってこう続けた。「みなさん、今日は餃子だけで、その後料理はありませんよ。」席についている人はみな腹を抱えて笑った。

その後も周恩来は、いくつもの年越しにまつわる話や各地の風習等を語り、人々をくつろがせた。

溥儀は清の宮廷料理の餃子には食べ慣れていたが、民間の水餃子にはもっと興味があり、黙々と頬張っていた。周恩来はその様子を見て、うれしそうに笑い、みんなに向かって、「あなたたち兄弟姉妹は、それぞれ自分の仕事があり、普段忙しくてめったに集まれません。今日みなさんはわが家のお客様ですから、堅くならず、たくさん召し上がってください」と言った。

周恩来は、今は困難な時期であり、皆の生活水準が下がっている、これにしっかりと向き合おう、困難は一時的なもので、この時期を耐えれば、暮らし向きはきっとよくなる、と付け加えた。

周恩来は、もう一つのテーブルの客たちに向かって「たくさん召し上がってください」と呼びかけたとき、溥儀の三妹の夫である郭布羅 潤麒を見つけて、すぐ話しかけた。

「潤麒さんはどんな仕事をしているのですか。」

と周恩来は聞いた。

「組み立ての仕事をしています。」

と、潤麒は答えた。

「何級の労働者ですか。」同席していた中国共産党中央統一戦線工作部副部長兼全国政治協商会議秘書長の徐氷が口をはさんで聞いた。

「見習工です。」

50歳を過ぎた潤麒にとって、このような仕事は明らかに適切とはいえなかっ

た。周恩来は畳みかけるように質問した。「あなたのような年齢で細かい仕事ができますか。」

「老眼鏡を掛ければ見えますので。」

周恩来はこの場の話を憶えていた。そして、その後すぐ、潤麒は日本語に精通していることから、北京編訳社に異動となり、日本語翻訳の仕事に従事するようになった。

経済的に困難な時代の中だったので、客たちはとてもよい食べっぷりであった。二つのテーブルの餃子はすっかりなくなってしまった。周恩来は皆に満腹したかどうか尋ねた。皆満腹したと返事をしたが、周恩来にはわかっていた。おそらく誰も満腹していないだろう。それで、彼はすまなそうに率直に誠意を込めて言った。「今日は見込みが甘かったようで、これしか準備していませんでした。食べられる物を探したのですが、なくなりました。」

鄧穎超も「今日は家にあるものはすっかり出してしまいました。お粥を煮るのに使った砂糖は、配給を受けたものです」と言った。もともと総理の家も一般人と同じで、食べる物がたくさんあるわけではない。このことは、溥儀や妹たちに衝撃を与え、席についている者すべてが深い感銘を受けた。

25年後、溥儀の三妹韞頴は、その年周恩来の家で年越しをした様子を、以下の文章に記しているが、それは、上述の細部を実証するものである。

　　それは1961年2月14日、場所は中南海の西花廳でした。呼ばれたのは、載濤、溥儀、溥傑、鄭広元と金欣如、郭布羅潤麒と金蕊秀、金韞嫻、万嘉熙と金韞馨、金友之と張茂瀅、王愛蘭と金韞娪、金韞歓らでした。その日はちょうど旧暦12月29日でした。周総理から「一緒に新年を祝いに来てください」と言われていました。午後5時過ぎ、総理と奥様の鄧穎超さんは、私たちと一緒に小さいほうの食堂で、大晦日のごちそうを食べました。食卓が二つ用意されており、総理とご夫人は載濤と私たち兄弟姉妹と同じテーブルに、もう一つのテーブルには、中国共産党中央統一戦線工作部の徐氷同志、市の委員会統一戦線工作部の廖沫沙同志、そして北京市民政局局長と郭布羅潤麒らが座りました。食卓には、餃子とたくさんの料理が並べられていました。その中でもとても柔らかく蒸したアヒルの料理をよく憶えています。総理は、

テーブルでみんなにアヒルを取り分けるのに忙しく、ご自分ではそれほど召し上がっていませんでした。最後、出されたデザートは、もち米のお粥でしたが、そのもち米は、ある人が総理と夫人に送って来たものだそうです。席上、鄧穎超さんは、ひっきりなしにみんなの食事の世話をしていました。一方のテーブルに男性が多いのを見て、「あなたたちはお若いから、たくさん食べるでしょう。みなさんに「食料援助」しましょうね」と言いながら、私たちのテーブルで余った料理と餃子を運んで行きました。このとき、総理の家で食事をして新年を祝った幸福感と温かみを、私は一生忘れられません。*8

「今日、嵯峨浩さんと四妹のご主人も来られたら、それこそあなた方一族にとっては、真の再会ですね。」大晦日のごちそうが終わるころ、周恩来はようやくこの話題を切り出した。それは明らかに、溥傑と韞嫻の気持ちに配慮したものだった。

周恩来はこう言った。嵯峨浩の帰国定住問題については、去年5月も話しており、先日も溥儀、溥傑兄弟とも話した。また、廖沫沙同志によると、あなたたちからの意見を求めたところ、溥儀さんの理解も深まり、皆の意見が一致したと聞いている。ここで、ニュースを発表しよう。関係方面はすでに正式に嵯峨浩の中国定住を正式に許可した。たぶん間もなく彼女は帰って来るだろう。嵯峨浩は敵ではない、皆が彼女を赤の他人扱いせず親族として迎えるよう望む。彼女は我々中国の、愛新覚羅家の嫁なのだから。社会制度が異なる国から来たら、我々の社会に対し急に理解はできないだろう。みんなは根気よく彼女の進歩を助けなければならない、焦ったり懸念を抱いたりしてはいけない。彼女としっかり触れ合うことだ。溥儀とその妹たちは周恩来の話に耳を傾けて、たびたび頷いた。

周恩来が、わざわざ大晦日の晩の特殊な雰囲気の中で、家族がともに過ごせるようにしたのは、溥儀の仕事に関してさらに地歩を固めるためと、政略結婚という歴史の陰影を徹底的に排除して、愛新覚羅一族が真に一家団欒できるよう手を貸そうと思ったからであった。

---

*8　金蕊秀：「党と国家指導者の我々の全家族に対する配慮」、『貴顕との出会い』第2集、遼寧教育出版社、1987年版、281～282ページ参照。

「人は変わることができるのです。我々が嵯峨浩さんの帰国を受け入れた場合、二つの可能性があります。溥傑さんとの生活が上手くいけば、これは良い結果です。しかし、もし互いに失望してしまうようなことがあれば、そうなったら彼女はいつでも日本に帰れます。溥儀さん、試しにやってみようじゃありませんか。どうですか。」周恩来はまったく相談の口調で溥儀に対して言った。これこそまさに道理を重んじる人民の総理の姿だった。

「私は感動しました。賛成します。」

「日本」の二字に、たいへんな抵抗感を持っていた溥儀は、ついに心から承服した。

周恩来は湯飲み茶碗を持ち上げると、人々に碧縲春という銘茶の香りを味わうよう勧め、引き続き真顔で言った。私たちは溥傑の日本人妻が定住しに来るのを歓迎するだけではなくて、彼女には正々堂々と来られるようにしたいと思う。今日特に皆に来てもらったのは、そのことを相談するためだ。あなた方の名義で嵯峨浩に正式な招待状を出すことはできないだろうか。この件は、すでに廖沫沙から、あなた方に知らせてある。きっと賛成していただけると思うがどうだろうか、と。

万嘉熙が答えた。すでに廖部長の意を受けて、手紙の下書きは用意し、溥傑も一通書いた。後は、兄が目を通したら、さらに廖部長に審査認可をお願いするばかりだ、と。

周恩来は、それはよい、それなら「陛下」が「裁可」されるかどうかだ、と言った。

溥儀の顔にほのかに赤みがさした。彼は思った。自分の目の前にいるお方は、他人のことを 慮 るなんと素晴らしい総理なのだろうと。

溥儀が車で送られて前井胡同にある五妹の家に帰宅したのは、すでに夜の８時を回っていた。すると、なんと廖沫沙と王 旭 東北京市民政局事務室主任が後を追いかけて来た。彼らは周恩来の命を受けて「重要な話」を伝えに来たのだ。

嵯峨浩の帰国定住問題に関して本音を言ってほしい、納得がいかないなら保留にしてもよい、今日の昼間、嵯峨浩の帰国について態度を表明したとき、明らかに不本意な様子が見てとれた。総理は、あなたが追い詰められて心にもないことを言ったのはないかと心配している、というのがその「重要な話」の内容だった。

溥儀は、この世に存在する誠実、尊重というものをひしひしと感じた。これほど貴重なものがほかにあるだろうか。彼は、総理に安心してもらってほしい、嵯峨浩招請のため一族がする署名の筆頭に自分の名前を書く、と廖部長に伝えたのだった。

毛沢東、周恩来と溥儀

22

帰　路

　それは、日の光りと鮮やかな花が満ちた 1961 年 5 月のことであった。
「最後の皇弟の日本人妻、夫と再会のため、母と娘を伴い日本から香港経由で北京に」という人目を引く見出しが、香港各紙上の一面を飾った。

　「満州国皇帝」溥儀の弟溥傑の日本人妻、愛新覚羅・浩（嵯峨浩）は、昨日正午、母と娘を連れ、東京から英国海外航空〔BOAC〕便で香港へ到着した。今日にも列車で広州に行き、夫と再会し共に北京に戻るとのことである。

　彼女は、かなり控えめで、話をする際もやや硬い笑顔であったが、その語調は柔らかいものであった。銀の刺繍が入った黒く小さな花模様のチャイナ・ドレスを身に着け、その上に同じような絹物のハーフコートを羽織っていた。

　愛新覚羅・浩はこう語った。夫は自分と別れてからも、ずっと手紙を寄越してくれた。夫は広州で自分が帰って来るのを待っていると思う。ここまで話すと、にっこり微笑んだ。その笑顔はごく自然なもので、明らかに彼女の心が幸福感で満たされているようであった。

　その日は 5 月 13 日であった。当時、日中両国間には、まだ国交がなく、東京では中国入国のビザを取れなかった。そこで、嵯峨浩一行は入国手続きのため、香港に飛んで来たのである。その日、彼らは九龍で列車に乗り、羅湖橋から入国し、そのまま広州へ向かった。嵯峨浩に同行したのは、母の嵯峨尚子、妹の町田幹子と次女の嫮生のほか、友人の宮下明治であった。宮下は、長野県飯田市で薬屋を経営しており、満州国時代には清の東陵守備隊の隊員であった。清朝の皇族と、ある意味で歴史的に関わる部署にいた者として、溥傑に是非とも会いたがっていた。

列車は広州駅にもうすぐ到着しようとしていた。嵯峨浩は当時の気持ちを思い出してこう語っている。

　　夫は北京からこの広州に赴いて、私たちを待っているはずでした。対面できるのはあと10数分先に迫っています。一刻も早く夫に会いたいという気持ちと、長い別離の後の再会への気後れで、私は落ち着かず、膝の上で慧生の遺骨を抱きながら、なんと言って夫にご挨拶したらいいのか、そればかり考えていました。[*1]

これは永遠と思われた別離の終わりであり再会であった。ここでくどくど述べなくても、広州駅での再会と愛群ビルでの美しい夜は、どんなに感動的であったかは想像に難くないだろう。

　しかし、問題は決してそれほど単純ではなかった。溥儀が納得し、中国政府が許可したことで、溥傑と嵯峨浩は再会できたのだった。部外者には知られていなかったが、実際周恩来は、入念かつ具体的な手配を続けざまに行っており、多すぎるほどの心血を注いでいた。これこそが、その後長い間、溥傑がこの尊敬すべき偉人のことを思い出すたびに涙を流す理由であった。

　廖沫沙が入念に手を入れた、嵯峨浩の帰国を促す家族からの2通の手紙が、はるばると海を渡っていたまさにそのとき、溥儀は周恩来から称賛を受けていた。それは正月5日の文史資料関連の職場における座談会のことであった。周恩来は溥儀に会うと、満足そうに言った。「今回の件での、あなたの行いは立派です。あなたはすでに改造されて生まれ変わったのだから、新しい思想と観念を持つべきなのです。さらなる進歩をお祈りします。」

　正月6日、周恩来が単独で第2陣として特赦された人々と接見したとき、今度は溥傑を称賛した。周恩来は、「廖沫沙同志の話だと、あなたが嵯峨浩に宛てた手紙はとてもよく書けているそうです。彼女は必ず帰って来ます。帰って来たら必ず新しい環境にも適応するでしょう。あなた自身がその証明ではありません

---

*1　嵯峨浩：『流転の王妃』、北京十月文芸出版社、1985年版、170ページ参照。〔重訳を避け、原著である、愛新覚羅浩：『流転の王妃の昭和史』（新潮文庫）、新潮社、1992年、262ページより引用した。〕

か」と語った。

1週間後の2月末日、周恩来は、日本の山本熊一が率いる経済友好訪中代表団と会見した。そこでの談話の中で、周恩来は再び嵯峨浩の帰国問題に言及した。

　中日両国が戦争を経験した後、新しい要素が現れました。多くの日本人が中国から帰国しましたが、中国に残った日本人もたくさんいます。戦争は、本来人と人を対立させるものですが、相互の接触と理解を推し進めもします。皆さんはご承知かと思いますが、5000人余りの日本人女性が中国人と結婚しています。これは歴史上でも珍しいことです。両国はすでに親戚関係にあるのです。戦争は不幸をもたらしますが、同時に新しい要素をもたらします。もちろん、交際や婚姻というものは、両国人民の友好を促進するためであって、内政干渉や敵対宣伝を行うためではありません。例えば、中国にいた戦犯の大多数は日本へ帰国しました。そのほとんどは帰国した後も問題がないのですが、中国を敵視しているものもわずかながらいます。彼らは中国で罪を犯し、中国に収監されていたときは態度が良かったのです。釈放されて帰った後、日本国民に不利益をもたらすような宣伝をし、ファシズムの思想を鼓吹して、あなたたちに面倒をかけています。釈放されて帰国した人々は、普通は問題ありません、悪いのは一部です。当時、日本の軍閥は嵯峨浩を利用し、満州国皇帝の弟溥傑と結婚させ、満州を徹底的に植民地化しようと企みました。今回、溥儀の弟が釈放されたので、彼の妻は中国への帰国を求めています。彼女は自分を中国人だと思っています。私たちは彼女を帰って来させるつもりです。時代は変わりました。人は教育を受ければ変わるのです。こうした人はたくさんいるのです。*2

当時の、国際貿易促進会会長であった山本熊一は、東京に戻るとすぐ嵯峨浩に、周恩来が彼女の中国定住を歓迎するという談話の趣旨を伝えた。それを耳にした嵯峨浩は躍り上がらんばかりに喜んだ。

ほどなく、嵯峨浩はまた、東京の家で魯迅夫人である許広平の訪問を受けた。彼女は魯迅の記念活動に参加するために訪日した機会を利用して、周恩来から嵯

───────────────

*2 『周恩来外交文選』、中央文献出版社、1990年版、305〜306ページ参照。

峨浩への意味深長な贈り物をことづかって来ていた。それは、2羽の鳥が桜の木にとまっている図柄の貝殻細工の絵であった。

　許広平の話では、自分が間もなく出発しようとするとき、総理自ら電話をかけて来た。そして、東京で嵯峨浩に会って中国の変化と発展そして溥傑の特赦後の様子を説明してほしいと頼んだという。周恩来はまた、嵯峨浩を歓迎する旨を特に伝えてほしいと言い、「浩夫人にこう伝えてほしい。私自身、近いうちに北京でお会いできることを望んでいる。それから、溥傑の家で彼女が作った日本料理を味わえるのを楽しみにしている」と強調したとのことであった。

　これらの話を聞くと、嵯峨浩は感激の涙にくれ、両手で貝殻細工の絵を受け取ると、北京に向かって深々とお辞儀をしたのだった。[*3]

　4月に入るとすぐ、中日友好協会会長として廖 承志はまたも招待に応じて日本を訪問することになっていた。その出発前に溥傑と会い直接話をして、まだ何か用件があるか聞くよう周恩来は廖承志に言いつけた。そして、日本で、話のわかる古くからの友人とできるだけ多く会うように言い、嵯峨浩の両親への説明と助言をしてもらい、それによって溥傑夫妻の再会が順調に行くよう計らったのである。

　廖承志は、すぐ景山公園で働いている溥傑に会いに行った。溥傑はわざわざ新しい服に着替えて写真館に行き写真を撮った。また北京の果物の砂糖漬けなど妻の好きな特産物を買って来て、廖承志に持って行ってもらうよう預けた。もちろん、最も貴重な贈り物は、次のひと言に勝るものはなかった。「どうか浩に伝えてください。私はあなたを待っていますと、たとえ髪やひげが白くなったとしても待っています。でも、周恩来総理の気持ちにだけは背かないでほしい。早く帰って来ることを願っています。」

　ほどなくして、周恩来は乗用車を1台景山に差し向け、溥傑をあるホテルに呼び寄せた。もともと周恩来は、日本の友人である西園寺公一とその妻雪江、長男一晃、次男彬弘を招待していたのだが、溥傑も同席させようとしたのである。

　西園寺公一は華族の出身で、祖父の西園寺公望は公爵であった。溥儀が宣統帝として即位したころ、内閣総理大臣を二度務め、明治、大正、昭和の三代を仕え

＊3　戴明久：『中国最後の皇弟溥傑』、春風文芸出版社、1987年版、213ページ参照。

東京の嵯峨浩の実家で。家族との集合写真

た元老であった。その孫公一は、イギリスのオックスフォード大学を卒業し、ドイツ、イタリア、アメリカなどの国々を遊学し、民主的な思想の影響を受け、同時にファシズムの台頭を目の当たりにした。そして、自ら爵位と財産の相続権を捨て、軍国主義と侵略に反対する道を選んだ。[*4]

　抗日戦争時、西園寺公一は侵略を厳しく非難し、中国人民に対し同情と支持を寄せた。それゆえ、中国にとって古くからの友人の一人となったのである。彼は1958年春、ウィーン世界平和理事会書記の身分で、家族全員を連れて北京を訪れ定住した。そのころ、岸信介内閣と池田勇人内閣は反動的な対中政策を推進していたが、西園寺公一は、日中両国の国交正常化および両国の文化交流と民間の貿易のために大きな貢献をし、献身的に活動をしていた。周恩来は、彼に「民間大使」という称号を与えており、両者には強い友情の絆があったのである。

　西園寺家と嵯峨家は、親類であったので、周恩来は溥傑も招いたのだった。

[*4]〔訳注〕西園寺公一は、1941年ゾルゲ事件においてスパイ容疑で逮捕され、その後裁判で禁錮1年6月、執行猶予2年の判決を受け、爵位継承権を剥奪されたのであって、必ずしも「自主的」に爵位や相続権を放棄したわけではない。

周恩来は当惑気味の溥傑を横目で見ながら、西園寺夫妻にユーモアたっぷりに「古くからの友人として、あなた方ご夫婦にお手伝い頂きたいことがあります」と言った。「溥傑さんが釈放されてすでに4か月余り経ちましたが、嵯峨浩夫人は今なお日本に住んでいます。これは大変残念なことです。我々中国人のお嫁さんを、いつまでも実家に住まわすことはできません。あなたたちお二人の力で、彼女を一日も早く嫁ぎ先に戻すようにできないでしょうか。」

そのころ、中日関係のあらゆる事柄について、周恩来は常にこの「民間大使」の存在を忘れることがなかった。かつて石橋湛山と松村謙三が訪中を求めて来たときも、まず廖承志に西園寺の意見を求めに行かせ、それからようやく招待を決めたのであり、その結果は申し分のないものだった。今回、周恩来が嵯峨浩帰国に関することで、またも西園寺に依頼したのは、少々気がかりな点があったからである。

「今年の春節の後、溥儀は弟や妹たちと連名で嵯峨浩に手紙を送り、溥傑も手紙を書いて、彼女に帰って来るよう呼びかけました。彼女はもともと帰って来たいと言っていましたが、今なお実現していません。問題はおそらく彼女本人にはなく、帰国を阻む力があるのではないかと思います。公一さんと雪江夫人のお二人で間を取り持っていただけないでしょうか。ご両家は親類なのですから、話せばわかるのではありませんか。」

周恩来の判断が的中したかのように、海の向こうでは、嵯峨浩が激しい試練にさらされていた。その試練の根源は、周恩来が以前山本熊一に話した状況から発していた。すなわち、釈放された戦犯の一部が、またも中国を敵視する側に立ち、日本国民にとって不利益な宣伝を行っていたのである。彼らは各種のルートや方法を通して嵯峨家に圧力を加え、嵯峨浩が中国へ帰国し溥傑と再会するのを妨害していた。彼らの中には、戦前からの嵯峨家との知り合いもいたし、撫順で溥傑に出会ったものもいた。その活動は、少なからぬ影響をもたらしていたのである。

嵯峨実勝は、娘の浩にこう語った。おまえと嫮生が家に帰れず、淋しい思いをしているのは、すべてこの父が悪いのだ。しかし、いま自分はお前に言っておきたいことがある。中国へ行くという考えはもう捨ててほしい、日中両国は戦争で仇同士となり、恨みの深さは一朝一夕になったものではない。それが消えるのは

いつになるかわからない。おまえが行けば、溥傑は歓迎してくれるかもしれない
が、中国の政府や中国の人、特にあの戦争で被害を受けた民衆は、お前を歓迎す
るだろうか。それに、代々の侯爵家として、私たちは祖先の名前を汚すことはで
きない。どうか悲しませるようなことはしないでほしい。私も妻も歳をとったか
ら、娘たちが身辺にいて世話をしてくれれば、何かあったときにも心強いのだ、
と話した。

　父のこの言葉は嵯峨浩にとっては残酷以外のなにものでもなかった。自分の気
持ちを理解してくれないことが悲しかった。

　彼女が溥傑と結婚してからは、幸せな新婚時代もあれば、苦難の歳月もあった。
戦前の政略結婚に始まり、戦後音信が途絶え、50年代になってから海を隔てて
互いを眺め合うまで、紆余曲折があった。この後、まさかまだ独り身を続けなけ
ればならないのか。しかし、中国共産党と新中国は、彼女にとって確かに未知数
の存在であった。それは、すでにいくつもの暗い影が重ねられた彼女と夫の婚姻
関係にさらに陰影が重ねられたのにほかならなかったのである。彼女が両国の文
化交流のための「法人」事業に力を入れていたのも、そうした困惑によるもので
はなかったのだろうか。その心労は察するに余りある。

　まさにこのとき、山本熊一がまずやってきて、続いて「2羽の鳥が桜の木にと
まっている図柄の貝殻細工の絵」が届いた。中国の総理の言葉による招待と夫の
「白髪が生えるまで待つ」という誓いの言葉も同時に伝えられ、さらに西園寺公
一の2通の手紙によって父嵯峨実勝の疑念も解くことができた。周恩来の多方面
にわたる働きかけが功を奏したのである。

　嵯峨浩は、少なくとも100回は涙を浮かべながら読んだであろう、溥傑が寄越
した中で最も長文の手紙を取り出した。

　　あなたの帰国する件に関して、すでに妨げるものは何もない。あなたを迎
　えるすべての準備はとっくに整っている。中国政府は、あなたが中国に帰国
　するとき、一緒に連れて来たい親族があれば、何人でも連れて来てかまわな
　いと表明している。[5]

　嵯峨浩にとって、もう何の気がかりもなくなった。父親の嵯峨実勝からも十分
な理解を得ることができたし、さらに母親の嵯峨尚子と妹の町田幹子らもはっき

22
帰
路

219

りと賛成の意を示していた。5月も半ばになろうという日、ついに帰国の途についたのである。

嵯峨浩一行が日本を離れ、中国に向かっているころ、その到着便名を告げる電報が、早くも周恩来のデスクに置かれていた。周恩来は、自ら溥傑に電話をかけ、親族を一人連れて広州に駆けつけ出迎えるよう言い、浩夫人と子供に会ったら、私周恩来は心から歓迎します、どうぞよろしく伝えてほしい、と告げた。

そのとき受話器を握っていた溥傑は、もはや感情を抑えきれず、「総理…」と言葉を詰まらせながらすすり泣き出したのだった。

周恩来はすぐさま全国政治協商会議に、溥傑の広州行きに関する具体的な手配を命じた。溥傑が五妹の夫万嘉熙に付き添われて広州駅の駅舎を出ると、広東省の関連部門職員が、すでに中央の指示により待ち受けていた。そして、予約した広州愛群ビルの部屋まで二人を送ってくれたのである。

溥傑と嵯峨浩ら七人は、中国の南部広州で滞在する間、古刹、博物館、公園、黄花崗七十二烈士陵墓園などの名所旧跡を見学した。5月17日、北京駅のプラットホームに、ついに彼らは、その姿を見せた。弟や妹たちは、一人ひとり手を差し伸べて彼らを出迎えた。だが、長兄の溥儀は来ていなかった。

迎えには北京市民政局の幹部も来ていた。溥傑と嵯峨浩一行および出迎えの親族たちを何台かの車に乗せ、直接人民劇場近くの護国寺52号の家まで送り届けた。[*6]

そこは、典型的な北京の四合院であった。石段を2、3段上がり、赤い

広州における溥傑と嫮生

---

*5 ［日］船木繁著、戦憲斌訳:『最後の皇弟溥傑昭和風雲録』、中国卓越出版公司、1990年版、165ページ参照。〔原著は、『皇弟溥傑の昭和史』、新潮社、1989年刊〕

半生自夢尸難活，却渡達川竟有
辺。懸喜抱持猶夢寐，瀛溟儿女
得団圓。一家話到心头语：大地春
来望外天。香連蕾種絲始尽，相将
暁報謁余年。
曽冒滔天態，唯期一炬焚。皆年誠
昨死，蒸后伏今生。志合真偕老，
同心更契盟。春暉蘇寸草，図
報是吾情。
十六年重逢在羊城示喜政嫣母見志娟成二律
溥傑　一九六一年国庆节

溥傑が広州における妻と娘に再会したことについて記したもの

漆塗りの表門をくぐり玄関を通り抜けると、さらに壁を満月状にくり抜いた門があり、そこを入ると南北の母屋と東西の棟を合わせ 17 の部屋からなる四角形の塀で囲まれた庭付き住宅が目に飛び込んでくる。はっきりとした中国的な住居である。

　醇親王府の不動産の一つとして、載灃はそれを溥傑の名義とするよう言い残していた。溥傑が拘禁されていた期間、その屋敷は政府が代わりに管理していて、北京カーペット工場に借用されていた。溥傑が特赦された後、政府は直ちに長年積み立てていた賃貸料をすべて溥傑に支払った。それと同時に周恩来が自ら関連部門に電話をかけ、工場への明け渡し期限の指示と、政府が修繕を行うよう命じた。

　溥傑は南方の広州へ妻を迎えに行く数日間前、この場所を訪れたが、そのときはまだ片隅に物が雑然と積み重ねられていたため、彼は心中ひそかに不安を抱いていた。しかし、わずか 10 日余りが経っただけというのに、その想像もしなかった変化に彼は目を見開きあたりを見回した。カーペット工場はすでに影も形もなく、部屋はすべて修繕されすっかり新しくなっていた。四合院と部屋は古い様式を保ちつつも、内部は洋式の部屋に改装され、高級ベッドと洒落た化粧台まで付け加えられ、寝室、書斎、客間、厨房、食堂、倉庫と家政婦用の部屋などが整然としつらえてあった。鍋、お椀などの食器や洗濯用の盥や物干し竿や掃除道具に至るまで全部用意されていた。

　民政局から車でやって来た女性幹部は、控えめな態度で溥傑と嵯峨浩に意見を

─────────────────────

*6 〔訳注〕この溥傑の旧宅は、現在も護国寺街に存在するが、全国政治協商会議管轄下の国際経済文化交流センターのオフィスとなっており、一般の立ち入り見学は許可されていない。

求めた。周恩来総理の指示によって、この家の修繕と家具の配置および清掃を行った。その際、できるだけ元の建物の風格を維持しつつ、生活に便利なよう配慮したつもりだ。ただ事前にご相談ができなかったので、もし具合の悪いところがあれば、やり直す、というのである。

溥傑はその後、徐々に詳しい事情を知った。嵯峨浩が間もなく中国へ向けて出発するという報せを聞いた周恩来が、溥傑一家の生活のため、この急ぎの仕事を民生局に任せた。周恩来は、部屋の準備作業は、念入りにかつ速やかに行い、嵯峨浩の到着以前に必ず終わらせなければならない、彼女が北京へ帰って来たら、夫と一緒に普通の家庭生活を送れるようにしなければならない、と指示していた。

周恩来はまた、溥傑夫妻が暮らすための生活用品に関しても、一つひとつ細かく口を出した。嵯峨浩は日本人であり、中国に来たばかりの間は、おそらく生活の上で慣れないだろうから、洋食を作れる家政婦を雇ったほうがよい、という指示も出している。[7]

嵯峨浩は後に、こうした部屋の修繕や家具用品のことについて、自分の回想録の中に「これらすべてを周恩来総理が直接手配してくれたのです」と書き加えている。さらに続けてこう述べている。

中国では個人で電話をもつことはほとんどありませんが、私たちの家には電話も引いてくださいました。そのうえ、身の回りをお世話くださる婦人をよこしていただいたので、なんの不自由もありません。ただ一つ、淋しかったのは、中庭でした。中庭には一本の木もなく、敷石が十文字に走っているだけでしたから。[8]

溥傑と嵯峨浩一行が北京に帰って来たとき、周恩来はちょうど山東省と安徽省を視察中だった。視察に赴く前、周恩来は部屋の修繕や家具の配置などを手配しただけではなく、もしかしたら嵯峨浩が満足しないところがあるかもしれないと

---

[7] 〔日〕船木繁著、戦憲斌訳:『最後の皇弟溥傑昭和風雲録』、中国卓越出版公司、1990 年版、241 ページ参照。〔原著は、『皇弟溥傑の昭和史』、新潮社、1989 年刊〕

[8] 嵯峨浩:『流転の王妃』、北京十月文芸出版社、1985 年版、174 ページ参照〕〔ここでは、重訳を避け、原著である、愛新覚羅浩:『流転の王妃の昭和史』(新潮文庫)、新潮社、1992 年、268 ページより引用した。〕

考え、北京市の民政局に電話をかけ伝言を残した。その伝言とは、もしまだ何か要望があれば必ず出してほしい、満足してもらえるよう最大限の努力をする、というものだった。溥傑と嵯峨浩、そして双方の親族は、ただただ感激するばかりであった。さらにどんな要望を出そうというのか。

　その後、溥傑夫妻は自分たちで木や花を植え、中庭に緑の木々が木蔭を織りなす小さな花壇を作った。そして、いつか総理においでいただけることを期待し、料理家でもある嵯峨浩が心を込めて作った日本料理を味わってもらいたいと願った。嵯峨浩は異国の女性として、この中国の総理の恩情に対して感謝してもしきれないほどだった。しかし、周恩来は何の見返りも求めてはいなかった。

22
帰
路

23

カイドウの木の下で

毛沢東、周恩来と溥儀

　溥儀が溥傑と嵯峨浩を北京駅へ出迎えに行かなかったからといって、彼が周恩来の目の前で示した態度を変えたわけではなかった。1日おいて、溥儀は全国政治協商会議のオフィスで嵯峨浩一行の訪問を待ち受けたのである。

　日本からの「親戚」は、珍しいキャンディ、お茶と日本人形などの贈り物を持って来ていた。溥儀は快くそれらの贈り物を受け取った。当日の夜、溥儀は自ら一族の人々を引き連れ、北京ダックの老舗「全聚徳」で、弟の嫁とそれに随行して来た日本の親族たちを宴席に招待した。元侯爵夫人の嵯峨尚子が溥儀に会ったとき、以前のように「陛下」と呼びかけても、溥儀は自分自身の気持ちを押さえ、婉曲に少し説明しただけであった。

　4日後、溥儀はまた個人の名義によりホテルで嵯峨浩一行のために宴席を張ってもてなした。溥儀の変り様は、時代が大きく変化したという印象を、嵯峨浩に強烈に与えた。彼女は夫に自分の感想を漏らした。義兄は、今太って食べる量も本当に増え、以前のような神経質な感じではなくなった。これはたぶんびくびくしない生活を人生の中で初めて送っているからなのだろうと。嵯峨浩の推論にも一理あるが、彼女が知らなかったのは、溥儀の変化を助長するに当たって、周恩来が決定的効果を発揮したということであった。

　周恩来は地方の視察から戻ると、すぐ秘書に命じて溥傑に電話をかけさせた。そして、嵯峨浩一行の北京無事到着を祝福した。当時、中央では農業問題に関する会議を開いており、周恩来はすぐには時間を作れなかった。しかし、遠来の客には必ず会わなければならないと言っていた。

　5月24日、全国政治協商会議副秘書長兼文史資料研究委員会副主任委員の申伯純（はくじゅん）は、政治協商会議ビル内のレストランで宴席を設け、溥儀の一族全員を招待し、嵯峨浩一行のために歓迎会を開いた。食後、一同は、さらに講堂で陝西省

224

護国寺52号にある溥傑の家の中庭に集まった家族

の有名な伝統劇『轅門斬子』(軍門で子を斬る)*¹ を鑑賞した。

2週間後、国務院外交事務室第1副主任で華僑事務委員会主任の廖承志は、新僑飯店で盛大かつ厳かな歓迎会を開催した。中国共産党中央統一戦線工作部副部長の徐氷と張執一、北京市委員会統一戦線工作部部長の廖沫沙なども主催者として名を連ねた。溥儀も招待に応じて出席した。この宴会に顔を見せた中に、中国劇作家協会副主席の曹禺がいた。人々は宴会後、彼の現代劇の名作『雷雨』を鑑賞し、声をそろえてこの人民芸術家の輝かしい業績をほめたたえた。

溥儀の嵯峨浩に対する態度は、ある程度変化したものの、わだかまりがまったくなくなったわけではなかった。周恩来は、すでに住宅問題からこの点にはっきりと気がついていた。周恩来は以前、溥儀が一人暮らしでは生活面で不便が多い、護国寺の溥傑の邸宅なら四合院で部屋が多く、兄弟で住めばお互い助け合うこともでき都合がよいのではと考えた。しかし、溥儀に意見を求めると、周恩来のその考えは即座に拒絶された。長年日本の軍閥の掌中で弄ばれたこの元傀儡皇帝は、

---

*1 〔訳注〕明代に成立した長編古典小説『楊家将演義』から取られた演目。『楊家将演義』は、『三国志演義』や『水滸伝』などと並び、有名な古典文学で、宋朝に仕えた楊一族の盛衰を描いた物語である。その中に登場する女将軍「穆桂英」は、文武を兼ね備えた魅力的な女傑として、中国においては人気のある歴史小説中の人物である。

周恩来の説得を受け入れ嵯峨浩の中国定住にはもはや反対しなくなっていたが、依然として日本人との交際は頑なに拒んでおり、弟の嫁も例外ではなかった。これは個人の偏見あるいは先入観によるものではなく、根本的な考え方の問題であると周恩来にはわかっていた。当時の情勢の下で、日中両国関係の現状とその前途を一体どう扱ったらよいのか。溥儀は特赦された後、各方面の日本人と会見する機会があるだろうし、多くの事業は彼が表に立つことで多分さらに深遠な影響を発揮することができるだろう、彼は正しい見方を持つべきなのだ。そういうわけで、周恩来は1961年6月10日の接見と昼食会を苦心して手配したのである。

お昼前の暖かい日の光が、枝葉の茂るカイドウの木を照らしていた。周恩来は、西花廳の外の茶菓子がたくさん並べられた白玉石の円卓のテーブルの前に立ち、溥傑、嵯峨浩、嵯峨尚子、町田幹子、嫮生および宮下明治らを出迎えた。周恩来はユーモアたっぷりに「このテーブルを囲んで座りましょう。円になって座るのは、円満で縁起が良いですからね。あなたたちの一家団欒がいつまでも続くことを願って。」[*2]

「嵯峨尚子夫人と宮下明治さんは明後日帰国されるそうですね。もともとは、もう少し後で皆さんにお会いするつもりでしたが、このように予定を繰り上げるしかありませんでした。」

周恩来は本来、6月12日に中央工作会議終了後に今回の会見を手配していた。しかし、嵯峨尚子らのビザの有効期限がすでに近づいており、滞在を延ばすこともできず、会議の合間を縫って彼らとの会見の時間をやりくりしたのだった。

溥傑と嵯峨浩が北京で再会できたのは本当に喜ばしい、しかし、最も喜んでいるのは溥傑だろう、少し前まで彼は妻が帰って来ないのを心配していたが、今日それが実現したのだから、と周恩来は言った。

溥傑が、広州駅で妻の姿が目に入った途端、言葉も出ず、歩くこともできず、息さえ止まってしまったと話すと、周恩来は、その気持ちはよくわかる、それが人の情というものだ、人の感情は一番豊かで大切なものだ、と大笑いした。そして、もし自分自身がその立場に置かれたら、やはり涙と鼻水が止まらなかったろうとも言った。

＊2　戴明久：『中国最後の皇弟溥傑』、春風文芸出版社、1987年版、244ページ参照。

周恩来は話をしながら、自らの手で蜜柑の皮を剥くと、丁寧なしぐさで嵯峨尚子に手渡した。そして、彼女が自分の娘を夫と再会させるために連れて来たことは、まことに敬服に値すると感謝の意を表した。周恩来は、親戚の間は付き合えば付き合うほど近くなるはずだし、国と国の間も同じだ。双方に利益があるのだと語った。

　そのとき、嵯峨浩が周恩来にお茶を注ぐために歩みよった。周恩来は、京劇の『平貴別窰』（平貴が家から離れる）[*3] の中の物語を引き合いに出して彼女にこう話した。この物語のヒロインである王宝釧は、あばら家で夫の帰りを18年待ったが、あなたも溥傑を16年待った。その運命は同じだが、物語では夫の薛平貴は、後に皇帝になって昔の苦労を忘れてしまった。溥傑には決してそのようなことはありえない。彼は今や中華人民共和国の公民なのだから。

　この意味深く感動的な心のこもった言葉は、笑い声を巻き起こし、客たちはみなくつろいだ気分になった。

　周恩来は嵯峨浩の帰国に関して饒舌に語った。浩夫人は日本人だが、中国人と結婚して、今はもう中国人になった、自分はあなたが中国人になって中国の社会活動に参加するのを歓迎する。さらに続けてこう言った。あれこれ自説を述べたが、浩夫人にはこれから自分で見てほしい。1年、3年、5年、10年と暮らして、合わないと思ったら、そのときはいつでも帰ってよろしい。もしも日本に帰ってから、やはり中国が良いと感じたら、また戻ってくればよい。行き来は自由であり、それは保証する。渡航のための必要書類に私が署名してもよいが、あなたは署名しろとは言わないと信じている。[*4]

　周恩来は、嵯峨浩が中国人となって日中両国友好と国交回復を促進するために努力したいと願っていることを褒めたたえ、その考えには大いに賛成すると述べた。と同時に、『流転の王妃』という本の欠点も厳しく指摘した。この本の中のいくつかの部分は事実と違っており、改訂をしなければ中国では出版できないという見方を示した。周恩来は温かい視線を嵯峨浩にそそぎながら、こう続けた。

---

*3　〔訳注〕京劇の演目の一つで、薛平貴が、妻と別れる悲運に見舞われながらも苦節数十年で皇帝になるという話の一部。

*4　『周恩来選集』下巻、人民出版社、1984年版、320ページ参照

どうか安心してほしい、我々はあなたを差別することは決してない。尚子夫人と宮下氏は帰国後、日本の友人たちに、浩夫人が差別されることはありえないと伝えてほしい。

　周恩来の誠意と率直な言葉に感動した嵯峨尚子は、立ち上がってお辞儀をしようとしたが、押しとどめられた。尚子夫人は、周恩来が嵯峨浩の中国来訪を援助してくれたことに感謝し、こう言った。中国には「木の高千丈、老いて故郷に戻る」という諺があるけれども、自分の娘の夫は中国にいるのだから娘の家も中国にあり、当然中国が娘の落ち着き先だ。娘は中国に帰るべきで、自分もまったく安心している。あなたのような総理が治めている国なのだから。娘は中国できっと幸せに暮らせるだろう。

　周恩来は、尚子夫人が両国の人民のために良いことをしてくれたと感謝し、さらにこんな話をした。中国には『楊門女将』という京劇の出し物があるが、それは余老太君という老婦人が全軍の指揮を取るという物語だ。聞くところによるとあなたには娘が何人かいるそうだが、あなたも日中友好の事業のために出馬することを期待している。[*5]

　どうやら周恩来は、嵯峨家の家庭状況をよく調べているようで、尚子夫人には女の子が四人と男の子が一人おり、嵯峨浩がその中では年長で、その下に池田啓子、福永泰子、町田幹子と続き、長男の公元が最年少だということも知っていた。

　話題は「女傑」から溥傑と嵯峨浩の二人の娘に移った。長女慧生(えいせい)は、父の消息を尋ねて最初に中国の総理に手紙を書いた17歳の少女であったが、彼

溥傑の長女慧生

＊5 〔訳注〕京劇の出し物の一つ「楊家将」の中で、年とった余老太君という女性将軍が娘たちを率いて出陣する話がある。

女は20歳のとき、愛のために命を絶ち、痛ましい悲劇を天城山の奥深い谷の中に残したのだった。ことの次第はこうだ。彼女と同級生の男友達は愛し合っていたが、家族の理解を得ることができなかった、封建的な思想を持ち続けている母親は、娘は清朝皇族直系の長女であり、中国に帰り満州族の青年に嫁がなくてはならないと考えていた。それは慧生を非常に苦しめ、結局は命を絶つしかなくなったのである。

　周恩来は、慧生が当時自分に手紙を書いた行動を称賛して、嵯峨浩にこう言った。「亡くなったあなたの娘、慧生さんが私に手紙を寄こしたので、私は彼女と父親が手紙をやり取りするのに同意する決心をしたのです。彼女はとても勇敢なお嬢さんでした。彼女の写真がまだありますか。私に記念として1枚いただけませんか。」

　嵯峨浩は、後で大きく引き伸ばした慧生の写真を周恩来に送り届けた。

　話題は次に次女嫮生に転じた。嫮生は、尊敬する「周おじさん」のために特に手土産を日本から持って来ていた。それは、1台の携帯型の小型トランジスタラジオだった。と同時に、「おじさん」に一つの難題をも持って来ていた。

　もともと、彼女の去就を巡って、溥傑一家および一族全体に大きな波紋を呼んでいたのである。両親は彼女が自分たちの手元に残り、一緒に暮らすのを望んでいた。溥儀も彼女が中国に残って仕事を見つけ、将来は北京で結婚して定住してくれたらと思っていた。

　しかし、嫮生には自分の考えがあった。彼女は幼いときから日本で成長し、すでに日本での生活に慣れており、しかも気持ちの通じ合う男友達がいた。それで、日本へ帰りたがっていたのである。

　この家庭での新たな対立が、またも総理の目の前に持ち出されたのである。周恩来は、嫮生が帰りたいのなら、帰らせればよい、無理に押しとどめてはいけない、と言った。若い人の気持ちは変わりやすい、将来中国へ来たくなったら、いつでもパスポートを申請できる。中国に来ないで、日本人と結婚するというのなら、それで何か不都合があるだろうか。唐の太宗は王女をチベット王に嫁がせ、漢とチベットは婚姻関係を結んだ。[*6]嵯峨家は娘を愛新覚羅家に嫁がせた。愛新覚羅家の娘が今度は日本人に嫁ぐというのに、どんな不都合があるだろうか。

　周恩来の話は、歴史、民族そして政治などいくつかの角度から、すべての道理

を言い尽くし、人々を心底納得させるものであった。続いて、彼は溥傑夫妻にしみじみとこう語った。「子供たちのことは、やはり子供たちに決めさせなさい。二度と慧生の悲劇を繰り返してはなりません。」

　ここまで話すと、周恩来は嫮生を自分の傍らに招き寄せ、彼女の手をしっかりと握って、優しく言った。「私はあなたが日本人と結婚するのに賛成します。でも、あなたはしっかりと覚えていなければならない。お姉さんはすでに亡くなって、あなたは両親にとって唯一の子供ですから、しょっちゅう両親に会いに行かなければなりません。私はあなたが行ったり来たりするのを許可します。」

　そのとき、嫮生の目からは大粒の涙がポロポロと落ちた。そして周恩来に向かって深々とお辞儀をし、誠心誠意の気持ちを込めて「私は心の底からあなたを尊敬いたします」と答えた。

＊6　〔訳注〕7世紀、文成公主が吐蕃王のソンツェンガンポに嫁いだことを指す。文成公主は唐の文物をチベットにもたらし唐とチベット両国の和親に貢献したと言われている。

24

昼食会での懇談

　かぐわしい香りが、カイドウの木の下から漂っていた。日本からの客たちは中国の総理と過ごすうちに時が過ぎるのも忘れ、3時間ほどが瞬く間に過ぎた。そのとき、人々は中国製の乗用車が、1台また1台と中南海の西門へ入って来るのを目にした。

　午前11時半、載濤、溥儀およびその弟や妹ら愛新覚羅一族は、昼食会への招待に応じて、そろって西花廳に到着した。昼食会に顔を見せたのは、総理の身辺で働く童小鵬、羅青長、許明ら以外に、2種類の人々がいた。一つは、日中友好的促進のために長年活躍した影響力のある人物、例えば西園寺公一、その夫人雪江や廖承志などである。もう一つは満州族の有名人、例えば著名な作家として世に知られる老舎、その妻でこちらも著名な画家である胡絜青、京劇の名優であった程硯秋未亡人果素英などであった。

　昼食会の食卓には、料理がたくさん並べられていた。嵯峨浩の回想によると、その中に珍しい鱤魚の料理があった。長さ約1尺5寸ほどあって、鯉のようなうろこを持っており、大変美味しかったという。作り方も簡単で、適量の酒、塩、ネギとショウガを加えて、少し蒸すだけだと彼女は回想録に書いている。[*1]

　嵯峨浩は料理専門家であり、料理を研究するのが好きだったため、周恩来とは共通の話題があった。彼は若いころの日本留学の思い出を語り、東京の神田に住んでいたこと、海老の天麸羅、蕎麦、虎屋の羊羹が一番好きだった、と話した。

　嵯峨尚子夫人は、控えめに声をひそめて話すので、周恩来は自分から近くに座

[*1] 〔訳注〕うろこも食べられるのが、この料理の特徴で、味は鯛に似ていた。この日は、こうした山海の珍味が次から次へと食卓を賑わせたという。愛新覚羅浩：『流転の王妃の昭和史』（新潮文庫）、新潮社、1992年、272ページ参照。

り、「あなたが団長ですね」と語りかけた。次いで、溥儀や溥傑らを座らせた。あまり酒に強くない溥儀に、わざわざ周恩来はきつい茅台酒の杯を渡して、それを干すよう言った。

　周恩来は、国賓を迎える宴会で口にするような堅苦しい乾杯の辞は述べなかった。その言葉には、堅苦しい挨拶よりも温かみが感じられた。そして、嵯峨浩に言葉をかけた。

　あなたが帰って来ることについて、あなたの夫と溥儀はためらっていた。彼らは、中国が現在困難に直面しており、生活水準が日本より低いのを心配している。2年来の災害による凶作は、確かにいくつかの困難をもたらした。食糧はやや少なくなり、農産物を原料とする商品が以前より減少して、物資の供給も若干不足気味だ。しかし、大きな問題ではなく、努力を重ねた結果すでに大部分は回復している。生活水準が高い日本から来たばかりで、まだ慣れないから、今は配慮しているが、そのうち慣れれば、みんなと同じになって配慮はいらなくなるだろう。

　周恩来は豪勢な料理で嵯峨浩一行をもてなしたが、これは当時の国内事情を鑑みれば考えられない対応だった。なぜならば、そのころ、中国は困難な時期にあり、食事を節制しなければならない状況に置かれていたからである。

　毛沢東や周恩来ら指導者であっても、普段はすべて質素な食事であった。周恩来は地方視察に赴く際は、肉や揚げ物など多量の油を使った料理は食べず、雑穀を食べる、絶対に一般庶民のレベルを上回ってはいけない、という指示をいつも出していた。あるとき、視察先で食卓に油で揚げた豆が出たことがあり、たちまち周恩来の批判を受けた。国民が毎月わずかな油しかとっていないのに、自分たちがこのような油を使った料理を食べるのは心苦しい、というのである。

　周恩来の話しぶりはとても爽やかで、弁舌にはよどみがなかった。彼は嵯峨浩と話し終えると、振り向いて今度は西園寺公一に言った。浩夫人は嵯峨侯爵家の出身で、西園寺氏は公家の出身だ。今、日本では貴族というものはなくなったが、これは第二次世界大戦後にアメリカ人がしたことだ。西園寺氏は、とっくの昔に自ら貴族の身分を捨て、平民の娘と結婚した。あなたたちが自らの意志で生活水準の低い中国に来たのは、平和のためではないか。これにはとても敬服させられる、と同席している西園寺夫人幸江を指さしながら続けた。

　西園寺公一は、回想録の中でこの日の昼食会について述べている。それは、も

毛沢東、周恩来と溥儀

232

ちろん自分自身の観点からであるが、こう記している。

　まさに中国が国内外で多くの困難に直面していたとき、私たち一家はよく周恩来氏の家で昼食をごちそうになった。……私たち夫婦二人だけが周総理の家に招待されたこともあった。その日は、日本の傀儡（かいらい）「満州国」皇帝の愛新覚羅・溥儀とその弟溥傑も同席していた。溥傑夫人の浩は、元侯爵嵯峨家の出身で、嵯峨家と西園寺家は遠縁にあたる。私は、周恩来総理が、そうした関係を知り、また戦前同じような環境の下で育った私と溥儀兄弟が友人になるよう願い、このように手配したのだと考えた。

　私と溥儀は、その後ほとんど付き合いがなかったが、溥傑とはよい友だちになって、彼はときどきわが家に遊びに来た。今思い起こすと、そのころ、彼ら兄弟二人は撫順（ぶじゅん）戦犯管理所から釈放されたばかりで、北京に友だちがいなかったのだと思う。その上、過去にあのような経歴があるものだから、友だちを作るのも比較的難しかったに違いない。周恩来総理はこの点を考慮した上で、彼らと一緒に私たち夫婦を招待したのだろう。[*2]

　溥儀、溥傑と西園寺公一は、そのときから確かに友人となった。溥傑夫妻と西園寺一家との付き合いはより密接であった。溥傑は、西園寺に対して親密感を抱いていただけでなく、比較的気が合い、「西園寺氏は、とっつきにくい面もあったが、一緒に杯を交わすと、饒舌になった」と回想している。しかし、これはもちろん後の話である。

　周恩来は視線を舒舎予（じょしゃよ）すなわち老舎に移した。そして、この人が著名な作家の老舎で満州族の傑出した人物だ。辛亥革命後、満州族だと言うと虐げられ差別されるので、自分から満州族だと名乗りたがらないのだ。『駱駝祥子』や『龍鬚溝』など有名な作品をたくさん書いている、と紹介した。そのテーブルには老舎夫人の胡絜青もいた。彼女が立ち上がって挨拶すると、周恩来は、彼女は画家だが絵を学び始めたのは中年になってからで、斉白石（さいはくせき）に師事し、今は陳半丁（ちんはんてい）や于非闇（うひあん）らと共同で大きな中国画を制作中だと紹介した。

＊2　『赤い貴族の春秋——西園寺公一回想録』、中国和平出版社、1990年版、206〜207ページ参照。

胡絜青の隣に座っていたのは、程硯秋夫人であった。周恩来は彼女もみんなに紹介し、程硯秋は中国で有名な京劇の役者で、やはり満州族だった。解放後彼はたいへん努力して、中国共産党への参加を求め、1957年に自分と賀 竜 元帥の紹介によって入党したが、惜しいかな翌年亡くなってしまった、と話した。そして、嵯峨浩にレコードを聞くのが好きか尋ねた。「大好きです」という答えを耳にすると、程硯秋のレコードを何枚かプレゼントしよう、自分は彼のレコードを聞くのが好きで、眠れないときによく聞いている、旧社会においては、彼ら俳優は河原者と蔑まれ差別されたが、我々は彼らを芸術家と呼んでいる、みんな平等なのだ、と締めくくった。

周恩来は、自分の周りにいる人たちのことをよく知っているだけでなく、その人物のことをきっかけに、巧みに話を自分の話題に切り替えていった。

「嬋生さんは、こちらに来てから、中国人の顔は黒いと言っているそうですね。溥儀さん、溥傑さんの顔は、確かに昔より黒くなって、体も丈夫になりました。黒は健康な証拠ですよ。我々はみな黄色人種で有色人種と言われますが、白人になることはありえないのだから。」

そこで、周恩来は皇族の変化から説き起こした。今日この場には、かつての皇帝や皇族がいるけれども、今は皆一緒に暮らしている。これには、一つの条件があって、それは、みんなが平等だということだ。載濤は貝勒〔73ページ訳注＊6参照〕で光緒帝の弟であり宣統帝の叔父だ。溥儀は皇帝だった。「満州国」を我々は承認しないが、宣統帝は承認する。溥傑は皇帝の弟だ。嬋生は日本の貴族の姪で、また中国の皇族の娘でもある。溥儀、溥傑の弟や妹もかつてはみな皇族だった。今は変わった。溥儀は熱帯植物を研究して、さらに自らの意志で労働し、労働に対して興味を持っている。溥傑は景山公園で園芸を研究し半日仕事しているが、これからは自分の家庭にも気を使わなければならない。弟や妹の状況は、みな承知と思う。三妹は東城区の政協委員だ、自分は全国政治協商会議の主席だから、その点からいうと同僚ということになる。五妹は以前食堂の従業員をしていたが、今は会計係だ。みんなは知らなかったかもしれないが、彼女は独力で頑張ったのだ。六妹は画家で、字も上手い、今や芸術家だ。七妹は小学校の教務主任で、模範的職員だ。みんなが街に出かけても、誰が皇族だと見分けられるだろうか。妹の婿たちにも変化があった。かつての皇族、官僚、貴族たちは、今や皆

変化して、労働者、職員あるいは教員になったのだ。

　周恩来が皇族の変化について述べたのは、つまるところ近代中国の変化、特に社会主義の新中国が中国社会にもたらした巨大な変化について述べたのである。中国の旧社会では、階級差が厳しく平等ではなかった。清朝のとき、自分たちのような人間は溥儀にひざまずかなければならなかった。そもそも会うことすらできなかった。辛亥革命の後は変わった。だが、それは少し変わっただけだ。清朝政府による圧迫は覆したが、少数の漢人による統治がそれに代わった。その上、もっと凶悪なものだった。北洋軍閥は毎年のように戦争をし、国民党が統治するようになっても戦争が絶えず、人々は安心して生活することはできなかった。中国革命の勝利によって、社会はようやく変わり、全中国人民はやっと平等になった。中国の今の社会制度は中国人民が自分で選んだものであり、自ら奮闘努力した結果だ。外来の勢力によって強要されたのではない。今、我々はとても心穏やかにその喜びを感じている。考えてもみてほしい。封建的制度が打ち破られ共和国となった後も、かつての皇帝が生きながらえ、しかも平等の地位を与えられた国が世界のどこにあっただろうか。例えばイギリスのチャールズ1世、フランスのルイ16世、ドイツのヴィルヘルム2世、エジプト王室等々、彼らはどこに行ったのか。比べてみるとよいだろう。

　「世界の歴史上皆無です。」

　周恩来の話に溥儀は感無量の様子で答えた。それは事実に裏づけられた客観的なものだった。

　周恩来が列挙した人物は、みな溥儀も熟知していた。イギリスのブルジョア革命〔いわゆる清教徒革命またはピューリタン革命（1640〜1660）〕後、スチュアート王朝の国王のチャールズ1世（1600〜1649）は、国会で死刑判決を下された。フランス国王ルイ16世（1754〜1793）は退位後、ほどなくして死刑に処せられた。ドイツ帝国皇帝兼プロシア国王ヴィルヘルム2世（1859〜1941）は、1918年11月のドイツ革命勃発後、オランダへ逃亡し異郷で亡くなった。エジプト革命後、1952年7月26日にファールーク1世は退位し、その日のうちに国外逃亡を余儀なくされた。これら革命に遭遇した最後の君主の地位と境遇は、その末路において溥儀と比べ天と地ほどの差があった。

　中国の変化から中国と世界の前途まで、周恩来の演説は、具体的で筋道が通っ

ており、誰もが納得せずにはいられなかった。

　周恩来は語り続けた。世界には、黒色人種、黄色人種、白色人種と褐色人種がいるが、どんな人種であろうと平等であるべきだ。しかし、今はまだ違いがあって、いまだに人種差別が存在している。別の意味から言うと、黒人は最も圧迫を受けているが、最も前途と希望がある。アフリカは2億余りの人口を有し、未開発の処女地で、資源は豊富だ。現在の経済的発展はヨーロッパに及ばないが、将来は追いつき追い越すだろう。世界で比較的早く開発されたのはヨーロッパだが、資源の多くはもうすぐ枯渇するだろう。開発が一番進んでいないのがアフリカで、アフリカには石炭、砂鉄、石油や希少金属などが豊富にある。北米のカナダもかなり開発されているし、アメリカの石油も早くから開発されており、浪費も大きい。アジアと南アメリカは開発途上地区だ。これらの未開発地区や発展途上地区では、民族が独立し、外国は干渉できなくなった。自力で開発するようになれば、上手くいくだろう。だから、欧米に追い付き追い越すに違いない。その日が来るまで、我々は有無相通ずるがごとく平等に人と接していく。南北を分かたず、皮膚の色を区別しない。世界全休が兄弟なのだ。そのときになったら、もはや帝国主義は存在せず、世界は一つになる。しかし、それはおそらく21世紀以降にならないと見られないだろう。自分は見られないし、載濤もたぶん見られない、老舎は自分と同い年だからやはり見られないだろう。若い人には見られる望みがある。我々共産党の目的は、世界を素晴らしいものにし、みんなが幸せに暮らしていけるようにすることだ。

　周恩来は、中国が今置かれている現状と今後の展望について、言葉巧みに話したのだった。

　周恩来は、歴史学者のように、清朝の歴史の功罪に対して客観的に評価をした。清は中国最後の王朝だが、多くの悪事を働いた。だから滅んだのだ。しかし、肯定的に評価できることが三つある。第一は、中国において多くの民族を一つに束ね、領土は歴代王朝で最大であり、900万平方キロメートル余りの中国の版図を確定した。第二に、清は長期政権を維持するため、地租を下げた。その結果、農民は民力を養うことができ、人口は増加して、4億人に達し今の6億5千万にのぼる人口の基礎を築いた。第三に、清は満州文字と漢字を同時に採用した。2種類の文化は次第に解け合い、中国文化の発展を促進した。康熙・乾隆の時期、

文化は一気に興隆を見た。康熙帝は天文、地理、数学に通じ、大変博識だった。ロシアのピョートル大帝は康熙帝と同時代の人で、ロシアはヨーロッパの中で手工業が比較的発達していた。彼は西欧の経験を汲み取って商工業を発展させた。中国はそのころ封建制度下で経済が比較的安定していたが商工業は未発達であり、康熙帝は、ただ封建文化の発展にのみ力を尽くした。

　なぜここで清朝の功罪を論ずるのか。周恩来は単刀直入に言った。要するに、満州族についての問題を正しく解決しなければならない。清がなした悪事については、歴史はすでに結論を出している。多くをあげつらう必要はない。良い点は挙げるべきだ。漢民族は大きな民族で良いことも数多くしたが、これもわざわざ言う必要はない。この考え方は私ではなくて、毛主席が何度も言っている。私が言いたいのは、たとえ満州族と結婚しても卑屈になる必要はないし、そうかといって、清朝が良い行いをしたと自惚れてもいけない、ということなのだ。

　満州族のように歴史上で重要な影響を及ぼした少数民族に対しては、正しい政策があってしかるべきで、これは明らかに国家の大事だ。満州族の支配階級は、東北地方から山海関を越えて中国本土に入り、中国を300年近く統治した。各民族の人々を奴隷のように酷使し、中国を一度は強大にしたが、最終的には衰退してしまった。これは清朝皇帝と少数の貴族が責任を負うべきであり、満州族の一般庶民に責任はない。彼らも同様に災難を被ったのだ。孫文が辛亥革命を指導し清朝を倒したのは正しい。溥儀はそのときまだ幼く責任を負わせることはできない。載濤は当時大臣だったのだから、責任が少しある。「満州国」時代となると、溥儀や溥傑は二人とも責任がある。もちろんもっと大きな責任は日本の軍国主義にある。溥傑が溥儀を手伝って書いたあの自叙伝の草稿には、それが暴き出されている。あの草稿は少し修正を施してから出版するべきだ。その中には自己批判が多すぎるからだ。すでに過ぎ去ったことだし、新中国が成立して11年、清朝の残酷な統治や圧迫に対する中国人民の憤りも薄れており、覚えている人も少なくなった。しかし、歴史はやはり事実によって書かれなければならない。清朝が滅びたのは、それがよくなかったということだ。その点については歴史がすでに結論を出している。

　周恩来は清朝以降の歴史を総括して言った。今の問題は、満州族の本来の地位を回復することだと思う。辛亥革命後、北洋軍閥と国民党の反動的政府は満州族

を差別した。満州族は自分自身を満州族だと認める勇気がなく、ほとんど完全に漢人と同化し、はっきり区別できなくなった。たしかに民族は将来同化するだろうが、それは自然の成り行きであって、差別や強制は許されない。そういうわけで、今は満州族を復活させなければならない。事実、1949年以降それをやり始めている。

　周恩来は博学で、他人の意見も広く取り入れながら、自分の観点を余すところなく披露した。それは、その場の人々を敬服させるものであった。

　最後に周恩来は、日本と日中関係の問題に言及した。日本は明治維新を通じて一歩抜きん出た。その後次第に軍国主義化して、日清戦争、九一八事変、盧溝橋事変、さらに「満州国」と、中国人民に大きな損害を与えた。しかし、これはたった半世紀余りだけのことであり、しかもすでに過ぎ去った出来事だ。日中両国間の2000年近い経済や文化の交流と比べれば、ほんの一時期の短い歴史にすぎない。毛主席は、もちろん日本の軍国主義が中国を侵略したのは悪いことだと言っている。しかし、それによって中国人民を覚醒させ、団結を促したとも言っているのだ。

　周恩来は当時の国際情勢に基づき、反動勢力支配下に置かれている日本の政治傾向を分析し、軍国主義復活に関して推測した。軍国主義がいったん復活すれば、必ずや外に向かって拡張し他国を侵略することになるだろう。日本は、東は強大なアメリカに面し、西はやはり強大なソ連に面している、中国も今や日本より弱いとは限らない、そうすると、南へ拡張するしかない。しかし、南のフィリピン、インドネシア、オーストラリア、ベトナム、マレーシアなどの国々は、大部分が日本軍に占領されたことがあり、また新しく独立した国ばかりだ。だから、絶対に植民地に成り果てるのを承知はしない。このような状況の下で、日本はおそらく台湾に活路を見いだそうとするだろう。台湾には200万の日本語を話せる人々がいる。現在、日本とアメリカは二つの中国を作ろうと血道をあげている。まず、台湾と中国大陸を引き離し、それから蒋介石を除いて、台湾を日本に合併しようとしているのだ。かつての支那派遣軍総司令官で、後に蒋介石の秘密軍事顧問となった岡村寧次こそが、この陰謀の張本人なのだ。しかし、蒋介石も気づいていないわけではない。蒋介石はフランスのドゴールより警戒心があるし、その手元に兵力も若干保持している。それに、蒋介石と私は30年来の友人だ。しかも過

去三度の協力関係もあった。もし彼がまだ日本の陰謀に気づいていないのなら、私が彼に教えることもできる。だから、我々は蒋介石を台湾に留めているのだ。

ここで、周恩来は宮下明治に微笑みかけた。帰国後もし岡村寧次に会ったら、伝えてほしい。日本軍国主義者が台湾を日本に合併しようとしても必ず失敗する、と。あなたが得たこの「生の情報」を、帰国したら包み隠さず伝えてほしい。そう話した。

周恩来の演説は、常に人を引きつける強い力を感じさせる。なぜなら、知識や哲理に満ち、ユーモアにもあふれているからだ。彼は語り続けた。日本の天皇が国を愛する気持ちは、おそらく日本の内閣の誰よりも強いだろう、日本人には天皇制が必要だ、ただそれは日本人自身の問題だ。中国は、日本の内政に干渉しようと思わないし、日本の１寸の土地も要求していない。我々は日本国民に対して少しも恨みを抱いていない。日本国民も侵略戦争のために大きな犠牲を払い、深刻な災難を被った。同じように軍国主義の被害者なのだ。この点について、日本の有識者や多くの人々は、すでに理解している。日本の戦後の文学、芸術作品にもそれは深く反映されている。日中両国人民が底知れない苦難を味わった沈痛の歴史を、両国人民は共に永久に銘記し忘れないようにすべきだ。しかし、この半世紀来の両国間の対立は忘れてしまうべきなのだ。今後、両国は平和共存し、親善、文化交流、通商すべきであり、それは東アジアの平和にとって、きわめて重要な貢献をなし、世界平和に対しても大きな影響を与えるだろう。

周恩来は最後にこう話した。皇族、華族でもかまわないし、資産階級でも勤労大衆でもかまわない。中国との友好を願うのであれば、誰とでも仲良くしたい。抗日戦争中の日本の政治家や軍人であっても、日中友好に賛成するのであれば、我々は歓迎する。例えば関東軍参謀副長、陸軍航空本部総務部長であった遠藤三郎氏、中国東方地方や東南アジアで作戦を指揮した元参謀の辻政信氏、満州国政府経済顧問で満州重工業開発会社総裁であった高埼達之助氏、郵政大臣や政友会総裁を務めた原房之助氏らは、50年代以降みな中国を訪問し両国の友好に寄与しわが国では歓迎されている。左派、中道、右派いろいろな日本の友人が中国に来るが、我々は誰にでも門戸を開放している。我々が歓迎するのは、日本の共産党や社会党だけではない、たとえ日本政府のための情報活動に従事するような人であってもかまわないのだ。

1961年6月10日、周恩来が中南海の西花廳で溥儀、溥傑、嵯峨浩らに接見したときの記念写真。前列右より、溥傑、嵯峨浩、周恩来、嵯峨尚子、載濤、老舎、溥儀

　西花廳での昼食会は午後4時半ごろ終わった。別れを告げる際、周恩来は嵯峨尚子に向かって、「尚子夫人、日本に帰って天皇、皇后両陛下にお会いしたら、中国の総理がよろしくと申していたとお伝えください」と言った。
　その目と耳で見聞きして、溥儀の心中奥深いところでは、大きな衝撃が走っていた。そうだ、自分自身も歳月の移り行く歴史という河の中に身を置いている。この前向きの視点をどうして理解しようとせずにいられようか。歴史に正しく向き合い、日中両国の友好関係、国交回復のために努力する、それこそ自分がすべきことなのだ、と。

25

湖南料理の宴会

1961年6月19日、西花廳での昼食会後9日目のことだった。周恩来は、文芸工作座談会および劇映画制作会議において、影響力のある長い談話を発表した。以下はその一節である。

> 最近、周 揚(しゅうよう)同志が言った、ある言葉が気に入っている。彼は、統一戦線の活動は統一戦線工作部だけがやるのではない、宣伝部もするべきだと述べた。この言葉はまったく正しい。本来、宣伝部は広く人材を求め門戸を開くべきだ。しかし、目下のところ党外の人士は中央宣伝部に参入していない。門戸が開いていない証拠といえる。統一戦線工作は統一戦線工作部だけの事業ではなく、全党の事業だ。文化部、宣伝部だけでなく、組織部やその他多くの部門が関わる必要がある。毛主席は毎年章 行老(しょうぎょうろう)*1と会って教育談義をしている。私も溥儀に対する働きかけをしている。彼を釈放したからには、必ず彼に仕事をさせ、その役割を全うさせなければならない。最後の皇帝を改造し得たというのも、社会主義制度の優位性を示すものなのである。そうでなければどうして彼を釈放したのか。*2

ここで語られているのは、決して人々の想像するような毛沢東と周恩来が手分けして事にあたっているということではない。つまり、毛沢東が章士釗と教育について話し、周恩来が溥儀の仕事について話をするという分業などではなく、統一戦線の活動は非常に重要であり、全党あげての活動であって、党と国家の最高

---

*1 〔訳注〕後出の章士釗(しょうししょう)を指す。字は行厳(こうげん)。中華民国時代に教育総長などを務めたが、新中国成立後も大陸に残り、中国人民政治協商会議全国委員会委員、全国人民代表大会常務委員、中央文史館館長などを歴任。1973年7月に香港で死去。

*2 『周恩来選集』、人民出版社、1984年版、345ページ参照。

指導者が自ら関与していると言っているのだ。溥儀に関していえば、確かに周恩来は毛沢東よりも多くの、しかも細かい働きかけをしたが、例えばソ連からの引き渡しや殺さず裁判にかけず特赦する、という重大な方策は、すべて毛沢東が決定したのである。

　毛沢東は、かねてから溥儀の改造を重視していた。溥儀の変化やわずかな進歩にも関心を持っていた。1956年2月、毛沢東は載濤(さいとう)に、家族を連れて溥儀に会いに撫順(ぶじゅん)へ行ったらどうかと提案した。それは、溥儀の撫順における改造学習が順調で、多くのマルクス・レーニン主義の本を読んでいる、という報告書に目を通してからの提案だった。

　2か月後、毛沢東は中央政治局拡大会議で、溥儀ら戦犯を「首を刎ねず」、「生活の道を与える」と演説した。溥儀が特赦になった後も、毛沢東はその仕事や学習および生活の様子に関心を払い、古い階級や古い思想について言及するたびに、いつも忘れず溥儀を例として取り挙げた。

　短期間の間に、毛沢東は、イラク、イラン、キプロス、チリ、アルゼンチン、ペルーなど多くの国からの訪問客に溥儀を紹介し、直接溥儀と話してはどうかと提案した。上述の周恩来の談話が発表される2か月余り前、毛沢東はキューバ青年代表団に接見した際も、溥儀について触れ、その伝奇的な経歴を紹介して、溥儀の性格を分析した。例えば、「死ぬのをとても恐れ、臆病である」というものであったが、これは溥儀がソ連から引き渡され帰国したころの関係資料に細かく目を通して得た結論なのは間違いない。毛沢東は、その時点ではまだ溥儀に会ったことがなかったが、この元皇帝を熟知しており、常に「溥儀は改造の意思を示している」と言い、「比較的改造がうまくいっている」という認識を示していた。毛沢東は、古い階級は改造でき溥儀も改造できるという、自らの観点を述べたのである。

　毛沢東の溥儀に対する認識と態度は、長期にわたる革命闘争の実践と、民主革命・社会主義革命における対象と目標についての精緻な研究から出たものだった。以下に毛沢東の発言を列挙してみたい。

　1939年12月、「中国の革命と中国共産党」という文章の中で、中国は植民地・半植民地・半封建社会となっているが、革命の主な対象は、「帝国主義と封建主義、帝国主義国家の資産階級および中国の地主階級」であって、皇帝あるい

は反動分子個人ではない、と指摘した。

1940年2月20日、延安の立憲政治促進会で演説をし、「辛亥革命」は皇帝を追い落としたが、大総統の袁世凱、黎元洪、馮国璋、徐世昌などがとって代わり、専制的皇帝と何ら違いがなかった。本質的には、清朝も民国も「一党独裁」の「人を食う」政治であり、「人民にまったく自由を与えなかった」。皇帝一人を取り除いただけでは、何の役にも立たないということだ、と述べた。

1949年9月16日、「唯心史観の破綻」という文章を発表して、宣統帝を退位に追い込んだ辛亥革命に対し、歴史的な総括をした。そして「辛亥革命はどうして成功せず、人民を食べさせる問題を解決しなかったのか。その理由は、辛亥革命は、単に清朝政府だけを倒しただけで、帝国主義と封建主義による圧迫と搾取を覆さなかったからだ」と述べた。

1957年1月27日、各省・市・自治区の党委員会書記の会議において、歴史回帰の問題に言及して、「辛亥革命は後戻りをしただけだ。皇帝を追い落としたら、また皇帝が現れ、軍閥が現れた。問題があったから革命をやったのに、命を革めたらまた問題が起こった」と語った。革命を徹底的に遂行するため、毛沢東は考えないわけにはいかなかった。皇帝を追い落とした後、すぐまた新しい皇帝が現れるのを免れ得ない、つまり、肉体の上で皇帝を消滅させるという問題ではなく、思想的根源から皇帝を育てるような土壌を掘り起こし取り払わなければ駄目だということなのだ。

1958年3月22日、成都での会議における演説の中で、王熙鳳*³の「たとえ八つ裂きになったとしても、皇帝をその地位から引きずり下ろす」という精神を提唱し、鄒容*⁴が18、9歳のときに『革命軍』を書いて「直接皇帝を罵った」気概を宣揚したが、それらは、どちらも封建的な制度に対して言ったもので、皇帝一人にのみ対するものではなかった。

1962年1月30日、拡大中央工作会議の席で、「反動階級に対処するに当たっ

---

*3 〔訳注〕王熙鳳とは、もともと古典小説『紅楼夢』のヒロインの一人だが、毛沢東が演説の中で、階級闘争の視点から「身を八つ裂きにされようとも、敢然と皇帝を馬から引きずり下ろす」という王熙鳳の言葉を引き合いに出したことを指す。
*4 〔訳注〕鄒容（1885～1905）は清末の革命家で、その著『革命軍』で、清朝の異民族支配と専制政治打倒を訴え、辛亥革命に影響を与えた。後に獄死。

243

ては、必ずしも、すべての反動階級分子を消滅させるのではなく、彼らを改造するのだ。適切な方法で彼らを改造し、生まれ変わらせるのだ」と語った。これはすでに愛新覚羅・溥儀に施した社会主義的改造の明白な理論的根拠であった。

1964年4月24日、ある談話の中で、犯罪人の改造についての経験を総括し、「人は改造することができる。政策と方法が正しければ可能だ」と述べた。

1964年6月16日、中央工作会議の席上、次のような発言をし、その考えを省委員会に伝え、もし中央で修正主義が出てきた場合は、各省がそれに対抗できるようにした。そして、民国初期に皇帝が復活した歴史の教訓を引用してこう述べた。袁世凱が皇帝と称した当初その勢力は強大で、その後皇帝となった。最初は、雲南の蔡鍔*5のみが、それに逆らった。後に湖南などが呼応し、最後は、袁克定〔袁世凱の長男〕だけが賛成するのみで、袁世凱は失脚した。張勲の復闢の際は、事前に会議して、多くの人が黄色い繻子の上に署名した。しかし、結果はやはり当てにならず、張勲は北京に着くと、みんなは変節してしまった。

毛沢東が言及したこれらの史実は、皇帝がすでに中国人にとっては歯牙にもかけない存在になっており、これこそが皇帝が改造できるという歴史の前提である、ということを物語っている。

1964年6月23日、チリのジャーナリスト代表団と会見したとき、「中国の皇帝」に言及し、こう述べた。国民党と我々の内戦は何年にも及んだ。その後、我々は、今度は日本と8年間戦った。我々が日本に攻め込んだのではなく、日本が中国に攻めて来たのだ。我々が日本へ攻めて行ったのではない、日本が攻めて来たのだ。長い歴史を見れば、常に外国が中国を攻めにやって来るのだ。中国人が外国に攻め入ったのは、昔はあったことはあった。それは中国の皇帝だ。ベトナムや朝鮮がそうだ。後に日本は朝鮮を占領し、フランスはベトナムを占領した。1911年に我々は清朝の皇帝を倒したが、引き続いて軍閥どうしの混戦となった。そのとき中国には、共産党はなかったのだ、と。その意味するところは、中国人民は平和を愛し拡張を望むのは皇帝のみだ、ということであった。

1964年8月29日、ネパール教育代表団に接見したとき、またも皇帝が国を

---

*5 〔訳注〕1882～1916年。清末の将軍で、辛亥革命の際、新軍を率いて雲南を平定した。袁世凱が皇帝の座に就こうとするのに反対し、共和制擁護のため挙兵した。

売ったことを論じ、こう述べた。かつて帝国主義はわが国を征服した。どうやって征服したのか。中国政府に外国人の命令を聞かせたのだ。清末の皇帝は外国人の命令を聞いたのだ。孫文は第一共和国を樹立したが、数か月後には崩壊した。それから、袁世凱が皇帝になったが、彼も外国人の命令に従った。

そして、ついに毛沢東と溥儀が面会するという歴史的場面が実現した。

1962年1月31日は、旧暦では辛丑年の師走26日にあたる。よく知られているように、60年前の辛丑年に締結されたのが、「辛丑和約」で、それは大清帝国の恥辱として歴史に刻まれたものだった。今、その60年後の辛丑年が過ぎ去ろうしている春節間近、章士釗、程潜、仇鰲そして王季範らは、同じ日の朝、招待状を受け取った。毛沢東が、家での酒宴に彼らを招いたのである。

章士釗は湖南省の長沙出身で、清末に『蘇報』という雑誌を主宰し、皇帝を罵倒した。民国時代以降は、北洋政府の教育総長に就いた。溥儀は天津にいたころ、彼に会ったことがあった。程潜は、湖南省醴陵の出身で、清末の科挙に合格した。同盟会に参加した後、孫文に従って反清革命に身を投じ要職を歴任した。仇鰲は湖南省汨羅の出身で、清末日本に留学し反清革命に参加した。同盟会創始者の一人であり、辛亥革命を指導した一人でもあった。王季範は湖南省の湘郷出身で、清末以来ずっと教育に従事し、革命に賛同した。毛沢東とは遠縁でもあった。

このように、彼らはみな毛沢東と同郷で昔なじみであり、清末以来の革命家ないしは社会的名声のある人たちだった。

国産の小型乗用車が中南海に入り、章士釗ら四人を次々と頤年堂の前に送り届けた。

「今日は同郷の人たちをご招待したが、同席するお客が一人います。」毛沢東は、おおらかな態度で、やや冗談めかして言った。

「客とは誰だろうか。」

章士釗には見当もつかなかった。

「そのお客のことをご存知のはずですよ。来たらわかります。先にちょっとヒントを言うと、皆さんにとって直属の上司だった人です。」毛沢東はわざと名前を言わず、今回の家での宴会に神秘的な色合いを持たせようとした。

劉少奇主席だろうか、朱徳総司令だろうか、それとも周恩来総理なのだろうか。章士釗らが、この「直属の上司」が一体誰か考えあぐねていると、一人の背の高

245

いほっそりしている男性が、職員の先導で頤年堂の客間に入って来た。その人物は、人々が熟知している国の指導者でもなく、新聞によく写真が載っている有名人でもないが、50歳余りで、立ち居振る舞いに品があった。

毛沢東も明らかにこの人物とは初対面の様子だったが、昔からの友人のように迎え入れ握手し、自分の隣に座らせた。そして来客たちを見回して、強い湖南訛りで微笑みながら言った。「彼は宣統帝です。我々はみな彼の臣民でした。つまりは直属の上司ではないですか。」章士釗らははっと悟った。目の前に座っているのは、まさしく清朝最後の皇帝溥儀ではないか。

毛沢東は、座っている四人の老人を一人ひとり溥儀に紹介した。溥儀はとても謙虚な姿勢で、誰に対しても、立ち上がってお辞儀をして挨拶した。四人がすべて年長者だったせいか、あるいは、かつての皇帝に抵抗した反清の志士に対する謝罪の意味合いを込めてだったのかもしれない。いずれにせよ、何とも興味深いことである。彼らはともに新しい時代に入ったのだった。

「遠慮する必要はありません。この人たちはみな私の古くからの友人です。しょっちゅう行き来しているので、お客というわけではありません。本当にお客といえるのは、あなただけです。」

毛沢東が溥儀にかけた言葉は、ごく自然で、相席者を具体的に説明するものだった。

頤年堂における湖南料理の宴会で、溥儀は主賓として毛沢東と同じテーブルを囲んだ。溥儀は幸運だった。特赦になった国民党戦犯、満州国戦犯、汪兆銘政権、蒙古自治政府戦犯の中で、唯一毛沢東と接し宴席にまで招待されたのである。1976年に毛沢東が逝去するまで、元戦犯でこのような厚遇を受けた者は皆無であった。

毛沢東は実際とても忙しかった。家での酒宴の前日、やはり拡大中央工作会議（すなわち有名な「七千人大会」）で長い演説をしている。話の中心は、民主集中制についてであるが、階級的立場、客観的世界認識、国際共産主義運動および全党の団結と人民全体にも言及した。最後の問題について語ったとき、毛沢東は再度「軽々しく人を逮捕してはいけないし、特に軽々しく殺してはならない」と述べた。「人民の頭上で大小便をするような極悪非道で法や規律を犯す」人間は、「何人かは逮捕し殺さなければならない」、「しかし、大部分は逮捕したり殺して

は決してならない。およそ、逮捕するかしないか、殺すか殺さないか、という場合は、絶対に逮捕せず殺さないようにしなければならないのだ。」これが、毛沢東の一貫した見解である。毛沢東がこうした見解を述べる際、いつも「宣統帝」などの人物を例に挙げて、人々を納得させた。ただ今回は溥儀のことは挙げず、王実味と潘漢年を例として挙げた。前者については、「CC団*6 の人物で、今監獄に入れられているが、我々は彼を殺していない。」一方、後者は、「国民党のスパイである」として死刑となった。「それは保安機関が行軍中に行ったことで、党中央の決定ではない。このことについて、我々は批判し、殺すべきでなかったと認識している。」*7 現在、党中央では、すでにこの2人の冤罪を晴らし、名誉を回復した。

8か月後、毛沢東は1962年9月24日、中国共産党第8期第10回中央委員会全体会議を開いた際、その冒頭において、党内で誤りを犯した同志の問題にどう対処するか述べた。そこで強調したのは、過失があればそれを是正することを許す、たとえ外国に内通したり、反党グループを作ったとしても、事実に基づいて真実を話しさえすれば、「我々はそれを歓迎し、仕事を与える、決して相手にしないという態度は取らない、まして、首を刎ねるという方法を取らない」ということだった。

毛沢東の言葉は以下のように続く。

殺生戒を犯してはいけない。反革命分子の多くは、殺してはいない……宣統帝ははたして反革命分子だろうか。王耀武、康沢、杜聿明、楊広ら戦犯や、その他多くの者を殺していない。多少なりとも誤りを正したのであれば、赦免してやればよい。

毛沢東はこのように、しばしば重要な場面で溥儀を例証として挙げ、他の人物が果たし得ない影響をもたらしている。

七千人大会で演説をしたわずか10数時間後、毛沢東は、堅苦しい演壇から気

---

*6 〔訳注〕国民党の政治結社で、蔣介石独裁を維持する役割を担った。1927年に陳果夫・陳立夫兄弟によって組織された。CCの名称は、この二人の名前の頭文字に由来するという説もある。

*7 『毛沢東著作選読』下冊、人民出版社、1986年、835〜836ページ参照。

楽な家での宴会に場所を移した。そして、異なる雰囲気の中で、やはり異なる対象に向かって、同じような偉大な事業を成し遂げつつあった。

　毛沢東の家での宴会は、「ツバメの巣」や「フカひれ」などの派手な料理は登場しなかったし、溥儀が皇帝のとき見慣れた「満漢全席」や豪華無類の「宮廷料理」でもなかった。テーブルには湖南風に味付けした唐辛子、ニガウリ、豆鼓〔大豆を発酵させた、一種の浜納豆。〕など数品の小皿料理しかなかった。

　「湖南人は唐辛子が一番好きで、『唐辛子がなかったらご飯を食べない』といわれます。だから、湖南人はみな体から唐辛子の匂いがするのですよ。」毛沢東はそう言うと、溥儀の小皿に青唐辛子で炒めたニガウリを箸で取り分けた。そして、溥儀がそれを口にするのを見ると、笑って「味はどうですか。美味しいでしょう」と尋ねた。

　「美味しい、美味しいです。」溥儀の鼻の頭には大粒の汗が吹き出していた。

　「どうやらあなたは北方出身だが、体からは唐辛子のにおいがするようだ。」毛沢東がユーモアたっぷりに言うと、仇鰲と程潜を指さしながら、さらに溥儀に向かって、「彼らの辛さは最高ですよ、なにしろおのれの本分を守ってあなたの良民でいることを潔しとせず、あなたに刃向かい、辛亥革命で、あなたを皇帝の座から追い落したのですから。」毛沢東のこの機知に富んだ言葉に、その場の者は全員腹を抱えて笑った。溥儀が一番大笑いしていた。

　「あなたはまだ結婚してないのですか。」毛沢東は撫順で溥儀が例の「福貴人」と離婚したことを知っていて、その話題に転じた。

　「まだです」と溥儀は答えた。

　「また結婚なさい」と毛沢東は言い、「でも、あなたの結婚については、慎重に考えねばなりません。いい加減にしてはいけない。良い相手を見つけ、これからの後半生のため、家庭を持たなければならないのだから。」

　食後、毛沢東は招待した五人の客と一緒に記念写真を撮った。さらに、特に溥儀を傍らに呼んで自分の右側に立たせ、「我々二人だけで1枚撮らなければ」と、新華社のカメラマンに貴重な1枚を写してもらった。写真ができ上がると、溥儀は独身寮時代でも家庭ができた後も、この写真を常に枕元に置き、宝物のように扱った。「文化大革命」の時代になると、溥儀は紅衛兵に没収されるのを恐れ、政協機関に保管するよう差し出したが、その後この写真は在りかがわからなく

なってしまった。毛沢東と溥儀が一緒の写真は、すでに失われてしまったが、毛沢東が溥儀に関心を持ち、大事に扱ったという事実は、永遠に存在するのである。

　およそ毛沢東の身近で働いたことがある人々は、湖南料理で内輪の宴会を催すのが、彼にとって最もくつろいだひと時なのだと知っていた。郷里の人に会い、お国訛りで話をし、郷里の酒を飲み、郷里の料理を食べることが、最大の楽しみなのだと毛沢東は常々言っていた。溥儀は、同郷人ではなかったが、毛沢東の湖南料理の宴会で大切なお客として扱われた。つまり毛沢東が楽しい時間を過ごす場に招待された客であったのだ。[8]

＊8　曾維綱：「一代の名士——仇鰲」、『貴顕との出会い』第3集、遼寧教育出版社、1989年版、38ページ参照。李淑賢口述、王慶祥整理：『溥儀と私』、延辺教育出版社、1984年、49〜50ページ参照。

26

家庭再建

毛沢東、周恩来と溥儀

　毛沢東は、溥儀の小皿へ料理を取り分けながら、彼にもう一度家庭を持つことを提案した。なんとも心温まる光景であった。

　大きな歴史的変遷を経験してきた元戦犯たちは、特赦後その多くが家庭の問題に直面していた。1949年の政権交代の際、家族が大陸を離れてしまった者もいれば、「夫が死刑になった」という噂、あるいは長い間夫が生死不明のために妻が再婚してしまった者もいた。さらには、各方面からの社会的圧力により離婚の道をたどった者もいた。彼らが特赦されて出所したとき、大半は50歳を少し上回るくらいで、ある者はそれよりさらに若く体も丈夫であり、みなできるだけ早く再び家庭を持ちたいと望んでいた。

　周恩来は人情に厚く、彼らの願いを最も理解し、すでにこの問題を考慮していた。1960年1月26日に周恩来が溥儀とその親族に接見した際、一番早く到着した溥儀に、杜聿明、宋希濂、王耀武らの様子を尋ねた。

　周恩来：一緒にいて、彼らのことをどう思いますか。

　溥儀：初めて彼らに会ったとき、それぞれ立場や観点も変わり昔の過ちを認識していました。しかし、結局のところどうなのか。一緒にいる時間が短いので、まだわかりません。

　周恩来：あなたは彼らに影響を与えられますよ。

　そのとき周恩来は、接見に同行した総理事務室主任童小鵬、副主任羅青長そして中国共産党中央統一戦線工作部連絡委員会主任馬正信らを顧みて、特赦された人々の中に、家族が香港で暮らす者がいるのかどうか聞いた。馬正信が、王耀武の家族は香港にいると答えた。

　溥儀：杜聿明は家族を迎えたいと言っていて、台湾側はすでに許可しているのですが、アメリカ政府が許可しないそうです。

周恩来：このことからもわかるでしょう。一体誰が家族を分散させているのかを。

　周恩来は、再び馬正信に、王耀武と宋希濂の家族はなぜ帰って来ないのか尋ねた。馬の答えは、王耀武の妻はすでに再婚したというものであった。王耀武は今なお信じようとしないが、その知らせの出所は確かだという。出所は、元国民党総統府参軍で第1兵団副司令官唐生明夫人だった。まず話は夫の唐生明から元同僚でともに湖南における武装蜂起に参加した李覚へ伝えられ、さらに李覚を通じて宋希濂へ伝えられたという。宋希濂の妻がなぜ帰らないかについては、まだ状況がよくわからない、とのことであった。周恩来は次に、王耀武の息子が香港にいるかどうか尋ねた。馬正信の答えは、香港側からの手紙は、この件を避けており状況は不明だ、というものであった。

周恩来：手を尽くして王耀武の息子の消息を尋ねてみよう。それから、宋希濂のために彼の妻の様子も聞いてみよう。

　そのころ、杜聿明らの家庭の様子はあまり明確になっていなかったが、溥儀については非常にはっきりしていた。四人の妻のうち、二人は死亡しており、二人は離婚して、目下のところ男やもめの状態であった。それで、周恩来は話をする中で、いち早く溥儀に再婚の件を切り出したのだった。溥儀の一族を目の前にして、周恩来は「また結婚なさい。このことは、叔父の載濤さんが世話してあげなければ」とユーモアを交えて言った。

　当時愛新覚羅一族の長老であり、溥儀の兄弟姉妹から見て父親世代唯一の身内として、載濤は、このことについては当然関心を持っていた。彼は、周恩来と一族の者たちに向かって、「今回は、彼の意志で自由に結婚させましょう」とにこやかな顔で言った。

　溥儀の再婚問題について、周恩来が載濤に「世話する」ように言い、載濤が溥儀の「自由に結婚させる」と言ったのは、実は事情を知る人にとっては、言葉では言い表せない意味が込められていた。その裏には生々しい歴史的事実が豊富に含まれていたからである。

　1920年代初め、溥儀は満16歳になったばかりのころ、清朝の内務府、つまり溥儀が退位後に中華民国からの優待条件により紫禁城内で「蟄居した皇帝」であったときの御用機関は、溥儀の大婚を準備し始めた。第1回の準備会議は、1921

毛沢東、周恩来と溥儀

大婚時の郭布羅・婉容

宮中に入る前の額爾徳特・文繡

年6月1日午後、載灃により醇親王府で開かれた。載濤は皇帝の叔父という身分で出席した。皇后候補者選定に関し、載濤は端康皇太妃[*1]の意見に賛同し、軽車都尉栄源の娘婉容を冊立するよう主張した。つまり、溥儀の結婚に大きな影響を及ぼしたのである。

1922年3月15日、「小朝廷」は、「大婚典礼処」を設立し、載濤が筆頭責任者となった。

1922年12月4日、大婚が無事終了すると、溥儀は載濤を第一の功績者として、「福」の字を揮毫した書と、扁額を与えた。

1931年8月25日、淑妃文繡は、溥儀が仮住まいをしていた天津の静園から抜け出し、裁判所に起訴する形で離婚を迫り、扶養費を請求したため、溥儀の家庭生活は重大な危機に直面した。このとき溥儀はまたも、七叔載濤のことを思い出した。すぐさま「勅令」を発し、彼を北京から呼び寄せ文繡を宥めさせた。こう

---

*1 〔訳注〕光緒帝の妃の一人で、有名な珍妃の姉。溥儀の皇后選びに際しては、同治帝の妃であった瑜妃（敬懿皇貴妃）と対立した。

「最愛の譚玉齢」という溥儀自身の書付のある譚玉齢の写真

「祥貴人」譚玉齢

して、載濤はまたも「甥の皇帝」のため、仲介の労をとり、離婚事件を処理したのである。

1942年8月13日、「祥貴人」譚玉齢(たんぎょくれい)が病死した。最愛の女性だった譚玉齢の死に、溥儀の心は大きな穴が空いたようになった。悲痛な気持ちと思慕を表すべく、溥儀は死者を「明賢貴妃」と追封し、『大清会典』に記載されている貴妃の格に則って厳かに葬儀を執り行うことを決め、載濤を葬礼大臣に任命した。そこで、彼は、直ちに北京から長春に駆けつけ葬儀を司った。これも、載濤が溥儀の婚姻とそれをめぐる状況に関わった特例の一つであった。

周恩来が載濤に溥儀を「世話して」再婚させようとしたのは、載濤が先に述べた歴史に精通していることを示していた。一方、載濤が溥儀に「自由に結婚」させたい、と言った意味は、溥儀が、過去とは違った新しい夫婦の縁を結べるよう望んだからだった。

これ以降、周恩来は機会あるごとに何度もこのことを話題にした。あるとき、

253

 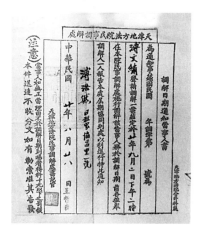

溥儀と文繡の離婚を伝える記事　　　　　　　　溥儀と文繡の離婚調停書

　彼は職場視察の折、溥儀と何人かの文史専門員と話し合い、面白可笑しく溥儀に対して言った。「あなたは皇帝なのだから、皇后なしではいけない。昔は自由ではなかったが、今は自由に選ぶことができるのですよ。」
　1961年の大晦日、溥儀とその妹たちは、総理の家で年越しをした。周恩来は餃子を食べながら、またしても溥儀の結婚の話題を切り出した。
　「誰も世話する人がいなくて一人なのだから、相手を探して家庭を持ちなさい。いつまでも君主然として孤独でいるのはよくない。」
　鄧穎超も言った。「家庭をお作りなさい。世話する人が必要ですよ。」
　そのとき、溥儀は「はい、わかりました」と簡単に応じたが、心中では大変感謝していた。周恩来は、彼が困っている様子に気がついたが、相手が言いにくそうにしている話を敢えて切り出した。溥儀は、すでに何人かの人を紹介してもらったのだが、みな旧家の出身で、思想的に後れており気に入らなかった。一方で、思想的に進んだ人は、自分のことを気に入らないので、結婚したいと思っても容易ではない、と話した。周恩来は、適当な相手を見つけ、生活上互いに助け合うのがよい、妃を選ぶようにはいかないと諭した。
　毛沢東と周恩来は、溥儀の再婚問題に関心を持っていた。二人とも、溥儀ができるだけ早く家庭を再び持ち、幸福な生活を送るのを見たいと望んでいたのだ。

同時に、彼の結婚について責任も感じていたのである。毛沢東は溥儀に「慎重に考え」、「適当にしてはいけない」と言い、周恩来は全国政治協商会議に溥儀婚姻問題処理を委ねた。改造を経験した溥儀が新しい思想、新しい姿を示すことを期待したのである。

　1961年8月28日、かつて長春の満州国宮中にいた溥儀の「貴人」李玉琴が、回想録『宮中での生活』の草稿を持って北京に来た。その目的は、事情を知っている人に事実を確かめ、史料として正確を期すためであった。その日の午前中、彼女が五妹韞馨の家に来たとき、ちょうど万嘉熙が居合わせた。不安な気持ちを抱いていたが、丁寧にもてなされ、その不安は消え去った。

　「今回北京にいらしたのは、公務ですよね」と万嘉熙が聞いた。

　「李維漢部長から、文史資料用の文章を書くよう言われたので、わざわざ昔の建物などを見に来たのです」と彼女は答えた。

　「もし嫌でなかったら、うちにお泊りください。」

　「もう宿泊は手配しています。前門近くの吉林省北京駐在事務所です。」

　「昔なじみに会うお時間はあるのですか。」

　「溥儀は今どうしているのでしょうか。元気ですか。独身生活だから、きっといろいろ大変でしょうね。」

　「やはり溥儀に会いに行きたいですか。」

　「今このような情況ですから、私から彼を訪ねるのは具合が悪いです。」

　「今のご主人との間はうまくいっていますか。」

　「おかげさまで。」

　「暮らし向きは悪くないのでしょう。」

　「ただ、ときどき昔のことを思い出すと、心が痛みます。」

　「溥儀とは、いまも手紙のやり取りをしていますか。」

　「離婚後、彼は私に手紙を寄こさなくなりました。実のところ、友人として普通に手紙をやり取りするのは悪くないし、夫も反対はしないでしょう。」

　そのとき、彼女は周恩来と接見する溥儀、溥傑、嵯峨浩一行の記念写真の写真に気がついた。そして、写真の前列左から二番目に立っている溥儀をしばらく見つめた後、左端の女性を指して、顔をこわばらせながら、この人は誰か問いただした。万嘉熙から、接見に参加した日本語通訳だと聞くと、やっとほっと息をつ

いた。

「あなたと溥儀が離婚したのは、彼が釈放される直前でした。これはとても運が悪かった。浩子〔溥儀ら一族の多くは、嵯峨浩のことを「浩子」と呼んでいた。〕は、10数年溥傑を待って、ようやく再会できたのです。」

「すべて過ぎ去ったことです。」

万嘉熙が、李玉琴と会った話を溥儀に伝えると、溥儀の心は逆巻く大波に煽られたように激しく動揺した。その様子を如実に記した資料がある。

　溥儀はこの報せを聞くと、大変な興奮と不安を覚え、夜も一人でうろうろしては、考え込み非常に悩む様子であった。彼は我々に、もしも訪ねて来たらどうしたらよいか、彼女に会うべきかどうか。溥儀は彼女にまだ愛情を抱いていることを認めており、会いたがっていた。しかし、それはまずい、彼女の現在の家族関係に差し障ると思っていた。彼は組織の意見に従うと言い、この問題にうまく対処できるよう我々に援助を求めている。*2

全国政治協商会議は周恩来の依頼に従い、溥儀の結婚問題に適切に対応するよう努めていた。しかし、このような状況に立ち至った以上、ことは溥儀に対する改造政策にも関わるので、すぐ上申書を中国共産党中央統一戦線工作部薛子正副部長に提出し、指示を仰いだ。溥儀のかつての「貴人」が北京に来て、万嘉熙を通じて溥儀に会いたいと言っている。溥儀はとても興奮し、彼女に会ってよいか問い合わせて来た。心中は非常に会いたい様子である。彼に「これは個人的なことであるから、会いたければ会ってよい。しかし、相手は夫がある身だから注意するように」と回答してもよいだろうか。これに対し薛副部長は、すぐ書面で「同意」という指示を下した。また、別紙に具体的な意見が付されていた。「私の意見は、溥儀が（政協の助けによって）彼女と会うのには賛成する。今後どうするかは、別途指示する。溥儀が言っているように、復縁はしないほうがよい。」

1961年9月初め、全国政治協商会議での宴席に招待された際、溥儀は李玉琴と再会した。それは、彼らが1957年の初め、悲痛のうちに別れて以来の再会であった。二人とも尽きない感慨を覚えたが、出会ってからは、なにごとも自然で

───────────────

*2　〔訳注〕この部分の引用箇所に関して、原著には、引用出典が明記されていない。

調和がとれて愉快に感じた。数日後、彼らはまた毓嵒、毓嶦ら知人を招いて、いっしょにホテルで食事をし、香山公園と北京植物園などを見物した。彼らは心底友人となり、文史資料方面の仕事に従事する仲間となった。

　全国政治協商会議は、溥儀のためこの厄介な感情の問題を適切に処理したのである。それは、溥儀に対する保護であり、教育でもあり、さらには社会主義において生まれ変わった人間としての在り方を求めるものだった。

　毛沢東の家における湖南料理の宴会後間もなく、文史資料専門員の周振強と人民出版社編集者の沙曾熙が熱心に間を取り持ち、溥儀は北京市朝陽区にある関廂病院の看護婦李淑賢と知り合った。4か月の恋愛期間を経て、1962年4月30日、彼らは南河沿の政協文化クラブ講堂で、世間の注目を集める結婚式を挙行した。200数名の各界来賓の前で、今回も七叔載濤が結婚式を取り仕切った。特別多忙な時期に当たっていたため、周恩来は仕事から手を離せず、この場所に顔を出すことができなかった。そこで、童小鵬を代理として出席させた。周恩来は、式の翌日自ら溥儀の家に祝賀に出向いている。前後して溥儀夫妻に新婚祝いを送ったのは、その他、全国政治協商会議副主席郭沫若と包爾漢、北京市委員会統一戦線工作部部長廖沫沙らであった。

1962年4月30日、溥儀と李淑賢の結婚式は全国政治協商会議の文化クラブで挙行された。結婚式に出席した愛新覚羅一族との記念写真

毛沢東、周恩来と溥儀

全国政治協商会議の講堂で新郎新婦と会う郭沫若と包爾漢

天安門前の金水橋を訪れた新婚の溥儀夫妻

　ここで説明しておきたいのは、溥儀と李淑賢の結婚について、組織が表立って仕組んだという考えだ。それはまさに誤解である。毛沢東と周恩来は、溥儀の結婚について確かに関心を持っていたし、関与もしたが、積極的に口を差し挟んだことはない。溥儀と李淑賢の結婚は、恋愛結婚であり、一部の人たちが想像するような複雑な背景はない。本当にごく普通のものであった。

　毛沢東と周恩来が、溥儀の再婚に関心を持っていたのは、人道面からの考慮であった。彼らは、溥儀が落ち着いて仕事をし、しっかりと後半生が送れるよう望んだのである。同じように、元国民党の将軍たちが再び家庭を築くことについて関心を持っていた。それは、1962年3月初めに書かれた、関連報告の一段を抜粋すれば、十分説明できるだろう。

　生活面において、改めて家庭をもうけるというが、彼らが出獄して以来、最も顕著な実際的問題であった。今、彼らはみな比較的適切な住処を得た。鄭庭笈はすでに復縁したし、宋希濂は新たに妻を娶り、楊伯濤（ようはくとう）と周振強の家族は、どちらも戸籍を北京に移し居住できるようになった。溥儀は気に入った相手を探している最中だし、杜聿明や王耀武も家族が帰国できるよう努力している。経験からわかることであるが、彼らの定住を助けるのは、その気持ちを落ち着かせるという重要な問題なのである。およそ定住の問題が円満に解決すれば、態度も落ち着く。それに対して、この問題を上手く解決できなければ、心も落ち着かないのだ。彼らの生活に配慮し、毎月の生活費100

元を支給するほか、原稿を書けば原稿料を支給する。また、所帯を持つとか、衣類の購入あるいは不意の出費など困ったことがあれば、個別に補助をする。特殊な配給も科長クラスの幹部を少し超える水準（毎月肉1斤を配給）に基づいて行う。これらの生活面の配慮を通じて、生活上の困難を解決してやれば、彼らの党へ感謝の気持ちも深まるだろう。[*3]

報告の中で挙げられた何人かの人物は、すべて最初に特赦になり、その後全国政治協商会議に残留し、文史資料の専門員となった者たちだった。

彼らは、さまざまな方面からの組織的援助の下、昔の家庭を取り戻すか新たに家庭を持ったのである。

鄭庭笈（ていていきゅう）は、最初の妻の馮莉娟（ふうりけん）とは生活に迫られて1958年に一度離婚したが、1961年4月復縁した。

宋希濂は1962年の初めに再婚した。夫人となった易吟先（えきぎんせん）は宋希濂が新疆に駐屯していたときの知り合いだった。気立てがよく、夫を思いやる柔和な性格だった。

楊伯濤夫人の羅啓芝（らけいし）は、湖南省芷江県に住んでいた。良妻賢母で、夫の拘禁中は、裁縫の仕事をして子供を育てた。1963年に北京の夫の元へ戻った。

周振強夫人の楼亜篤（ろうあしん）は、羅啓芝とほぼ同じころ、浙江省杭州の故郷から北京に引っ越して来た。彼女も裁縫をして生計を立てていた。

杜聿明夫人の曹秀清（そうしゅうせい）は、解放前夜、息子二人娘二人を連れて台湾に渡っていた。1958年蒋介石から、彼女の娘婿である楊振寧が台湾に戻るよう説得しろと言われたのを機に、アメリカへ行き長期間現地に留まっていた。そして1963年6月になって、北京に来て夫と再会したのである。

王耀武の最初の妻は、香港からアメリカに渡り、西インド諸島のプエルトリコに住んでいた。王耀武は妻を帰国させようとしていた過程で、彼女がすでに再婚したのを知った。そこで1965年9月、北京第82中学の教員呉伯倫（ごはくりん）と結婚した。

続いて、第2陣、第3陣として特赦になった元戦犯のうち、北京に残っていた人々も、次々と家庭を持った。

---

*3 〔訳注〕この箇所の引用部分について、原著には、引用出典が明記されていない。

1961 年 5 月、溥傑と嵯峨浩は元のさやに収まることができた。

1962 年中秋節、国民党第 15 地方綏靖区司令部二処処長董益三元少将は、北京第 66 中学職員の宋伯蘭と夫婦となった。

1963 年 3 月、国民党第五軍副軍団長兼独立第 5 師団師団長李以劻元中将は、香港から帰って来た最初の妻の邱文陸と北京で再会した。

1964 年 3 月 1 日、北京の和平街 38 号の宿舎の 4 階の部屋で、国民党政権時の元天津市杜建時は、女性画家の李念淑と簡素な結婚式を挙げた。

1965 年 8 月 1 日、国民党国防部保秘局雲南機関長の沈酔元少将は、廠橋公社病院の看護婦杜雪潔と恋愛結婚した。彼の最初の妻は、夫が処刑されたという誤報を信じ再婚してしまっていた。

1965 年 8 月 8 日、国民党第九兵団司令官廖耀湘元中将は、北京女子第二中学校の教師張瀛毓と結婚した。輔仁大学卒業の張瀛毓は、数学だけでなく英語も教えることができた。夫が病気になったときには、かいがいしく看護をし、夫に限りない暖かさを感じさせた。

溥儀と同僚たちが、晩年の一家団らんを享受したとき、誰しも周恩来を忘れることはなかった。まさにこの偉人こそが、彼らの家族問題を解決するため、早くから三つの原則を出していたのである。第一に、家族が海外にいるなら、連絡を取って会えるよう手助けする。第二に、家族が国内にいるのなら、あらゆる便宜をはかり、離れ離れになっているどちらかの地で暮らせるようにする。すでに離婚していても、元に戻れる可能性があれば再婚するよう促す。第三に、再婚の条件が適わない、あるいは相手が死んでしまっているなら、新しい妻を探し家庭を再び持てるようにする。まさにこの三つの原則があったからこそ、溥儀ら特赦された元戦犯たちは、迅速に所帯を持ち仕事に就き、健康で幸せな生活を過ごせたのである。

27 この世の神話

　1960年初春から1963年の真冬までの間に、溥儀は、北京植物園から全国政治協商会議へ、温室の庭師から文史資料の専門員へ、香山のふもとから白塔寺の近くへと立場や職場が移り変わったが、その期間の業績として自らの著作『わが半生』に勝るものはなかった。

　溥儀が生まれ変わったことを示すこの大作が、いわば揺りかごの中で眠っている間、周恩来の配慮と指導を受けただけでなく、同様に毛沢東およびその他の党中央からも援助と保護を受けたのである。

　1963年11月15日、全国人民代表大会第2期第4回会議開催の前夜に、1000数名の人民代表が北京に集まり、経済情況は好転しているという前提の下で、1964年に国民経済をどう発展させるかという総方針を検討し確定しようとしていた。

　毛沢東は、政務多忙の中で時間をやり繰りし、アルバニアの検事総長アラニト・チェラと会見した。会見の中で、話が司法に及ぶと、毛沢東は、中国の状況に結びつけいくつかの経験を強調した。反革命分子、汚職分子に対しては、単に行政や法律的手段を用いるだけでは駄目で、彼らは大衆を最も恐れているから、上下から挟み撃ちすれば、行き場がなくなるのだ、と話した。また、我々は、逮捕したり、殺したりするのではなく、教育を施して改造する方法をとる。プロレタリア独裁の下で、人は改造できるのだ、と語った。そして、溥儀のことを、今回の談話においては唯一の実例として取り上げた。

　毛沢東：私たちは皇帝をもほぼ改造したのです。
　チェラ：話に聞いたことがあります。溥儀というのでしょう。
　毛沢東：私はここで彼に会ったことがあります。彼は50数歳になりましたが、今や職業があり、再婚もしたそうです。
　チェラ：『わが半生』という本を書いたそうですね。

毛沢東：その本はまだ公刊されていません。我々は、この本の出来があまりよくないと感じています。自分を悪く書きすぎており、一切の責任が自分にあるかのごとく述べている。実は、これはある種の社会制度下における状況です。あのような古い社会制度の下で皇帝が生み出されたのは、当然のことなのです。しかし、この人物については、我々は、まだ見守っていく必要があります。

　毛沢東は溥儀に対し、正面から向き合い公平な評価を加えると同時に、その未来についても、客観的に対応しようとしていた。毛沢東が、この時点で読んでいた『わが半生』は、撫順で書かれた長編の自叙伝で、3冊に印刷された白い表紙の未定稿であった。それで、「出来があまりよくない」と言ったのである。毛沢東は、溥儀に史的唯物論の観点に立って、特定の歴史的状況下の真実を書くよう求めたのである。その意見は、実は周恩来の意見とはからずも一致していた。さらに、あの湖南料理の宴会の席でも、自分の口から、溥儀に伝えていた。そのとき毛沢東は、自分はすでにあの原稿を読んだが、「自己批判」が多すぎて、途中で読む気が失せた、と感想を述べた。そして、公民になった以上、主体的に史実を客観的かつ細かく書くべきで自己批判は必要ない、しっかりと改訂を加えるよう溥儀を励ました。

　その他の党中央の指導者も溥儀の本に関心を持ち、皆仕事で多忙な中、時間を割いて原稿を読み要点を突いた意見を出した。全国政治協商会議第一副主席で北京市市長の彭真も、原稿を読んだ後、やはり回想録を長々とした自己批判書とするのに賛成しなかった。「溥儀は皇帝ではあったが、改造されたではないか。彼の書いた『わが半生』の前半分を読んだが、少し自己批判が多すぎる。宣統帝だったときは、まだ子供で、託児所に預けられているような年齢だった。いったいどんな罪があるというのか。レーニンは、神は青年の過ちを許す、と言っているが、まして子供ならなおさらだ。そのときはわけもわからず皇帝になって退位したのだから。後に東北へ行って満州国皇帝になったことこそが問題なのだ…。」このように、傑出した人物の見解はほぼ一致するものなのである。

　奇しくも、毛沢東、周恩来そして彭真とも、みな原稿の「前半部」だけを読んで、「自己批判が多すぎる」と溥儀の欠点を指摘している。これは偶然の一致だろうか。

　毛沢東と周恩来ら中央の指導者たちは、溥儀が本を書き、自らを暴露して旧社

会に向かって宣戦するのを支持し、大いに励ました。同時に歴史を尊重し、事実に基づいて真実を追求することを厳しく求めた。それはマルクス主義に則った態度であった。こうして、『わが半生』の大規模で困難に満ちた修訂作業は、60年代初年の春に開始された。

　群衆出版社は担当者を派遣して、溥儀と繰り返し修正案を協議した。彼らは当初、原稿の基礎の上に立って圧縮、調整、修正だけを考えていたが、毛沢東、周恩来ら中央指導者の要求を達成できないと自問し、原稿の骨格を崩し改めて構成し直そうと決めた。当時、溥儀は植物園の独身寮に住んでおり、毎日最寄りの香山飯店で出版社の担当者と原稿修正について話し合った。同じ時期、出版社は16、7人の人員を組織して、関係資料を探し集めたが、その重さは1トンにも達した。国家档案館から提供された溥儀が天津の張園で「寄寓」していたころの書類だけで、10平方メートルの部屋いっぱいを占めるほどであった。[*1]

　それ以外に、溥儀の知己や親類が保存していた光緒、宣統2代にわたる資料、文化財もあった。当時の首領宦官 張 謙和や溥儀の天津時代の英語通訳察存耆も探し当てた。歴史の当事者として、溥儀と関わりあった人々は貴重で生々しい資料を提供した。撫順戦犯管理所もそれに貢献した。この溥儀を改造する奇跡を生み出した刑務所には、大量の満州国戦犯および日本人戦犯の告白書や聞き取り調査資料が保管されていたのである。これらの資料を使用するため、大人数を動員し、相前後して数十種類もの特別テーマの年代記を編纂した。その総字数は100万字に達した。当時のイメージをよりつかむために、1960年7月18日から、出版社は専任者を派遣し、2か月半の時間をかけて以前溥儀が生活した場所を、順次回り実地調査をさせた。

　1回目の修訂版と2回目の修訂版は、1962年相次いで印刷され、広く各界から意見を求めた。全国政治協商会議講堂で開催された『わが半生』の原稿についての座談会における「発言記録」をまとめただけでも、出席者に名を連ねているのは、北京大学副校長兼歴史学科主任翦伯賛教授、中国科学院哲学社会科学部委員で歴史研究所第2副所長の侯外盧教授、『歴史研究』編集主幹黎澍、中国近代史

＊1　呂耀光：「『わが半生』執筆に使用した1トンの資料」、『北京晩報』1984年8月27日掲載、
　　　参照。

専門家劉大年、北京大学史学科教授邵循正、北京市文化局局長でモンゴル史専門家の翁独健、中国人民大学史学科教授で中国革命史専門家の何干之、国務院副秘書長で中央文史資料館館長楊東蓴教授、全国政治協商会議副秘書長兼文史資料研究委員会副主任申伯純、中華書局編集長李侃ら有名な学者たちであった。彼らは『わが半生』の背景、史実、観点や角度、内容の取捨選択など、詳細かつ貴重な意見を提供した。

　それ以外にも、元国民党西北野戦司令部主任兼新疆省主席で著名な軍人・政治家であり、当時は全国人民代表大会常務委員および全国政治協商会議常務委員を務めていた張治中、元国民党政府華北「剿総」*2総司令官兼察哈爾省政府主席で、名だたる将帥であり当時は水利電力部部長であった傅作義、第二次世界大戦後の極東国際軍事裁判で裁判官を務めた有名な法律家の梅汝璈、以前は『華商報』編集長で中国共産党北京市委員会統一戦線工作部部長廖沫沙、北京市副市長で著名な明代史専門家呉晗、有名な満州族の文学者で中華全国文学芸術界聯合会および中国作家協会副主席である老舎らが、熱心に書面で意見を寄せた。特に老舎が溥儀のために原稿に手を加えたことは、文壇や世間に広く知れ渡っている。

　民族出版社のある編集者が、1958年の春、灯市口西街の豊富胡同にある老舎の家へ原稿の依頼に赴いた折に聞いた話を文章にしている。くつろいだ雰囲気の中で、老舎は、ある事情を打ち明けたが、それは他人には知りえない隠されたエピソードであった。

　老舎の話はこうだ。最近、この「丹柿の庭」*3に二人の有名人が来た。一人は、清末に軍咨大臣を務めた親王で満州族上流階級の人物であり、当時は全国人民代表大会代表と全国政協委員に就いていた載濤で、もう一人は、老舎の長年の親友で仲人でもあり中国科学院言語研究所所長で著名な言語学者の羅常培であった。彼らは、毛沢東に謁見して溥儀を保釈してもらおうと老舎を誘いに来たのである。

---

*2　〔訳注〕剿総とは、「剿匪総司令部」の略称。中華民国中央政府が第二次世界大戦前後に、中国共産党に対する軍事的包囲討伐を目的として編制したもので、東北、華北、徐州、華中の4地区に分かれていた。

*3　〔訳注〕老舎の家の中庭に付けられた名前。柿の木があることから命名したという。老舎は1950年から1966年に亡くなるまで、ここに住んだ。1999年からは「老舎記念館」として一般公開されている。

この三人は、みな全国人民代表大会代表だったから、それはもっともな話ではあったが、図らずも老舎にきっぱりと断られてしまった。老舎は、「毛主席が溥儀を殺さないだけでも、すでに寛大すぎるほどだ。溥儀は過去にあのような悪事を働いたのだから。私は人民代表であり、人民を代表して話さなければならないのだ。満州族のみを代表したり、満州族のみを向いて話すわけにはいかない。それに、満州旗人から見ても、溥儀はあれだけの悪事をなしており、我々の名誉を汚したのだ。何の面目があって、毛主席のところへ行くことができるだろうか。」老舎は自らの利益のために原則を曲げることをしなかったばかりか、偏狭な民族主義のため人民代表の職責を投げ捨てようとはしなかった。これこそが、溥儀の所業に対する老舎の慎重で鮮明な態度であった。[*4]

1960 年 5 月 26 日、周恩来は人民大会堂でイギリスのモントゴメリー元帥を招いて宴席を催した。溥儀と老舎も同時にその宴席に招待された。それが、この二人の最初の出会いだった。ちょうど 1 年後、やはり周恩来の招待状によって、溥儀と老舎は西花廳で再会した。それは、嵯峨浩一行歓迎の宴であった。溥儀と老舎は、そのときから知り合いになった。老舎はこんなふうに語っていた。皇帝と貧乏人が、席を同じくするとは、本当に世の中も変わったものさ、と。まさに周恩来がこのようなきっかけを作ったのであり、老舎が溥儀の原稿に手を加えるという歴史の一コマを演出したのである。

1962 年晩秋、作家の楼適夷が「丹柿の庭」に立ち寄り、書斎にいた老舎に、

「最近は何を書いているのですか。」

と聞くと、

「目下『下僕』として、わが『皇帝』の原稿の下書きに手を加えているところです。」

と、老舎はユーモアたっぷりに答えた。

この間の事情をよく知っている人によれば、老舎は多忙であったにもかかわらず、喜んで溥儀の「下僕」となり、何日もかかって原稿に目を通し、言葉使いや表現について多くの貴重な意見を出したという。

その年の 11 月 26 日、老舎は、意見を聞きに訪れた出版社の職員に、自分の

---

*4 『民族団結』1987 年第 1 号参照。

毛沢東、周恩来と溥儀

老舍为《我的前半生》改稿纪实

群众出版社总编辑于浩成在《新文学史料》1984年第3期发表《老舍先生为〈我的前半生〉改稿一事纪实》，文章说：

我清楚地记得出版社编辑部曾将《我的前半生》初稿送请老舍先生审阅提意见，特别是在语言文字方面提出宝贵意见。在出版社书籍档案中还保存了两份材料，可以大体上说明一些情况。

一份材料的题目是《老舍谈"我的前半生"》，是李文达手写的一份谈话记录，谈话时间是1962年11月26日。记录中记载老舍在《前半生》的封皮里写了

全书篇幅长，似可略删节。
应以溥仪为中心，不宜太多地描绘别人而忘掉中心。

以及其它意见。另一份是铅印的材料《各方审阅〈我的前半生〉书稿的意见》，是群众出版社编辑部1962年12月6日印发的。其中有一段是老舍先生审阅书稿后的意见：

老舍是从文字和写法上提出意见的。他在书上做了文字修改（平均每页约有所批改），凡错、别、漏字及有问题的句子大部分作了改正或批上记号。并且指出可以删掉的地方。……

他最后说：「这部书的印象是很好的。看了之后，认识了很多人，都是原先想不到的，原来那些人及这种样子。很有教育意义。溥仪这个人的变化，真是了不起，真不容易。」

溥仪这部自传的成书和出版包括了许许多多人的辛勤劳动，其中也有老舍先生的一份功劳。这件事情给《我的前半生》增加了光彩，而且也给文坛，特别是我国满族文学史增添了一段佳话，因为老舍先生和作者溥仪都是满族人。

宇摘

1984年9月15日の『北京晩報』に掲載された「老舎が『わが半生』を修訂した事実」

感想を直接話した。同時に意見を書き込み、字句に修訂を施した大きな活字版の原稿を手渡した。白い表紙をめくると、老舎の整った筆跡が現れる。老舎の意見は以下の通りである。

全篇が非常に長く、少し文章を削り簡潔にしたほうがよい。また、溥儀を中心にするべきなのに、他人の描写が多すぎて主題から外れてしまっている。文章の流れがなめらかでない。すべてを直すことはできないし、それにはかなりの時間を要する。（しかしながら、いくつかの箇所には手を加え、その他記号をつけた。）すっきりしていない文が多い。よく考えて練り直す必要がある。また、本全体で重複しているところが多くあるので、そこを削る必要がある。

その年の12月6日、出版社は、「『わが半生』原稿に対する各方面からの意見」を印刷配布した。その中に記載された老舎の意見は、すこぶる詳しいが、ここではいくつかの段落のみを引用するにとどめたい。

老舎は言葉使いと叙述面で意見を出した。文字や言葉使いを改め（平均するとほとんど各ページごとにある程度添削を行っている）、およそ誤字、別字、脱字および問題のある文の大部分を直すか記号をつけている。また、削るべき箇所を指摘している。

彼は下冊の表紙の裏に、以下の様に書きつけている。「最後の二、三章で

は、あたかもすべての問題を解決しようと、深く悟ったように述べているが、にわかには信じられない。理屈は少なめにし、むしろ小から大を見るように具体的な自覚を記すほうがよい。例えば、もともと体が弱かったが、労働をするようになってからは餃子を30個食べられるようになったとか、元は利己的だったが、人の手助けをできるようになったなど……本の中で、自分がいかに愚かで唯我独尊であったかを、暴露するのはよいが、惜しむらくは、比較的空疎な道理が取り留めもなく続き、説得力に欠けるきらいがあることだ。」

老舎は最後に、「この本の全般的な印象はとても良い、読んだ後、多くの人物のことを知った。彼らがあのようであったとは、まったく思いもよらなかった。大変教育的意味がある。溥儀という人の変化は、大したものだ。本当に並大抵なことではない」と述べている。

老舎の修訂と出版社の多くの職員による努力は、溥儀の著作に彩りを加え、それによって優れた読み物として1964年3月に出版される運びとなった。*5

北京で改訂された版本と、撫順における荒削りの最初の原稿とを比べれば、手直しされたものは、毛沢東と周恩来が評価した価値に一層磨きをかけ、彼らが批判した欠点をいちいち克服しようとしたことが、一目でわかる。以前は、自分の生涯に対する単純な反省と罪の認識および懺悔が主であったが、今は迫真のストーリーによって、皇帝から公民までの軌跡を映し出し、改造政策の成功というテーマもより深いものになった。元の原稿は、事件の背景や史実に関し、すべて記憶に頼り、ただの伝聞や作り話にすぎない部分もあったが、今や大量の史料による実証と考訂作業が行われ、根拠のない無駄な内容を削除する一方、重要事件・事柄の細部を補充して、しっかりとしたものになった。また、以前の内容は、1957年までで、溥儀の改造期間中とりわけ重要な最終段階と、新しい人生の起点となった特赦後の1年目が入っていなかった。今、それを補充し、読者の目の前で、イメージをより完全なものにしたのである。それに加え、描写は前より生

＊5　老舎が溥儀のため著作を修訂した事情については、于浩成：「老舎氏『わが半生』修訂始末」、『新文学史料』1984年第3号掲載、参照。

267

き生きとし、言葉使いも洗練された。周恩来の言を借りれば、溥儀は「すべてをありのまま語ることができるようになった」のである。

　もし毛沢東と周恩来が先に立って主張し支持しなかったら、『わが半生』という名著は、無数の読者の前に並べられることはなかっただろう。50年代、60年代に生活した人々にとって、これは容易に理解できるはずだ。「左」の思潮がまだ広まっているとき、「封建帝王のため伝を立てる」と非難されかねない出版計画を、誰が公然と持ち出せただろうか。国の出版社の総力を挙げて長期間編集に従事させるなど誰ができただろう。すでに三度もガリ版刷りされた「未定稿」を各界の専門家に見せ広く意見を求める機会を誰が作れただろうか。たかだか改訂中の個人的著作1冊のため、国家档案館の表門を開けさせ、長期間未開封未整理の歴史資料の利用許可を誰が与えられただろうか。それは、言わずとも知れた毛沢東と周恩来のおかげなのである。

　社会からの切実な需要を満足させるため、『わが半生』出版に先立ち、まず何章かの内容が、全国政治協商会議文史資料研究委員会による不定期の内部刊行物『文史資料選輯』に掲載された。1962年5月の第26集には、手始めとして「復辟をめぐって」という文章が載せられた。毛沢東は、この回想録によって溥儀が張 勲による復辟運動にどう関わったか、その経緯を理解した。その後毛沢東は、全国政治協商会議の関係者に、溥儀に原稿料をいくら払ったのか聞いた。そして、相手は皇帝なのだから、原稿を書いたのなら原稿料は優遇してやらないといけない、と話した。5か月後、『文史資料撰集』第29集には、「私はどうやって満州国『執政』になったか」が載せられ、さらに、1年後の『文史資料撰集』第39集には、「私が三度目に皇帝になったことについて」が載せられた。このとき、全書の出版までわずか4か月であった。

　1964年3月、大作の『わが半生』は、北国にもうららかな春が訪れたころ、鳴り物入りで登場すると、はたして予想通り国際的にも高い評価を得た。あるイギリス人の学者は、「この本は、真に得難い貴重な文献である。それは中国の君主による初めての自叙伝だ。この君主の一生は、愛新覚羅の封建王朝に始まり、毛沢東の共産主義まで至っている。人類の歴史上の国王や皇帝の中で、彼のように波瀾万丈の経歴を持つ人はいない」と述べている。[6]

　もう一人の外国人専門家は、「彼は1冊の真実を語る本を著した。彼の経験を

出版された溥儀の著作『わが半生』

語ったこの物語は、長年来中国で出版された中で最も興味ある著作であることは間違いない」とコメントした。*7

まさに人々が評論したように、溥儀の経歴は世界で唯一無二のものであった。この本自体が、他に例を見ないような珍しい存在であり、最も感動的な物語であった。真実を如実に物語る溥儀のこの自伝は、同時期隠遁生活を送っていた国外の旧政治家や旧軍人たちの回想録とは、一線を画すものだった。後者が、いくつかの内幕を暴露して史実の一部を明らかにし得たと言うなら、前者は誰もが知っている元皇帝の変化を再現し、天空の龍がどのようにして人の世に飛び戻って来たのかを説明しているのである。それによって、無数の読者に、あたかも宇宙飛行士の月面着陸のような、信じ難いけれども確かに事実である「神話」を実証したのである。

毛沢東と周恩来は、その鋭い眼光と卓越した見解で、当初から溥儀の経験した神話に気がついていた。撫順で書かれた、あの荒削りの原稿から、それがロシア

---

*6 1965年にロンドン『東洋アフリカ研究学院官報』に掲載された『中国最後の皇帝』参照。〔ロンドン大学東洋アフリカ研究学院（SOAS）のことで、『紫禁城の黄昏』を書いたジョンストンや老舎も、その前身であるロンドン大学東方学院時代ここに所属していた。〕

*7 ヘンリー・マクリーベ：『皇帝から公民まで——愛新覚羅・溥儀自伝』、『中国季刊』1966年第27号掲載、参照。〔邦訳は、『悲劇の皇帝溥儀—満州国をめぐる動乱五十年』、弘文堂、1964年〕

皇帝やヴィルヘルム2世やツエールズ親王〔「王冠を賭けた恋」で知られるエドワード8世、ウィンザー公のこと〕らの回想録とは違うということを見抜いた。そこで、溥儀に最大の援助を与え、その著作の出版に手を貸したのである。この点に関しては、識者の見解も一致している。

例えば、ある海外の中国系学者は、「もし溥儀が北京の政権下にいなかったとしたら、彼の著作はおそらく永久に出現しなかったであろう。なぜなら、中国の皇帝が自分自身の歴史を書くなどということは前例がないからだ」と評論している。*8

しかし、毛沢東は新たに出版されたこの本に目を通すと、称賛と同時に、さらに高い要求を出した。例えば、第八章の「東北の人民の災難と憎しみ」という一節を読んだ際、日本が毎年わが国の東北地区から300万トンの食糧を略奪したという記述があるが、この数字は疑わしい、当時の東北の食糧生産量から見てあり得ない、と指摘した。このように、主席、総理、その他の党中央の指導者たちは、この本を徹底的に読み込んだのである。

『わが半生』は出版後、たちまち国内外から広い関心を集め、空前の売れ行きを示した。そして、英語版とドイツ語版もすぐ売り出され、続いて、香港で繁体字版が出され、また日本、アメリカ、ハンガリーおよびイタリアでも翻訳版が出版された。

英語版『わが半生』

---

*8 張士尼：「書評『わが半生』」、『アジア研究』（書評）1985年8月掲載、参照。

28 福建廳から新疆廳まで

　毛沢東がアルバニアの検事総長アラニト・チェラと会見する5日前、北京はまだ爽やかな晩秋の美しさを残していた。
　午後3時、全国政治協商会議の文史資料専門員たちは、みな予定通り家族を連れて、オフィスに集合した。
　一行は、杜聿明と妻の曹秀清、溥傑と妻の嵯峨浩、李以劻と妻の邱文陸、周振強と妻の楼亜雋、楊伯濤と妻の羅啓芝、羅暦戎と妻の孫叢珍、鄭庭笈と妻の馮莉娟、宋希濂と妻の易吟先、董益三と妻の宋伯蘭、その他、その時点ではまだ結婚していなかった王耀武、廖耀湘、范漢傑、杜建時、沈酔らであった。溥儀とその妻李淑賢だけが、遅れていて姿を見せず、人々を焦らせていた。
　専門員たちは数日前、周恩来からの招待状を受け取っていた。周恩来は、第4陣までに特赦され北京に残っている元戦犯とその家族を、荘厳な人民大会堂での接見と宴席へ招いたのだった。招待状を受け取った人々は、互いにそのよい知らせを分かち合ったが、とりわけ喜んだのは妻たちであった。自分たち夫婦が再会し、再び幸せな家庭を持つことができるようにしてくれた、周恩来総理という偉大な恩人に、前々から一目会いたいと願っていたからである。
　接見の予定時間は間近に迫っていた。もうこれ以上待てなくなった人々は大型バスに乗り込み、まず第4陣として特赦になった元戦犯が集まって泊まっている崇内旅館へ向かった。そこで、国民党第15綏靖区司令官康沢元中将、国民党第43軍副軍司令官兼迫撃砲師団師団長賈毓芝元少将、国民党第8兵団第55軍第74師団師団長李益智元中将ら五人を乗せた。この五人は1963年4月9日に釈放され、そのときは集中的な見学、学習中で、仕事の手配を待っていた。
　3時半ころ、大型バスは人民大会堂の前に止まった。人々が溥儀夫妻のことを心配していると、1台の黒い車が猛スピードで走って来て、大型バスの横に急停

271

車した。降りて来た一組の男女は、まさしく溥儀と李淑賢だった。この日、1963年11月10日の午前、思いがけぬブラジルからの来客があった。溥儀は政協会議講堂内の応接室で応対し、昼を過ぎても客から続けざまに質問を受けていた。そういうわけで、このような周囲を焦らせる仕儀となったのである。

溥儀夫妻は大型バスから下りて来た人々と一緒に、石段を上がり高く大きくそびえる人民大会堂に入ると、福建廳へと案内された。そのとき、中国共産党中央統一戦線工作部の副部長徐氷、張執一、平傑三、国務院総理秘書室主任童鵬小、副主任羅青長、北京市委員会統一戦線工作部部長廖沫沙、水利電力部部長傅作義とその夫人、全国人民代表大会常務委員兼全国政治協商会議常務委員張治中とその夫人、魯迅夫人で全国人民代表大会常務委員かつ全国政治協商会議常務委員兼女性組組長許広平、全国政治協商会議常務委員兼国防委員会委員で、かつて国民党将校であったが共産党へ帰順した曾沢生、中国国民党革命委員会中央常務委員侯鏡如、全国政協委員で、黄埔軍官学校卒業生である黄雍らが、早くからそこで待ち受けていた。

4時ちょうどに、周恩来は陳毅を伴って、満面に笑みをたたえ、しっかりとした足取りでホールに入って来た。彼は、いち早く杜聿明夫人の曹秀清を見つけると、彼女に手を差し出して握手し親しげに、「アメリカからお帰りになり定住されたのを歓迎します。この数か月はどう過ごされましたか。もし何か困ったことがあったら、私に声をかけてください」と言った。曹秀清は、「帰国してからはとても順調です。総理のお心遣いに感謝いたします」と答えた。周恩来は、お辞儀してから今度は溥儀のほうを見て、片手を差し伸べ握手し、彼の体調と生活の様子を尋ねた。そして、「おめでとう、あたたかい家庭を持ちましたね」と心のこもった言葉をかけた。その言葉の後で、慈愛のこもった眼差しを李淑賢に向け、彼女を指さしながら、溥儀に向かって冗談めかして「私の故郷に近い杭州の女性を娶りましたね……」と言った。その屈託のない態度は、その場にいるすべての人をも朗らかにし、溥儀は口をすぼめて笑い、李淑賢は恥ずかしそうに笑った。周恩来自身もさわやかに笑った。

気楽な雰囲気の中、周恩来は皆に着席するようそぶりを示し、正式に接見が始まった。

陳毅がまず挨拶した。率直で誠意があり、なんといっても将軍らしい風格が

あった。彼は口を開くとすぐ本題に入った。「みなさんは政協で大変熱心かつ真剣に仕事をし、態度もとても良いと聞いています。また、多くの人が家庭を持ったそうですが、依るべきところにしっかりと根を張るわけで、大変良いことです。お見かけしたところ、皆さんは全員60歳ぐらいのようですね。党と国はあなたたちに大変関心を持ち、新中国で幸福な晩年を過ごせるよう決めたのです。総理はとても皆さんのことを気にかけており、ここに来てお話をするために皆さんを招きました。そして、私にも参加するよう電話をして来ました。政協の副主席として、私も皆さんに対して責任を負っています。皆さんとお会いするため、喜んで今回の会合に参加した次第です。」

引き続いて、周恩来が熱意あふれる演説をした。当時、周恩来は非常に多忙であった。1週間後に開催される第2期第4回全国人民代表大会の準備に追われていたし、国際面でも、中ソ間の論戦が白熱した段階にあった。このような状況の下で、接見に数時間も割くのは、本当に容易なことではなかったのである。

接見した理由について周恩来は、この2年国内外で諸事が比較的多く、皆と会う機会がなかった。今、第4陣として特赦された元戦犯が集中的に学習、見学しているが、それも間もなく終わり、何人かは北京を離れ郷里に帰ってしまう。それで、このような話し合いの機会を設けたのだ、と説明した。[*1]

統一戦線の政策が周恩来の話の中心であった。彼は西太后の時代から蒋介石の時代まで、豊富な例を持ち出して語った。中国共産党の統一戦線政策が、歴史の経験と教訓を基礎にしており、民族と人民に有益で深遠な政治的意味を持つことを、具体的に説明しようとしたのである。

周恩来はこう述べた。西太后、袁世凱、蒋介石は、みな人に寛容ではなかった。袁世凱は西太后より少しましだ。蒋介石は袁世凱よりかなり度量が大きい。だが、彼らは本質的にはみな寛容ではなかった。それは階級性によるものだ。西太后は完全に封建的だった。袁世凱は封建が主だが、ある程度買弁的な性質もある。蒋介石も封建的だが、むしろ買弁が主だ。彼らは自分たちと同じ階級に属す、ごく少数者だけの利益しか反映していなかった。「公平」ということを成し得なかっ

[*1] 福建廳における接見の様子は、主に溥儀と董益三の日記の手稿に依拠した。また、楊伯濤、沈酔らの回想の文章を併せ参照した。

た。それで、互いに邪推して争った。団結などはできなかったのだ。

この点を証明するため、周恩来は歴史上の二つの政治的暗殺事件を挙げた。一つは、1912年1月14日、蒋介石が、義理の兄で滬軍都督の陳其美の意を受け、買収した刺客の王竹卿とともに行った凶行で、光復会の指導者陶成章を暗殺した事件。もう一つは、1913年3月20日、革命党員の宋教仁が袁世凱の教唆した暗殺者に狙撃されて殺された事件である。

周恩来は炯炯とした眼光で、その場の人々をさっと見渡し、右腕を振りながら話し続けた。共産党はなぜ人を許すことができるのか、それはプロレタリアを代表し公正無私だからだ。彼は、気さくな口ぶりで、その場に居合わせた元戦犯たちに向かって言った。我々は、かつては対立していた。一定時間の「監視」(戦犯が獄中で改造の日々を送ったことを指す)を通じて、過去の過ちと未来への転換ということを理解し、我々は統一されたのだ。対立から統一に達した。みんなまた同じになったのだ。

ここまで話すと、周恩来は突然右腕を再び高くあげ、力強く言った。「まず自分を否定することだ。私自身も封建家庭で育ったが、プロレタリアに身を委ねたのだ。あなたたちも同じだ。まず自分自身を否定して、口にした約束は果たさなければならない。まだ何か話があるなら、公然と話せばよいし、直接私に手紙を書いてもよい。あるいは、陳毅同志に手紙を書いてもよい。」

周恩来は視線を康沢(字は兆民)*2 に向けた。そして、敬意を込めた口調で彼に対して言った。「康兆民さん、台湾では、蒋介石、蒋経国、陳誠は、みなあなたと敵対しました。我々ももちろんあなたと敵対していました。台湾はあなたを受け入れられなかったが、我々は受け入れられます。しかし、人民には思うところがあり、党内にも反対する者がいました。我々は説得をしましたが、簡単ではありませんでした。これは毛主席の威信によるものです。毛主席は、一旦口にした約束は守らなければならない、と言いました。それで、やはりあなたを釈放しようということになったのです。」

1956年春、毛沢東は中央政治局拡大会議において、「宣統帝や康沢のような人

---

*2 〔訳注〕1904〜1967年。国民党の元将軍で1948年国共内戦中捕虜となる。蒋経国とは関係が悪かったといわれている。

物」に対しては、「首を刎ねず」、「飯を食わせる」政策を実行して、「彼らに生まれ変わる機会を与える」と述べたことがあった。周恩来が言った「約束を果たす」というのは、これらの言葉を指していた。

康沢は第4陣として特赦された元戦犯の中で、最も際立った人物であった。周恩来は、国民党軍人およびスパイ組織内における彼の政治的地位だけでなく、国民党内での実際の立場をも理解していた。周恩来が、特にこのような話をしたのは、彼が今回の接見における重要対象の一人だったことを物語っている。

周恩来が口を閉ざすと、陳毅が言葉を継いだ。「ここで、皆さんに一つお聞きしたい。台湾は流言蜚語を飛ばし、皆さんが本当の自由を得ていないと言っている。皆さんは本当に自由になったでしょうか。気にせず、率直に総理と私に話してください。皆さんが自由でないと感じているところがあれば、我々は必ずや適切な措置をとって、十分な自由を保証します。」

この副総理の発言は、たちまちホール内で紛々たる議論を引き起こした。台湾側がデマを流した行為を厳しく責める人もいれば、仕事、生活、社会活動の面での実例を挙げ、自分が自由だと説明する人もいた。その場にいた全員が、自分たちの日常生活や社会活動は誰にも干渉されていないし、自分自身のことはすべて自分で自由に行っていると本心から表明した。

陳毅が挙げた問題について、在席者の議論を経て、周恩来は理論的に自分自身の「自由」という言葉に対する考え方を披露した。

陳副総理は「自由」には、一定の概念があると言ったが、立場の問題から言えば、それはまだ比較的わかりやすい、自由の問題は、認識という範疇に属している。物事に対する認識を一致させなければ理解できない。人が自由と感じるかどうかは、その人の世界観によって決まる。それぞれがまず必ず客観的な世界を認識しなければならない。万物はすべて客観的な発展の法則によって動いている。物事の客観的存在および発展の法則を認識した上で、自分の思想や行動のすべて客観的法則に適応させ巧みに運用してはじめて、自由になれるのだ。

その境地に至ろうと思ったら、世界観の改造から着手するべきだ。一人ひとりがみな自然を知り、自然に適応し、さらに一歩進んで自然を改造しようとしなければならない。そのときになってはじめて、必然の王国から自由な王国へと飛躍することができるのだ。我々は一人ひとりがすべてこの任務を帯びている。そう

でなければ客観的な情勢に適応しないで、一挙手一投足、至る所で矛盾を感じてしまう。そうなっては、どうして自由だといえるだろうか。

陳副総理がこの問題を出したのは、大変時宜にかなっている。皆が熟慮することを期待したい。根本的に問題を解決するためには、マルクス・レーニン主義の理論を学ぶとよいだろう。

奥深くて抽象的な理論問題、また豊富で多彩な実践問題だ。周恩来と陳毅の哲理に富む演説の内容は厳粛だったが、接見の雰囲気は活気にあふれ、気楽な雰囲気であった。総理と副総理が交互に言葉を挟み合い、時には接見した人とも言葉を交わした。

特赦された元戦犯に対する期待について、陳毅は自分の思いをありのままに述べた。「皆さん、お身体を大切にしてください。人民に対してよいことができればいいですし、何もしなくてもいいのです。」周恩来も口をはさんだ。「自分の体験を書き記しなさい。歴史的資料を書くのも貢献です。」周恩来はさらに、「毛主席は、言ったことについて約束を果たします。あなたたちも言ったことについて、約束を果たさなければなりません。これからもたくさんの人が特赦になって出て来るでしょうが、あなたたちはしっかり学習して、彼らの模範になるように。党と政府は、適当な時期にあなたたちの何人かを政治に参加させるよう考慮中です」と言った。

周恩来の話は、溥儀や他の人々を引きつけ、その心を捉えた。豊富な理論に裏打ちされた具体的な説明や機知にとんだ言葉は、溥儀、杜聿明、康沢たちに目からうろこが落ちるような感覚を抱かせた。彼らはもちろん総理が言った「政治に参加する」という言葉が何を意味するかわかっていた。かつて特別高い地位や職に就いていた彼らにしてみれば、晩年になって再びその地位に就こうなどとは、決して思っていなかった。しかし、彼らは新中国での配慮や新しい社会での温もりを渇望していた。なぜなら、自分たちは結局のところ新しい環境中に身を置いたのだから、そこで余生を送りたいと思っていたからである。

演説を終える前、周恩来は、来年の春特赦を受けた北京在住の元戦犯たちは、家族を連れて祖国各地へ見学遊覧に行ける、と宣言した。そして、その場にいる中国共産党中央統一戦線工作部と全国政治協商会議の指導者たちには、日程を詰め過ぎて疲れないよう配慮してほしいと、繰り返し指示した。

1963年11月10日、周恩来総理と陳毅らが、人民大会堂の福建廳で北京在住の第4陣までの特赦された戦犯およびその家族と接見したときの記念写真

　陳毅も口をはさんでこう言った。「皆さんに新中国の社会主義建設の規模と新会の様子をもっとよく理解してもらうために、総理が手配したのです。来年春うららかに花咲くころ、皆さんは家族を連れて祖国各地へ赴き建設プロジェクトを見学し、名所旧跡を遊覧することになります。つい最近、私は各国の中国駐在使節に付き添って、安徽省の黄山へ遊覧に行きました。本当に景色の美しいところでした。外国人のお客たちも、ヨーロッパにはこんな素晴らしいところはないと、しきりに感嘆していました。皆さん、この機会を逃さないよう、是非行ってください。」

　この遊覧見学の決定に対し、特赦された元戦犯たちは、大きな興味を示した。特に溥儀は興奮した。江南にも西北地方にも行ったことがなかったからだ。彼は、人生の中で未だ体験していない、この見学旅行に是非参加したいと思っていた。

　陳毅が話し終わると、張治中と傅作義もその場で発言をした。会見が終わると、周恩来は一緒に記念写真を撮ろうと優しく声をかけた。その後、職員が晩餐会は新疆廳で行うと告げた。そのとき、およそ6時半ころであった。

　福建廳を出ると、周恩来は親しく溥儀夫妻に呼びかけ、一緒に新疆廳へ向かった。さらに李淑賢に健康状態や家庭の様子を親しみ溢れる口調で尋ねた。

　「あなたのお父上はどんな仕事をしていたのですか。」

溥儀夫妻と福建廳から新疆廳に移動する際、親しく言葉を交わす周恩来

「父はもともと上海中国銀行で働いていました。」

「今、ご両親はどうしておられるのですか。」

「二人とも亡くなりました。母が亡くなったとき、私はまだ幼く、父が亡くなったのも、まだ14歳のときでした。」

「ああ。」周恩来は同情したように頷いた。そして、学校には何年くらい通ったのか、今何の仕事をしているのか聞いた。彼女が朝陽区の病院で看護婦をしていると言うと、「医療に携わっているとは、それはよいことです」と微笑んだ。そして、「専門的知識を身に付け、本職の仕事をしっかりなさってください」と励ました。李淑賢は、人民の総理から慈しみと恩情が溢れる言葉をもらって、感激し、目の縁に涙がこぼれ、それがきらりと光った……。

新疆廳内には、灯りが煌めいていた。総勢40数人、五つのテーブルが満席になっていた。周恩来をはじめ指導者たちは、次々と酒を勧め、にぎやかで楽しい気分であった。

席に着く際、周恩来は溥儀夫妻を自分の隣に座らせ、陳毅もそばに座った。席上、周恩来は溥儀に向かって、「あなたはまだ若いのだから、しっかりと学習しなさい」と励ました。そして、李淑賢が料理にほとんど箸を伸ばしていないのに気づくと「私たち南方の料理をお食べなさい」と言って、大皿の中の肉団子を箸で取り、彼女の前の小皿に置き、食べるのを見つめた。

周恩来は、今度は同じテーブルの杜聿明夫人のほうを向くと、心をこめて「妻の鄧穎超(とうえいちょう)があなたにどうぞよろしくと言っておりました」と言った。曹秀清は礼儀正しく立ち上がって挨拶し、感謝の意を示した。話題はすぐ彼女の夫に向けられた。周恩来は、杜聿明が『文史資料選輯』第21集に発表した文章「淮海戦

役の経緯」を称賛した。当時解放軍側指揮官であった陳毅のこの文章に対する興味はさらに深かった。彼は国民党軍の指揮官であった杜聿明に向かってはっきりと言った。「あなたの書いたあの文章を何遍も読みました。以前我々は解放軍側の状況しか知らず、国民党軍の状況はほとんど知りませんでした。あなたの書いたものを読んではじめて、あなたたちが当時なぜあのように部隊を配置したか完全に理解したのです。淮海戦役は解放戦争中最大の会戦で、双方の動員兵力は100万以上に達し、中国史上まれにみる陸上戦闘でした。その勝利は全国を解放する時間を縮めたのです。最高指揮官たるあなたが書いた文章は、戦史のみならず、中国史上でも重要な文献です。一番

共に文史専門員を務める周振興強、王耀武、溥儀、楊伯濤

『毛沢東選集』を閲覧中の溥儀。1964年撮影

得難いのは、あなた自身の手でそれを記録したということです。淮海戦役の研究者に最も貴重な資料を提供したのです。」

周恩来と陳毅の評価は、杜聿明本人を励ましただけではなく、その場にいた専門員たちの誰もが心を動かされた。なんと国家指導者たちが、自分たちの書き記した歴史資料を、かくも重視してくれているのだ。溥儀の感動はひとしおだった。自分が書いた原稿が印刷中であることを、二人の総理の話から知り、自分が国からただ飯を食べさせてもらっているのではなく、価値を創造することができると感じたからだ。

　宴会の話題は、国民党について正しく認識するかどうかという問題に移った。周恩来は、北伐戦争の失敗以降国民党は反動的になったが、草創期や東征北伐の勢いがある時代にはまだ進歩的で革命的だった、と述べた。そこから国民党の前

身である「同盟会」に話が及ぶと、周恩来は突然何かを思い出したように、すぐ前の席の元国民党の将軍たちに向かって「同盟会の前身は何という会だったかな」と尋ねた。同じテーブルの者たちは、しばし言葉につまっていると、別のテーブルに座っていた董益三が「興中会です」と答えた。周恩来は国民党前期における革命の歴史的功績を高く評価していたのである。

董益三は、もともと国民党の上級スパイ組織で通信技術関係に従事していた。彼は日記の中で、自分と妻の当時の心理状態を述べているが、それは総理の宴席に招待された人々の気持ちを非常によく反映している。

> このような場は、私も妻も何といっても初めてであった。妻は私のやり方をまだよく知らなかった。今回の普通でない場面について言えば、あらかじめ今回の会見で何が肝心な点か予想し、自分自身、どうふるまうのが適切か考えていた。いちばん目立たない席に座り、謙虚な態度で、清潔で質素な地味な装いをする、宴席でお互い酒を勧め合う賑やかな場面になっても、沈黙を守り、冷静に自分の頭をはっきりしておく。必要なとき以外は自由に発言しない（例えば、周恩来総理が「同盟会」以前は何という会か、重ねて質問したが、誰も答えなかった。それで、私はようやく「興中会です」と口を差し挟んで総理の談話を助けた。）こういうときは、ことさら自分の存在を示さず、謙虚かつ慎重であることを常に忘れぬよう心がけていた。そうするのが、比較的正しいと思っていたのだ。

周恩来は、溥儀のことも杜聿明のこともよく知っていた。また董益三と同じテーブルの人々や隣のテーブルの人々のことも熟知していた。彼は、分け隔てなく話に花を咲かせた。その言行はテーブルに座っている人たちに移り、気持ちを楽にさせた。面白いことがあった。陳毅がほとんどしゃべらないで酒をがぶ飲みしているのを見かけた周恩来は、「酒は控えめにと言ったのに、どうしてこんなに飲んでいるのかね」と茶化した。陳毅は繰り返し「今日は愉快だ、本当に愉快だ」と言い、食卓はさらに盛り上がった。

夜の9時ごろ宴会は終わった。溥儀夫妻は家に帰ってもまだ興奮が醒めず、その夜は何度も寝返りを打って寝つくことができなかった。とりわけ、幼いときから親の愛情を受けることがめったになかった李淑賢は、言い尽くせない感慨に

溥儀が書いた草稿「中国人としての誇り」　溥儀が全国政治協商会議3期第3回会議で発言したときの初稿

浸っていた。

　翌日の午後、専門員たちは事務室で、2人の総理の演説を一緒に思い出し、そこから得たものについて話し合った。溥儀と杜聿明は、相次いで発言したが、どちらも本心から出た言葉で感動したと皆は言った。宋希濂が引き続いて発言した。「私と妻はとても興奮して、夜中の1時過ぎになっても眠れなかった。今日まだ勤務があるので、それぞれ睡眠薬を2錠ずつ飲んでやっと寝付いたのだ。」

　人々は、よく「果てしなく広い」という言葉で海を形容するが、実は海には果てがある。本当に果てしなく広いのは、周恩来の心なのだ……。

281

29

ある政協委員の本心

全国政治協商会議講堂の第4会議室において、溥儀ら文史資料専門員は、白熱した議論を交わしていた。話題は、周恩来と陳毅が1963年11月10日の接見中に決めた内容に基づく、家族を帯同しての見学旅行の行程などに関してであった。党指導者として、中国共産党中央統一戦線工作部から徐永、張執一の両副部長が、全国政治協商会議からは申伯純、辛志超、梅龔彬ら3人の副秘書長が会議に加わっていた。

それは1964年2月最後の日のことであった。

会議では以下のような決定がなされた。第1回目の見学旅行は、周恩来と陳毅が言った通り、上半期、うららかに花咲く春の3月10日に出発し、まず長江南北の江蘇、浙江、安徽、江西、湖南、湖北6省と上海へ行き、メーデー前に北京へ戻り祝賀活動に参加する。第2回目の見学旅行は、下半期、夏の暑い時期を避け秋の初めにする。黄河沿いに延安、西安、洛陽と鄭州などに行き、10月1日の建国記念日までに北京に戻って祝典に参加する。旅費、宿泊料はすべて国が負担する。食費は毎日一人0.5元を支給するほか1元を補助し、その他各自に200元を出す、というものであった。

江南や西北地方に行くのは、溥儀にとってどちらも初めてのことで、とても楽しんだ。南方から帰って来ると、彼は「初めての江南への旅」という文章を書き、西北から帰って来ると、今度は「河南、陝西を見学したときの感想」という文章を書いた。それらは相次いで中央人民放送局の台湾向けラジオ放送の番組中で流され、評判もよかった。溥儀はまた見学と遊覧をテーマに、専門員たちと座談会で体験や感想を語った。また招待に応じて北京植物園などで、特別テーマの報告を行い、地方での見聞について述べた。

特筆するに値するのは、1964年5月7日、専門員たちが南方から帰って来

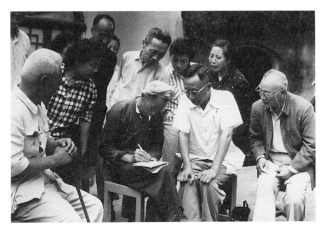
延安で毛沢東の旧居を見学し、現地の農民に記念のサイン求める溥儀

29 ある政協委員の本心

　間もなく、周恩来宛てに書面で報告を送ろうと鄭庭笈と楊伯濤が提案したことである。見学で得た成果と感謝の思いを表そうというのである。この提案に溥儀は大いに賛同し、溥傑が皆から依頼されて報告書を書いている間も、積極的に多くの意見を出した。

　人民大会堂の福建廳で、周恩来は適当な時期になったら、専門員のうちの何人かを「政治活動に参加」するよう「党と政府は考慮中」と述べたが、１年後にその約束は果たされることになった。

　1964年11月18日——北京の秋が深まったある日、溥儀は全国政治協商会議事務局からの通知を受け取った。そこには次のように記されていた。

　　愛新覚羅・溥儀委員
　　中国人民政治協商会議第３期全国委員会常務委員会第44回会議において協議の結果、貴殿を中国人民政治協商会議第４期の全国委員とすることを決定した。ここに通知するものである。

　「宣統帝」が政協委員になったというニュースは、あっという間に広まった。その数日間、溥儀は嬉しさのあまり、しばしば寝つけなかった。それは、高い職務に就いたためではなく、自分自身の進歩と、政府および人民からの信用を目の

283

当たりにしたからであった。

同時に政協委員になった、宋希濂、范漢傑、廖耀湘、王耀武そして杜聿明らも、みな非常に興奮した。溥儀や杜聿明らは、筆を執って周恩来に手紙を出した。その中で、党と政府に対する感謝の思いと、命ある限り新中国建設および台湾祖国復帰という民族統一事業に、全力を尽くすという決意をしたためた。

1964年12月20日、溥儀は全国政協委員の身分で、周恩来自ら主宰する中国人民政治協商会議第4期全国委員会第1回次会議に、光栄ある出席を果たした。

彼は、さらに12月30日午前の全体大会で、中国共産党が戦争犯罪人を改造して生まれ変わらせた偉大な政策について、ありのままの所感を述べた。

八路軍事務所旧跡を見学したときの感想

1960年3月から4月にかけて開催された全国政治協商会議第3期第2回会議から、溥儀は何度も「特別招待者」という身分で会議に列席していたのだが、今日、列席から出席へと変わったのであった。

専門員たちを組織して家族帯同で見学旅行させるのを、最初に思いついたのは周恩来だった。また、特赦されたかつての軍人・政治家の政治的待遇を引き上げ、その中の代表的人物を国政に段々と参与させていくのを最初に思いついたのも周恩来であった。これらは、一国の総理としての政策的配慮だったかもしれない、しかし、溥儀をもっと溥儀を感動させたのは、周恩来の思いやりと手厚い保護であった。

周恩来の溥儀に対する期待は非常に大きかった。溥儀が特赦された人々の中で

臨潼の華清池を遊覧したときの感想

模範となり、当時まだ拘禁されている戦犯全員の学習上の手本となるよう願ったのである。溥儀や杜聿明らが特赦されたばかりのとき、周恩来は西花廳で彼らに接見し、「あなたたちは模範なのだから、人に良い印象を与えなければならない」と話した。

周恩来は、最初に特赦となった人々は改造の模範となるべきだと思っていた。心配していたのは、彼らが新しい環境に出会い、思想的に後退してしまうことだった。そこで、周恩来はしばしば、「あなたたちは、確かに特赦になったが、過去の歴史的罪悪は、客観的に見て変えることはできない。それは特赦されたからといって、決して消せるものではないし、人の思想や行為も変えることはできない。人を許すが罪を許さないということを、みんな今後の戒めとし、自らを引き続き改造しなければならない」と戒めていたのである。[1]

周恩来は、第1陣として特赦された中では、溥儀の進歩が最も速く、多くの人に影響を与えられ、さらに模範として責任を果せると考えていた。[2]

この点を考えて、周恩来の溥儀に対する要求は最も高くて厳しかった。絶えず彼の進歩ぶりを指摘しながら、同時に「あなたは、この数年間進歩してきているが、まだ強固になっているとは言えない」、「あなたはまだ学習が足りない、努力

---

[1] 楊伯濤：「周恩来総理、陳毅副総理との第2回、第3回の引見の思い出」。楊氏が筆者に参照をさせてくれた草稿からの抜粋。

[2] 周恩来が1960年1月26日溥儀とその親族の話をした際のメモによる。

して学習しなければならない」と鋭く注意を与えていた。[3]

　周恩来の配慮と激励そして要求を、溥儀はとてもよく理解しており、たいへん感謝していた。1960年1月27日、すなわち、周恩来が初めて溥儀とその親族たちに接見した翌日、溥儀は当時団体生活をしていた崇内旅館に帰るやいなや、非常に興奮した面持ちで、杜聿明らに、こう話した。「総理は、お忙しい中、時間を割いて私たちに引見してくださった。本当にありがたい。私の罪悪はとても大きいのに、人民に対してまだ少しの貢献もしていない。党が私に対してこのように配慮をしてくれ、総理は私にどんな仕事をしたいかを聞き、検診まで受けさせてくれた。私の生命はすべて党に差し上げる。私はどうやって党の恩情に応えるべきだろうか。」[4] ここには溥儀の本心が現れている。

　その後も溥儀は、このような本心を、撫順戦犯管理所副所長金源に送った手紙、北京植物園で生活の終了間際の思想総括、専門員座談会や討論会上での発言、政協の会議における演説の中などで述べている。

　溥儀は、さらに自分の日記に、周恩来が接見時に語った言葉を、幾度となく書き止め、それを読んで自らに鞭打っていた。1965年3月17日、撫順戦犯管理所副所長金源と公安部の梁平は、病院を訪れ溥儀を見舞い、「あなたは今拘留されている戦犯たちの学習上の模範となるべきだ」と励ました。溥儀は大変感動し、特赦になったばかりのとき、周恩来が自分を励まして言った「模範として皆に影響を与えるべきだ」という言葉を思い出した。そして、すぐ日記に長々と、その思いを綴った。このような所見は、溥儀の日記のあちこちに見受けられる。そこからは、1964年以降、溥儀の思想の深部で起こった多くの変化ばかりでなく、周恩来がこれらの変化に対してなした適切で有効な働きかけを見て取ることができる。ここに、その原文をいくつか抜粋しよう。それだけで、細かい説明は必要ないだろう。二人の人物の心と心の交流の真実を、あたかも一幅の絵画のような生き生きとした情景を、多くの読者の目の前に、お見せすることができるだろう。その心の交流をした二人こそ、まさに人民の敬愛する現代の総理と改造を受けた最後の皇帝であった。

---

[3]　周恩来が1960年1月26日溥儀とその親族の話をした際のメモによる。

[4]　関連資料に依拠して記載。

周恩来総理は非常に私の改造と進歩に関心を持っておられ、申(伯純)さん〔全国政治協商会議副秘書長の申伯純のこと〕に、こうおっしゃったという。私を慢心させないように、(本を書いたり、外国からの賓客と会って、多少の成果をあげたことで)有頂天にさせてはいけない。社会主義、人民に奉仕するという関門を突破せねばならない、と。……本当に両親より優しい。

―――1965年4月14日

たとえ仕事でいくらかの成果を収めたとしても、決して慢心してはいけない。毛主席はかつて党員に対して「謙虚は人を進歩させるが、誇りは人を立ち後らせる」と話された。党員に対してすら、こうなのだから、まして私のような出身経歴を持ち、搾取者、反動統治者であり、かつ人民に対して大罪を犯したことがある者はなおさらだ。党の偉大な改造政策のおかげで、やっと私を罪深く暗い深淵の中から救い出してくれたのだ。

1964年11月18日、溥儀に全国政協委員に推挙された旨を伝える通知

1962年12月20日から1963年1月11日、溥儀が北京で開かれた全国文史資料工作会議に出席したときの参加証

毛沢東、周恩来と溥儀

1964年10月13日、金源と李福生が溥儀に宛てた手紙

溥儀を訪問した沈徳純全国政治協商会議の史委副主任（中央）、張孔文史事務室副主任

たとえいささかの成果をあげたとしても、それは祖国、人民への奉仕であり当然なすべきことなのだ、いい気になってよいはずがない。まして、私は大した成果も収めていないのだから。

———1965年4月14日

　以下に挙げるいくつかの点で、私には慢心が生じている。その一、10年間の改造で、すでに罪悪を認識し、かつて信奉していた帝国主義思想や封建思想を憎むまでになり、この両者はどちらも解決したので、その他には罪深い思想は抱いていないと思っていること。その二、改造されていない民主的人士より、自分のような改造された人間の方が勝っていると考えていること。その三、『わが半生』を書いて、封建的、帝国主義的罪悪を暴き出したこと。その四、しばしば外国からの賓客と会見し、党の改造政策を宣伝したこと。その五、政協委員になり、党と政府の信頼を得たこと。以上のいくつかの理由によって、自分自身で、改造は上手くいったと思い込み、次第に自己満足に陥ってしまった。それは改造と前進を妨げるだけではない。慢心は、さらに旧社会の個人主義的な考え方を芽生えさせることになるのだ。

　党と人民が求めるいかなる仕事も、すべて人民に奉仕するものなのだ。たとえ成果があったとしても、それは党の改造政策の偉大な成果であり、党と祖国人民のものだ。自分にとっては本分であり義務であり、殊に罪を償う行為なのだ。

　まして、正確に言えば、この数年、仕事ではなんらの成果も収めていない。逆に、近ごろは、改造教育を受けていたころに及ばない。北京そして植物園に来た当初は、慢心もなく、罪を認め勤労大衆に学ぶことができていた。今はまた退歩してしまい、昔ほどではなくなった。仕事でも学習でも主体性がなく、その上、怠けるという悪習が徐々に復活発生してしまい、真剣に研究や思索をしないので、政治学習において質問も出さなくなってしまった。……これはすべて自分の欠点だ。慢心がまだあるから、真の進歩を妨げ改造を妨げるのだ。

　周恩来総理は、私に慢心が生じていると本当によいタイミングで指摘して、私を救ってくださった。私は必ずこれらの欠点を改め、10年間に及ぶ改造の成果を強化し、たゆまず自己改造して、いつでも欠点や誤りを克服する。永

遠に党とともに歩み、毛主席のおっしゃる通りにし、社会主義という関門を突破し、絶えず前進する。そうしてこそ、はじめて党と毛主席の恩情に背くことなく、生まれ変わった人間として、本当に人民の役に立てるのだ。

　申さんは、周恩来総理が何度も私のことを話題にし、「本を出したり、外国からの賓客と会ったりして有頂天になってはいけない、有頂天になったら後戻りをしてしまう」、「撫順で進歩していたのに、政協に来たとたん後退するようでは駄目だ」とおっしゃっていると教えてくれた。また総理は、申さんに「命令」するような口ぶりで、「溥儀のことはあなたに任せた。彼を駄目にしないように」とおっしゃったそうだ。……本当に総理は私に両親のような心遣いをしてくださる。党は私の拠り所だ……私に慢心があれば、直ちに申さんに相談する。そうすれば、私の進歩を助け、私の思想上の欠点や慢心を正し、そして私の新しい魂を救い、私の思想を健全なものにしてくれるだろう……。

―――1965年4月20日

30

毛沢東の溥儀論

　自宅における「湖南料理の宴会」の後、毛沢東は溥儀と会う機会はなかった。しかし、この中国最後の皇帝を忘れることはなかった。多くの外交の場や、自分が司会したいくつかの重要な座談会の席で、家族あるいは親族との談話中であっても、何度も溥儀のことを話題にした。1963、64年の2年間は、それが特に顕著だった。

　周恩来が福建廳で第4陣として特赦された元戦犯と接見した5日後、毛沢東がアルバニア検事総長アラニト・チェラとの会見で溥儀について言及してから10日後、すなわち1963年11月26日、キューバの詩人・作家で芸術家のピータ・ロドリーゲス[*1]と会見した際、毛沢東は再び溥儀のことを話題に出した。

　ピータは、自分自身を、形の上では詩人だが実際には革命家だと紹介した。毛沢東とピータの談話は、話題が幅広く、中国の文豪魯迅から、毛沢東の故郷である湖南省韶山、ハバナの革命や中国の革命などに及んだ。

　キューバ革命の過程において一部の者は常に傍観者である、とピータが言うと、毛沢東は、それなら彼らに見させておけばよい、と答えた。北京にも、革命が成功するかどうか傍観している者がいる。社会主義建設に対しても傍観している。それでいて、政治的な嵐が来ると、必ず動揺する。しかし、彼らは少数であり、我々は恐れない。彼らを欺かないし、殺さない。そう毛沢東は話した。

　毛沢東は、会見に出席していた在中国キューバ大使ピノ・サントスに顔を向け、北京に駐在して何年になるのか尋ねた。大使が3年と答えると、毛沢東は、我々

[*1]〔訳注〕1909～1990年。ハバナ生まれ。青年時代はフランスやスペインで生活した。帰国後、前衛誌に参加し詩や小説などの創作・執筆活動を行った。キューバ人民社会党機関紙の日曜版編集長を経て、キューバ作家同盟文学部長を務めた。

がめったに人を逮捕しないし、殺しもしない代わりに、大衆が監督できる仕組みで悪人に労働させているのをご覧になっているだろう、と言った。全体の70パーセントから90パーセントを占める大多数の人民大衆によって、せいぜい1パーセントから3パーセントに過ぎない人の労働を監督するのだ。悪人の大多数は一定条件の下において、改造され善人になることができる。

　ここまで話が進むと、会見に同伴した国務院対外文化聯絡委員会副主任張致祥が口を挟んで、溥儀に関する話題を持ち出した。

　張致祥：ピータさんは溥儀に会ったことがありますか。

　ピータ：ちょうど主席にお話しようと思っていました。溥儀に会ったことがあるのです。

　毛沢東：私も一度会いました。食事に招待したのです。彼はとても喜んでいましたよ。

　張致祥：溥儀は今年57歳になりました。

　ピータ：彼は確かに改造されていた、という印象を受けました。彼は、昔犯した過ちについて長く語りました。とても誠実な様子でした。

　毛沢東：彼は、かつての自由がない生活にとても不満を抱いていました。皇帝というのは不自由なものです。

　溥儀という存在は、毛沢東が主導する「中国の革命」における有力な実例の一つであった。そのため、60年代に訪中したアジア、アフリカ、ラテンアメリカ諸国の友好人士たちは、みな北京で溥儀と会見している。溥儀の日記には、ピータ来訪の様子について簡潔に記されている。

　11月18日（月曜日）、午後2時半、対外文化聯絡委員会の紹介で、私は全国政治協商会議において、キューバ作家同盟文学部長で詩人のピータ・ロドリーゲス夫妻に会った。私の経歴、特に私の思想改造に重点を置いて話した。夜6時ごろ、客は帰った。『北京週報』副編集長石方禹がその場におり、陳曽慈が同席していた。

　中国の革命における事例として、溥儀の経歴は、人は改造でき変えられるのだから教育すべきだということを証明するものであった。毛沢東は、これは社会革命と人類進歩の一つの基本側面であり、軽視してはいけないと考えていたのであ

る。

1964 年 2 月 13 日、旧暦では元旦にあたるその日、人民大会堂の北京廳で、毛沢東自らが司会を務める春節座談会が午後 3 時から始まった。

出席者には、国家主席劉少奇、中国共産党中央総書記で国務院副総理の鄧小平、全国人民代表大会常務委員会副委員長兼全国政治協商会議副主席で北京市市長でもある彭真、中国共産党中央宣伝部部長兼国務院副総理の陸定一、全国人民代表大会常務委員会副委員長兼全国政治協商会議副主席で中国科学院院長の郭沫若、全国人民代表大会常務委員会副委員長兼全国政治協商会議副主席で中国民主建国会主任委員の黄炎培、全国人民代表大会常務委員会副委員長兼全国政治協商会議副主席で全国政治協商会議地方工作委員会主任委員の陳叔通、全国人民代表大会常務委員会副委員長林楓、全国政治協商会議副主席の康生、教育部部長楊秀峰、水産部部長で九三学社主席の許徳珩、科学技術委員会副主任で中国科学院副院長張勁夫、中国科学院副院長陳伯達、教育部副部長蒋南翔、新華通信社副社長朱穆之、北京大学校長の陸平と全国政治協商会議常務委員の章士釗らがいた。全国人民代表大会常務委員会副委員長兼中国国民党革命委員会副主席の程潜と水利電力部部長の傅作義も招待されていたが、外遊のため出席していなかった。

多くの中央指導者と著名な民主人士を前に、毛沢東は章士釗と黄炎培の間に座った。開会の「冒頭言」は、気軽でユーモアに満ちたものだった。毛沢東は、座談会を開いたのは、国内外の状況について話をしたかったからだ、と言った。彼は自分の両隣りに座っている章士釗と黄炎培に顔を向けながら、単刀直入に切り出した。帝国主義、修正主義、反動派は、結託して中国に敵対しようとしているが、中国は滅びると思うか。民主人士の皆さんは「海賊船」に乗ったまま、下りられなくなった。アメリカが原子爆弾を落とせば、我々は一緒にお陀仏だが、それは大したことではない。また延安に戻ればよいのだ。あのころ延安の町には 10 万から 20 万くらいしか人口がなく、辺境区全体でも人口は 150 万人を越えていなかっただろう。また戦えばよいのだ。やはり最後には我々が勝利する。人は、罵られてこそのものだ。共産党員である以上、罵られるのを恐れては駄目だ。1939 年前後、その時期の国民党はまだ賢かった。決して我々を公然と罵倒せず、内部で切り崩し工作を行っていた。1941 年 1 月になると、国民党は皖南事件*2 を起こし、我々の新四軍を壊滅させ、7000 余人の兵力を殲滅した。後にも何度か反

共活動を展開し、わが党と人民を「教育」してくれた。蒋介石は機会があれば、我々を攻撃しようとしていた。抗日戦争勝利後、蒋介石は平和を唱え、私を重慶での交渉に誘った。重慶到着後、私と蒋介石はそれぞれ命令を発した。交渉期間中、まず上党戦役*³で、閻錫山軍の9000人を殲滅し、その後の邯鄲戦役*⁴で、馬徳武などの3個部隊を壊滅させ、国民党第11作戦区副司令官の高樹勲は部下を率いてわが軍に投降した。毛沢東がここまで話すと、口をはさむ者がいた。

「高樹勲は今すでに共産党に加わっています。」口をはさんだのは鄧小平だった、彼は高樹勲が国民党軍から共産軍に寝返る際、重要な役割を果たした人物の一人だった。

「ここからわかるように人は変われるのだ。」毛沢東は鄧小平の言葉を継いで思うところを述べた。

「宣統帝が今年、新年の挨拶をしに来ました。」康生がそのときに溥儀のことを連想したのは、非常に時宜を捉えていた。

「君に新年の挨拶をしに来たのか。」毛沢東は重ねて尋ねた。

「政協へ新年の挨拶に来たのです」と康生は答えた。

「宣統帝とはしっかり連携しなければならん。彼と光緒帝はどちらも我々にとって直属の上司だった。我々は彼らより下の民衆だったのだ。ところで、彼の暮らし向きはあまり良くないそうだ。月給が180元余りというのは、少なすぎるのではないか。」毛沢東は右側に座っている章士釗のほうを向き、「私の原稿料から少し融通するので、あなたから彼に届けてほしい。暮らし向きを少し改善するように。彼に「長鋏よ帰らんか、食うに魚なし」*⁵などと言わせてはいけない。何といっても相手は『皇帝』なのだから。」

「宣統帝の叔父載濤も生活に困っています」と章士釗が言った。

「彼のことは知っている。ドイツに留学したことがあり、清末に陸軍大臣と軍

＊2 〔訳注〕安徽省南部で起こった国民党軍と共産党軍の武力衝突のこと。

＊3 〔訳注〕山西省上党地区（現長治市）内で起こった、第二次世界大戦終結直後、国共両軍間で発生した最初の軍事衝突のこと。

＊4 〔訳注〕1945年10〜11月、河北省南部の邯鄲における国共両軍の戦闘のこと。

＊5 〔訳注〕戦国時代、斉の孟嘗君のところへやって来た食客が、待遇の改善を求め「食卓に魚がないなら帰ろう」などと嘆じた故事に基づいたもの。（『戦国策』斉策）

機大臣になったことがある。今は軍事委員会の馬政局顧問だが、彼が生活に困っているというのもいかんな。」毛沢東は言った。

毛沢東は溥儀に関心を持っただけでなく、その他一族の人々にも関心を寄せていた。1950年8月10日に載濤が軍事委員会砲兵司令部馬政局の顧問に招聘された際、任命書には毛沢東自らが署名したのである。載濤を行政組織では13級とし、一夜のうちに高官に引き上げたのである。月給は200元近くであった。続いて彼は人民代表大会代表、政協委員に選ばれ、毎月交通費50元を支給された。載濤は天にも昇るような心地だった。政治上の地位と能力を発揮する機会を得たばかりか、生活も保障されたのである。そのとき、彼は不思議に思った。毛主席は、自分とは会っていないのに、なぜ自分のことをこのように理解しているのだろうか。そう考えると夜も眠れず、載濤は毛沢東宛に感謝の思いを率直に綴った手紙を書いた。当時彼はすでに63歳になっていたが、毛主席の知遇を受けた恩に応えるため、真面目にこつこつと仕事に打ち込んだ。毎日自転車に乗って数十里も離れている馬政局の役所を往復した。そのことを中央の指導者が知ると、軍事委員会中国人民解放軍総参謀部を通じて載濤に手紙が届けられた。

　　載濤顧問へ
　　我々は貴兄が高齢であるのを考慮し、毎日馬政局へ出勤するのは無理だと
　判断します。貴兄の健康に鑑み、本日より自宅待機とし、通常は馬政局まで
　出勤しなくてかまいません。直接協議することがあれば、そのときに馬政局
　から通知します。以上。
　　どうぞご健康にご留意ください。
　　ここに謹んでご挨拶申し上げます。[6]

人民政府の載濤に対する行き届いた配慮は、またしても、溥儀の叔父であり、清朝の元大臣である男の心を揺さぶったのだった。

章士釗が、今回の春節座談会の席上で、載濤が生活に困っているという話を持ち出したのには、理由があった。ある日、載濤が会議に出ていると突然家から電話がかかって来た。家の北側の部屋で東南側に大きな窪みができてしまい、早く

＊6　鄭懐義、張建設：『最後の皇叔載濤の栄枯盛衰記』、群衆出版社、1989年版、108ページ参照。

帰宅して修理してくれというのである。載濤は受話器を置くと、会議を司会して
いた指導者に、帰宅を申し出た。みんなが、何が起きたのか親切に尋ねると、彼
はユーモアたっぷりに言った。「お天道様の機嫌が悪いのか、家がぺしゃんこに
なってしまいました。どうやって修理できるか見当もつきません。」これはもち
ろん冗談であったが、その中には真実も含まれていた。当時、載濤の給料は低く
はなかったが、大家族で養うべき人数が多かったため、すぐには修理費を工面で
きそうになかったのである。章士釗はこのことを聞き、毛沢東に状況を説明した。
毛沢東は、「載濤は生活にゆとりがなく、家が壊れても修理する金がないとは。
私の原稿料の中から2000元出して、部屋の修理に当ててほしい。」春節座談会が
終わった後、毛沢東は直ちに約束を果たした。個人の原稿料の中から2か所宛の
金を出し、章士釗は、それらを西城区東観音寺胡同の溥儀の家と東城区寛街西揚
威胡同の載濤の家に届けた。

　溥儀は非常に感動し、ご厚情は受け取るが、お金は受け取れない、『わが半生』
がちょうど出版されたばかりで、原稿料もいくらかは入るし、決して生活に困っ
ているわけではないから、と言った。章士釗が何度も受け取るよう勧めたので、
やっと受け取った。

　載濤は家の修理代を受け取り、やはり感激のあまり言葉も出なかった。そこで、
筆を執って、主席への2通目となる礼状を一気にしたためた。[*7]

　毛沢東が国の教育方針、体制などに関する座談会において、溥儀や載濤に触れ
たのは、むろん彼らに「魚を食べさせ、部屋を修理してやった」という話だけで
はなく、その主旨は「変化」であった。溥儀や載濤の「変化」に歴史を重ね合わ
せ、その場にいる多くの人の変化に思いを馳せて、まず自分自身のこと、すなわ
ち南昌蜂起以降の一連の歴史、井岡山を根拠地とした遊撃戦のことなどから説き
起こした。そして、自分は元来戦争は得意でなかったし、戦争をするなど思って
もみなかったと言った。1918年、北京大学の図書館で仕事をし、毎月1元銀貨8
枚の給料を手にし、衣食住をすべて賄っていた。

　ここまで話すと、毛沢東は何か思い出したように、右側に座っていた章士釗に

[*7]　王乃文口述、辛芳整理:「『皇帝の叔父』から全国人民代表まで」、『団結報』1983年9月24
　　日掲載参照。

話しかけた。

「まさにあの年、楊懐中から紹介されて、あなたと知り合ったのでしたね。」

「もう少し前です。湖南で知り合ったのですよ。」章士釗が答えた。

楊懐中とは、楊開慧〔毛沢東の最初の妻〕の父で、毛沢東の岳父であり先生だった。また章士釗とは親しい間柄で、湖南省の長沙で毛沢東と章士釗の数十年にわたる友情の序幕が開かれたのだった。1920年、毛沢東は中国共産党建党を準備しつつ、湖南の革命運動を展開し、一部の青年に資金援助をしてヨーロッパで働きながら勉強させようとしており、そのため大金を急ぎ必要としていた。[8] そのようなときに、章士釗は力強い援助を行い、社会の各界に寄付を呼びかけ、銀2万元以上を準備して、中国の革命に大きな手助けをした。毛沢東は2元銀貨の話から銀2万元のことを思い出したわけである。

毛沢東は話し続けた。章士釗は清初の桐城派[9]の姚鼐主編『古文字類纂』を手放さず、「桐城派オタク」と言うべきだろう。一方、自分は、トイレに行くときも六朝時代に蕭統が編纂した『昭明文選』を紐解き、「文選学派の化石」と自称すべきだ。章士釗は当時袁世凱に仕えたくなかったが、北京大学の校長に引っ張られた。つまり、今の陸平と同じ地位だ。しかし、彼は袁世凱が皇帝になろうとしているのを見抜き、引き受けなかった。そして上海に行き『甲寅週刊』を主催して、それから今度は日本へ行った。日本は上海よりよかった。なぜなら、袁世凱に反対しようが、帝国主義に反対しようが、まったく気兼ねしないで済んだからだ。彼は、後に再び司法総長や教育総長を歴任した。

章士釗のことを話し終わると、今度は黄炎培についての話をした。毛沢東は左側を向き、黄炎培を字で呼んで尋ねた。

「黄任之さんは、当時は君主立憲派でしたね。」

「私は君主立憲派ではなくて、革命派でした。」

毛沢東と黄炎培の間には、あるエピソードがあった。1945年7月1日に黄炎

---

[8] 〔訳注〕留法勤工倹学会のことを指す。学生や労働者の渡仏事業を推進するもので、湖南の新民学会をはじめ、新文化運動にめざめた多くの知識青年が積極的に参加した。

[9] 〔訳注〕清代の文章家の一派で、提唱者らがみな安徽省桐城県出身だったため、桐城派と呼ばれる。清の中期以降民国初期まで文壇の主流であった。

培ら6人の国民の議員は、招待に応じて延安に飛んだ。毛沢東は空港で彼と握手したとき、「20数年ぶりにお目にかかりますね」と言った。黄炎培は、それを聞くとびっくりした。今回会うのが初めてだというのに。毛沢東は笑って言った。1920年5月のある日、上海で、江蘇省教育会はデューイ博士*10を迎えた際、あなたは会議を司会し、中国の中学校卒業生100人のうち、進学するのは何人もいないが、失業するのは何人もいると話していた。そのとき、大勢いた聴衆の中に自分もいたのだと言った。黄炎培はそれでやっと合点がいった。なんと当時青年だった毛沢東が、かつて自分の講演を聞いていたのだ。

毛沢東は話し続けた。君主立憲派であろうと革命派であろうとかまわない、章士釗、黄炎培、毛沢東、今我々はみな一緒に座っている。毛沢東が、わざわざ章士釗と黄炎培の間に座ったのは、このような深い意味があったのである。

毛沢東は、さらにこう語った。傅作義は今日来ていないから、彼のことは話さないでおこう。許徳珩の水産部が管理する海岸線はとても長いが、昆布の養殖は今後見込みが持てそうだ。陳叔通は中華民国第一回国会の議員で、最初は梁啓超に師事しており、いわば「研究派」として、段祺瑞を支持した。その後、李根源の下で「政治学派」に属し、蒋介石を支持したのだ。今、立場や思想を変えて全員一緒に座っている。そして共に社会主義建設に参加しているのだ。今年の事業を上手く行えるように考えるのは、共産党のすることだが、あなたたち民主諸党派の望みでもあるはずだ。

溥儀、載濤、毛沢東、章士釗、黄炎培、傅作義、許徳珩、陳叔通、それぞれが異なった出発点から一緒に歩んで来て、祖国の社会主義建設に参加している。まさにこれが歴史なのだ。溥儀も貢献しており、それこそ彼の一生における最大の価値であった。

溥儀のことから他の人物やその間の歴史に話が及び、その後ようやく教育面の学制、課程設置、教授法と試験制度など具体的な問題に移った。毛沢東がこうした方法で会議を進行するのは、まさに自らの教育思想における基本理念を体現したものであった。すなわち人は教育によって変えられるという視点から、社会主

---

*10 〔訳注〕1859〜1952年。プラグマティズムを代表するアメリカの思想家。中国には1919年4月から1921年7月まで長期滞在し講演活動などを行った。

義が求める人材を育成しようとしたのである。

　溥儀という生きたモデルを引き合いに出して、毛沢東はさらに多くの場面で彼の教育思想を披露した。春節教育座談会が開かれてほんの数日後、毛沢東は、ある年若い親族と話をしているときにも溥儀のことを話題にした。

　毛沢東は、その親族に「弁証法を理解しなければ、弁証法的に自分や他人を分析することはできないし、いかなる事物にも二つの面がある、以前の自分を素晴らしいと考え、今また自分を何の価値もないと見なす、ということも理解できない」と言った。

　毛沢東はさらに続けた。弁証法はとても良いものだ。人々の知識には限りがある、しかし、この方法を運用しさえすれば、わからない問題も、分析すればすぐにわかるのだ。相手が、何人かの学生が大学で間違いを犯したため除名処分を受けたと話すと、毛沢東は、こう批判した。間違いを犯した人が自分でその誤りに気づいたとき、君は相手を激励し、その長所を指摘するのだ。事実、相手には長所が多くあり、ぬるま湯の風呂に入れるがごとく扱わなければならない、ただし、熱いお湯は我慢できない、冷たいのも我慢できない、温度はちょうどよくしないとだめだ。間違いを犯した人を除名するだけでは、問題は解決しない。除名するのは簡単だ。農村に行ってみたまえ、地主、富農、反革命分子、悪質分子、右派分子を、もっぱら大衆による監督の下で改造し、裁判所には引き渡さない。裁判所に引き渡すのは、ただ矛盾・問題を上級機関に転嫁しているに過ぎない。これでは問題は解決しない。溥儀、杜聿明、康沢のような複雑な人物でもみな改造できたのだ。若者には党員もいるし、共産党青年団員もいる。どうして改造できないことがあろうか。

　1964年6月23日、毛沢東はチリのジャーナリスト代表団と会見したとき、国内建設と社会の秩序などの状況に言及した。代表団の団長シルバ、団員のバスクスやペレスらが中国に来て約1か月になろうとしていた。彼らは、北京、上海、瀋陽、鞍山、撫順、長春、南京、無錫、杭州などを見学し、中国人民には組織力、紀律、意気込みが十分あり、犠牲の精神を持っており、大きな成果を収めていることを知った。

　それに対し毛沢東は、少しは成果をあげてはいるが、大きなものとは言えない。我々のところには、汚職をするような輩もいる。我々は彼らを批判している。そ

れを我々は「整風」*11 と呼んでいる。政府の職員となって、汚職をしないでいることは容易なことではない。我々はそうした人間を人民内部の矛盾とみなして処理し、これら少数者を教育する。それでも大多数の人間は良いということを信じている。どの国の人民であれ、悪事を働くのは常に少数だ。そして、悪いことをする人間も変えることができる。極端な例で言えば、我々と戦って捕虜になった国民党の将軍でさえ変えることができる。改造を通じて、彼らは我々に敵対しなくなった。その他、清朝の皇帝も同様だ。彼は現在、全国政治協商会議で文史資料の仕事をやっている。彼は今自由の身になって、どこにでも行くことができる。以前皇帝だったときは、とても不自由だったのだ。

「彼は、かつては紫禁城内の築山の景色しか見ることしかできませんでしたが、今や解放されましたね。」チリからの訪問者バスクスは、ちょうど北京で溥儀を訪ねたばかりであった。そのとき、中国の元皇帝から受けた深い印象をもとに、毛沢東の前で、自分の感想を漏らしたのである。

客からの評論を聞くと、毛沢東は興に乗って話を続けた。以前皇帝だったとき、溥儀は、あちこちに出かけようとしなかった。自分に反対する人民を恐れ、自分自身の尊厳を損なうことも恐れたのだ。皇帝でも自由に出かけられなかったのだ。ここから、人は変えられるということがわかる。しかし、強制することはできない。自覚するようにすべきで、強引に押しつけてはいけないのだ。西側では、我々が「洗脳」を行っている、という人がいる。*12 頭の中をどうやって「洗う」のか、私は知らないが。頭なら私も「洗った」ことがある。昔は孔子、カントなどひっくるめて信じていた。それから信じなくなって、マルクス主義を信じたのだ。帝国主義や蒋介石が私の頭を「洗って」くれたのだ。彼らは銃で中国人民を

＊11 〔訳注〕思想および活動態度を正して健全なものにするという再教育運動。

＊12 〔訳注〕洗脳（brainwashing）は、朝鮮戦争時、中国が捕虜収容所で捕虜のアメリカ兵に対し行った思想改造について、アメリカのジャーナリストが紹介した言葉に由来する。共産党への好意的信念の確立を目的として行ったとされた。また、旧体制の知識人などに対する強制的な思想改造も含めていう。アメリカでは心理学者のリフトンらが，帰国したアメリカ兵に対し面接を行うなどして研究を進めた。ロバート・J．リフトン著、小野泰博訳：『思想改造の心理：中国における洗脳の研究』（人間科学叢書　6）、誠信書房、1979 年2 月参照。

殺戮した。例えば日本は中国で数え切れぬほど人を殺し、中国の半分以上を占領した。その後アメリカは、蒋介石を支持して我々と敵対し全国規模の戦争を起こした。彼らは人の頭を「洗う」ことで、全中国人民を団結させ闘争へと向かわせた。中国人民の精神状態はそれによって、変化したのだ。誰がカストロの頭を「洗って」あげたというのだろうか。

毛沢東がこう疑問を呈して、周りが笑い声に包まれる中、シルバが口を開いた。「主席に申し上げたい。あなた方は我々の頭の中にあった西側のデマを洗い流してくれただけでなく、目を開かせて中国の現実を見せてくれました。」

シルバ団長は、毛沢東が取り上げた溥儀という実例から、「人は改造できる」という言葉のみを得心したわけではない。溥儀のような人間を改造する上で肝心なのは、彼らの自覚を引き出すこと、すなわち実践的な教育であって、説教のような強制によるのではないとはっきり理解したのである。

半月後、毛沢東は、本社会党左派の佐々木更三、細迫兼光らと会見した際、改造を経て釈放帰国した日本人戦犯に言及した。中国で戦った将軍をはじめとする各クラスの将校たちは、合わせて 1100 数人だが、日本に帰ってから手紙を寄越した。その中の一人を除いては、すべて中国に対して友好的だ。世界には、こんな不思議なことがあるのだ。ここまで話が及ぶと、毛沢東は、その唯一の例外の人物は何と言う名前か尋ねた。その場にいた職員が、飯森といって今は裁判官になっている、と答えた。毛沢東は、1100 数人の中で、中国に反対し、同時に日本国民にも反対している者は一人しかいない、このことは熟慮に値する、よく考えてみるとよい、と述べた。

15 か月後、毛沢東は、日本人戦犯改造の話から国民党戦犯改造について再び言及した。それは杭州において、何人かの人と哲学の問題について話をしていたときであった。毛沢東は、解放戦争の中で国民党に対する分析と総合を例とし、分析と総合は、分けられないようでもあり、分けることもできるという道理を説明したとき、一人の国民党の名将を話題に取り上げ、こう語った。彼は当時溥儀の同僚であり親しい友人だった。我々は以前どのように国民党を分析しただろうか。国民党は統治する土地は広く、人口が多く、大中都市を持ち、帝国主義の支持があって、軍隊が多く、武器も優れていた。しかし、一番の問題は、彼らが大衆、農民、兵士から乖離しており、内部には克服できない矛盾が存在していたこ

とだ。では、我々は以前どう国民党を総合しただろうか。総合とはつまり敵を食べてしまうことだ。敵軍のものを持って来て改造する。捕虜にした将兵は殺さず、一部は逃がし一部はわが軍に編入する。器、食糧、各種器材は、すべて鹵獲する。要らないようなものの中にも、必要なものがある。哲学の用語で言えば、まさに「止揚」ということだ。杜聿明のような人々に対応するには、まさにこうするのだ。

　高度な哲学理論から、溥儀と杜聿明らの改造を成し遂げる。これも毛沢東が作り出した理論とその実践だった。

31

希望の道

　中国の北方では雪と氷がまだ溶けていないころ、南方の広州では、華やかな花々がすでに咲き乱れていた。

　1962年3月2日、周恩来は広州で全国科学工作や舞台芸術作品などの会議に参加した代表者たちに、「知識人の問題を論ず」というテーマの演説を行い、現代中国における知識人の歩みについて、重要な内容を語った。

　アヘン戦争から現在までの120年余りにおける歴史的事実が証明しているように、帝国主義、封建主義、官僚資産階級に奉仕していた知識人は、みな未来がなかった。溥傑はかつて日本へ留学したことがあるが、何の貢献をしただろうか。新中国が彼を改造したからこそ、人の役に立つようになったのだ。彼の叔父載濤は昔、軍咨大臣をしていた。しかし、人民に奉仕できる今の人民代表大会代表には及ばない。我々のところには、かつての科挙出身者がたくさんいる。沈衡老は進士だし、黄任老は挙人で董老は秀才だ。その他翰林公もいる。秀才、挙人、進士、翰林がそろっているわけだ。[*1] しかし、以前は社会的な使命を果たそうとしてもできなかった。どんな方法があったろうか。北洋軍閥時代の李根源は、いわば私と「同業者」だ。だが、国務総理になったからといって、国家や民族のためにどんな貢献ができただろうか。国民党時代の行政院院長翁文灝が中国に帰国した。[*2] 彼も高い学識を持った

---

*1 〔訳注〕いずれもかつての官吏採用試験制度である科挙に関する称号である。科挙にはいくつかの段階があった。郷里での試験に合格すると「秀才」として地方の学校で学ぶことができ、3年ごとに各省で行われる郷試に合格すると「挙人」と呼ばれ、首都の礼部における会試、皇帝の前で行われる殿試に合格すれば「進士」と呼ばれた。「翰林」は、進士から選抜された皇帝直属の文学侍従官を指した。

人物だったが、当時の国民党政権下で生きる道はなかった。頑なにアメリカ帝国主義のために奉仕している胡適などは、その生命が尽きるまで、未来はない。逆に、歴史の発展が証明しているように、知識人はプロレタリア、勤労大衆、共産党とともに歩んでこそ未来がある。革命と社会主義建設の時期において、すべて証明されていることだ。[*3]

　旧社会における知識人には未来がなかったと説明するため、周恩来は、清代、民国時代および国民党時代の有名な知識人を何人か例として取り上げた。しかし、周恩来は溥儀について触れなかった。溥儀は皇帝という封建時代における最高権力者であったので、「奉仕」とは関係がないと思ったのかもしれない。しかし、溥儀は5歳から国中より選ばれた有名な学者による「御前進講」を受け、古典を学んだだけでなく、さらに外国人教師ジョンストン[*4]から、英語や近代的科学の知識を教わっていたので、当然知識人の中にいれてよい。この三度皇帝の位に就いた知識人は、真の未来を見いだせず、結局は監獄の中に入れられてしまったのである。歴史が示すように、溥儀も旧社会におけるすべての知識人と同じく、未来は新中国にあった。まぎれもなく、周恩来が彼を希望の道に導いたのだ。

　1959年4月29日、それは政協第3期全国委員会第1回会議が閉幕した日であった。その会で政協第3期全国委員会主席に選ばれた周恩来は、当日茶話会を催し、60歳以上の全国政協委員を招待した。座談会の中で、周恩来は「自らの

---

*2　〔訳注〕1889～1971年。地質学者でもあった翁は、一時期アメリカに渡っていた。1950年冬、毛沢東・周恩来の招聘を受けて、翌年3月に帰国し、中国人民政治協商会議全国委員会委員などを歴任した。

*3　『周恩来選集』下巻、人民出版社、1984年版、357～358ページ参照。引用文中、「沈衡老」とは「沈鈞儒」を、「黄任老」は黄炎培を、「董老」は董必武を指し、「翰林公」は陳叔通をそれぞれ指している。

*4　〔訳注〕レジナルド・ジョン・フレミング・ジョンストン。1874～1938年。スコットランド出身のオックスフォード大学文学修士。1898年12月から香港で英国総督の秘書を努め、その間中国各地を訪問、英国租借地威海衛の行政長官付きの官吏となり、1916～1917年は長官職を代行。彼が溥儀に引見したのは、1919年3月4日で、その後溥儀が紫禁城を追われる1924年まで教師を務めた。のちにロンドン大学教授となる。その著『紫禁城の黄昏』は、外部からうかがい知れない事情を客観的に記したものとして有名である。邦訳に、中山理訳『完訳　紫禁城の黄昏（上・下）』、祥伝社、2005年がある。

体験を記録し後世に伝える」よう呼びかけた。その目的は、清朝末期、北洋軍閥時代および国民党統治時代から新中国成立までの期間、各方面での経験や見聞のある人から回想録を蒐集し、中国近代現代の史料を充実させ、さらに、そこから導き出される具体的かつ信憑性のある歴史的経験ないし教訓を、祖国の社会主義建設に役立たせるためだ、と説明した。

同年7月20日、全国政治協商会議文史資料研究委員会が、周恩来による直接指導の下、創立された。范文瀾が主任委員を務め、文史資料研究委員会の『組織原則』や『工作方法』などの文献を採択した。やがて、この機関は、文史資料保護のための有効かつ応急的な組織として、特赦となったかつての皇帝、将軍や高級官僚たちが国家のために尽力できる職場となったのである。

1961年2月23日、全国政治協商会議秘書長事務会議で、周恩来の指示により、最初に特赦された元戦犯たちの仕事、学習および生活における問題を検討した。そして、溥儀ら7人を文史資料研究委員会専門員とすることが決められた。以後、文史資料の執筆、研究および編集などが、溥儀や杜聿明ら専門員の業務となった。みな非常に満足し、この仕事は自分にとても適していると感じていた。それぞれが、際立った成果を収めた。溥儀は『わが半生』をテーマとする長編の回想録を完成させた。

希望の道は、往々にして平坦ではなく、でこぼこでよじ登らなければならないような山間の小道であった。

三度皇帝として即位した溥儀も、百戦錬磨の国民党の元将軍たちも、つまるところは旧社会から来た人間だった。あるいは少し前にやっと敵の陣営から離れて来たと言ってもよい。彼らの仕事への情熱はとても強かったが、多くの現実的な問題やそこからもたらされる思想的問題に遭遇しないわけにはいかなかった。例えば、近現代史料の最も大きな特徴として、健在の人や資料提供者の子女や親戚友人のタブーに触れる点が挙げられる。それらの人々や自分のためにも触れないでおくべきなのか、そうした厳粛な問題に直面し、筆を執るのをためらう人もいた。関係書類の記録によれば、党への感謝や信頼については溥儀が一番確固とした態度だったと杜聿明ら専門員はみな考えていたようだ。しかし、このタブーの問題については、まさに溥儀も、同じように苦悶し躊躇していたのである。さらにその他の例を挙げると、回想録を書いたある専門員は、当時蔣介石に提出した

が採用されなかった作戦計画を詳述し、もし自分の作戦が否決されなかったら国共内戦の勝敗はどうなっていたかわからない、とまで書いた。ここに公表された内幕的な史実は、もちろん有用かつ重要ではあるが、その背後には敗北を認めない考え方が透けて見える。

　誤った思想認識が、直ちに是正されなければ、文史資料と事実との乖離を招き、それによって、あるべき価値と効果を失ってしまう。

　周恩来はいつも肝心要のときに現れる。徹底的に指導をするというのが、彼のやり方の偉大な一面である。溥儀や杜聿明らを戦犯から改造して公民にし、さらに彼らを導いて文史資料の職場につかせたが、それで終わりではなかった。総理として多忙な政務を執る中、溥儀の長編の回想録、杜聿明の『淮海戦役始末』、宋希濂の『南京守備体験記』、王耀武の『南京防衛戦回想』、廖耀湘の『遼西戦役実録』、范漢傑の『錦州戦役回想』などを読み、原稿修正の指示を出した。周恩来は、専門員たちが良い成果を収めたときは、嬉しそうに称賛し、問題があれば直ちに厳しく指摘し是正を求めた。

　1965年3月18日、周恩来は全国政治協商会議第4期第1回常務委員会で重要演説を行い、文史資料事業の成果と欠点を総括した。希望の道を、またも指し示したのである。

　『文史資料撰輯』は現在まですでに51集が編纂出版され、当初は大方の興味をそそったが、その後の内容の良くないものもあり質が落ちた、いくつかの文章は内容的に問題があり、低俗で猥褻なものさえ出てきた、と周恩来は語った。

　周恩来は、文史資料の事業は正しい方向を向き、事実に基づいて真実を求めなければならないと強調した。そして、こう説明した。自分はまったく異なる二つの報告を聞いたことがあるが、やはり直接聞くのが確かなのだ、だから調査研究は直接資料を手に入れるよう心がけるべきだ。現地調査の際もどう調査するかが大切だし、階級路線に沿ったとしても、事実に即して真実を追求するのを忘れてはいけないのだ。文史資料の仕事もそうすべきだ。いかなる原稿も分析や選択をしないのではない。もちろん大きく修正しろと主張するのでもない。適当ではないのなら、作者に書き直してもらうよう相談し、もし事実に食い違いがあると感じたら、関係者を何人か読んで話し合わせる。もし作者は改めないと言い張るのなら、まずは保留にして発表は急がなくてもよい。要するに、原稿を検討し選択

をするのだ。「文史資料研究委員会」という名称には「研究」の2字があるではないか。

　文史資料事業の意義に触れた際、周恩来は、文史資料がしっかりと書かれれば、後世の歴史研究に大いに役立つが、大衆の歓心を買うようなこと、わざわざ人目を引くようなことを書いてはならない、と述べた。そして、袁世凱が熊希齢を脅迫して国民党を解散させた経過を述べた文章を読んだことがあるが、たいへん素晴しい内容で、若者に中国の封建政治をはっきり認識させることができるものだった、我々が文史資料を蒐集するのは、後世の人々を啓発・教育するため、現代の人に歴史的遺産として書き残させるのだ、単に読者の気晴らしのためではない、と語った。

　最後に周恩来は、『文史資料撰輯』第52集からは面目を一新するよう求め、歴史研究資料となるか紙くずだとなるか、今こそ岐路に立っていると述べた。

　周恩来の演説内容が伝達されると、文史資料研究委員会内に設置され、いくつかのチームで激しい討論が行われた。溥儀が所属した北洋チームでも、3月29日、4月29日と5月8日の3回にわたり総理演説について話し合った。そして、総理の指示に沿ってやり抜こうと全員が意思を表明した。そこで、北洋チームは改めて原稿依頼と原稿審査に関する計画を見直した。

　周恩来の演説と関連の指示は、几帳面な万年筆の筆跡で、溥儀のノートに記されている。彼は真剣に総理の呼びかけに応えようとし、積極的に仕事に取り組んだ。溥儀が1965年の夏に記した日記を開くと、彼が周恩来の指示を貫徹し、『文史資料撰輯』の品質を高めるため、その他の専門員とともに多くの仕事をこなしたことがわかる。彼は執筆依頼の新しい計画を制定する仕事に参与した。この計画は歴史学者何干之の大綱をまとめたもので、溥儀はこの時代の歴史に精通しており、多くの意見を出した。

　彼は不足点、空白部分を補えるような執筆依頼を強化すべきと考え、さらに執筆を依頼すべき具体的なテーマ案を何度も出した。溥儀は執筆依頼以外にも積極的に原稿を読み、業務に携わった。彼はある討論の中で、原稿をチェックする者は絶えず自らの技能を向上させる必要があり、修正点を見つけ出すだけではなく、史実を明らかにするということに対しての責任感を持たなければならない、そうしてこそ初めて原稿が「真実が書かれた」というレベルに達し得るという意見を

出した。

　溥儀の残した筆記資料の中には、彼が『文史資料研究委員会1965年事業計画』や『文学史資料事業における諸問題に関する意見』などの文献作成に関わったことが記載されているが、それは、中国最後の皇帝が、第一世代の文史資料従事者として、周恩来の直接指導下で創造的な力を発揮したことを示している。

　周恩来が導く希望の道は、溥儀の足元にあった。愛新覚羅一族の人々にとっても、それは同じだった。

　1957年4月、溥儀の三妹の夫郭布羅・潤麒と五妹の夫万嘉熙は寛大な処置により不起訴となり、撫順戦犯管理所から釈放され北京に戻った。二人は日本語に精通していたので、政府から北京編訳社に配属され専門の技術を発揮する機会を与えられた。万嘉熙の残した日記の記述によると、「微生物」、「食糧としてのジャガイモ」といった自然科学や「日本の歴史」など社会科学に関する資料を翻訳して一生懸命働いたという。彼の妻韞馨は「周恩来総理は私たちの恩人です。夫は自分ができることをして報いたいと思っていただけです」と語っている。

　韞嫻は溥儀の何人かの妹の中で最も苦労していた。夫の趙琪璠は1949年に中国を去り杳として消息が知れなかった。そのため、彼女はただ一人で二人の子供を抱え、父親が家を売って作った遺産だけを頼りに暮らしていたが、それも尽きた。さらに困ったのは、韞嫻は体が弱く、大病を患っていた。周恩来と接見する貴重な機会でさえ、病気のため何度も逃していた。周恩来は彼女の状況を知ると、その生活を気遣い、彼女の体でも耐えうる故宮内の保存資料部門での仕事を手配した。

　韞娯と夫王愛蘭は二人とも有名な中国画家だった。息子の王昭もその影響で、小さいときから絵の才能を知られていた。60年代の初め、わずか11、2歳の王昭は、中国人民保衛児童全国委員会から高評価を得て選ばれ、その絵はフランス、日本、パキスタン、ソマリアなど10か国余りで展覧された。溥儀の特赦後にも、王昭は11歳のとき描いた「冠を頂いたツル」の写真を署名入りで記念として叔父に送った。そのころ、この絵はすでにソマリアで展覧中であった。

　1961年旧正月の除夜、愛新覚羅一族の人々は中南海の西花廳に招かれた。当時中国人民保衛児童全国委員会副主席だった鄧穎超は、周恩来に王昭の絵画の業績を紹介した。周恩来は韞娯、王愛蘭夫妻に「お宅では、お子さんに小さいこ

溥儀の甥、六妹韞娛の子王昭が11歳のとき、叔父の溥儀に送った作品

ろから絵画の筆を執らせ、伝統を受け継がせている、これは素晴らしいことです。次回は、お宅の小さい画家さんも連れて来てください」と喜んで声をかけた。小さい画家を励ますため、鄧穎超は何と自ら栄宝斉まで足を運び、筆洗、顔料、画仙紙を買い求め、総理秘書に王昭の家へ送り届けさせた。そのおかげで、王昭の絵はめきめき上達した。彼が1965年の国際児童デーのために描いた大型の中国画「僕たちはヒマワリ、太陽は共産党」は、第2回全国少年絵画展に出品され、大方の好評を博した。

　このように、溥儀の生きる道は新中国にあり、愛新覚羅一族の生きる道も新中国にあったのである。

　1965年8月8日、毛沢東がコンダイ・サイトをはじめとするギニア教育代表団とギニア検察総長ファディアラおよびその夫人会見した際の談話は、新中国でこそ溥儀が生きる道を見いだせたことを十分に説明するものであった。

　ファディアラは、かつてアジア・アフリカにおける法律従事者代表団の一員として、1960年に中国を訪問したことがあった。コンダイ・サイトは初めての訪

中だった。

毛沢東：中国の経験はすべてが良いわけではない。良いものもあるが、だめなものもあります。

ファディアラ：主席はたいへんご謙遜しておられる。

毛沢東：謙遜しているのではありません。これは事実です。世界のどんな場所でもどんな国でも、長所しかなく欠点がないところはありません。どんな人でも間違いを犯さないものはありません。神は間違いを犯さないかもしれませんが、我々はみな神に会ったことがありませんから。我々の事業は、どんなものであろうとすべて道半ばです。教育もそうです。我々には以前、大学教授、中学高校教員、小学校教員はいませんでした。我々は国民党が残していった人々をすべて吸収し徐々に改造したのです。うまく改造できた人もいますが、やはり昔のままの人もいます。改造しようとしても、言うことを聞かないのです。裁判所、検察院〔日本の検察庁に相当〕の仕事も同じです。まだ民法、刑法、訴訟法を公布していないのです。

ここまで話すと、毛沢東は、会見に加わっていた中国政治法律学書記処書記の韓幽桐のほうを向き、民法などについては起草中かどうか尋ねた。「目下起草中」という答えを耳にした後、外国からの客に対して、だいたいまだ 15 年はかかる、と言った。

ファディアラ：私からすれば、規定は重要ではありません。重要なのは精神で、精神があれば方法はあります。規定は、すでにやった仕事をただ明確にするだけであって、副次的なものです。

毛沢東：あなたのおっしゃる通りです。例えば、反革命分子や刑事犯の改造ということを、今まさにやっている最中なのです。我々には数十年の経験があります。新中国建設以後の 15 年だけでなく、延安の革命根拠地でも多少の経験があるのです。

ファディアラ：1960 年、私は 張 鼎 丞 中国最高人民検察院検察長、董必武中国政治法律学会会長とこの問題について話しました。中国は戦犯改造の問題を重視しているそうですが、私たちギニアも同じ状況にあります。戦犯を社会に役に立つ人間に改造するには、人民を動員し司法機関と人民を結びつける必要があります。私たち両国の問題は共通しています。もちろん、あなた方は大きな成功を

収めていますが、私たちはまだ試験段階にあります。あなた方は研究面でも運用面でもどちらも大きな業績を挙げています。例えば、最後の皇帝を改造して公民にし、彼に使命感を持たせて公共のために働かせています。主席、あなたが人民を信頼し、人民を改造できると考えているのは、まったく正しいことです。私たち両国の社会的条件は異なるところがありますが目的は同じなのです。

　毛沢東：コンダイ・サイト部長、あなたは教育が仕事です。罪を犯した人は教育しなければなりません。動物だって教育できるのですから。牛は耕作に、馬は耕作や戦闘に使えるように教育できるのです。どうして人をある程度進歩するよう教育できないというのでしょうか。これは方針と政策の問題です。その他に方法の問題があります。教育的政策をとるか、それとも見捨てて切り捨てる方法をとるか。彼らを助ける方法をとるか鎮圧する方法をとるか。鎮圧し圧迫する方法をとれば、彼らはむしろ死ぬ道を選ぶでしょう。彼らを助ける方法をとり、ゆっくりと慌てず時間をかければ、大多数の者は進歩できるのです。

　コンダイ・サイト：まったくその通りです。

　毛沢東：この点を信じなければなりません。信じない人がいるなら、まず試しにやってみることです。

　ここで毛沢東は、韓幽桐に向かって、後でこれらの内容を民法・刑法の中に盛り込むように言った。そしてまた外国からの客に対し、犯罪人を真人間にするのは、彼らに望みを抱いているからだ。彼らを助けるが、もちろん批判もしなければならない、例えば、労働によって思想改造をする工場や農場は、もっと上手く運営できるはずだ。犯罪者が自給自足できるだけではなく、国に金を貯えることができる。しかし、今我々の労働による思想改造には欠点がまだある。その主な理由は、管理要員があまり優れておらず、方針が正しくない部分もあるからだ。

　ファディアラ：彼らは優れていると思いますよ。この仕事は効果がすぐには現れませんが、すでに挙げた業績は十分なものです。一つの機関を変えるのは比較的容易ですが、人々の思想を改造するのは難しいものです。

　毛沢東：この問題は犯罪者が決めるのではなく、我々が決めるのです。幹部の中には、改造が第一ということをわかっていない者がいます。労働と生産を第一にしてはいけない。犯罪人を使って金儲けをしてはいけないのです。

　ファディアラ：その点には賛成します。私たちのところにも同じような問題が

あります。あることをするには、まず幹部を教育してからようやく効果が得られるのです。

毛沢東：教育にもまず幹部から始めなければなりません。ある学校が上手くいくかどうかは、結局その学校の校長と党委員会がどうかということによります。彼らの政治と思想がどの水準にあるかによるのです。

コンダイ・サイト：まったくその通りです。

毛沢東：校長、教員は学生のために奉仕するのであって、学生が校長や教員に奉仕するのではありません。同じように、裁判所や検察の仕事も犯罪者のためにあって、犯罪者が役所に奉仕するのではないのです。

コンダイ・サイト：その通りです。その意見に我々も大賛成です。

毛沢東：全体から言えば、我々の政府は人民に奉仕するもので、人民が我々にご飯を食べさせてくれるのです。ご飯を食べたのに、人民に奉仕しないで、何をするというのでしょうか。

希望は尊重からもたらされる。毛沢東思想が照り耀きながら、希望の道が延びているのである……

32

国事行事への招待状

　1965年7月20日午前11時、北京首都空港で起きたある大きな出来事は、永遠に歴史に刻み込まれた。同時に、このセンセーショナルなニュースは、凄まじいスピードで世界隅々まで伝えられた。

　中華民国代理総統であった李宗仁（りそうじん）が、夫人の郭徳潔（かくとくけつ）を伴って遠路はるばる帰国し、飛行機で北京に到着したのである。盛大な歓迎の群れの中で、周恩来は右腕をやや曲げて最前列に立っていた。その後ろには、全国人民代表大会副委員長、全国政治協商会議副主席、国務院副総理、中国人民解放軍元帥、各民主諸党派の指導者たちのほか、往年李宗仁が派遣した国民党の和議代表、あるいは彼の配下にあったが解放戦争時共産党側に従った国民党将帥、および捕虜となったものの10年後特赦された同じく元国民党の将帥や政治家たちなどが立っていた。

　その他人々の目を引いたのは、ほっそりとした顔つきで、額がやや広く鼻筋が通っている痩せた背の高い男性だった。李宗仁の旧友である章士釗（しょうししょう）、黄紹竑（こうしょうこう）らと一緒に前よりに立っているこの人物こそ、文史資料専門員の愛新覚羅・溥儀であった。その若く美しい妻の李淑賢（りしゅくけん）も傍らに立っていた。

　タラップを降りた李宗仁が、周恩来に伴われて溥儀夫妻の近くに来たとき、周恩来は足を止めて、この場で実現した歴史的な場面を、鋭く深い眼光で見つめ、李宗仁と郭徳潔に紹介して言った。「こちらが中国最後の皇帝溥儀さんです。」こうして、中国史上最後の皇帝と最後の代理総統は、中華人民共和国総理の目の前で、熱烈に両手をしっかり握った。その瞬間、悲愴かつ苦難に満ち波乱に富んだ半世紀余りの歴史と未来が凝集したのである。

　興奮した人々を歴史の中から引き戻したのは、またしても周恩来だった。彼は李宗仁に向かって、「溥儀さんは生まれ変わったのです。ごらんなさい、彼はもう50歳を超えていますが、そうは見えないでしょう。」溥儀も嬉しそうに、この

1965年7月20日、周恩来から紹介され、李宗仁と親しく握手する溥儀

元の中華民国代理総統に言った。「もう59歳になりましたが、今では、ますます若返っているように感じます。」周恩来は、今度は李淑賢を指し、李宗仁に「こちら溥儀氏のご夫人で、私と同じ江南出身の女性です。」左右の人々はみな笑った。

　その日の夜、人民大会堂の内では華やかな灯火が照り輝き、盛大な宴会が開かれていた。周恩来が司会するこの歓迎会で、李宗仁は強い広西訛りで、中国共産党の「過去のことは咎めない」、「寛大な精神」を大いに称賛し、麗しき祖国へ戻った心情を愉快に述べた。彼は「祖国は、今や偉大で光輝ある新時代に入った」と語った。その席にいた溥儀は、思わず自分が特赦後北京に帰ったときのことを思い出していた。彼らの感想はこのように一致していたのだ。一人は封建社会において地主階級を代表する人物であり、一人は半封建半植民地社会におけるブルジョア階級を代表する人物であった。1960年代になって、彼らは共産党指導下の社会主義祖国において客観的真理を追求する中で、認識の一致をみたのである。

　半月後の8月6日午後、周恩来主催の全国政治協商会議で李宗仁歓迎のため開かれた茶話会に、溥儀はまたも招待された。李宗仁は歴史の結果を承け入れ「失敗を認める」精神をほめたたえた。彼は、すべての国民党員と海外の愛国人士は「中国共産党と毛主席に建国を指導してもらい、国家建設成功の暁には、

我々全員が責任を持つべきだ」と述べた。この話は茶話会に出席していた溥儀を非常に感動させた。彼は家に帰った後、妻の李淑賢にこう語っている。「李宗仁氏に『失敗を認める』という言葉があるなら、私には『罪を認める』という言葉がある。これはとても素晴らしい。なぜならこれが中国共産党の勝利を意味するだけではなく、中国人民の勝利と祖国の勝利であり、私と李宗仁氏の後半生の勝利でもあるからだ。」

溥儀の前半生は皇帝だったとはいえ、幼児期であり、紫禁城内に閉じ込めら

9月26日、李宗仁が国内外の記者を招待して行った立食パーティに出席したときに来賓と語り合う溥儀

れ、その後も日本の傀儡の皇帝に過ぎなかった。しかし、さすがに時代の風雨にさらされて歩んで来た彼は、政治家として、もちろん「特赦」という意味を理解していたし、自分の立場や取るべき歴史的使命についてもよく理解していたのである。

毛沢東と周恩来は、溥儀を常に適切な場面で重要な国賓に紹介し、式典や重要な国事行為参列にも招くのを忘れなかった。これは溥儀が特赦になったときから行われていたが、彼が全国政治協商会議に加わってからは、そうしたことがさらに頻繁になった。

1961年6月14日、劉少奇国家主席と周恩来総理は、政府主催の宴会を設けて中国を訪問したインドネシア共和国の大統領兼首相のスカルノを接待した。溥儀、溥傑、韞穎および北京に来て間もない嵯峨浩、町田幹子と嫮生も招待された。席上、周恩来は普段と同様に、溥儀を国賓に紹介した。

周恩来はこのような場面では、常に適切かつきわめて特色のある言い方をするのだが、残念ながら、このときの細部は伝わっていない。しかしながら、その後周恩来が国賓に溥傑を紹介する様子は、ある人が記述している。それによると、周恩来は食事をしながら、スカルノに溥傑の改造の過程を紹介し、さらにわざと

李宗仁が国内外の記者を招待して行った立食パーティで記者の取材を受ける溥儀

声を高めて、「あのテーブルに座っているのが溥傑氏です」と言った。自分に話が及んだのを耳にした溥傑は慌てて立ち上がり国賓に向って微笑みながら挨拶した。そのとき、周恩来が何か目配せしているのに気がついたが、その意味を解しかねていると、傍らに座っていた徐氷(じょひょう)が、彼を突いて小声で「総理はあなたとご夫人に、お客に酒を勧めろとおっしゃっているのですよ」とささやいた。溥傑ははっと悟って、浩夫人とともに貴賓席に行き酒を勧めた。周恩来は、喜んでスカルノに「ごらんください。清朝の親王は新しい時代に踏み込んだのです。昔の面影はまったくないでしょう。大したものです」と言った。[*1]

このスカルノ訪中の接待と前後して、周恩来は人民大会堂の劇場で文芸の夕べを開催し、ベトナム民主共和国首相ファム・ヴァン・ドン[*2]とベトナム代表団を招待した。溥儀とその一族の何人かも、招待に応じて京劇、歌劇などの演目を鑑賞した。

その3か月後も、多くの国の友好代表団が公式訪問を行ったが、その中で最も身分の高い国賓は、キューバ共和国大統領のオスバルド・ドルティコス・トラド[*3]とネパール国王のマヘンドラ・ビール・ビクラム・シャハ・デーブ[*4]と王妃ラトナ・ラージャ・ラクシュミー・デビーであった。

1961年9月30日挙行された国慶節の盛大な宴会の席上、周恩来はキューバ大統領とネパール国王夫妻に中国最後の皇帝を紹介した。溥儀は貴賓たち一人ひとりと親しく語り合った。溥儀がマヘンドラ国王に深い印象を残したことは、2年

[*1] 戴明久:『中国最後の皇弟溥傑』、春風文芸出版社、1987年版、281～282ページ参照。
[*2] 〔訳注〕1906～2000年。漢字表記は、范文同。ホー・チ・ミンの側近で、1955年から1987年まで32年間にわたり首相を務めた。
[*3] 〔訳注〕1919～1983年。大統領としての任期は1959～1976年。
[*4] 〔訳注〕1920～1972年。ネパール王国の第9代君主（在位：1955～1972年）。

後の1963年10月25日に実証された。郭沫若の招待に応じて、溥儀は中国人民対外文化協会と中国ネパール友好協会が共同開催した文芸の夕べに出席した。ネパール全国評議会議長のピシワ・パント・タパと夫人およびタパ議長率いるネパール全国評議会代表団を温かく迎えた。途中休憩のとき、郭沫若はわざわざ溥儀をタパ議長に引き合わせた。議長はマヘンドラ国王がよろしくと言っていたと溥儀に伝えた。というのも、国王が2年前溥儀に会った際、彼から「感動的な物語」を聞かされていたからだった。

特赦後の日々の中で、溥儀は毎年いつも重要な祝日における宴会や式典参列の招待状を周恩来から受け取っていた。

1965年10月1日の式典に参列したとき胸につけた赤いリボン

溥儀にとって、1961年の国慶節の式典参列は生涯忘れられないものであった。その日、晴れ渡っている天安門広場上空に、風を受けて揺らめく大きなアドバルーンには、「刻苦奮闘、勤勉質素を旨に建国に邁進しよう」、「農業戦線を強化し、自然災害を克服し、増産に努めよう」、「増産と節約をし、より多くの優良工業製品を生産しよう」というスローガンが書かれていた。労働者のパレードは、鉄鋼コンビナートの模型を担ぎ、石炭の塊を積みパレード用に飾り立てた山車がそれに続いた。農民のパレードは、ずっしりと重い赤いコーリャン、黄金色の稲穂、1尺もあろうかと思われるトウモロコシの棒を担ぎ、山車の上には、大きな穀物の袋が積み重なって載っていた……労働者と農民は、それぞれの形で自分たちが困難に打ち勝つ強靭な信念を表しているのだった。西側の特別席に立っていた溥儀は、目の前の光景を見て、かつて周恩来との間の冗談を交えた会話を自ずと連想していた。

「今は困難の時期にありますが、生活の上で困っていることはありますか。」と周恩来から尋ねられると、溥儀は

「別に困っていることはないのですが、ただこの口だけは以前から食い意地が張っていて、いつでも良い物を詰め込もうとするのです」と笑いながら生真面目に答えた。

毛沢東、周恩来と溥儀

「食い意地が張っているならば、給料全部を食べるのに使ってかまわないですよ。ただ、借金をするのでさえなければね。」この周恩来の冗談には、根拠が幾分かあった。溥儀はそのころまだ結婚しておらず、政協機関の独身寮に住み、衣類や生活用品はほとんど国から与えられていたので、給料は主に食券やタバコの購入に充てていた。周恩来は、溥儀がタバコを買う金を節約して、食べるほうに回せるよう望んだのである。

「寮ではいつも自分ばかりが食べ物を買っていて、きまりが悪い思いをしています」と溥儀はやや恥ずかしそうに答えた。

「自分だけで食べるのが悪いと思うなら、ほかの人にも分けてあげてみんなで食べればよいのですよ」と周恩来は溥儀のことを笑った。

溥儀は、この話自体は笑い話だが、総理は、祖国のように胸を張って勇猛前進すべきだと自分を励ましていると感じた。そして、非常に興奮しながら、近くにいた宋希濂に言った。「このような気概があれば、どんな困難でもすべて克服できる。」そのころ、溥儀と一緒に働いていた専門員たちはみな、溥儀は中国が経済的困難な時期、生活面では倹約し、自分自身に非常に厳格であった、という共通した印象を持っている。かつて皇帝として贅沢三昧の暮らしを送って来た人物からすれば、これはなんと殊勝なことであろうか。

1961年10月、辛亥革命50周年記念大会の席上、周恩来は特に彼ら三人を一緒に座らせた。左は、鹿鐘麟（1924年11月に溥儀を紫禁城から追い出した人物）、右は、熊秉坤（1911年武昌蜂起の際、最初の一弾を放った人物）

半月後、溥儀は周恩来が辛亥革命50周年の記念活動に出席した各地の代表を接待するため、盛大に催された宴会にまたも姿を見せた。興味深いのは、溥儀が鹿鐘麟や熊秉坤と同じテーブルになるように周恩来がわざわざ取り計らったことである。周知のごとく、彼らは過去では政敵だった。鹿鐘麟は1924年11月5日、馮玉祥将軍の命を受け溥儀を紫禁城から追放した人物であり、熊秉坤は1911年10月10日武昌における武装蜂起で、最初の一弾を放った人物であった。彼らは一緒に座り乾杯し心ゆくまで酒を酌み交わした。半世紀にわたる歴史の風雲を新しいページの中に凝結されたのである。その場に在席していた歴史学者や新聞記者たちにも感慨を与えた。

　1963年9月30日、秋風が吹き始めたころ、溥儀は例年通り周恩来の署名入りの招待状を受け取った。この年の国慶節の宴会は、例年とは大いに異なっていた。80余か国から1800数名の賓客が集まって来ていた。とりわけ人目を引いたのは、宴会が終わる前、毛沢東、劉少奇、周恩来、朱徳、宋慶齢、董必武ら党と国家の最高指導者が一緒に貴賓席に登ったことである。彼らが国内外の来客に祝意を表すと、たちまち雷鳴のような拍手と歓呼の声がひとしきり鳴り響いた。溥儀は家に帰ってから、拍手をしすぎて両手が痛くなったと妻に語っている。

　1964年のメーデーの前夜、溥儀はちょうど南方6省と1市の参観を終えたばかりの翌日、中華全国総工会など12の全国的人民団体が共同開催したレセプションに夫人同伴で出席した。ホールで、周恩来は溥儀夫妻を見かけると、すぐ彼らを主賓のテーブルのほうへ呼び、まず彼らとブルンジ王国の国民議会議長タダ・シリーウヨウメンスとを引き合わせた。周恩来は溥儀を指して「こちらは中国最後の皇帝溥儀氏です」と言い、さらに李淑賢を「こちらは溥儀夫人です」と紹介した。議長は明らかにその名前をよく知っている様子で、恭しく「溥儀閣下とその御夫人にお会いできて光栄です」と挨拶した。溥儀夫妻も嬉しそうに議長と祝酒をあげた。そのとき、劉少奇がタダ議長のそばに座っていた。溥儀がこのような機会を見逃すはずがない。すぐさま国家主席に自分の妻李淑賢を紹介した。劉少奇はにこやかに彼女の仕事、生活など現在の状況を尋ね、答えを耳にすると満足そうに頷いた。

　中国最後の皇帝と総統が歴史的な握手をした後、1965年の国慶節を迎えた。祝日の前後、溥儀の参加する社会活動はさらに多くなった。9月28日のその日、

溥儀は何人かの文史資料専門員と一緒に、第2回全国体育大会の閉幕式に出席した。座席は国家指導者や外国から来賓席から近い貴賓席であった。溥儀は日記の中で、詳しく閉幕式の次第を詳細に記し、貴賓席での体験を述べている。

　劉主席、周恩来総理は全国体育大会優勝者と世界記録を塗り替えた選手に栄誉章を授与した。シアヌーク殿下も、カンボジア王国の記念メダルを優秀なスポーツ選手何名かに贈呈した。その後、指導者とスポーツ選手は写真撮影をした。

溥儀と辛亥革命を体験した老人との集合写真

民族工作座談会の出席証

シアヌーク親王も溥儀がよく知っていた外国の元首の一人だった。溥儀が特赦されてちょうど満１年になったとき、周恩来の招待に応じて、人民大会堂でカンボジア国家元首の歓迎会に出席した。そのときに溥儀は親王と直接会う機会があったのだ。

溥儀の日記には、９月30日の活動記録については、非常に簡潔に記されている。「夜７時、人民大会堂の周総理主催の宴会に行く。中華人民共和国建国16周年の祝賀のためである。わが毛主席、劉主席が祝杯をあげ、周総理が話をされた。」しかし、溥儀はこの活動と翌日の建国記念式典参列を非常に重く見ていた。わざわざ大きな白い封筒の中に、これらの活動に関係する実物を何件か保存していたのである。その中には、赤い招待状もあれば、本人の着座位置を示す付箋、国章の図案が金箔で装飾された宴会のメニュー、式典参列資格を証明する赤いリボンの参列証、式典に参列する際の注意事項などがあった。その中で最も意味深い記念品は、なんといっても周恩来の署名入りのした赤い招待状だろう。そこにはこう書かれている。

中華人民共和国成立16周年祝賀のため、1965年９月30日（木曜日）午後７時、人民大会堂宴会ホールで宴会を開催いたします。

お越しをお待ちしております

周恩来

この署名の三文字は、溥儀にとって、親しくそれでいて厳かで重々しく偉大に感じられたに違いない。

33

病との戦い

毛沢東、周恩来と溥儀

　溥儀は不幸にも不治の病を患っていた。1965年は、まさにその頑固な病気が牙をむいた年だった。もともと、軽微な血尿は、1962年5月中旬から生じていた。中国医学の医者による診断は意外にも「膀胱炎」で、起こりうる危険性を察知できなかった。そのため、人を完全に死地へ追いやる病根の細胞が長期にわたり潜伏することとなった。1964年9月初めに血尿が再発し、西洋医学による検査をしたが、またも「前立腺炎」と誤診された。2か月後、血尿はさらに悪化し治療のため直ちに人民病院に入院した。

　周恩来は、その時点で溥儀の病状を知った。

　あるとき、周恩来は溥儀を迎えに東観音寺胡同に車を差し向けた。陪席者として自分自身が司会する国賓の宴会へ招待したのだが、溥儀は出席できなかった。周恩来は、そこではじめて溥儀が血尿により入院したという真相を知ったのだった。翌日午前、全国政治協商会議で文史資料を主管している申伯純副秘書長は、西花廳よりかかって来た電話を受けた。

　「申伯純同志ですか。」

　「私です。そのお声は総理ですね。」

　「周恩来だ。溥儀が入院したそうだが、彼の病気は必ず治さなければならない。血尿が出ているということは、絶対に普通の病気ではない。したがって、専門家数人が共同して診察する必要がある。」

　「総理ご安心ください。我々は必ずや全力を尽くします。」

　その日の夜、有名な泌尿科の専門家呉階平を中心に、その他何人かの外科、腫瘍科の専門家も加わり、溥儀の病気を立会診察し、同時に有効な措置をとって止血した。呉医師は問題が比較的深刻化していると感じ、憂慮した口ぶりで「血尿が止まったからと言って、油断してはいけない、問題がまだある」と言った。

周恩来自らの手配により今回の立会診察が実現してから、溥儀の病気は、長期の観察・検査段階に入った。誤診の状態は終わり、積極的な治療が施されるようになったのである。

溥儀は1964年12月上旬退院した。その後また仕事に戻り、中国人民政治協商会議第4期全国委員会第1回会議に出席した。しかし、周恩来と呉階平がまさに予言したように、問題はすぐまた現れた。1965年2月5日に人民病院で検査したところ、血尿がまた次第に悪化してきていたため再入院した。

3月初め、臨床検査の結果、溥儀の膀胱内に二つの乳頭状の小さな腫瘍が見つかった。一つは大豆くらいの大きさで、もう一つは小さなクワの実ほどの大きさであった。その上、その時点で悪性腫瘍の疑いがあった。はたして、2年余り続いた血尿は、まぎれもなく腎臓癌の前兆であった。医者が外科的手術を提案すると、溥儀は不安そうであった。同僚たちが次から次へと病院に見舞いに来、政協機関の指導者も非常に関心を払った。これらのすべてを、周恩来は忙しい政務をこなしながら掌握していた。そして、電話で全国政治協商会議副秘書長申伯純に向かって、直ちに溥儀を医療条件のより整った協和病院の高級幹部用病棟へ転院させ、治療に専念させるよう指示を出した。周恩来は、「溥儀の膀胱に腫瘍を生じさせた病気は完治しなければならない。」と強調し、さらに病院側には、溥儀の病状を随時報告するよう指示した。[1]

3月12日、全国政治協商会議は周恩来の指示に従って、溥儀を公費医療機関部門である人民病院から、国内最高レベルの協和病院に転院させ、腫瘍切除術の準備をした。

3月19日、周恩来の指示により、協和病院は初めて国務院総理事務室に『溥儀の病状に関する報告』を提出し、診断状況と治療方針を詳しく説明した。

3月23日、協和病院は溥儀に蒸散術を施し、順調に膀胱の腫瘍を焼き取った。溥儀はとても喜び、この日を「忘れ難い日」として、当日の日記で感情豊かにこう書いている。

　　今日は忘れ難い日だ。党の配慮により、協和病院で、何か月も続く血尿を

---

*1　溥儀の日記1965年3月23日を参照。手稿より。

引き起こしていた膀胱の腫瘍をようやく治すことができた。これは党と毛主席がまた私を救ってくれ、またも私に新しい生命をくれたということだ。私は一生懸命学習し働いて、自分の新しい生命を大切にし、人民に奉仕するために実際の行動で党に報いなければならない。

4月5日に溥儀は退院し、翌日にはもう文史資料専門員の学習に参加した。申伯純副秘書長と膝を交えて話しをした際、周恩来の心のこもった配慮、特に治療面に総理自らが関与したとを知ると、溥儀は涙を流した。彼は自分の感想を、4月20日の日記に長々と書いている。

　総理は私に対し本当に両親のような心配りをしてくださる。私が撫順（ぶじゅん）から北京に行く前、金源所長が瀋陽駅まで見送ってくれたときに言った「あなたの体と思想が両方とも健康（きんげん）であることを望みます」という言葉の意味と同じだ。党は私の拠り所だ。私に病気があれば、申氏に伝えるとすぐに「協和病院」へ転院させてくれ、重い腫瘍の病を完治し、私の生命を救い健康な体にしてくれた。私に慢心があれば、やはり申氏に相談すると、私の進歩を助け思想的な欠点——慢心を克服し、私の魂を救い思想を健全なものにしてくれるのだ。

行間からは、溥儀の周恩来を慕う気持ちがにじみ出ている。しかし、あの冷酷非情な癌細胞は成長を続けていた。これには、まったくなすすべがなかった。

「長編の日記」を書き上げてから5日目、溥儀は血尿が悪化したため再び協和病院の高級幹部用病棟に入院した。これは不思議でもなんでもなかった。医者は溥儀の家族に、「腫瘍を蒸散術で焼き取った」のは当時の医学としては最高レベルの措置だが、その成功は決して根治を意味しておらず、軽微な血尿は手術後もあるだろうと、早い段階ではっきりと言っていたのだ。

病根は、ついに今回の集中検査中にはっきりした。溥儀の日記の記述には、5月27日午前、主治医の呉徳誠（ごとくせい）が検査を受け持ち、膀胱内視鏡と腎臓のレントゲン写真を駆使し、同時に膀胱内にまだ残っていた腫瘍の根を焼き取った、とある。問題は左側の腎臓内で見つかったピーナッツ大の二つの腫瘍だった。この二つはどのような性質の腫瘍なのか。患者の精神的負担を考慮し、呉医師は溥儀に伝え

なかったが、「左腎臓に乳頭状腫あり、左腎臓と輸尿管の切除術を要す」という診断結果をはっきりとカルテに書き込んだ。

病院の最終的な診断結果、手術を行うという意見は、5月28日午後に出された。同じ日の午後、以下の一連の流れで、溥儀の手術までの手続きが進んだ。ことは急を要していた。

病院は溥儀の病状について、すぐさま全国政治協商会議に全面的な報告を行った。

申伯純副秘書長はすぐ周恩来に、病院側の診断結果と手術を行うという意見を報告した。

周恩来は即座に、「手術には家族の同意が必要」という明確かつ具体的な指示を下達した。

申伯純は直ちに護国寺街52号に向かい、溥傑に状況の説明をするとともに、家族の手術に対する意見を求めた。

これだけでも、周恩来が溥儀の健康に対してどれほど関心を持っていたかがわかるし、その懐の深さと、事態が緊迫する中でことを着実に進めていく様子が見て取れる。

李 淑 賢と溥傑が「医者の指示を尊重し、手術に同意する」という態度を表明した後、協和病院は直ちに綿密な手術の方案を制定し、この方案は最後に周恩来自らによって審査され認可された。加えて、周恩来は手術前自ら病院に電話をかけ、必ず手術を成功させよと厳命した。

1965年6月7日、協和病院高級幹部病棟泌尿科の手術室のドアにパイロットランプが点いた。周恩来がたいへん関心を持つ手術が始まったのである。麻酔をかけられた溥儀は静かに手術台上に横たわり、著名な泌尿科医呉徳誠がメスを握っていた。大胆で正確かつ迅速な手術で、1時間で左腎臓を、膀胱の一部と輸尿管を半時間ほどで順調に切除し終えた。生体検査の結果は恐れていた通りで、切除した左腎臓の腫瘍は、医学用語でいう「移行性上皮癌」であった。溥儀の親族と同僚たちは、ほっと息をついた。どうやら彼は死神の魔の手から脱したようだった。

抜糸の日はとてもにぎやかであった。病院へ手術成功を祝いに来た中には、中国共産党中央候補書記で全国政治協商会議副主席の劉 瀾涛、中国共産党中央統

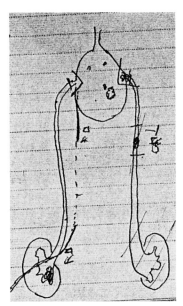

1965年6月7日、呉徳誠の溥儀が日記帳に描いた左腎臓と左腎臓の輸尿管を切除する手術の説明図の一

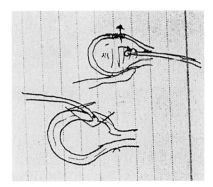

1965年6月7日、呉徳誠の溥儀が日記帳に描いた左腎臓と左腎臓の輸尿管を切除する手術の説明図の二

一戦線工作部副部長で全国政治協商会議秘書長の平傑三(へいけつさん)や全国政治協商会議副秘書長李金徳(りきんとく)らの顔もあった。溥儀は退院後、体もある程度回復し、病状も安定した。

　まるまるひと夏が過ぎた。

　秋もまた過ぎ去った。

　冬が来ると、溥儀本人は別に異常を感じなかったが、主治医の呉徳誠は、1965年12月5日、検査入院の通知書を送った。これは病院が溥儀の健康に責任を持つよう、周恩来から頼まれていたからであった。

　非常に残念なことに、入院後1週間内に行われた初歩的な検査で尿の中に癌細胞が見つかり、生体検査の検査結果も陽性であった。これは危険な信号であった。左の腎臓は切除済みだったが、なんと右の腎臓にまで問題があったのである。

　疑問点を明らかにするため、中国における泌尿科の権威である呉階平が主導し、呉徳誠医師も加わって、12月18日、溥儀に全面的な臨床検査を行った。その結

果、不幸にも右腎臓内にまたも怪しい影を発見した。

　影は不吉な兆しではあったが、診断結果が出ないうちに、思いがけず溥儀は急性盲腸炎の激痛に襲われることになった。夜に入ると痛みはひどくなり、一刻の猶予もできない状態であったので、病院側は即断し、12月20日深夜、虫垂切除手術を行った。手術は成功したが、溥儀は術後しばしば人事不省となり、口から黒い泡を吐き、排尿が困難となって尿毒症を併発した。また、めまいや吐き気、腹痛、咳などの症状も現れた。

　病気による苦痛が溥儀につきまとっていたとき、ちょうど沈酔が見舞いに来た。最も早くから事情を知っている人間として、彼はすぐ職場に戻り、文史資料研究委員会副主任委員の沈徳　純に溥儀の病状を報告した。沈徳純は沈酔と一緒に、中国共産党中央統一戦線工作部副部長で、全国政治協商会議秘書長平三傑の事務室に向かった。平傑三は報せを聞くと、すぐ周恩来に報告するため電話をかけた。周恩来は多忙を極めており、電話はずっと話し中だった。繰り返し掛け直し、30分ほどでようやく通じた。周恩来はすぐさま平傑三に、直ちに北京中の名医を招集し、百方手を尽くして溥儀の生命を救えと指示を出した。[2]

　指示が伝達され、専門医が集められた。溥儀の主治医である呉徳誠は、膀胱内視鏡と腎臓管による導尿の提案をし、排尿の問題は一時的に緩和された。周恩来からの委託を直接受けていた著名な中国医学家で中国医学研究院副院長蒲輔　周も溥儀の病棟を訪れた。彼は、溥儀の大小便に滞りが生じているのは、「三焦[3]が均衡を失って、清濁が乱れ、気が乱れている」という見立てをし、薬を処方した。その薬のおかげで溥儀の排尿は問題なくなった。

　もし、急性盲腸炎が尿毒症を併発し、溥儀に大きな苦痛を与えたとしたら、溥儀の生命を危険にさらしたのは、やはり右腎臓内の怪しい影であった。事実、「怪しい影」は検査によって恐ろしい腫瘍だと明らかになった。どうやら、溥儀に唯一残された右の腎臓も危険な状態になったのだ。「両側腎臓癌」は、非常に

＊2　沈酔：「特赦された後の皇帝――溥儀と一緒にいた時の回想」、香港『新晩報』1981年4月14日掲載を参照。

＊3　〔訳注〕中国医学においては、大腸・胃・小腸・胆・膀胱・三焦を六腑というが、三焦は臓器でなく実体はリンパ管とされる。

毛沢東、周恩来と溥儀

溥儀の治療期間に海軍病院の老医師張栄増（左から二人目）らと撮った写真

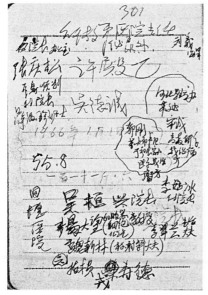
溥儀が1965年の日記に記した治療に関わった職員の名前

珍しい難病で、しかもそれが溥儀の体に起こったのだ。そのため、協和病院は国務院総理事務室と全国政治協商会議へ『溥儀の病状に関する報告』を提出した。周恩来は報告に目を通した後、全国政治協商会議の指導者に指示を出し、協和病院と具体的な治療方針を相談する一方、溥儀に温かみと配慮を送るよう求めた。

　1965年末の何日間は、まさに溥儀とって最も苦痛なときであったが、中国共産党中央統一戦線工作部および全国政治協商会議の指導者平傑三、申伯純、李金徳、沈徳純らは、みな病院へ溥儀を見舞いに訪れている。あるとき、溥儀が目を覚ますと、中国共産党中央統一戦線工作部の平傑三副部長がうつむいて、静かに自分に語りかけていた。「周恩来総理と彭真市長（ほうしん）は、お二人ともとてもあなたのことを気にかけて、私に看てくるよう言ったのです。」溥儀はそのときはまだ話をすることができず、ただ何度もうなずき熱い涙が目にあふれ出た。

　その数日間、溥儀は頭がぼうっとし、目がかすんで手が震え、ペンもしっかり握れない状態だったが、それでも彼は日記に平傑三が伝えてくれた厚意を書き留めようとした。[*4] その揺れ動くような筆跡は判読し難いが、ねじ曲り、とぎれが

[*4]　溥儀の日記 1965年12月23日～25日を参照。手稿。

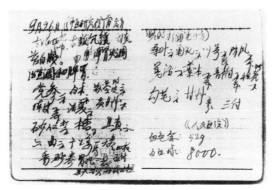

溥儀の治療日記

ちな行間に、誠実な気持ちが脈打っているのは明らかである。

1965年、日めくりカレンダーの最後の1枚がめくられたころ、盲腸炎と尿毒症によって引き起こされていた大小便が滞るなどの病状も回復に向かい、尿の量も正常に戻り、腎機能も今回の病変以前のレベルになった。

このような状況の下、協和病院は1966年1月5日、またも専門家を集め立会診察を行った。北京医学院附属第二病院院長呉階平、日壇腫瘍病院院長呉恒興ら著名な医学者が参加した。周恩来の指示によって、この前後の短い期間中にも、こうした高いレベルの専門家による立会診察が何度も行われた。専門家たちの一致した意見は、できるだけ溥儀の右腎臓は保留し、もはや手術による治療は行わない、というものだった。今後の治療方針については、日壇病院において慎重に微量の放射線治療を行い、補助的に国産新薬の抗がん剤を処方して、病状の進行を極力抑え、患者の寿命を延長する、というものであった。協和病院が今回の専門家による立会診察を下に作成した報告書に、周恩来は目を通した。そして、直ちに「平傑三同志は、(溥儀の病状に) 注意するように」という指示を出した。周恩来は党の幹部を責任者に指名し、専門家が立会診察の末に出した意見が無事やり遂げられるようにしたのである。溥儀のためを思うなんとも周到な配慮であった。

1月12日、日壇病院から派遣されて来た経験豊富な細胞学の医者が、溥儀の病歴、病状を理解した上で、放射線治療を担当することになった。

1月13日、日壇病院院長呉恒興は自ら協和病院放射科の張医師と一緒に、溥儀の腎臓部へのX線放射箇所を確定した。

1月14日、溥儀は日壇病院に搬送され1回目の放射線治療を受けた。呉恒興が自ら指揮し、魏新林・楊大望両医師が操作して、コバルト60を計9分間照射した。

1月17日、溥儀は2回目の放射線治療を受けた。

1月27日、放射する範囲を1センチに拡大し、外周を3分間、内側を5分間照射すると呉恒興自らが決定した。

2月25日、白血球の下降状態が現れたため、コバルト放射2週間を一時停止した。

3月25日、呉恒興は、放射線治療により癌細胞の数量は急速に減少し、本日の検尿結果では癌細胞がなくなったと溥儀に伝えた。

4月14日、協和病院と日壇病院は、溥儀の立会診察をし、呉恒興の話では、10数回の尿検査を行ったが、いずれも癌細胞が見られないので退院できる。半日は仕事することもできるが、病状に気をつけ週1回検尿する必要があるとのことであった。

上述の記録は、周恩来の配慮の下で開始された放射線治療が、段階的な成功をみたことを示している。

放射線治療が始まってから、たくさんの幹部が病床の溥儀のもとを訪れた。国務院総理事務室主任童鵬小は、周恩来の直接の挨拶を真っ先に届けに来た。彼は常に笑みを絶やさず話し好きだったので、病棟全体は明るい気分に満たされた。続いて、全国政治協商会議文史資料研究委員会副主任委員沈徳純とその夫人が来た。さらに、同事務室第1副主任張刃先と連絡組事務室主任趙増寿が、徐氷、平傑三二人の指導者の代理として来た。国家衛生部から見舞いの人が来た。精神の力は時として薬に劣らない作用がある…。

1966年4月16日、溥儀は、「右腎臓癌、左腎臓乳頭状癌手術完了」という診断結果を得て退院した。これによって、病状は安定した段階に入った。約半年間、溥儀は中国医学による緩和治療を続ける一方で、協和病院の主治医のところへ押しかけ、なんのかんのと粘って「出勤可能」という診断書を書いてもらい、職場の上司を訪ねた。李金徳、申伯純、沈徳純、張刃先らは、そろって彼に「しばら

くは働かず」、「ゆっくり静養し」、もしどうしても出勤するのであれば、「学習への参加はほどほどにし、聞いているだけにしろ、発言する必要はない。」と忠告した。また、上司は、「総理はとてもあなたのことを気にかけておられます。もしも私たちが、あなたの健康に関しうまくお世話できなかったら、私たちが叱られます」と言った。[*5]

　周恩来は死神の最終的な降臨を妨げることができなかったが、溥儀の限りある命を引き延ばすことはできた。しかし、溥儀がこのような「延長する」をバネに気を取り直して真剣に仕事に打ち込もうとしたとき、北京大学の1枚の壁新聞がもたらした災いが全国的な大災害を引き起こし、病魔よりもさらなる勢いで襲ってきたのである。

＊5　溥儀の日記 1966 年 4 月 30 日を参照。手稿。

34

黄昏の灯り

中国現代史上、1966年は紛れもなく苦痛に満ちた年であった。それは人々の悲しい記憶と常につながっているからである。

溥儀にとってはさらに不幸であった。数億の中国人が、振り返りたくもないようなこの辛い年代に、選択の余地もないまま踏み込み、時を同じくして、彼もまた人生最後の道程に足を踏み入れたのである。国際的、歴史的著名人であり、時の人として、溥儀の生命の黄昏には、紆余曲折が伴っていた。しかし、一筋の光も射していた。それはまさに、毛沢東と周恩来が非常時にもかかわらず送り届けてくれた温もりであった。

「文化大革命」の嵐が中国全土を巻き込んでいるとき、「四人組」は決して溥儀を見逃さなかった。なぜなら、溥儀自体が、周恩来による「旧社会の腐敗した人物を変えた奇跡」であり、周恩来を目の敵とする「四人組」にとっては、これは絶対に打ち倒すべき記念碑だったからである。しかし、周恩来が百方手を尽くして溥儀を保護したのは、すでに世界に深遠な影響を与えている新中国の改造政策を守ろうとしたからだ。

北京大学の聶元梓（じょうげんし）の壁新聞がまだ張り出されていないころ、全国政治協商会議機関内の仕事、学習や各活動はまだ正常であった。溥儀は政協直属学習班の活動に参加し、多くの社会的知名度の高い人物と一緒にいた。ただ学習時間は増加して、本来2日半だったのが3日間に増えていた。梁漱溟（りょうそうめい）を紹介する文章に、その学習班の当時の様子が述べられている。[*1]

---

*1 〔訳注〕1893〜1988年。思想家、教育家。北京大学でインド哲学を講じた、後に実践活動に転じ、郷村建設活動を指導した。中国民主政団同盟に参加し、国共両陣営の橋渡し役を演じたことでも知られる。

1966年４、５月から、梁漱溟氏の所属する全国政治協商会議直属学習組も週２回から３回になり、「文化大革命」についての学習討論に拍車がかかった。残念ながらこの学習組のメンバーの大多数、例えば于樹徳、王藝、杜聿明、宋希濂、范漢傑、愛新覚羅・溥儀、唐生明、秦徳君らは、みな具体的な職場がなくて、労農兵や幹部および職場にいる知識人と比べた場合、部外者と言えた。彼らは「三家村」批判[*2]から始まった暴風雨のような動乱を当然理解も予想できなかった。週３日半の学習とはいっても、大部分の時間は文書の朗読や新聞の読解に費やされた。発言する者もめったになく、司会者も困惑した。発言するとしても、ほとんどみな文書や新聞に載っていることを繰り返すだけで、発言の最後に「革命を断固支持し、真剣に学習して自己改造しよう。」と言うのだった。[*3]

　この文を書いたのは、当時、全国政治協商会議機関で働いており、事情を知っている人物である。文中にはさらに、梁漱溟が６月７日午前に発言したときの様子が述べられている。鄧拓、呉晗、廖沫沙、北京市委員会の主な責任者やその他重要人物数名が全員更迭されたのはまったく理解不能で、長年革命に従事し、党と人民から高い信用を受けている党の中心人物まで、この種の難しい問題に見舞われているのを、どう理解し説明するのか、彼らが以前から反革命を企み反党反社会主義分子になったというのは、こじつけに過ぎないではないか、と梁漱溟は述べたという。梁漱溟自身も中国の現代史上では活躍した人物であった。彼のこうした広い見識に基づく発言が、突如変化する政治情勢に対し同じく困惑していた溥儀に影響を与えないわけがなかった。溥儀は驚きを隠せなかった。

　「革命の嵐」が天地を揺るがしているこの時期、廖沫沙や申伯純ら自分を助けてくれた党幹部の多くが批判されるのを目の当たりにし、溥儀は愕然とした。全国政治協商会議機関の大衆組織は、８月27日、突然専門員たちに集団活動の即日中止と自宅での「学習」を命じた。溥儀にとって、働く権利は10年間の改造を経験してやっと勝ち取ったものであり、総理自らが手配してくれたものであっ

---

*2　〔訳注〕呉晗の『三家村札記』が、同じく彼が書いた歴史劇『海瑞罷官』とともに、毛沢東路線を風刺するものといわれ、文化大革命発動の引金となったことを指す。
*3　汪東林：『梁漱溟と毛沢東』、吉林人民出版社、1989年版、55～56ページ参照。

た。その権利が突然奪われてしまったことに衝撃を受けた。劉少奇国家主席をはじめ、安子文中国共産党中央組織部長や徐氷統一戦線工作部副部長らを批判攻撃する壁新聞が、なんと新街口のにぎやかな場所に貼られたばかりか、『わが半生』の原稿整理を手伝ってくれた群衆出版社の編集者までもが「スパイ」として叩かれた。この時期、目にするもの耳にするもの一切が、溥儀を底なしの穴に落ちたような気持ちにさせた。彼にはまったく理解できなかった。当時鼻息荒かった、かの文革の「旗手」に心中では疑念を抱いていた。[*4]

沈酔（しんすい）の回想によると、そのころ溥儀を訪ねた際、話が「四人組」の無法行為に及ぶと、彼はいつも異常なほど憤慨したという。沈酔は、面倒なことを起こすなと忠告したが、溥儀は気にもとめず、このようなやり方は毛主席の政策に背くものだと何度も繰り返した。しかし、毛沢東は溥儀にとっては至高の存在であり、いずれにしても目の前で展開されている「文化大革命」という「史上例を見ない偉大な意義」を軽視しようとは思わなかった。彼は新聞の社説を学習し、真剣に思索し、毛沢東の戦略的計画に追いつこうと、歩み続けたのである。[*5]

ほどなく、情勢は急変した。文史資料専門員たちは危機に直面した。まず、杜聿明と沈酔が職場同僚家族の子供たちに囲まれ口汚く罵られた。次いで廖耀湘（りょうようしょう）夫人張瀛毓、王耀武夫人呉伯倫らが、同じく中高生の「若き闘士たち」から、「国民党将軍の妻」として攻撃された。さらに、杜聿明、宋希濂（そうきれん）、董益三（とういえきさん）が家探しをされた。造反派は言いがかりをつけて、なんと董益三の妻宋伯蘭（そうはくらん）の退職金までも没収してしまった。この一連の出来事は、溥儀に、自分も最早傍観者でなく世間の騒動から避けることはできない、自分と自分の家庭も安寧ではいられないと感じさせるのに十分であった。

---

*4 〔訳注〕毛沢東夫人で、文革のときに権勢をふるった江青（こうせい）（1914～1991年）を指す。江青は元女優で、文革の少し前の時期から政治の表舞台に立つようになった。王洪文（おうこうぶん）・張春橋・姚文元（ちょうしゅん）（ようぶんげん）と「四人組」という権力集団を形成し、国内を混乱に陥れた元凶とされている。毛沢東の没後失脚し、公開裁判にかけられ、文革期における失政の責任を負わされることになった。本書のこの部分の記述も、文革の誤りを、毛沢東ではなく、江青に帰すというスタンスで書かれている。

*5 〔訳注〕当時、中立的であるべき国外の、例えば日本の大新聞や一部の中国研究者でさえ「文革」を賛美していた。混乱の渦中にあった溥儀が、自己矛盾を抱えて「文革」と対峙していことは想像に難くない。

溥儀を襲った最初の難題は給料減額であった。全国が「赤い8月」で震撼する中[*6]、政協機関内および文史資料専門員の住宅区では、専門員たちの労働参加と給料減額を命じる壁新聞が、次々と貼り出された。その中の1枚は、「通達」内容を今に伝えるもので、杜聿明、宋希濂と鄭庭笈らが居住する前廠胡同[*7]内に貼られた。そこには以下のように書かれていた。

　国民党の残党、妖怪変化ども、よく聞け、（1）自発的に給料を減らし、勤労大衆と同等の生活をしろ。（2）家政婦を雇うのを認めない、寄生虫のような生活を禁止する。（3）明日から手分けして前廠胡同の清掃をしろ。決して疎かにするな。」

××中学紅衛兵本隊

1966年8月26日

宋希濂が筆を執り返答した壁新聞も、その翌日に貼られた。そこにはこう書かれていた。

　心から紅衛兵の皆様の監督と改造を心から受け入れるものであります。（1）毎月の給料は、すでに今月より政協機関から一部分を差し引いております。給料を減らし、勤労大衆と同等の生活をするのは当然のことであります。（2）私どもは家政婦を雇用せず、今後二度と雇用いたしません。寄生虫のような生活は恥ずべきものであります。（3）明日から、分担して前廠胡同一帯をきれいに掃き清めます。その他、私どもでできる仕事が何かあれば、もっと致します。

杜聿明　宋希濂　鄭庭笈

1966年8月27日

全国政治協商会議機関内の造反派の規定によって、政協委員1級（以前の給料200元）は給料50％減額、文史資料専門員1級（以前の給料100元）は給料30

---

*6　〔訳注〕1966年8月、毛沢東は壁新聞や天安門広場での会見を通じ、紅衛兵の活動支持を表明した。これ以降紅衛兵運動は全国に拡大し、官僚や党幹部攻撃だけでなく、文化財破壊などあらゆる暴力行為により、中国は大混乱に陥っていった。

*7　〔訳注〕北京市東城区の路地の名前。現在の地下鉄5号線の灯市口駅の北側に位置する。

％減額とされた。溥儀は苦悩した。半分に減らされるということは、手元に100元余りしか残らず、夫婦二人で病弱なので生計が維持できなくなってしまう。そこですぐさま「130元までにしてほしい」という要望を出したが、認められなかった。9月に給料袋を開けて見ると、すでに減額後の100元しか入っていなかった。

「赤い8月」が過ぎても、さまざまな出来事が、後から後からやって来た。

溥儀の日記によると、名前を名乗らぬ変な電話が、しばしばかかって来て、彼を居ても立ってもいられない不安に陥れた。人民病院に診察に行くと、受付はまず「階級的身分」を聞いて来る。彼は「宣統」だと名乗りたいが、それでは相手が驚くだろうし、嘘をつくわけにもいかず悩んだ。そこで、董益三を訪ねて一緒に政協機関へ指示を仰ぎ行った。そのころ、機関の指導者も、皆まさに土人形が川を渡る状態、つまり——自分の身さえ危うい状態で、実際のところ溥儀らを助ける力はなかった。そこで、自分たちで派出所あるいは町内の組織へ行って相談するよう言った。しかし、溥儀は行かなかった。彼は、自分で何とかするほうがよいと考えたのだ。

はたして、まだ我慢できることと、もはや忍耐の限界を超えることが、引き続き起こった。

李淑賢が穀物販売店へ米と小麦粉を買いに行くと売ってもらえなかった。今後はトウモロコシの粉だけで小麦粉と米は売らないと、店員は正式に通達して来た。なんと溥儀はすでに「黒五類」として扱われていたのである。[*8] 李淑賢は夫に職場か町内の指導者のところへ相談に行ってほしかった。だが、溥儀は、他人を煩わすくらいなら雑穀を食べたほうがましだ、自分たちで何とかしよう、街へ行って食糧配給切符で饅頭でも買って腹を満たせばそれでよい、と言って相談には行こうとしなかった。

しかし、東観音寺胡同22号の屋敷の黒塗り門を、閉ざしたままではいられなくなった。「紅衛兵」の腕章を巻いた「若き闘士たち」が、次から次へと押し寄せたのである。彼らは、屋根に上って装飾の石獅を叩き落とし、家の中に入って

---

*8 〔訳注〕「黒五類」とは、批判対象とされた地主、富農、反革命分子、悪質分子、右派分子を指す。文革時には、こうした出身による分類で敵対階層と位置付けられた。

来て応接間の「ブルジョワ階級の家具」を運び出すよう命令した。

　溥儀は機関の指導者に言われたことを思い出し、正常な家庭生活を維持するため、一人の公民として最も基本的権利を求めて、管区内の福綏境派出所に赴いた。彼の要求は簡単だった。つまり、いつ何が起こるかわからないので、公安派出所から直ちに自分の屋敷内に誰か派遣してほしい、というものであった。しかし、派出所は住民の住宅内に駐在して保護責任を負う義務はなく、実際そうはできなかった。だが、溥儀の特殊な身分や党と政府の政策を考慮し、派出所側は、上級部門の指示を仰ぐことにした。そのときの状況下では、これは非常に困難を伴った。北京市公安局でも国家公安部でも、どこの部門でも、軽々しくこの敏感な問題に具体的な態度表明ができなかったのである。このときに周恩来の存在を思い出した者がいた。溥儀が特赦後、とりわけ総理の世話になっていたことは皆知っていたからだ。そこで、彼らは試しに西花廳の総理事務室の電話をかけた。返答は明確かつ喜ばしいものだった。すでに改造され公民となった溥儀については、保護するべきだ、というのである。「伝家の宝刀」を得た福綏境派出所の職員は、嬉しそうに溥儀にこう伝えた。「問題は解決しました。今後異常事態が起こったら、電話をかければ大丈夫です。」これには溥儀も喜んだ。すぐさま、身に付けていた縦横 7、8 センチばかりの横書きの住所録を取り出すと、その場にいた派出所職員の名前と電話番号を控えた。

　　福綏境派出所：史所長、唐所長、方所長、王所長（指導員）、李志義（人
　民警察）、陳銀生（人民警察）。
　　電話：66—6807、66—6723。

　9 月と 10 月、はたしてまたも造反派の小集団がいくつかやって来て門を叩いたが、溥儀が取り決め通り、派出所の電話をかけると、民警がすぐ駆けつけた。時には管区内の紅衛兵を連れて来た。がやがやとやって来た「造反派の若い闘士」たちは、不服そうな顔をしながらも、腹立たしげに退散して行った。

　派出所の所長は、また権限を越えて穀物販売店の「内政干渉」をした。この所長は以前からよく溥儀の家の状況に通じており、米と小麦粉の配給を止められていると聞くと、自ら穀物販売店と交渉してくれた。それは直ちに効果をもたらし、溥儀一家への米と小麦粉配給が再び行われるようになった。

337

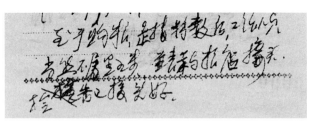

1966年9月24日、米と小麦粉の配給問題についての「打ち合わせ」を記した溥儀の日記

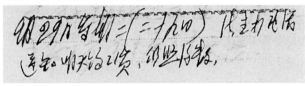

1965年9月29日、「明日給料を受け取るが、以前と同じ額とのこと」と以前の給与額が復活したことを記す溥儀の日記

溥儀からすれば、これらはみな派出所の威力であった。この時期の溥儀の日記には、派出所との行き来の様子や感謝の言葉が多く書かれている。しかし、明らかに派出所が関与したのではなく、自分から求めたわけでもないのに、9月29日に溥儀が計理課で、国慶節のために早めに支給された給料を受け取ったとき、なんと月給が以前の200元に戻っていた。彼は考え込んでしまった。

なぜ、家に乱入した紅衛兵が、「破四旧*9」がピークに達しているこの時期、数名の民警に屈服し「造反」行為を諦めたのか。派出所は表立って自分を保護することで「保皇」という罪名を着せられるのを恐れなかったのか。

なぜ、穀物販売店の幹部は、「打倒」の叫び声が響き渡る中、こともあろうに売国奴の皇帝である自分に対して、白米と小麦粉配給を復活してくれたのか。

なぜ、全国政治協商会議住宅内に壁新聞が貼られ、スピーカーがいまだにわめきたてている時期に、一旦下がった給料が、わずか1か月で以前の額に戻ったのか。

明らかにこれは、派出所でも穀物販売店でも政協機関でもできることではない。

---

*9 〔訳注〕文化大革命初期に、旧思想・旧文化・旧風俗・旧習慣の四つを革命の対象とし、これらを打倒しようとするキャンペーン。

それでは、これには何か背景があるのだろうか。福綏境派出所が「伝家の宝刀」を得た裏の事情を溥儀が知り得なかったとしても、国慶節記念行事の招待を受けて参加した事実は、誰の目にも明らかだった。

1966年9月30日、溥儀は杜聿明、宋希濂と一緒に、人民大会堂で盛大に挙行された新中国創立17周年祝賀の政府主催パーティーに、周恩来から招待を受けて出席した。翌日、彼ら三人は天安門特別席に上がり、式典行事と花火大会に参加した。当時、人々はこうした儀礼的な行事に参列するかどうか、あるいはその際の序列から、ある人物に対する中央の態度を判断するのが常だった。溥儀が国慶節記念行事に出席できたのは、ある種の政治的保険という外套を羽織ったに等しかった。それで、その他の専門員たちでさえ、そこに希望を見いだし、安心感を得た。もちろん、このような政治的効果は、まさしく招待状を出した周恩来の予期するところであった。情勢のきわめて複雑な内乱の時代、党の改造政策を守るため、周恩来は苦心に苦心を重ねた。彼は百方手を尽くして溥儀を重大な政治活動に参加する機会を与え、それによって彼の肯定的なイメージを確立しようとしたのである。

溥儀は清朝最後の皇帝として、中国のブルジョア革命指導者で初代大総統であった孫文生誕100周年記念行事に加わることになった。これは、当然大きな意味を持つことで、「文化大革命」初年の際立った事例の一つである。今回の記念行事は、もともと1965年10月24日に開催された全国政治協商会議4期3回常務委員会で決定されたもので、劉少奇をはじめとする271人準備委員会の名簿には、溥儀の名前があった。1週間後、溥儀は孫文生誕100周年記念準備委員会第1回会議に出席し、劉少奇主任委員の演説を聞いた。誇らしげに、その日の日記では、孫文の歴史的功績を称賛し、このように書いている。

（孫）中山先生[10] は終始反帝国主義反封建闘争をやり抜き、封建皇帝を打倒して中華民国を打ち立てた。その後も絶えず康〔有為〕や梁〔啓超〕ら君主制支持派と真っ向から対立した。十月革命の勝利後、彼は再び共産党の援助下で国民党を改組し、連共、連ソ、扶助農工の三大政策を打ち出した。[11]

---

*10 〔訳注〕孫文のこと。中山は孫文の号で、中国では通常孫文を孫中山、中山先生と呼ぶ。

彼は帝国主義打倒のスローガンを唱え、プロレタリア前先鋒隊と協力しようとした。それによって、旧民主主義を新民主主義に発展させようとしたのである。これは彼が世界の潮流、人民の願望に合わせようとしたもので、不断の進歩の現れである。孫中山先生は魯迅ではないし、マルクス・レーニン主義者でもないが、敢然と帝国主義に反対した、偉大な革命家なのである。

周知のとおり、国内の政治情勢は半年後に急変した。劉少奇が主任委員の資格を失った。それにもかかわらず孫文の記念行事をまだ行うのか、溥儀も出席できるのか。これは明らかに問題であった。

1966年10月24日、孫文生誕100周年記念日まで、20日足らずとなった日、毛沢東は中央報告会の席上で、記念行事は通常通り行うと発言した。毛沢東は、民主諸党派も政協もまだ必要だと言い、紅衛兵には、はっきりと説明し相談する、中国の民主主義革命は孫文が始めたものだ、今年は孫文生誕100周年であるので、やはり記念大会は開く、と述べた。まさしく鶴の一声であった。

11月10日、溥儀は孫文生誕100周年記念準備委員会の最後の会議に出席した。準備委員会秘書長廖 承志が準備状況を報告し大会の日程を決めるのを聞いた。

11月12日午後、記念大会は人民大会堂で盛大に行われた。ホールの高い丸天井には、赤い五つの星が、光輝いていた。貴賓席の幕には10メートル以上もある孫文の大きな彩色肖像画が掲げられ、その両側には、それぞれ五つの赤旗が掛かっていた。1枚の旗が10年の時を表し、赤旗の下のほうは「1866」と「1966」という大きい数字で、この中国の巨人誕生から今日まで、すでにまるまる1世紀の過程を辿って来たことを示していた。会議は董必武による開会の挨拶から始まった。次に周恩来が演説し、孫文の偉大な功績を讃えた。引き続いて、高齢の宋慶齢が壇上で弁舌爽やかに孫文の一生について述べた。中国国民党革命委員会主席何香凝と日中友好協会理事長宮崎世民も相次いで話をした。劉少奇、朱徳、鄧小平および陶 鋳ら中央指導者も大会に出席した。溥儀は首都の各界の人々と

＊11 〔訳注〕いわゆる第一次国共合作のこと。国民党を率いる孫文は1923年、コミンテルンの提言を受け入れて「連ソ・容共・扶助工農」という三大新政策を打ち出した。翌年には共産党員が党籍を持ったまま国民党への入党が認められた。以後、1927年8月まで協力体制が続いた。

大会に参加した。宋慶齢の演説は彼に深い印象を残したようで、散会して帰宅後、彼は妻に向かってこう話した。「宋副主席は70数歳なのに50分話をし続けた。本当にすごい。」

　溥儀は知る由もなかったが、「封建的な皇帝」という「階級区分」で、紅衛兵運動絶頂期に、孫文記念行事に姿を見せられたのは、周恩来が話をつけてくれたおかげだった。そして、これが溥儀の生涯の中における国の重要行事への最後の参加となった。こうしたこと以外にも、周恩来は溥儀ら専門員たちが遭遇した具体的な問題に果断に口出しし、彼らを支持しつつ、不測の事態を防ぎ守ったのである。

　ほどなく、9月分が減給されたにもかかわらず、10月にまた以前の額に戻ったという不思議な出来事の裏事情が明るみになった。ことの発端は沈酔だった。彼は10月初め、経理課に給料をもらいに行き、同時に杜聿明らに頼まれて彼らの給料を代わりに受け取った。給料袋を開けて見ると、すでに以前の給料の額に戻っていた。沈酔は不思議に思って、なぜ減額分が差し引いかれていないのか尋ねた。答えは、上級からの通知があり、以後給与の減額はやめ、先月の減額分は再支給するというものだった。その上級というのは一体誰なのか。計理課では言わなかったし、沈酔も聞くのが憚られた。彼が給料を前厰胡同の住宅に持ち帰り、杜聿明、宋希濂、鄭庭笈らに渡していると、みな戸惑いながら議論し始めた。全国政治協商会議や中国共産党中央統一戦線工作部の指導者たちはみな自分のことで精一杯で、こうしたことに関与する力はない。では、この「上級」とは一体誰なのだろうか。そのとき、同じ住宅に住んでいた民主人士で、国民党第1兵団副司令官を務め、1949年湖南で武装蜂起に参加した全国政協委員の唐生明が入って来た。彼は非常に興奮してきっぱりと言った。「さっき電話をかけて信頼できる人に聞いたのだが、周恩来総理の事務室から政協に電話があって、民主人士と特赦された元戦犯たちの給料を差し引くことは許さない、と言ったそうだ。」その場にいた全員の目に涙が溢れた。その後、梁漱溟が別のルートからも同じ情報をもたらした。当時、周恩来総理だけが、彼らの辛い立場を子細に観察して配慮してくれたのだと、梁漱溟は固く信じていた。沈酔は手づるを辿って、ついにことの経緯を明らかにした。もともと、9月のあの減給は、政協機関の造反派たちが以前の幹部を打ち倒した後、紅衛兵が街頭に貼り付けた「命令」や「強制執

行」といった当時流行りの告示に従って決定したものだったのだ。事情はすぐに
周恩来の耳に入った。彼は直ちに、民主人士と文史資料専門員たちの給料と待遇
を回復し1元の減額も認めない、すでに減らされた分は必ず再支給せよと命じた。
造反派のリーダーたちは不服であったが、中南海からの厳粛な命令とあっては、
実行するしかなかった。[*12]

　これと同時に、周恩来は全国から指示を乞う大量の電報を受け取っていた。問
い合わせは、批判された幹部の給料を変更すべきか否かというものであった。そ
こで周恩来は、1966年9月18日、すみやかに全国に向け電報で次のように指示
を出した。

　　批判闘争の対象になった者の給料の扱いに対しては、以下のようにせよ。
　たとえ批判され罪状が明らかになったとしても、暫時給料は変更しない。本
　人が減給を申し出るか、給料の一部を党費として寄付したいというのであれ
　ば、その意思を尊重する。ただし、強要してはいけない。また、減給によっ
　て健康を損なうことがあってはならない。凡そ、批判後の罪状が定まってい
　ない者の給料は現状を維持すること。[*13]

　これは明らかに普遍的かつ指導力をともなった政策であり、非常に分別をわき
まえたものだということは、あの時代を経験した人ならみな身に沁みて感じられ
るだろう。それは基本的な待遇面で幹部に対する最大限の保護であった。

　溥儀を紅衛兵の攻撃から保護するという個別の事例が、周恩来の頭の中で一つ
の政策に転じたとき、溥儀一人だけでなく多くの人々が災難から逃れることがで
きるようなったのだ。その内幕は徐々に明らかになった。数か月後、溥儀の二人
の同僚が雑談の中でその背景を漏らしている。話の内容は信頼に足る貴重なもの
だが、同僚のうちの一人によって日記に書き留められた。そこに「秘密の一部」
を垣間見ることができる。

＊12　汪東林：『梁漱溟と毛沢東』、吉林人民出版社、1989年版、274～275ページ参照。同時に、
　　　沈酔：「特赦された後の皇帝——溥儀と一緒にいた時の回想」、香港『新晩報』1981年4月
　　　18日掲載を参照。
＊13　『周恩来選集』下巻、人民出版社、1984年版、452ページ参照。

公安部関係の同志によれば、私たちがプロレタリア文化大革命中、無事生きながらえることができたのは、中央から指示があったおかげだという。この人に手を出すな……という指示は公安部、公安局および私たちの所属機関に対し、すべて伝達されていた。そうでなかったら、誰が我々のような人間を守ることができただろうか。公安部も守れないし、公安局や派出所ではさらに無理であり、機関も守れなかったのである。

　ここで述べられている「中央の指示」とは、紛れもなく周恩来の指示であった。その特殊な歴史の時期、ただ彼は唯一毛沢東の代表として、気迫と能力でもって、溥儀らを保護する指示を出し、それによって著しい成果を挙げたのである。同じ時期、周恩来はまた多くの「保護すべき幹部の名簿」を提出するとともに、幹部を保護するための電文を起案した。その間の内幕は、20年後にようやく章含之の回想録で明らかになった。

　そのとき、章含之は北京大学で教鞭を執っており、紅衛兵から攻撃を受けた。そして、災厄はさらに彼女の父 章 士 釗にも及んだ。1966年8月29日夜、章家は家宅捜索され家財を没収された。章士釗は、その夜すぐ毛沢東に手紙を書いて様子を説明した。手紙を出した翌日には毛沢東直筆の返事が届いた。「すでに総理に手配を頼んだ」という内容だった。毛沢東は章士釗の手紙に「保護のための適切な処理を総理に任せる」と書き込み、明確な指示を行ったのである。周恩来は、この機会を利用し、章士釗に対する綿密な措置をとっただけでなく、さらに続けて保護すべき対象者の名簿を適宜提出した。[14]

　毛沢東と周恩来は、何人かの国家指導者と革命老幹部、旧国民党の政治家や将軍たちを保護すると同時に、溥儀や溥儀の同僚である元戦犯たちを保護するのも忘れていなかった。

　周恩来が溥傑と嵯峨浩夫妻を保護したのは、その明確な実例である。まさしく周恩来は溥傑に造反派の矛先が向かぬようにしたのだ。西園寺公一は、「溥傑も同様に周恩来総理の庇護の下で暮らしていた。もしも溥傑が紅衛兵に吊るし上げられたら、彼は堪えられなかっただろう」と語っている。[15] 溥傑自身も、「紅衛

---

*14　章含之：「毛沢東と章士釗」、『毛沢東交友録』、人民出版社、1991年版、236～238ページ参照。

兵がわが家に来たことがあり、そのため、私と妻は常に周恩来総理の保護を受けていた。職場で私の批判大会が開かれているときは、私は家でじっとして、仕事に行かなかった」と述べている。

　事実、あるときまったく無防備の溥傑の家に、突然空から降って来たように紅衛兵が乱入した。護国寺街の静かな四合院は、天地を揺るがすようなシュプレヒコールと赤旗の乱舞に満たされた。彼らは「売国奴の皇帝の弟」だけでなく、「長期にわたり潜伏している日本の女スパイ」に狙いを定めていたのだ。不思議なことに、紅衛兵たちは中庭に入るとまず厨房に駆けつけた。そして調味料の棚に日本から送られて来た醤油や酢の瓶を見つけると、まるで極悪非道の敵にでも出会ったように、たちまち粉々に叩き割った。紅衛兵たちは大手を振って立ち去ったが、後に残された溥傑と嵯峨浩は、飛び散った硝子の欠片や醤油などを呆然と眺めていた。嵯峨浩が北京に住むようになってから、友人たちがいつも日本から食品や調味料を送って来ていたのだが、まさかこれは「罪悪」なのだろうか。彼らには納得がどうしてもいかなかった。紅衛兵たちは翌日もまた来た。溥傑は門の内側からかんぬきを差し込み、灯りを消して、音を立てずじっとしていた。嵯峨浩は回想録の中でこれらの経緯を述べている。先頭に立ってやって来た紅衛兵が、夫の甥の一人であったのは夢にも思わぬことで、彼らは大きな衝撃を受けたという。しかし、紅衛兵はさすがに門を壊して押し入ろうとはせず、それ以後は来なかった。これはどうしてだろうか。なんと、状況を知った周恩来が、直ちに指示を伝え制止していたのである。周恩来は、特赦後に国のため貢献している溥傑夫妻に正しく対処するよう紅衛兵を教育する一方、溥傑の住宅が襲われないよう関連部門に指示を出していたのだ。これに対して、嵯峨浩は感謝の思いを込めて書いている。

　　私たちのように学生の槍玉にあげられた北京市民は数多くいました。なかにはもっとひどい目に遭った方もいらしたようですが、私たちの場合は周総理がどこからか噂をおききになり、すぐに保護の手をのべてくださいました。長い文革の間、周総理のご配慮で、私たちはどれほど救われたことでしょう

＊15　『赤い貴族の春秋——西園寺公一回想録』、中国和平出版社、1990年版、220～221ページ参照。

か。*16

　周恩来は特殊な歴史的環境の中で、溥儀を救い、溥傑を救った。全力を尽くして愛新覚羅一族とその他の人たちも救った。道光帝の長男で隠志郡王奕緯の4代目子孫毓嶦の回想によると、「文化大革命」初期、紅衛兵は彼の家を家探しして、父の「紅豆館主」溥侗が西洋人と一緒に撮っている昔の写真を見つけ出した。それが「外国に内通した」という証拠とされて、毓嶦は「帝王の子孫、反革命分子」というプラカードを首からかけ*17批判され、後に障害が残るほど両腕をねじられた。彼は、この貴重な史実を思い起こして、以下のように述べている。

　　あるとき、私は紅衛兵に取り押さえられ殴られた。派出所の所長は紅衛兵に、「彼はまだ若い。過去、彼の家庭は確かに歴史的な問題があるが、最近の様子を見ると、それほど悪くはないし、悪事も働いていないのだから、彼を殴らないでくれ」と言った。彼の言葉が私の命を救ってくれた。1982年代になってから、この所長に会ったとき、謝意を表したところ、当時周恩来総理から、北京の愛新覚羅一族を保護するように、彼らが党や社会主義に反対さえしなければ保護してほしい、という指示があったと話してくれた。周恩来総理の保護がなければ、私はおそらくそのとき殴り殺されていただろう。*18

＊16　嵯峨浩：『流転の王妃』、北京十月文芸出版社、1985年版、185〜186ページ参照。〔ここでは、重訳を避け、原著である、愛新覚羅浩：『流転の王妃の昭和史』（新潮文庫、）新潮社、1992年、286ページより引用した。〕
＊17　〔訳注〕文化大革命のときには、このような「罪状」を殴り書きしたプラカードを首からかけて糾弾するのが一般的であった。
＊18　郭招金：『最後の王朝の子孫』、団結出版社、1991年版、117ページ参照。

35

宣伝ビラ上の吉報

毛沢東、周恩来と溥儀

　毛沢東と周恩来が保護してくれたおかげで、溥儀と彼の家庭は、「破四旧*1」など「赤い」狂乱の渦の中、何とか無事に過ごしていた。しかし、溥儀が書いた例の本は、このとき「水に叩き落された」のであった。

　『わが半生』は1964年3月に出版され、初版は3.45万冊印刷された。「内部発行」という制限が設けられていたにもかかわらず、飛ぶように売れ、ほどなく売り切れてしまった。同年11月に、第2刷3万冊が印刷されたが、同じくすぐ完売になった。残念なのは、出版社側が第3刷の時期を見誤ったことだ。増刷を決めたのは内乱の前だが、本が刷り上がったのはまさに内乱の渦中であった。印刷されたばかりの2万冊は、印刷工場を出るとそのまま焼き払われてしまった。その意味では、「水に叩き落とされた」のではなく「火葬に付された」のである。

　このようなことは、あの時代においては当たり前で、誰も責められない。出版社のトップから新華書店の店員まで、誰も「封建的帝王美化」という罪状を甘んじて受ける者はいなかったし、それを彼らに求めるのは酷だった。

　作者として、また長編の自叙伝の主人公として、溥儀は自ずと本との関わりを否定できなかった。そして、『わが半生』批判を名目とし、溥儀に昔の出来事の清算を求める手紙が、1966年9月15日、東観音寺胡同22号にある溥儀の家に届けられた。その手紙は、全文が威嚇的な調子で書かれていた。その出だしはこうだ。

　　愛新覚羅・溥儀へ　お前は本当に改造を受けたのか。釈放されてから、お前は党と人民に何をしたのか。お前は人民の金を取り、共産党の飯を食い、

---

*1　338ページ訳注*9参照。

何を書いているのか。

　手紙の中では、『わが半生』について重箱の隅をつつくような批判を展開していた。溥儀が祖父の奕譞(えきかん)のことを「誇り」とし、祖母の劉佳氏を「慈愛に満ちた」と表現し、父載灃(さいほう)について「官職に就こうとしなかった」と述べ、隆裕皇太后を「民を愛した」などと書いたこと、また自分の罪悪を「他人に押し付け」、さらには、宮中の電気修理工を「鎮橋猴(ちんきょうこう)」と侮辱したことなど、いずれにも些細な欠点を指摘していた。手紙の最後一節は、さらに激しく迫るような語気で満ちていた。*2

　言っておくが、お前の『わが半生』の前半数十ページを読んだから、回答しろ。さもないと、全国の労農兵に呼びかけてお前を批判するぞ。最後１ページに至るまで批判してやる。お前が誤りを認めるまで批判する。お前はこの本が有害だと声明を出し、原稿料5000元は国に返せ。俺はこそこそしたやり方はしない、お前に前もって心の準備をさせてやるのだ。

　手紙を書いた人物は、元満州国の皇宮で召使いとして働いていた「童僕(こどく)」だった。彼は当時の「康徳帝」による凶暴残虐のせいで、自分の体に残された無数の傷跡を忘れていなかったのだ。この「童僕」の階級的な恨みの根源が手紙に注がれているのは理解できるし、その行間には「文化大革命」型の極左思想が溢れているのも不思議ではな

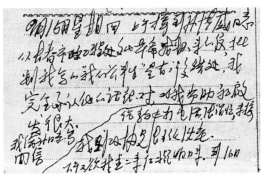
1966年9月15日、孫博盛から手紙が来たことを記す溥儀の日記

---

*2 〔訳注〕溥儀の『わが半生』の中にあるエピソードで、ある電気修理工が溥儀に恭しく挨拶して爵位を求めたので、溥儀が咄嗟に「鎮橋侯」としたことを指す。実は、「鎮橋侯」は「鎮橋猴」に通じ、橋の下の乞食を指す言葉であった。

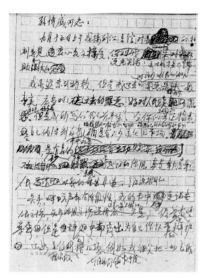
孫博盛に宛てた溥儀の返信の1枚目

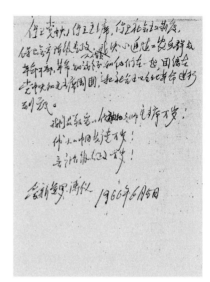
孫博盛に宛てた溥儀の返信の2枚目

かった。しかし、当事者の溥儀からすれば耐え難いものであった。

　李 淑 賢（りしゅくけん）の記憶によると、溥儀はこの手紙を読むと、「極度に恐れた様子で、まるで魂が抜けたように電話機の側に呆然と立ち尽くし、手紙を持つ両手は震えつづけ、長いこと身動（みじろ）ぎもしなかった」という。やがて少し冷静さを取り戻すと、溥儀はすぐさま全国政治協商会議機関と群衆出版社に電話をかけた。何度かけてもなかなかつながらず、ようやくつながったと思うと、相手がいないという本当に厄介な状態であった。その日、溥儀は何も喉を通らず、夜も安眠できなかった。夢にうなされ、ときどき目覚めて泣き声をあげた。

　長春からの手紙の要求に従って、翌日溥儀は原稿料を全国政治協商会議機関に上納した。原稿料の総額1万元は、当時においては相当な金額であったが、原稿料を得た後、溥儀は原稿の編集整理を手伝ってくれた人々のことを決して忘れてはおらず、半分は彼に謝礼として渡していた。残る半分について、溥儀は1966年9月16日の日記にこう書いている。

　　政協機関に着くと、張 刃先（ちょうじんせん）主任に原稿料の4000元を渡した。その他の1000元は、資料提供者への謝礼分が600元、残りの400元は賢の病気治療で支払っ

た。この400元以外は全部機関に渡して国家に返上したのだ。

　遠方からの詰問は、溥儀が原稿料を差し出しても終わらなかった。長春からの手紙は依然として数日ごとに届けられた。

　手紙の中では、例えば溥儀が返信に捺印しなかったのを非難して、「これは責任感が足らない証拠だ、俺は手紙に捺印しているのに、お前はいまだに玉璽でも押すようにもったいぶっているのか」などと言ってきた。

　あるいは、溥儀が「また嘘をついている」と攻撃し、「今日はお前に言っておく、お前の返事は気に入らない。お前のやった事実に基づいて、紅衛兵本部と連絡を取る…宣伝ビラを印刷して各地に配る。後悔するなよ、そのときになって自己批判しようとしても許さないぞ！」と恫喝した。

　さらに、「以前お前に出した手紙は非公式の批判だ。お前に思想的な準備をさせるためだったのだ。それに俺は仕事が忙しかったが、今から、1ページごとに批判を始める。お前が細かく読んで深く認識することを望む。文化大革命は人々の魂に触れるものだ。ほんの何枚か書いただけで、お前の思想の深い所に触れられるとでも言うのか。…今お前はいい加減に誤魔化して、扉を閉じるような真似をしてはいけない」とねちねち書いてきた。

　そして、はっきりと溥儀を教え諭すように、「お前は共産党の下で教育を受けた期間が短いとは言えないだろう。釈放されてから1964年までの時間が短いとは言えないだろう。お前は本当に党に感謝しているのか、それとも感謝は偽りか。お前は本当にすっかり改造されたのか。お前は、『わが半生』という本が党の偉大な改造政策を広く宣伝するものだと言い放っているが、俺に言わせれば、お前は自分と自分の家柄を宣伝しているに過ぎない。論より証拠、お前の『わが半生』を読んでその証拠を探してやろう。」

　手紙を書いた人物は、耐え難い辛辣な言葉をいくつも並べ立てたが、溥儀は心の底から相手を理解し、相手が幼いときに被った苦難を後ろめたい気持ちで受け止めていた。溥儀は、手紙を真剣に読み、1ページ1ページ自分の著作を検討して、より正しく認識し、より深く自己批判して相手に満足してもらおうとした。最初の返信の中で溥儀は、「私は特赦されておりますが、かつて祖国や人民に対して犯した罪は動かぬ事実で、忘れてはいけないものです」と心から述べている。

『わが半生』は、「多少は事実を暴露したけれども、文中に自己弁護の表現が混ざっていた」と認めた。2通目の返信では、溥儀はさらに資料を一部同封し、『わが半生』の1から104ページまでの、欠点14項を調べ出し、「理論や路線に基づいて」自己批判を行った。9通目の返信までに、60項目余りの「誤り」を自己批判し、長春へ送る手紙は、だんだんと分厚いものなっていった。しかし、不思議なことに、どのようにしても、この難関を越えることはできないのであった。

　手紙を送ってくる人物が、突き付けてくる問題はさらに多くなり、手紙自体もますます長く、口調もより激しくなっていった。最初は本の批判だけだったが、やがて「政治的背景」を追及し始めるようになった。1966年12月1日の5通目の手紙中では、以下のように書いて来た。

　　『燕山夜話』は、暗に党を罵倒した。お前はなぜ本の中で共産党を罵倒したのか。お前の本は1964年に出版されたもので、解放初期に書かれたのではないのだから、そこにどんな意味があるのかわからないというのか。お前には下心がある。お前のことをあばく人がいないと考え、中国の次世代に悪影響を与えようとしたのだ。お前はどんな思想に基づいて書いたのか、誰が支持したのか、黒幕は誰だ、群衆出版社の指導者たちか、それとも誰なのだ。

　周知のとおり、1960年代初め、鄧拓が書いた『燕山夜話』は、「文化大革命」の「開幕を告げる鳴り物」として、きわめて不公正な批判に遭い、「反党反社会主義的言説」というとらえどころのない非難を受けた。そして、『わが半生』を含む、何千何万もの本が「反動的」とされたのである。こうしたでっち上げの罪名を、どうして溥儀が認めることができただろうか。また「黒幕」を追求されても、溥儀にはさっぱりわからなかった。誰がこの『わが半生』を書くのを支持したのか。それはまさに毛沢東と周恩来なのである。これに対して、あのような歴史的環境の中で、溥儀はどう釈明できただろうか、またどう返答できただろうか。

　多くの問題と苦悩を抱えつつ、溥儀はまず全国政治協商会議機関に赴き、文史資料研究員会副主任委員沈徳純と文史事務室主任張刃先という二人のベテラン指導者を訪ねた。彼らは溥儀に「組織に頼ったのは立派だ」とほめてくれたが、同時に「ことが起きたら、自分で頭を働かさなければならない」と教え論した。それは、歴史的に特殊な時期においては、指導者でも手の施しようがない案件が

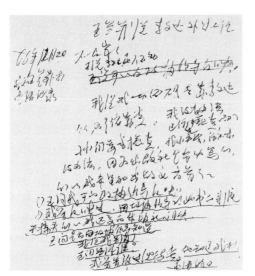

1966年12月2日、溥儀が出版社に助けを求めて電話した際の走り書き

たくさんあるということであった。彼らが言っている意味は理解できるものの、どうしてよいかはわからなかった。

　1966年12月2日、溥儀は出版社の編集責任者に電話をかけ助けを求め、悪い状況を打開しようとした。しかし、事情に詳しい担当者は外出中だと、電話に出た相手は答えた。溥儀は電話で、自分は個人ではなく組織に頼っているのだと丁寧に説明した。長春から手紙が来たが、繰り返し自己批判しても依然として満足してもらえず、詳細かつ全面的な批判を続けるよう言われたが、これには大変困惑しており、「自分だけではもう何を自己批判してよいかわからないから、出版社と相談したい」と言うと、相手は、「指導者に報告する」と答えた。しかし、その後は梨のつぶてであった。

　組織はもはや頼りにならない。同僚の董益三（とうえきさん）も、このような特殊な歴史的環境においては「自分一人で困難に立ち向かい、解決するしかない」と、自らの経験を基に溥儀に言い聞かせた。しかし溥儀にとって、普通の人のように自立するのはすでに難しかった。まして四面楚歌の状況ではなおさらそうであった。溥儀は自分自身を「川で溺れている人間」に喩えたが、それはまさに当時の実態を示していると言えよう。

　このような追い込まれた状態で、溥儀の血圧は一気に上昇してしまった。そして、1966年12月23日、尿毒症を併発し協和病院に入院した。入院中も、李淑賢は相変わらず長春からの手紙を受け取っていたが、夫の健康を考慮し、手紙を病院に持って行かなかった。そして、自分の名前で返事を書き、溥儀が入院した様子をありのまま説明し、病状が少し回復し体が動くようになったら満足行くまで自己批判を続けると約束した。しかし、図らずも、千里の彼方から手紙を寄越

351

す人物の怒りに触れてしまった。相手は北京へやって来て、「宣伝ビラを印刷して北京中に配り」、「革命労農兵に呼びかけ」、溥儀を批判闘争にかけると威嚇してきた。こうして、重石で頭を押さえられるようになりながら、溥儀は後半生で最も苦難に満ちた段階に差し掛かった。

　災いは重なるものだ。「童僕」の『わが半生』批判と時を同じくして、溥儀は再び病に伏した。４月以来の病状が安定していた状態は終わりを告げたのである。採血や注射、点滴などの生活に戻ること自体、溥儀も経験がないわけでなく心配もしていなかった。彼が驚いて目を丸くしたのは、輝かしい名声がある協和病院が「反帝病院」と名前を変え、しかも内乱の渦中で、その容貌まで改めてしまったことであった。

　入院当初の数日間、溥儀は病気が重いのを自覚し、蒲輔周（ほ ふ しゅう）による診察と薬の処方を望んだが、病院内では相手にする者はまったくいなかった。彼は、もはや改造された皇帝ではなかった。いまや歴史を逆戻りし、「童僕」の眼中にある暴君で人民の敵である醜悪な傀儡（かいらい）の元凶となったのだ。腹立たしいのは、病院内部の二つの派の争いに、この重体患者の溥儀という知名人が引っ張り込まれたことであった。「造反派」は「保皇派」が「正真正銘の封建的帝王」を高級幹部病棟に居させるのは、「ブルジョアジーの反動的路線を続けるものだ」と非難し、溥儀を追い払えと訴えた。「保皇派」もとっくに皇冠を失った溥儀のために弱みを見せるわけにもいかず、とうとう主治医は立ち退きを命じた。李淑賢は「病院内の大衆は溥儀が高級幹部用の病室に引き続き入院するのに反対である。直ちに退去せよ」という報せを受け取ると、心が引き裂かれんばかりになった。これのどこが治療なのか。明らかに『わが半生』と溥儀本人に対する批判が続いている。それは文字の批判と違い、生命に対するさらに残酷な批判ではないか。

　李淑賢は、病院側へまずこの追放令を溥儀に伝えないよう涙ながらに訴え、その後、手段を考えるための時間として一晩の猶予を願い出た。そして、彼女はその夜すぐ全国政治協商会議機関に急いで引き返したが、もう誰も担当者が見つからなかったため、護国寺街へ駆けつけ、溥傑に病院の実情を説明した。また溥儀が蒲輔周医師の診察を願っていることも伝えた。溥傑は沈徳純の家に慌てて報告に行った。沈ももはや右顧左眄（う こ さ べん）することなく、壁新聞に書かれたり、政治的なレッテルを張られることも顧みず、受話器を取ると国務院総理事務室のダイヤル

を回した。

一人の偉人が溥儀の近況を知り、明確な指示が直ちに中南海の西花廳から「反帝病院」に伝えられた。それは、溥儀の高級幹部用病室での入院を継続させ、周到な治療と看護に専心せよ、というものであった。

周恩来は蒲医師に、溥儀の診察を要請し、見舞いの言葉を直接託けたのであった。

1966年12月29日、蒲輔周は周恩来の委託を受け、協和病院入病棟5階にある高級幹部の病室に来た。80歳近い高齢の蒲医師が、溥儀に会った最初の一言は、「周総理はあなたのことをとても気にかけ、私を診察に寄こしたのです。」

周恩来の配慮と蒲輔周の到来は、四面楚歌の溥儀に喜びと望みをもたらした。彼は感激して目に涙を溜め、しっかりと蒲輔周の手をしっかりと握って、しばらくの間放さなかった。その日、溥儀は気分が良くなり、精神的にも落ち着いた。ずっと下がらず増え続けていた尿毒の数値もその後急速に下がったのである。

歴史的に過酷なこの時期、溥傑は重病を抱えた兄を心配しながらも頻繁に訪ねたら、政治的に問題視されるのではないか恐れている、と周恩来は耳にした。周恩来は人を介して溥傑に、心配はいらない兄弟の間で普段通り行き来するべきで、政治運動のために看病に行かないということがあってはならない、と伝えた。周恩来の配慮によって、溥傑も右顧左眄する必要がなくなり、始終妻を連れて兄を見舞った。そして、食べ物や日本から送ってきた薬品を持って行った。嵯峨浩は『流転の王妃』の中でそのときの状況を思い出してこう述べている。

　私にとって、そのころできうる唯一のことは、お見舞いに行ってさし上げることだけでした。
　「何か召し上がりたいものはございませんか？」とお訊ねすると、
　「日本のチキン・ラーメンが食べたい」
という意外なご返事でした。常々、中国料理が世界一だと胸を張られ、幼いころより最高級の宮廷料理を口にして育ってこられた大兄ではありましたが、病気のせいであっさりしたものしか受け付けられなくなったのでしょうか。
　私は北京に住むようになってからも、日本から船で日本の食品を送ってもらっていました。そのなかにあった即席麺を、大兄が珍しそうに召し上がっ

35　宣伝ビラ上の吉報

353

たことがあったのです。

　チキンをバターで焼いて冷やした、コールド・チキンを召し上がりたいとおっしゃって、お持ちしたこともありました。[*3]

　しかし病院側が、国務院総理事務室、全国政治協商会議、中国共産党中央統一戦線工作部および衛生部に向けて提出した 12 回目の『溥儀の病状に関する報告』では、溥儀の病状はすでに危篤状態に陥っているとしていた。その報告では、患者のわずかに残った右腎臓にある癌は依然拡大しており、放射線治療を通じてある程度抑えられるが、尿毒症は重くなりつつあり、また酸中毒と貧血があると述べていた。そして、緊急措置後、酸中毒だけはある程度改善したが、右腎臓の状況が今後さらに悪化し、尿毒症もおそらく再度悪化するだろう、現在は中国医学と西洋医学を併せて積極的な救命措置を取っている、と説明していた。

　長春の例の手紙を書いた「童僕」は、きっと溥儀がこのようにひどい病気を患っているのを知らなかったのであろう。そうでなければ、あのような口ぶりで、あのようなことを書けるわけがない。

　「文化大革命」の時代に批判された幾千幾万の書物の中で、批判の罪状を覆し悪運から抜け出すことができたのは 1 冊もない。だが、『わが半生』は例外であった。溥儀は幸運だった。では、一体誰がそれを水の中からすくい上げ、火の中から取り出せたのだろうか。

　1967 年の日めくりカレンダーが何日分かめくられたころ、情報通の万嘉熙が、1 枚の紅衛兵の宣伝ビラを、宝物を持つようにして、慌ただしく溥儀の病室へ入って来た。宣伝ビラには、毛沢東と毛沢東の年下の親族による話の内容が印刷されていた。その中の溥儀の名前が出ている部分は、すでに万嘉熙が強く線を引いていた。それらの文字は、大きく際立って見えた。

　間違いを犯した青年を除名してはいけない。除名するのは彼を害することであり、反対側もなくなった。溥儀、康沢のような人も改造されたのだ。青年の中には党員もいれば、共産党青年団員もいる。どうして改められないと

---

*3　〔訳注〕ここでは、重訳を避け、原著である、愛新覚羅浩：『流転の王妃の昭和史』（新潮文庫）、新潮社、1992 年、282〜283 ページより引用した。

いうのか。除名してしまうのはあまりにも単純だ。

　実は、この話は 2 年前の内容であった。しかし、偉大な指導者は、中国最後の皇帝溥儀が、すでに「改造された」と認めたのだ。その上、動乱年代に流行していた宣伝ビラで広く伝えられたのである。溥儀のように複雑な歴史的人物とっては、紛れもなく大きな政治的保護作用があったのである。

　感動が収まらず溥儀の両頬を涙が流れた。

　ほどなく万嘉熙は、宣伝ビラによるもう一つの新たな吉報を届けに来た。なんと、周恩来が 1967 年 2 月中旬に行った演説の中で、『わが半生』は良い本だと再度肯定したという。総理よ、総理、なんと良いタイミングで保護の手を差し伸べてくれたのか。同時に、党機関紙には『しっかりと労農兵と手を携えて歩もう』と題する重要な文章が掲載され、作者は周恩来の発言をそのまま引用していた。それは、溥儀がソ連から帰国して 16 年経って 1 冊の本を書いたが、大変実感がこもっている、我々は最後の皇帝を完全に改造した、これは世界の奇跡である、というものだった。

　長患いの中で溥儀はまたも周恩来の声を耳にしたのだ。彼は、もはや泉が湧き出るような涙を抑えることができず、妻と妹の夫を前に、目がかすむのを覚えた。溥儀の『わが半生』を覆っていた暗雲はたちまちにして消えたのである。

36

最後の春秋

毛沢東、周恩来と溥儀

　中国現代史における非常事態の時期、溥儀は毛沢東と周恩来によって保護された。溥儀も人民の主席と総理に対して並々ならぬ感謝と思慕の念を抱いていた。

　書簡を送りつけて『わが半生』を批判した満州国宮廷の「童僕（召使いの少年）」が姿を消すと、今度は別のより溥儀のことをよく知っている女性が、溥儀の入院している北京の病院を探し当て、病室に闖入した。その女性とは、長春の満州国宮殿内の同徳殿で2年余り暮らし、また天津と北京の旧皇族の家で10年間後家を通した「福貴人」李玉琴であった。

　彼女が兄嫁と東北から北京に来て、かつての「康徳帝」を探し出したのは、自分に関係する歴史を明らかにするためであった。「福貴人」は、「皇帝の妻」という濡れ衣をこれ以上着せられたくなかったし、兄嫁は「皇族」というレッテルを剥がしたいと願っていた。それらはどちらも理解できることであったが、特殊な歴史的環境の中であり、溥儀の重病も重なったため問題は複雑化した。

　1967年1月30日、「福貴人」と兄嫁は、「反帝病院」高級幹部用入院病棟の扉を押し開け、「東北の人民を代表」し、溥儀との「積年の問題を清算」しにやって来た。折あしく溥儀の妻李淑賢が看護しているところで、彼女が夫に代わって不服を唱えたため、病棟内で大論争が巻き起こってしまった。一方は、溥儀が当時「21条」と「6条」という禁令で「福貴人」とその親族を虐待したことの実証を求めた。また、『わが半生』を批判し、関係する手紙や写真の提出を要求した。もう一方は、病人への配慮を求め、脅迫的な言辞に反対し、歴史問題の実証は事実に基づくべきだと主張した。しかし、論争のあげく問題の解決にはならず、かえって溥儀の精神的負担が増えただけだった。溥儀は、今の妻とかつての妻が握手し和解することを望んでいるのは明らかだったが、彼女たちの紛争は止まなかった。

論争は夕暮れ時に「休戦」となったものの、再度血みどろの戦いが繰り広げられるのは明らかであった。このままで、溥儀は耐えられるだろうか。李淑賢は、それを非常に心配し、すぐさま周恩来に手紙を書いて助けを乞い、一刻も早く窮地から抜け出ようとしたが、溥儀は反対した。彼は当日の日記にこう書いている。

「文化大革命」時代、敦化県大橋公社興発大隊の生産隊に入っていた李玉琴

淑賢は7時に帰宅。彼女は周恩来総理に報告の手紙を書くつもりだという。…円滑に対立を解決するためには、もうこれ以上無意味な邪魔を増やすべき

李玉琴が溥儀に回答を要求した14の問題

「私が証明いたします」とする溥儀の李玉琴への回答

でない。李玉琴に文書を一つ書いて渡し、少し証明してやればよいのだ。も
しこんなことのために総理に手紙を書いたら、矛盾が解決しないばかりか、
かえって先鋭化し、双方で言い争いを始めることになる。私たち自身で解決
できることで、どうしてご多忙中の総理を煩わせられるだろうか。やはり、
総理にはお伝えしないのがよいのだ。もちろん、相手がわざと挑発してきて
争い、他の部署へ行こうと要求してきたら、そのときは必ず総理に手紙を書
いて報告しなければならない。

強大な圧力を目の前にし、溥儀は周恩来の声望によって難関を突破するつもり
は決してなかった。さらに、手紙を書いて総理を煩わせたくはなかったのである。
これは何かを心配したからというより、誠実な敬愛の気持ちからであった。揺れ
動きの激しい内乱の時代にあって、総理は政務に追われ、あまりにも疲れ、苦労
をしているに違いない。溥儀は自分のことで、周恩来の負担を増やすのを恐れた
のである。

実は、溥儀が「文化大革命」の中で生き抜くには大変な力を要したが、その力
は毛沢東と周恩来からもたらされたものだった。生涯最後の国慶節記念行事参加
の情景が溥儀の頭から離れることはなかった。

1966年10月3日、溥儀はきっちりした楷書で長い日記を書き、当時全国政治
協商会議常務委員で、かつての東北救国運動指導者として有名な閻宝航と一緒に
記念行事に参加したことに触れ、以下のように述べている。

一昨日の夜8時、閻宝航と天安門まで行きパーティに参加し、花火を見た。
閻宝航と私は比較的早く（9時ごろ）帰ったが、後で新聞を見て知った。私
たちが最も敬愛し、最も偉大な指導者である毛沢東主席は、9時30分に車で
天安門前に着いた。わが主席はカーキ色の軍服を着て、はつらつと力強い足
取りで金水橋を渡って来て、大衆の中に姿を見せた、という。

とても残念だ。私はなぜ閻宝航とそんなに早く帰ってしまったのだろう。
その日の夜、…毛主席が大衆と一緒に地べたに座って花火を見ている様子を
見られなかった。10月2日の『人民日報』に我々の主席が大衆に会い、地面
に座って大衆と一緒にいるのが載っていたのだ…

私はこれらの記事を読んで、とても毛主席のことが懐かしくなった。1962

年、私と接見してくださり、一緒に写真を撮り食事をして、私にさまざまな
配慮と励ましのお言葉をかけてくださったことを思い出す。私は永遠にこの
最も幸せな時間を忘れられない。

　　……

　毛主席よ、もうずいぶん長いことお目にかかっていない。翼があれば、す
ぐにでもあなたのおそばに飛んでいけるのに。でも、私のベッドの横には毛
主席の写真が掛けてある。慈愛に満ちたあなたのお写真を見ると、私に向
かって微笑んでいるようで、これが私にとって最大の慰めであり、最大の励
みであり、最大の幸福である。

　この行間からは、溥儀の毛沢東に対する誠実な気持ちが溢れ出ている。

　1967年2月7日、夜のとばりが下りたころ、迫真の悲喜劇が人知れず開幕し
た。出演者は、歴史上の「皇帝」と「貴人」であり、また1960年代高級幹部病
棟内の公民溥儀とその妻、その他、「文革の特産物」である紅衛兵たちであった。
上演時間の長い、内容と起伏に富んだストーリーは、ひとつのドキュメンタリー
ドラマとして、人々を啓発し、その内容を永遠に噛みしめるに値するものであ
った。

　「福貴人」は、そのころ勢力を誇っていた「首都紅衛兵3司」からの要員を引
き連れ、白塔寺近くに位置する人民病院の病棟にやって来た。ここに転院したばか
りの溥儀を訪ね、彼に対する「清算」と闘争大会を開こうというのである。溥
儀の日記の記述によれば、相手側は公衆の面前で、溥儀の迫害による「さまざま
な苦境」を告発した。廊下には患者が集まり、この特殊な「批判会」をやじ馬見
物していた。その間、劇的な場面が何度も展開された。例えば「福貴人」の兄嫁
は、溥儀に向かって大声で「これからおまえを東北へ引きずり戻して、お前の脳
天をかち割ってやる！」と怒鳴りつけた。まさに砲火の口火を切ると、続いて凄
まじい攻勢に出た。それは予め用意していた「14項の問題」であった。溥儀が
紙を広げて細く見ると、第一行目にいきなりこうあった。「溥儀！お前は被害者
と家族に向かっておとなしく罪を認め、白状しろ！」溥儀はかつて皇帝であった
——たとえ前半生そうだったような傀儡だとしても、多くの大事件を経験し、改
造期間には誠実に頭を下げて罪を認め、後半生は公民として経験を積み、さらに

何度も国家指導者から招待を受け重大な国の行事へ参加した。しかし、今日のような場面には、まさに初めて出くわしたのだった。

　溥儀の際限のない苦悶の様子は、1967年2月10日の日記に吐露されている。そこには、拭い去ることのできない歴史の痕跡を見ることができる。

　　自分は歴史の中で確かに人民に対して罪を犯した。党と政府の特赦により真人間に生まれ変わって、今日があるのだ。今、東北人民の名を借りて、真相不明な事柄を扇動する者が攻撃をかけてくるが、私自身では本当に対処できない。

　李淑賢は憤懣やるかたなく、この「対処できない」問題のために東奔西走し、まず七叔載濤のところへ打開策を聞きに行った。載濤は周恩来に報告するよう提案した。そこで李淑賢は董益三の家を訪ね、総理への報告文代筆を依頼した。さらに溥傑とも相談した。しかし、この報告書を書くという案は、最終的に溥儀によって取り止めになった。その一連の過程は、1967年2月10日の董益三の日記に詳しく書かれており、事実であると認められる。

　　午後3時ころ、李淑賢が来て私たちに言うには、彼女が載濤を訪ね溥儀の様子を伝えたところ、載濤は総理に報告するよう提案したそうだ。李淑賢は私に代筆を求めたが、私はあまり適切でないと思い、彼女に溥傑を訪ねて相談し溥傑に書いてもらったほうがよいと提案した。

　　夕食後、李淑賢がまた来た。溥儀は今総理に状況を報告せず、しばらく様子を見ようと言っているそうだ。私は報告をしばらく見合わせるという溥儀の意見に賛成した。

　この傍観者が、そのときに書いた日記は、貴重な史料といえる。なぜなら、そこには溥儀の感情の一端が垣間見えるからである。言い換えれば、清朝最後の皇帝が中華人民共和国初代総理に対し、誠実で深い敬愛の念を抱いたと言ってもよい。この気持ちは決して不思議ではなく、回を重ねた革命が歴史を積み上げた結果である。

　ほどなく、「福貴人」とその兄嫁は、溥儀が書いた証拠資料と彼が全国政治協商会議機関を通じて支払った帰りの旅費を手にし、満足して北京を離れた。これ

がちょうど 1967 年の春が訪れるころのことで、溥儀の体調にも好転の兆しがあった。

しかし、溥儀は決して安寧を得たわけではなかった。問題がまだ解決していない状態で次から次へと問題が起こったのだ。「四人組」配下の文筆家である戚当禹は、映画『清宮秘史』にことよせて、劉少奇を攻撃する長編の文章『愛国主義か売国主義攻撃か』が発表されると、溥儀を直接病棟まで訪ね、清朝宮廷の歴史的背景などを問い質す人が少なくなかった。4月下旬、溥儀は退院した。そのときから、彼は自分が公民の身分として最初に持ったささやかな家庭で、最期の 5 か月間を過ごした。その間、『清宮秘史』のせいで、絶え間なく東観音寺胡同へ尋問に来る者があった。4月から 6 月までの 3 か月間に訪問者は 10 人以上を数えた。

溥儀はその生命の末期において、ほとんど毎日診察を受けていた。彼が最も信頼した医者は蒲輔周老医師であった。周恩来から直接頼まれていた蒲医師は、中国史上最後の皇帝の命を延ばすべく常に最大限の努力を尽くし、溥儀の脈を取り、薬を処方した。彼がこの時代とともに少しでも遠くまで歩めるよう願ったのである。しかしながら、溥儀の病状は、日に日に重くなり、歩くことはおろか、身の回りのこと、入浴、顔や足を洗うことさえ妻の手を借りなければならなくなった。

そこにさらに災いが重なった。戚当禹による例の「清宮」の長い文章が引き起こしたもう一つの批判題材——中国ニュース社撮影の大型記録映画『中国最後の皇帝——溥儀』が、溥儀にとって酷なこの時期、最前線の陣地に据え付けられたのだ。その砲火は、溥儀本人に直接照準を定めていた。

ある部署の「紅旗兵団」という署名入りの壁新聞が、最初天安門と王府井街頭に貼られた。この長編の壁新聞は『中国最後の皇帝——溥儀』を名指しで「売国主義映画『清宮秘史』の続編である」とし、これに冷酷非情な攻撃を加える内容だった。その中にはこう書かれていた。

　　溥儀はどんな代物か。奴は封建社会最後の反動的統治者で、中国人民を虐殺した満州国最大の戦犯であり、国を裏切り日本帝国主義に身を投じた大漢奸、売国奴だ！このように天をも恐れぬ罪悪を犯し、きわて反動的な奴にも

かかわらず、ほんのひとつまみの反革命修正主義分子は、此奴のために公然
と記念碑を立て伝記を書くような真似をしている。そしてとうに滅んだ中国
封建王朝の挽歌を公然と歌い…公然とプロレタリア独裁に凶暴な攻撃を開始
している。本当にその勢いたるや増長の極みであり、なんと憎たらしいこと
だろうか！

　壁新聞内の自分を罵倒する言葉について、溥儀は別に気にとめていなかった。
しかし、彼もよく知っている統一戦線の指導幹部の多くが「ひとつまみの反革命
修正主義分子」として打倒され、自分のために「記念碑を立て伝記を書いた」と
いう罪名を着せられていた。これを溥儀は一番辛いと感じていた。彼はもちろん
「必死の反撃」などできず、内心考えていることを率直に言い出す勇気すらな
かった。しかし、彼が壁新聞の内容について態度を保留したのは明らかであった。

　この壁新聞が1967年7月3日に張り出されてから5日後、あるゴム工場の労
働者が、わざわざその報せを伝えに溥儀の家まで来た。溥儀の日記によると、伝
えに来た人は、壁新聞の内容を次のように話した。映画はもっぱら溥儀が1964
年に各地を見学遊覧している様子を映しており、「有害作品」である、さらに溥
儀がこの映画を見た際「大絶賛」した、というのである。溥儀は「この映画は対
外的な宣伝であり、国内では公開されていない、自分も「絶賛」などしていな
い」とすぐさま反駁した。その「好意的」な労働者は、書き写して来たら、また
送り届けるからと言って去って行った。[*1]

　この一件があってから、溥儀は考え込んでしまった。当時の日記によって、今
日の我々は、溥儀が現実によって混乱した考えをどう整理したか理解できる。彼
はこう書いている。文史資料専門員たちが、1964年に集団見学したのは、「周恩
来総理が人民大会堂で接見のときの呼びかけで決めたことであり、統一戦線工作
部が準備し、政協幹部が引率した」のだ。また、映画撮影については、政府が
「中国ニュース社に人員を派遣し撮影した」のであって、「私たちは拒む理由がな
かった。」特に記録映画の撮影であり、「決して役者のように演技して撮影したわ

──────────

＊1　〔訳注〕溥儀の日記によれば、この労働者は任永達といい、以前にも溥儀の家を訪ねてい
　　る。彼の来訪の意図は必ずしも好意からとは言えないようである。李淑賢資料提供、王慶
　　祥編、銭端本、董国良訳：『溥儀日記』、学生社、1994年、514〜515、526、536ページ参照。

けでなく」、自分自身は個人として、「この集団の撮影を拒絶する理由も権利は
更々なかった。」映画完成後、招待に応じて試写を見たが、「決して何の称賛もし
ていない」というのである。

　事実がそうならば、壁新聞をでっち上げた者たちは、いったい誰のあら捜しを
しようとしたのか。

　頭の回転の速い者はすでに真相を見抜いていた。こうした壁新聞が表している
風潮は、「四人組」が演出する猿芝居に過ぎなかった。このような芝居を演じる
ことで、世論と雰囲気を作り出し、最終的に人民が敬愛する周恩来総理を死地に
追いやろうとしたのだ。この「項荘剣を抜きて舞う。其の意常に沛公にあるな
り。」つまり狙いは別のところにあるという大陰謀を、溥儀は事実を通してその
本質に気づき、その中の微妙で複雑な関係を見抜いていたとは言えないが、真剣
に熟慮し考えた。壁新聞における糾弾の矛先は一体誰に向けられたものなのか。
そうした上で、自分自身の初歩的な結論に達したのである。

　その日の深夜、例の好意的な来訪者は、今度は壁新聞の全文を書き写して届け
に来た。溥儀は一気に読み終わると、夜の訪問客と握手して別れ、また机に向
かって日記を書くのに没頭した。溥儀は決して恐れを知らぬ戦士ではなかったが、
いまや彼は他人を思いやり、党や国家、民族のことを気にかけるようになってい
た。彼は正直で、良心があり、十分な資格を持つ公民の一人だった。彼は日記の
中で自分の感想をありのままに書いている。

　見学は総理の呼びかけで、総理が直接私たち政協の各専門員に言ったのだ。
自分の罪悪はとても大きく、万死に値する。ただ毛主席と中国共産党の偉大
な改造の下、ようやく怪物から人となり変わったのだ。毛主席の提案に基づ
いて、行いを改め真人間になったと認められた戦犯は特赦された。私はその
ために1959年12月4日釈放されたのだ。それから本当に人としての明るい前
途が見えたのである。これはすべて党と毛主席のおかげだ。

　私はいつでもどこでも、毛主席と党中央が生まれ変わらせてくれた恩に背
くまいと念じている。良いことだけをし、悪いことをしないようにしている。
同時に思想上の悩みが生じ、自分が上手く改造されたと思っていたけれども、
それは誤った考えだった。

映画撮影に関しては、私自身はそれを有害とは思っていなかった。自分が生まれ変わって以後の生活を撮影することは、それによって毛沢東思想の偉大さを示し、党と毛主席が世界・人類・犯罪者を改造した輝かしい成果を示すものだと思っていた。映画撮影は党宣伝のための政策だ。

今回の批判を読んで、その中の「特赦後の見学・生活のシーンが多く、労働・学習・改造などのシーンがほとんどないか、もしくはなく、自分自身を美化している」という批判には、私も賛成だ。これは、撮影した監督の観点が誤っていたからである。

溥儀は壁新聞を正面きって否定する勇気はなかった。当時の環境においては、その点は決して不思議ではない。しかし、彼は党の改造政策を擁護する立場で自分の考えを述べている。彼は党の改造政策と自分自身の欠点とは区別され、映画撮影の真の意図と映画製作者の観点の誤りが、分けて考えられるよう望んだ。結局、彼は周恩来の「呼びかけ」が、より多くの人に理解されるのを願っていたのだ。

溥儀の思想的出発点は撮るべき価値があった。彼には口に出せない苦節があり、闘争したい願望もあったが、それでも彼は苦難に満ちているときに、依然として自分が敬愛する総理のことを気にかけていたのである。

1966年10月から1967年10月まで、溥儀は生命の帆を奮い起こして「歴史上前例を見ない」逆巻く大波へと漕ぎ出し、自分にとって最後の1年を過ごした。

37

振り子の止まった時計

　溥儀の生命の時計は、遂にその振り子を止めてしまった。1967年10月17日黎明2時15分。歴史は、永遠にこの時間を記憶するだろう。不治の病に侵されていたことを考えれば、これは予想されていたことかもしれないが、本来はこの時間をもっと先に延ばせたはずで、こうも慌ただしくそのときを迎えることはなかったのである。

　「文化大革命」前の数年間、溥儀の病気はすでに進行していたのだが、医療面で恵まれていたため、その都度悪化を防ぐことができていた。しかし、文革の嵐は、すべてを洗い流してしまった。沈酔は、こう状況を述べている。

　10年大災害の前、周恩来総理は特に、「全国政治協商会議の文史専門員（つまり、特赦後全国政治協商会議に残留した10数名の元皇帝・将軍・高官）の医療面については、すべて高級幹部の待遇に準じる。」という直接の命令を下していた。だから、私たちは診察のときも並ばず、病院の保健室に電話をかけ、自分の医療証明番号を伝えさえすれば、内科に行くのか外科に行くのかなど、いつ行けばよいか電話で返答をもらえる。高級幹部用の医療証明番号により先にカルテを回しておいてくれるので、当日に行けば、比較的ベテランの医者に診療してもらうことができた。診察が終わり薬を受け取る際も、薬局に特設された窓口で受け取る。どれも比較的貴重な薬品であった。入院する場合も、（保健室の）医者の許可があれば、高級幹部用の病棟に入ることができた。

　10年大災害が始まると、紅衛兵はこの規定を反故にし、保健室は閉ざされ、高級幹部用病棟もなくなって、中央各部の部長でさえ診察を受けるのに並ぶ始末だった。まして私たちは妖怪変化の「黒五類」の分子（地主、富農、旧

軍人政治家つまり反革命分子、悪質分子、右派）である。診察を受けたくて
も、受付さえしてもらえない。たとえ長いことかかって受付をし、順番に
なっても、医者は「黒五類」だと知ると、適当な薬少々をくれることもあっ
たし、薬も出さない上に「一人死んだら、一人いなくなる、薬はやらん。
帰って死んじまえ」と毒づくこともあった。（「四人組」失脚後、この保健医
療制度は復活し、私たちも昔と同じ高級幹部の待遇に戻った。）だから、私
はよく私の妻を連れて溥儀を見舞いに行った。できるだけ彼が病院で並ばさ
れたりしないようするためである。[*1]

　沈酔の再婚相手は医療関係者だったので、溥儀の病気を看てやり、薬を買って
あげることもできた。しかし、大きく問題を解決することはできなかった。従来
の規定通り高級幹部待遇の医療を受けられなくなった後、溥儀は、周恩来の関与
と具体的指示に頼るしかなくなったのである。

　1967年10月4日早朝5時。

　溥儀は突然容態が重くなった。呼吸が荒く、顔色も青白くて、指で軽く顔や腿
部を押すと凹んだ状態でむくんでいた。親戚友人たちは、人民病院と協和病院へ
相次いで彼を検査に連れて行った。病状からして急ぎ入院する必要があったが、
どちらの病院も受け入れを拒んだ。

　もちろん病床がいっぱいだというのも事実であったが、もっと重要な理由は、
それとは関係なく、当時誰にでもはっきりわかっていた。極「左」思潮の氾濫し
ている時期、誰が「封建皇帝」、「売国奴」や「戦犯」に近づきたいと思うだろう
か。その時代、たとえ汚名をそそぐことができたとしても、地主、富農、反革命
分子、悪質分子、右派は、「黒」であった。売国奴の皇帝であった溥儀が、どう
して「白」だといえるだろうか。

　尋常でない痛みが溥儀を襲い、病状がまさに質的な変化を遂げていく中、1分
ごとに死が近づいているように見えた。ことは急を要する、もはや一刻の猶予も
許されなかった。

＊1　沈酔：「特赦された後の皇帝——溥儀と一緒にいた時の回想」、香港『新晩報』1981年4
　　月13・14日掲載を参照。

当時、全国政治協商会議機関を統制下においていた大衆組織のリーダーも、責任の重大さを感じた。家族の強い求めもあって、中南海の西花廳の総理事務室へ状況を報告した。周恩来は事情を知ると激怒し、ペンを執ると電話記録簿に自ら「特殊な配慮を要す」という決定事項を書きつけた。これが、溥儀がその闘病期間中に国家総理から配慮を得た最後の記録となった。総理事務室の職員は直ちに電話で病院に伝達した。しかし、人民病院の泌尿科病棟内では、なんと空きベッドが一つも見つからず、暫時内科病棟に入ることになった。周恩来の指示で、溥儀の入院と治療の問題は解決したが、病態が深刻化した患者に対しては、力にはなれず、回復の手助けはできなかった。

　10月8日から、溥儀は酸素吸入とブドウ糖点滴のみで生命を維持していた。これは尿毒症を併発し心臓が衰弱している結果だった。そのときの溥儀はベッド上に横たわり、苦痛に喘いでいた。鼻孔には気管チューブが挿し込まれ、眼球は絶えず上へ動き、いつ呼吸が停止してもおかしくない状態だった。

　致命的な問題は、やはり尿が排出されないことだった。しかし、医療関係者は導尿を頻繁には行おうとしなかった。周恩来が、当直看護婦一人ひとりに「特殊な配慮を要す」という指示を与えることはできなかったからだ。当時、人民病院で臨床研修をしていたある医者は、溥儀の排尿が困難で苦しんでいるのに気がついた。李淑賢が、そばで泣きじゃくっていたので、すぐに溥儀に導尿をしてやったという。この医者は後にこう書いている。

　　尿が排出されると、溥儀は少し楽になったようで、しきりに私に向かってうなずいて挨拶し、李淑賢は何度もお礼を言った。私は嫌な予感がした。溥儀がそう長くないことに気がついたからだ。看護婦だった李淑賢もその点がわからないはずがなかった。[2]

　溥儀はすでに危篤に陥っていたが、親族と同僚たちの見舞いは、依然として厳格な制限を受けていた。沈酔は溥儀を見舞いに行ったときの様子を以下のように述べている。

＊2　元北京医科大学付属人民病院研修医張崇信の回想を参照。『解放日報』1985年2月24日掲載。

私が初めて病院へ彼を見舞いに行ったとき、私を知っている何人かに気づかれしまった。見舞いさせてくれないばかりか、罵りながら私を小突いて追い払った。彼の病気が重く危篤になったとき、私はもはや我慢できず、昼休みにかこつけて病院に忍び込んだ。彼の様子を見ると、鼻の孔に気管チューブを挿し込み、顔色はきわめて悪かった。彼は、私が側に立っているのに気づくと、両目に涙を浮かべながら私を見た。私はしっかりと彼の手を握りながら、辛くてたまらず、何か尋ねようとしたちょうどそのとき、当直の看護婦が入って来てしまった。そして容赦なく私を力ずくで外へ追い出した。[*3]

　溥儀にとって最後の日々の中、周恩来の委託を受けた蒲輔周（ほふしゅう）医師は、溥儀のことを忘れてはいなかった。三度病床に自ら足を運び、脈を取り、薬を処方した。1回目は、10月4日、2回目は10月7日、3回目は10月12日であった。溥儀は毎回処方箋を一部始終日記に書き写した。3回目の際は、はっきりしない文字が7、8字書かれているだけで、もはや筆を握る力はなくなっていた。これが溥儀の絶筆となった。

　蒲医師は処方箋を今なお保存している。これは貴重な文化財で、そこには13種類の薬と飲み方が書かれているだけだが、周恩来が、中国最後の皇帝を改造するという思想の下で、如何に彼のために心血を注いだか、ということを見て取ることができる。

中医研究院広安門病院の処方箋

（1967年10月12日）

氏名：溥儀　　性別：男性　　年齢：成人

台党参（1両〔50グラム〕）　　附片（2銭〔1銭は5グラム〕）　　茯苓（3銭）白朮（2銭）

白芍（2銭）　澤瀉（1銭）　上安桂（5分、症状により投薬）

川楝子（2銭・焙じる）　木香（5分）　砂仁（5分・塗る）

陳皮（1銭）　車前子（3銭・煎じる）　錦砂金（2銭）

水で煮出すものは五つ分を服用、一つごとに2回煎じ、毎日2回服用のこ

＊3　沈酔：『私の30年』、湖南人民出版社、1983年版、221ページ参照。

と。

蒲処方　薛明寿筆記

　蒲老医師は首を振り、手をこすり合わせるようにして、ため息をついて病室を出て行った。3日後、危篤となった溥儀は一人部屋に移された。医者は、尿毒症がすでに後期に入っており、生命の危険が目前に迫っている、と言った。親族たちは次から次へと看病に来、同僚たちも一人また一人とベッドの前に別れを言いに来た。

　「私は、ついに本当に意味のある人間としてこの世を離れることができる。だから、とてもうれしい。」これは溥儀が二妹韞和と鄭広元夫妻に残した最後の言葉であった。

　「私はもうだめだ。おまえたちが、しっかりやって国家のために力をつくすことを願っている。」これは溥儀が一族の甥毓嵒に残した最後の言葉であった。

　「長い間タバコを吸っていないから、吸いたい。1本もらえないか。」杜聿明は病院の規則にかまわず、涙を浮かべながら、溥儀のこの最後の望みをかなえさせ

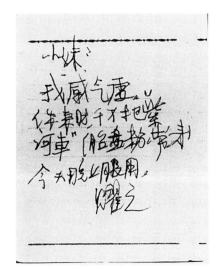

1967年10月6日、溥儀が逝去する11日前に、妻に書いたメモ

1967年10月12日、臨終直前の絶筆となった溥儀の日記

てやった。

「私はまだ死ねない。まだ国に対してすべきことがある。君たち、弟の溥傑が来るまでいかないでくれ。孟先生を呼んで来てくれ、私を助けてくれ。」これが、溥儀が逝去する４時間前、李以劻と范漢傑に言った最後の要求であった。

溥儀の臨終の間際、弟溥傑はついに駆けつけた。溥儀は何か大切な話をしたいらしく口の中でぶつぶつと言っているので、溥傑はすぐ耳を彼の口もとに近づけた。音は低く微かだったが、はっきりと一つの言葉を耳にした。「本当に総理ともう一度会いたい。」これが溥儀の溥傑に対する、またこの世で言った最後の言葉になった。

これらの最後の言葉から、毛沢東の教えと周恩来の配慮に感謝していたのははっきりしている。溥儀の人民の指導者の深い情に対する尊敬と誠実な敬慕の念を抱いていたことは明らかである。

夜明け前、溥儀のうめき声が止み、呼吸も心臓の鼓動も停止した。夜が明ければ、東から明け方の光が赤い太陽とともにやって来るのだが、溥儀はその夜明けを待たずに逝ってしまった。それもあまりにも慌ただしく逝ってしまったのである。

主治医は死亡証明書に、腎臓癌、尿毒症、貧血性心臓病など死因となったいくつかの病名を書き込んだ。それらは「革命の嵐」が巻き起こした「文化大革命」のあらゆる汚物とともに、公民となった中国最後の皇帝を埋葬したのである。

溥儀は死んだ。その死は寂しいものだった。妻、弟溥傑と三妹韞穎の子供、そして家政婦だけが側で見守っていた。その日の午前中、李淑賢は家政婦の助けを借りて、洗い終えたばかりの綿入れの服と綿入れのズボンを溥儀に着させた。そして「これは今年の冬に備えてのものですよ、着て行ってくださいね、寒さをすこしは遮ることができるでしょうから」と口の中で唱えた。溥儀の両足はむくんでしまっていたので、李淑賢は家政婦にわざわざ街へ行って大きいサイズの新しい靴を買って来てもらい溥儀に履かせた。彼女は溥儀が生前散歩好きだったので、履き心地のよい靴を履かせたいのだと言った。李淑賢は溥儀が普段最もよくかぶっていたダークブルーの帽子をきちんと頭にかぶせた。また溥儀がいつも使っていた枕と敷き布団を持ってこさせ、夫のために体の下に敷き、頭の下にあてがった。

李淑賢は夫の死に顔をじっと眺めていたが、次々とお悔みの言葉を言いに来た人々に、「溥儀の目と口が、まだ半開きね。これでは安心できませんね」と言い、手でそっと夫の顔をなで、目と口を閉ざした。最後に、夫の髪を梳いてあげ、それでようやく家政婦が溥儀の体を覆っている白布を頭のてっぺんまでかぶせることを許したのだった…

状況を把握した国務院総理事務室は、直ちに溥儀が病死したという簡潔な報告を提出した。周恩来は沈痛な気持ちでそれに目を通すと、すぐ副首相の一人に伝え、全国政治協商会議機関に溥儀の葬儀についての具体案を出すよう求めた。周恩来はさらに職員の一人を李淑賢のところに行かせ、「総理は訃報に接し、痛惜の念でいっぱいとのことです。心からお悔やみ申しあげます、奥様にはどうぞお体をお大事に、とおっしゃっておられました」と直接哀悼の意を伝えた。また職員は、周恩来の指示に従って、詳しく溥儀の病状と亡くなる前後の具体的な状況を尋ねた。職員は、総理が最も心配しているのは、「文化大革命」という条件の下で、医療面でおそらく溥儀に対する看護は十分ではなかったことだ、と言い、「総理は我々に、必ずこの方面の責任を調べて明らかにしなければならないと我々に言明した」と話した。

范漢傑、羅歴戎、李以劻・邱文陸夫妻、董益三・宋伯蘭夫妻、廖耀湘夫人張瀛毓、王耀武夫人呉伯倫ら専門員の同僚とその家族らが、次々と李淑賢への弔問に来た。みんなの求めに応じて、専門員学習班副班長の宋希濂が表に立ち、溥儀に対し哀悼の意を表すため遺体を火葬する前に簡単な告別式をやりたいと、職場の責任者に伺いを立てた。「通知を待つように」という返答があったが、実際のところ「それっきり音沙汰なし」であった。

不思議と言えば不思議なのだが、溥儀の死について国内の誰も知らないころ、10月18日発刊された日本の各大手新聞には、すでに紙面の目立つところに、かつての「康徳帝」が「赤い首都」で病死した、という図版も文章も内容豊富な関連記事が掲載されていた。続いてAP通信、ロイター通信もニュースを放送した。

中国最後の皇帝の死が全世界に伝えられているころ、溥儀の遺体は北京西郊の八宝山の火葬場でひっそりと火葬された。花輪もなく、葬送曲もなく、棺を見送りに来たのは李淑賢、溥傑および李以劻夫妻らほんの数名の親戚友人しかいなかった。

国内外の多くの読者は、10月20日発刊の『人民日報』紙上で、溥儀逝去の簡単な報道を目にした。

　　新華社電19日　中国人民政治協商会議全国委員会委員愛新覚羅溥儀氏は、
　腎臓癌、尿毒症、貧血性心臓病を患い、長期治療の甲斐なく、10月17日2時
　30分、北京で逝去した。享年60歳。[*4]

溥儀逝去に関する報道

　日本やアメリカなど各国のニュースと比較すると、中国共産党の改造政策により生まれ変わった愛新覚羅・溥儀の逝去に対し、中国の報道はまる2日間遅かっただけでなく、あまりにも内容が少なく短いものであった。さらにいささかの評価も哀悼の意さえ感じられないものであった。溥儀の死を目の当たりにし、死亡証明書を直接見たある医師は、新聞に載ったこの簡単な報道について、この記事の文面は主治医が溥儀の死亡証明書に書いた原文と一字一句同じだ、記者は確かに随分慎重だ、と評している。

　そうは言っても、造反派が牙を剥いて荒れ狂う時代、溥儀死去の記事が、毛沢東語録で埋め尽くされた党機関紙に、目立たない箇所とはいえ紙面の一部を占めたというのは、実際簡単なことではなかった。もしも、周恩来が新華社に直ちに放送するよう明確な指示をしなかったとしたら、大胆に天下の大悪をあえて犯し、この確かに社会的価値のあるニュースを流そうとする人はいなかっただろう。それだけは確かだ。

　溥儀の遺体が火葬になった後、遺骨をどう処理するかも当時の難題であった。

────────────

＊4　溥儀は1906年2月7日に生まれ、1967年10月17日に死去したので、享年は62歳である。

彼はもちろん普通の公民ではあるが、普通の公民と同じでないところもある。このことに関しては、詳しい者が話をして決めるべき内容で、そうでなければ人々は皆どうしてよいかわからなかった。全国政治協商会議機関は溥儀の埋葬について議論したが、意見をまとめることはできなかった。愛新覚羅一族の人々もあれこれ話し合ったが、どうしてよいかわからなかった。そこで、やはり周恩来が指示を出すことになった。困難な立場の中、周恩来は身を挺して責任を引き受けたのである。同時に、彼は満州族の民族的習慣と愛新覚羅一族の歴史的伝統を尊重するため、決定権を溥儀の家族親族に委ねた。周恩来は、この問題は愛新覚羅一族の人々自らで決定するべきで、八宝山の革命共同墓地、万安大衆の共同墓地に遺骨を預けてもよいし、その他の場所にきれいな陵墓を建造してもよいと言った。周恩来がこう言ったのは、溥儀に関する具体的な歴史を考慮に入れたからである。溥儀が 10 歳のとき、端康皇貴妃が中心となり、清西陵内にある泰東陵の裏山に溥儀の「陵墓適地」を選定した。所在地を選んだ後は立ち入り禁止とし、同時に墓地範囲内に、棺を置く場所である「金井」の位置を確定した。そして円い穴を掘って蓋をし、永遠に日、月、星の三つの光が届かないようにした。こうしていわばすべての準備を行い、後は着工を待つばかりであった。[5]

　周恩来の指示により、愛新覚羅一族の主要なメンバーは 10 月 21 日に再度集まった。親族たちは全員「立派な陵墓」を造ることに反対であった。それは明らかに時宜にそぐわないばかりか、そんなことをしたら、総理にも面倒をかけ、溥儀は冥土で安眠できまいと考えたのである。七叔載濤が八宝山の人民骨灰堂に安置したらどうかと提案すると、溥傑も大賛成し、李淑賢も異議を唱えなかった。彼女が、「溥儀は生前にぎやかな場所が好きだったから、共同墓地に安置すれば、ずっと普通の人たちといっしょにいられて喜ぶでしょう」と言うと、他の一族の人々もみな賛成した。

---

*5　一説には、溥儀が 1909 年帝位に就くとすぐ、河北省易県旺龍村の「狐仙廟」を「陵墓適地」に選定した。この場所は、周囲 2 km の平坦な盆地で、三方をぐるりと山に囲まれ、一方は川に面している。陵墓の地下宮殿は盆地西北面に近い山の斜面に確定した。川を挟んで光緒帝の崇陵と向かい合う位置であった。1910 年に着工したが、後に辛亥革命が勃発して建設を中止した。そのとき、地下宮殿、地上の楼閣や周囲の城壁などの基礎工事は終わっていたという。

およそ2か月後、周恩来は家族が相談して決めた意見を承認し、溥儀の骨灰を八宝山の人民共同墓地骨灰堂に保管するのに賛成した。李淑賢、溥傑と隣近所の若い女性が、すぐさま骨灰を預ける手続きをした。[*6]

　1970年代中ごろ、溥傑が親族を訪ねて日本を訪問した際、日本の共同通信社の記者横堀洋一がインタビューをした。溥儀をどのように埋葬したのか聞かれると、溥傑は当時を振り返り、周恩来からきれいな陵墓を造ってはどうか持ちかけられたが、あくまでも溥儀は一人の公民であるので、それを断わり、墓石や墓碑も建てず普通の公民と同じように骨灰を骨灰堂の中に保管したのだと答えた。

毛沢東、周恩来と溥儀

---

*6　〔訳注〕溥儀の遺骨は、亡くなった当初、北京市郊外の八宝山人民共同墓地に安置された。その後、1995年1月26日、妻の李淑賢により、河北省易県の墓に移された。新たに作られた溥儀の墓は、「華龍皇家陵園」内にある。この「華龍皇家陵園」は、現在一般人も埋葬されている墓地だが、入り口には「溥儀墓」という案内板も掲げられている。

　ちなみに、この墓地は、清の皇帝の陵墓群である西陵、その中でも光緒帝が埋葬されている崇陵に隣接している。かつて宣統帝であった溥儀は、奇しくも一代前の光緒帝の隣に眠っているわけである。

　溥儀の墓自体は、皇帝の位についた者の墓としては、西陵や東陵など清朝歴代皇帝の墓に比べ、きわめて簡素である。しかし、一般人の墓とすれば、十分すぎるほどの規模と風格を有しているといえる。溥儀の略歴を記したプレートがあり、溥儀の墓碑を中心に、かつての皇后婉容と貴人譚玉齢の墓碑を両翼に配する形となっている。2001年4月に死去した李淑賢は、現時点では一緒に埋葬されていない。（訳者は、2017年8月16日に当地を訪問した。）

38

この世の恩情

　情深慰魂飛天外、恩重加身駐人間。*¹

　溥儀は逝ってしまったが、周恩来の温もりはなお残っていた。

　溥儀が臨終に際し残した二つの遺言の一つは、妻のこれからの生活に対する不安だった。李淑賢はそのころまだ若かったが、体の具合が悪くさまざまな慢性の病を抱えていた。1964年7月14日からは無給の休職状態にあり、勤務していなかった。溥儀が生きていたときは、その収入を頼りにできたが、今やどうしたらよいのか。

　周恩来は真っ先に李淑賢が生活に困っているのに気づいた。溥儀の死後2か月経ったばかりのころ、死後の始末に関する周恩来の指示の中には、未亡人の生活保護も含まれていた。規定に基づき李淑賢に520元の救済金を支給するほか、さらに全国政治協商会議機関に対し、直ちに溥儀が1年前に返納した『わが半生』の原稿料4000元をすべて李淑賢に返すよう命じた。このようなことは政策が普通に実施されているときであれば、あたりまえかもしれないが、「文化大革命」の混乱期においては、稀に見る特例だった。

　今後の長い暮らしを考えると、手を拱いていては生活費もなくなってしまう。そこで李淑賢は1968年初め、元の職場に復職の希望を出したが、「健康診断の証明書がない」として拒絶されてしまった。「文化大革命」の時代、この有名な戦犯の未亡人に敢えて同情しようとする人はなく、身寄りがない李淑賢にとって、これは些か残酷だといえた。彼女は生活に絶望する中で、敬愛する周恩来総理のことを思い出した。そして勇気を奮い起こして手紙を書き、自分の状況を説明し、

---

*¹　〔訳注〕深い思いやりの気持ちが死者の魂を慰め、空の彼方に飛んでいき、厚い恩情がこの世に残っている人に今も与えられる。

切手を貼ると中南海宛てに投函した。彼女は、この偉人が手を差し伸べてくれるのを期待したが、予想通り、郵送した手紙は総理の手元には届かず、元の勤務先に返送されてしまった。

　合法的な人権が剥奪された状況で、李淑賢は苦難に満ちた長い日々を送った。彼女にはまったく収入がなく、部屋数が多く広い住宅である東観音寺胡同の家賃や水道電気代などを、長期にわたって負担するのは難しかった。そこで、自らの意志で大きな家から退去し、杜聿明宅の庭先のトイレを改造した暗く湿った小屋へ移ることにした。

　そうした苦しい日々が日一日と過ぎた1971年6月下旬、李淑賢は再度勇気を奮い起こし、危険を冒して中南海に手紙を出した。幸いにも周恩来はこの手紙を受け取った。李淑賢の回想によると、彼女が手紙を出してから10日も経たないうちに、国務院機関事務管理局副局長侯春槐が、総理の命を受け李淑賢の住む暗く湿った小屋に来た。そして、彼女の健康と生活状況を詳しく尋ね、何か困ったことはないか、要望はないか聞いた。李淑賢は二つの要望を出した。一つは復職で、自分の力でできる仕事を手配してもらい、生計を立てられるようにすること。もう一つは、今の住居があまりにも条件が悪いので、引っ越したいということであった。侯春槐はいちいちメモを取り、別れ際に「あなたの要望を持ち帰って総理に報告します。その後は政協と直接連絡を取ってください」と伝えた。

　ほどなく、全国政治協商会議機関から使いが通知に来た。彼女の健康状態を考慮すると軽い仕事でもおそらく堪えられないだろうから、しばらくは働かず、政協から毎月60元の生活費を支給する。同時に、直ちに適切な住宅に転居する。南向きで日光が十分入る二間の住宅を手配する。ここまで話すと、使いの者はあえて一言つけ加えた。「総理自らあなたの生活に対する手配をしました。細かいところまで全部周到に配慮されたのですよ。」それを聞き、李淑賢は感涙にむせた。こうして、溥儀が死ぬ前に気にかけていたことは、周恩来自らの手で解決されたのだった。溥儀が冥途でそのことを知ったら、安心してほっとしただろう。

　周恩来が李淑賢の生活上の困難を解決すべく指示を与えた約10か月前、溥儀の七叔載濤は、心臓病と前立腺癌のため病死した。1970年9月2日、載濤が逝去した日、全国人民代表大会常務委員会は葬儀に関し報告すると、周恩来はすぐさま承認し、李先念副首相に処理を任せた。

周恩来の指示により、少数民族の指導的人物に対する規定に則り、国家民族委員会が葬儀を執り行った。全国人民代表大会常務委員会は会葬者を派遣し、霊柩と葬儀に参列する親族友人の移動のため、国産高級車「紅旗」などを用意した。民族委員会主任謝扶民が、火葬場のホールで簡単な告別式を執り行った。故人の遺体に向き合い、人々は恭しく起立して、三度お辞儀し黙祷を捧げた。遺体は火葬に付された後、八宝山革命公墓の第八室に安置された。

載濤が病死した翌日、新華社は、「全国人民代表大会代表、中国国民党革命委員会中央委員載濤氏（満州族）は、病気治療のかいなく、9月2日北京で逝去した。享年83歳」という通信を流した。

載濤と溥儀のどちらも「文化大革命」中に死んだが、葬儀についても周恩来が段取りを決めた。双方を比較すると、載濤の葬儀のほうがやや格が高い。というのも、1970年は1967年に比べれば、政治情勢がすでに落ち着いていたからにほかならない。周恩来は、こうした問題を処理するのに、適度というものを心得ていた。些細で部分的なことのせいで大事な部分や全体が損なわれないように取り計らったのである。

溥儀の死後数年が経ち、溥傑と嵯峨浩を悩ますことが重なった。嵯峨浩は1961年に北京に定住してから、政治外交面などさまざまな理由で、日本の親族に会いに行きたいと思いつつもできなかった。その間、多くの気になる出来事が起こった。1967年嵯峨浩の父嵯峨実勝侯爵が病死し、今度は、娘嫮生の結婚の日が迫っていた。嵯峨浩は『流転の王妃』の中でこのように書いている。

　　ただ、父の葬儀は無理にしても、娘の結婚式だけには出てやりたいと思ったものの、文革の嵐の真っ最中とあって、北京から日本へ行くことは思いも及びません。
　　娘たちは翌43年5月に結婚式を挙げましたが、夫と私は北京で、送られてきた16ミリのフィルムを通して、娘の晴れ姿に目を細めたものでした。[*2]

「文化大革命」の「最混乱期」は過ぎ去った。溥傑と嵯峨浩がフィルムを通じ

---

*2 〔訳注〕ここでは、重訳を避け、原著である、愛新覚羅浩：『流転の王妃の昭和史』（新潮文庫）、新潮社、1992年、284ページより引用した。

てしか娘の幸福な様子を見られなかったような時代も終結したのである。1974年12月、周恩来の特別な配慮により、溥傑と嵯峨浩の日本への親族訪問が許可された。

　長年の宿願の実現は、溥傑夫妻にとって、もちろんわくわくするような喜ばしいことであった。しかし、同時に大きな不安も抱いていた。それは当時の政治的風向きと結びついていた。「文化大革命」は後期に入ったが、「四人組」は常に騒動を起こし、「法家を評価し儒家を批判する」やら「周公批判」、「宰相批判」など、目端が利く人なら、その矛先が周恩来に向けられているのは一目瞭然であった。彼らは、大きな勢力を持っており、総理を倒して障害を取り除き、党の権力を奪い取ろうという政治的野心を抱いていた。溥傑の最大の気がかりは、こうしたときに総理に面倒をかけることであった。自分の前半生において、日本軍国主義と結びついた歴史は拭い去れるものではなく、今回日本へ行き、かつての貴族・官僚・軍人・同窓生らと面会するのも避けられない。面会する人々の中には、当時軍を率いて中国を侵略した各クラスの司令官もいれば、今日の政界や商業界の知名人もいる。日中両国の国交樹立はまだなされておらず、中国共産党や新中国に対し敵視する態度をとる者も少なくない。ましてマスコミは、時としてデマを飛ばし騒ぎを起こすであろうし、万一国内の一部で取沙汰されたら、それは総理の顔に泥を塗ることになりはしないか。思い悩んだすえ、溥傑は今回の日本訪問を諦めようとまで考えた。しかし、もしそうしたら、長年郷愁の念に駆られ鬱々としている妻に申し訳ないだけでなく、総理や中央の関連機関の自分に対する信用にも背くことになってしまう。まさにそのとき、周恩来は、ある信頼できる人物に溥傑への伝言を託した。その内容は、あなたは個人の身分で日本を訪問するのであり、接触するのは親戚や旧友、民間団体の人々だ。だから、言動は自由に行ってよいし、慎重になりすぎないように。あなたが起こり得る各種の問題をうまく処理できると信じている……。[*3]

　なんと理解のある素晴らしい総理なのだろうか。

　1974年12月2日、溥傑と嵯峨浩夫妻は中国民航機に乗り、3時間ほどで海を飛び越え、北京東郊空港から日本の羽田空港に到着した。日本訪問が実現したの

---

*3　戴明久：『中国最後の皇弟溥傑』、春風文芸出版社、1987年版、272ページ参照。

1974年溥傑夫妻は親族に会いに日本を訪れた。宴会で羊の肉を炙る嵯峨浩

38 この世の恩情

である。

　3か月余りの間に溥傑と嵯峨浩夫妻は、80歳を超えた高齢の母嵯峨尚子を見舞い、神戸の須磨にある娘嫮生の家でしばらく過ごした。陸軍士官学校時代の元同期生の多くから招待され、日本の各界の友好的な人々と幅広く接触した。東京、大阪、神戸、京都、奈良、九州と北海道など日本各地を遊覧見物し、講演や記者の取材を受け、さまざまな形で新中国の変化を伝えて、日中友好に積極的な貢献をした。特筆すべきなのは、溥傑と嵯峨浩夫妻が、秩父宮妃、高松宮夫妻、三笠宮夫妻と会見したことである。溥傑が中国での生活を詳しく紹介し、特に周恩来が彼ら一家に格別の配慮をしてくれていると説明すると、皇族たちはみな感動した。

　1975年3月、溥傑と嵯峨浩夫妻は帰国の途についた。尊敬と感謝する気持ちを表すため、嵯峨浩は周恩来に贈り物を持ち帰ろうとした。総理はかねてからお礼を受け取らないのだと諭して、溥傑は何度も引き止めたが、妻を説得することはできなかった。相談した末に、艶やかなハクモクレンの花束と銀色の瑪瑙で富士山の図が嵌め込まれた三つ折りの小さな屏風の二つだけを持ち帰ることにした。彼らはすでに総理の病気が重いことを耳にしていたので、療養に努め休息と治療に専念するよう手紙を書いた。生花が枯れてしまうのを心配し、北京空港に着くや直ちに全国政治協商会議機関へと駆けつけ、日中友好を象徴する二つの贈り物を総理事務室へ届けた。数日後、周恩来は人に託けて屏風を返してきた。そして、

溥傑夫妻に「あなたたちの日本での態度は立派でした。感謝を申し上げます。中日友好事業のために素晴らしいことを成し遂げましたね。送っていただいた贈り物は、ハクモクレンだけ受け取ります。屏風はあなたたちで使ってください。でも、お気持ちは、全部受け取りました」と伝言した。その後、周恩来は日本からの来訪者に接見する際も、溥傑夫妻の日本での行動を称賛し、彼らが日中友好の使者であり、訪日期間に目覚ましい活動をし、政府間では不都合な話し合いもでき、良い影響を及ぼした、と話している。

　10か月後、周恩来は北京病院で亡くなった。葬送の曲がラジオから流れると、溥傑夫妻は互いに抱き合って泣いた。何を食べても味がなく、夜も眠れずに虚脱状態になった。彼らは随分前から病院へ総理を見舞いに行きたいと願っていたが、それは叶えられなかった。また、嵯峨浩は手ずから料理を作り総理に食べてもらいたいと思っていたが、それも果たせぬ夢となってしまったのである。

　当時、関連部門は「四人組」の指令を受け、追悼行事を許可しなかったので、溥傑と嵯峨浩は家の中に祭壇を設け、周恩来の生前の写真を掛け、彼が返して寄こした例の屏風を傍らに置き、嵯峨浩自らが作った日本料理を何品か遺影の前に並べて、自分たちなりのやり方で、総理への哀悼の気持ちを表した。

　この沈痛な時を過ごす中、溥傑は涙を浮かべつつ弔いの詩を詠んだ。

　　　畢生革命千秋業，八億呑声涙満巾。
　　　総理大名服永世，甘棠遺愛在蒸民。
　　　運籌帷幄従無敵，尽瘁邦家不顧身。
　　　終始緊跟毛主席，古今中外一完人。[*4,*5]

　この『周総理を哭す』は、その後広く伝えられたが、溥傑が当時、鄧穎超宛てに書いた手紙はあまり知られていない。手紙の中で、

＊4　溥傑氏の詩文、筆記、手稿から抜粋した。したがって、その中の字句には、他の書籍における記載と若干異なる箇所がある。

＊5　〔訳注〕革命という大事業に捧げたその生涯に、8億人が忍び泣きハンカチは涙で濡れる。
　　　総理の名声を永久に人民は慕い続ける。
　　　政策に関しては誰もかなう者はおらず、国家に尽くして自らを顧みない。
　　　終始毛主席と歩み、古今東西二人といない完全無欠なお方であった。

総理が世を去ったのは、星が落下したようで、大地からその輝きを奪ってしまいました。まことに悲痛の極みです。総理に代わって先にあの世に赴くことができないのが恨めしい。総理は私の先生というだけではなく、兄のようなものです。古いものを捨て新しい世界に身を投じるよう教育してくれ、行いを改め真人間に生まれ変わらせてくれました。総理のおかげで私の夫婦は再会でき、一家団欒の楽しみを享受できたのです。まさに生活の中では担任教師であり、身を処する上での模範でした。

　父が亡くなったときにも、私は涙を流しましたが、それは単に封建的な孝道によるもので、決して感傷的になって悲しみによるものではありませんでした。なぜなら、父は私の啓発や教育にまったくかまわなかったので、感情は深くなかったからです。

　しかし、総理が亡くなり、私の涙はすでに枯れ果ててしまい、その悲痛な気持ちを形容することができません。総理が私にとっては兄弟にも勝ります。私溥傑が今日あるのも、すべて総理の思いやりと教えによるものです。これらを私は永遠に忘れません。

　悲痛な気持ちをバネに、私は生ある限り、国家のため、民のために、献身的に力を尽くさなければ、総理の恩に背くことになってしまいます。そうしなければ、あの世にいる総理の英霊に申し訳が立ちません……

　周恩来の偉大なイメージを長く身辺に残すため、溥傑は画家に、総理の上半身像を描いてもらい、「音容宛在（生前のお姿を偲んで）」という四文字を嵌め込んで、客間に掛けた。さらにイタリアの写真家ロッティが撮影した総理のカラー写真を書斎に掛けた。これは有名写真で、偉人の英傑ぶりを生き生きと表現したものだった。

　1987年6月20日、嵯峨浩は北京友誼病院で病死した。周恩来夫人鄧穎超は花輪を送り届けた。告別式の夜、全国政治協商会議は和平門の北京ダック店に、日本から来た嵯峨浩の親族たちを招待した。鄧穎超はまたも秘書をわざわざ遣わした。秘書が託っていた伝言は、「鄧女史はこのたびのことを大変気にされておりました。本来はご自身で皆さんに会いに来るつもりでしたが、体調があまりすぐれないため、代わって行くようにおっしゃったのです」というものだった。総

381

理の家からの慰めの言葉で、身も心もなく悲しみの淵に沈んでいた溥傑の気持ちは和らいだ。これが、周恩来逝去後10年も経ってからのことであった。

今、嵯峨浩が亡くなって5年が経った。*6 しかし、彼女と夫が日本で周恩来のために買った富士山の屏風は、相変わらず書斎に置かれている。溥傑もすでに85歳の高齢となった。全国人民代表大会常務委員会委員と民族委員会副主任委員として、総理の恩に背かないよう、今なお全力を尽くして働いている。

溥儀と溥傑の多くの弟と妹たちは、六妹が病死したのを除いては、健在である。今はみな北京に住んでいる。辺鄙な路地にある屋敷や高層ビルの部屋など、首都北京のあちこちに住んでいる。この人口1000万の大都市の中で彼らを探そうと思っても難しい。しかし、たとえ大通りを歩いていて彼らに出くわしたとしても、これらの顔立ちや服装が普通の人たちが、往時の「親王」、「福晋」、「公主」あるいは「附馬」だとは誰も気づかないだろう。まさしく周恩来が言ったように、「溥儀は清朝の皇帝だった。その他の弟や妹もすべて清の皇族だった。今やそれぞれみな変わって、各自に仕事があり労働に参加して自力で生活している。これは、人は変われると説明しているのだ」ということなのである。

二妹韞和と夫鄭広元は、ともに80歳を過ぎた。現在は、北京市西城区の政協委員として安らかな晩年を過ごしている。

三妹韞頴も80歳近い。彼女は北京市東城区の政協委員である。夫の郭布羅・潤麒は全国政協委員として、さらに法制委員会の仕事もしており、国の法制面における問題について、しばしば各地に調査研究に赴いている。

四妹韞嫻は体の具合がよくなく、長年家で療養していた。彼女は幸福なことに晩年になって夫と再会を果たせた。夫の趙琪璠は、秋瑾*7 を殺害した紹興府知事貴福の子であった。日本の陸軍士官学校を卒業後、長期にわたって溥儀の護衛官を務めた。1948年に戦乱を避けて上海から台湾まで逃れた。生活のため、「革命実践研究院軍事訓練団」に参加し、修了後には中佐として翻訳者、大佐としてトップクラスの編集者を歴任した。その後、モンゴルチベット委員会の専門員に

---

*6 〔訳注〕本書初版の1992年時点でのことである。以下の溥儀一族の最近の様子もすべてその時点の内容である。

*7 〔訳注〕1875～1907年。清末の女性革命家、詩人。日本留学後、革命に従事し挙兵を計画したが当局に逮捕されて処刑された。

転任し課長となった。1981年春から、ある陸軍士官学校の同期生が間を取り持ち、大陸にいる妻や子女と文通を始めた。続いて、当時看護婦をしていた趙琪璠の娘趙麗瑛は、溥傑が妻嵯峨浩の身の回りの世話係にしてくれたおかげで、1982年春に東京で父と会うことができた。溥傑は妹婿趙琪璠に自分の新中国での生活を紹介し、故郷に帰り家族と再会を果たすのが一番だと強く勧めた。溥傑が「周恩来総理は何度もあなたのことを尋ね、あなたと四妹が一日も早く再会することを望んでおられた。残念ながら、総理がその日を見届けることはなくなったのだが」と言ったとき、趙琪璠はためらうことなく決断をしたのだった。1982年4月末、72歳の趙琪璠は北京へ向かう旅客機に乗り、妻の許に帰った。そしてすぐさま台湾のモンゴルチベット委員会委員長宛てに手紙を送り、祖国大陸で定住する意思を明確に表明した。また、自分の台湾での預金や家屋不動産および財産をすべて慈善事業に寄付した。趙琪璠は実際の行動で、政府と人民から信用を勝ち取り、北京市民族事務委員会委員と北京市政協委員として招聘された。彼は1989年に亡くなった。

　五妹韞馨は、静かな生活を好み、子女を教育するのに優れ、国家公務員を退職してからも、前井胡同にある個人所有の小さな四合院の家で暮らした。夫の万嘉熙は、すでに1972年に病死している。

　四弟溥任は夫人の張茂瀅と西城区に住んでいる。全国政協委員で、家に残された文献や宮廷の文化財について考証した文章をときどき発表している。

　六妹韞娸は「四人組」が打倒された後、何度も絵画展を催し、毛沢東の『梅を詠む』の詩をモチーフに描いた絵を贈った。ほどなくして、鄧穎超からは返礼として周恩来の遺品である古墨が届けられた。韞娸は1982年に病死した。夫の王愛蘭も才能に恵まれた人物で、詩、書、絵画などに造詣が深かった。

　七妹は一番年下といっても、古希を過ぎた。1979年末、北京市第227中学の副教務主任を退職し、北京市崇文区政協常務委員となった彼女の仕事は、減ったというよりむしろ増えた。多くの社会活動が、夫が早死にしてしまった孤独をかえって紛らわせてくれた。

　彼ら兄弟姉妹が後半生で歩んで来た道を振り返ると、ある人物に対する感謝の涙が湧いて来る。その人物とはもちろん周恩来である。

　周恩来の偉大さは、物事を深く見通す力と揺るぎない考え方にある。溥儀の逝

去後、厚い黒雲が長期にわたり中国大地を覆ったが、周恩来は依然として自ら溥儀の死後の始末、李淑賢の切実な願い、載濤死後の始末、溥傑と嵯峨浩の日本への親族訪問の日程、愛新覚羅一族の大なり小なりの事情に関与し続けた。その上、あの世へと旅立ってしまった溥儀のことも忘れず、溥儀がみごとには改造されたことを肯定しつつ、外国の友人たちにその著作を強く推薦し続けたのである。

終章

新しい歴史

　人民大会堂の北京廳にて。

　中国人民の指導者の毛沢東とエチオピアの皇帝のハイレ・セラシエ１世が親しげに話をしていた。この80歳近い皇帝は、中国とエジプト両国が大使級外交関係を樹立して１年も経たないころ、エチオピアの国家元首として、初めて中国を公式訪問した。ハイレ・セラシエは、自分は北京へ来てすでに３日になるが、あと４、５日の滞在期間中、できれば中国最後の皇帝溥儀に会いたいという希望を毛沢東に告げた。彼がそのような希望を述べたのは十分理解することができる。というのも、溥儀という名や溥儀が清朝時代に使った年号——宣統も、ハイレ・セラシエはとてもよく知っていたからである。

　ハイレ・セラシエ１世は、1930年11月２日に即位した。当時エチオピアは独立国だった。1936年５月から1941年５月、この国がイタリアのファシズムによって占領されたとき、ハイレ・セラシエはイギリスに亡命していた。その後、イギリス軍の援助でアジスアベバを奪回して復位した。そして、立憲君主制を続行し、この120数万平方キロメートルのアフリカ国家を統治した。ハイレ・セラシエは、自分がイタリアのファシズムの侵略によって亡命したころ、東方では、逆に日本のファシズムの侵略によって「皇帝」になった人物がおり、それが愛新覚羅・溥儀だということを当然知っていた。このような歴史的ないわれを考えると、ハイレ・セラシエが中国に初めて来た際、溥儀に会いたいと思ったのは、決して不思議ではない。毛沢東から、宣統帝は４年前にすでに病死したと聞かされると、ハイレ・セラシエは溜息をつき宿願が叶わなかったことを嘆いた。

　それは1971年10月８日のことであった。

　毛沢東との会見後ハイレ・セラシエは、明・清時代の帝王の宮殿であり溥儀が青少年時代を過ごした場所——紫禁城を熱心に見学した。彼はそこでも、見学に

385

同伴した周恩来に、溥儀に会えなかったのは非常に残念だと述べている。

第二次世界大戦中、ファシズムの侵入に直面し、ハイレ・セラシエは祖国からの脱出を余儀なくされた。しかし、彼は自分の民族を裏切らなかった。もし、運命を論ずるのならば、彼の運命は溥儀よりましだったといえるかもしれない。しかし、人生の結末という視点から見れば、彼と溥儀を同列に論ずることはできない。というのも、ハイレ・セラシエ1世は、中国訪問後4年も経たぬうちに、メンギスツが指導する革命により退位させられ、ついにはエチオピア最後の皇帝として死刑となる運命から逃れられなかったからである。特に哀れみを誘うのは、その遺骨は1975年8月27日ひそかに新大統領の事務室の片隅地下3メートルに埋蔵され、16年後メンギスツ大統領が失脚してようやく掘り起こされ、改めて埋葬されたことだ。

溥儀とハイレ・セラシエは、二人とも最後の皇帝であり、生前はどちらもファシズムに遭遇し、革命をも経験したが、結末の相違はかくも鮮明である。これはもちろん「運命」だと片付けられるものではない。

ハイレ・セラシエの訪中前後、周恩来は多くの外交の場で、中国最後の皇帝愛新覚羅・溥儀について語った。

1971年6月21日、周恩来は台湾と中米関係の問題について、米国『ニューヨーク・タイムズ』編集長補佐のシーモア・トッピング、『デイリーニューズ』社長兼発行人ウィリアム・アトウッドおよび『ウォールストリート・ジャーナル』外交事務記者ロベルト・チトリらと談話をした。台湾の祖国復帰政策に言及した際、周恩来は、台湾の祖国復帰後は、「我々は、彼らが築いた基礎の上に立って、徐々にその生活水準を高めていけるだろう」、それによって、「台湾はより多くの利益を得るのであって、台湾がいかなる損失も受けることはありえない」と語った。同時に、「中米関係はもっと良くなるはずだ」として例を挙げた。

皆さんはたぶんご存知だろうが、中国最後の皇帝であり、またかつての「満州国」皇帝だった人物は、拘留されていたが釈放後は公民として自由を回復した。不幸なことに、彼は4年前亡くなったが、夫人は健在で、弟も健在だ。弟の妻はもともと日本の貴族で、北京に住んでいる。蒋介石配下にあった高級将校が、解放戦争中、多数我々の捕虜になったが、今はみな職に

就きその多くは北京にいる。*1

　周恩来のこの談話における要点は、あっという間に全世界の多くの新聞紙上で伝えられた。かつて 1949 年、中国人民解放軍が南京を解放した際の、雄壮な光景を目の当たりしたトッピングが、北京から送った記事は、すぐさま『ニューヨーク・タイムズ』に発表されたが、その中には次のような一節がある。

　　周恩来の述懐によると、1949年以来、戦に敗れ投降した中国国民党軍の高
　級将校たちは、ずっと北京に住み、良い待遇を受けたという。彼はまた退位
　に追い込まれた日本の傀儡国家「満州国」皇帝の溥儀にも言及し、溥儀は３
　年余り前に亡くなったが、生前はずっと北京に住み自由な生活を送ったと話
　した。

日本の『朝日新聞』も、同紙編集局長後藤基夫が中国東北地区を訪問後に周恩来と会見したときの談話内容を掲載した。会見は 1971 年北京の初冬の時期に行われたが、その 10 か月後には、日中国交正常化が実現している。記事は「国交回復は人民の願い」という見出しの後、以下のように書かれている。

　　（後藤編集局長が、東北は大きな発展があると述べた後、周首相は）発展
　はあるが、「大変大きい」と言うことはできない。しかし、どう言おうとも
　"満州国" の時代は絶対に再び帰ってはこないのです。"満州国" の皇帝溥儀
　はすでにこの世を去りました。公平に言って、彼の最後に到着した改造ぶり
　はかなりのものであった。（周首相は我々を見渡したあと）あなた方は彼の
　書いた「わが半生」という本を読みましたか。彼についていえば認識は高め
　られたのです。六十歳ほどでなくなりました。もしガンにかからなければ、
　きっとさらに長生きしたことでしょう。末代の皇帝にこのような自覚ができ
　るまでには、なみ大抵のことではなかった。*2

溥儀は中国政府が特赦した一人目の戦犯で、1959 年 12 月 4 日に釈放された。

＊1　『周恩来外交文選』、中央文献出版社、1990 年版、479～480 ページ参照
＊2　〔訳注〕ここでは重訳を避け、『朝日新聞』1971 年 11 月 5 日第 2 面より直接引用した。

終章　新しい歴史

これに対応する日付は 1975 年 2 月 19 日で、その日、最高人民法院は、拘留中の
すべての戦犯、計 293 名を特赦すると宣言した。拘留されていた戦犯すべての処
理が終了したのである。

　戦犯処理の最終段階における決定権は毛沢東の手中にあった。1975 年 2 月 27
日、毛沢東は、公安部内の党中核グループによる『第 7 陣の特赦に関する報告』
および人民代表大会常務委員の説明に目を通した後で、明確に次のような指示を
した。

　　戦犯を釈放する際は送別会を開くこと。元戦犯全員に公民権を与えること。
　能力のある者には仕事を与え、高齢で病気のある者は治療すること。*3

その年の 3 月 17 日、第 4 期全国人民代表大会常務委員会第 2 回会議は、周恩
来が党中央と毛沢東の指示によって提出した拘留中のすべての戦犯を特赦すると
いう提案に関して討論し、相応の決定をした。副総理の一人が、人民代表大会常
務委員会において簡潔な説明を行っている。

　　毛主席の指示に基づき、今回特赦される拘留中の戦犯全員に対し、そのす
　べてに公民権を与える。仕事をする能力がある者には、適切な仕事を手配す
　る。病気の者には、我々幹部と同様に治療し公費医療を受けられるようにす
　る。仕事をする能力が失われた者は、養う。台湾に帰りたい者には、十分な
　旅費を与え便宜を図る。（台湾へ）行った後、戻ってきたければ歓迎する。
　釈放する際は、一人ひとりに新しい服装と 100 元を交付する。彼らを北京に
　集め送別会を開き、党と国家の指導者と接見させる。そして、宴席に招待し、
　その後彼らを組織して見学学習を行う。

　最後の戦犯の特赦は、有終の美を飾るにふさわしいものであった。最初に溥儀
が特赦となったのと同様、毛沢東と周恩来自らが推し進めた改造政策は、終始一
貫したものであり、溥儀が皇帝から公民になった事実は、決して一人の改造とい
うだけではなく、一つの政策の成功であり歴史的に意義深い勝利だということを、

---

*3　孫世強：「撫順戦犯管理所の歴史的沿革と大事記」、『世界を震撼させた奇跡』、中国文史出
　　版社、1990 年版、262 ページ参照。

余すところなく示しているのである。

　溥儀は、その身を新しい歴史の明るい1ページに投じ、国家と人民の尊重を勝ち取った。1980年5月29日、全国政治協商会議は愛新覚羅・溥儀、王耀武と廖耀湘三人の委員のために、盛大かつ厳かな追悼大会を開催した。鄧穎超、烏蘭夫ら党と国家の指導者が花輪を送った。中国共産党中央統一戦線工作部副部長、全国政治協商会議副秘書長劉寧一が述べた弔辞の中で、三人の委員の政治態度、仕事ぶり、思想および道徳観を、非常に高く評価した。中央の指示によって、溥儀の骨箱は改めて八宝山革命公墓第一室副舎に安置された。

　「人間の真価は死後定まる」という言葉通り、溥儀の著作——『わが半生』は、その死後再び売れ始めた。この本は、「内乱」が終息していない1974年から再版された珍しいケースで、現在まで、すでに10数回版を重ね、累計印刷部数は200万冊以上に達している。香港の文通書店と台湾の金川出版社は相前後してこの本の繁体字版を出版した。同時に、外文出版社で翻訳された英語、ドイツ語、アラビア語、ウルドゥー語およびヒンディー語とベンガル語版が続々と出版され、日本、米国、ハンガリー、イタリア、ドイツとフランスなどでも、次から次へと独自に翻訳出版され、それによって、世界的規模で大きな影響を及ぼしたのである。

　この数年来、溥儀のイメージをさらに完全なものにするため、北京市東城区政協委員となった溥儀未亡人の李淑賢は、共著で『溥儀の後半生』、『愛新覚羅・溥儀画伝』、『愛新覚羅・溥儀日記』などを出版した。

　国内外の作家たちも『わが半生』と溥儀の後半生の生活および溥儀の皇后、妃、貴人など新たに公表された資料をもとにフィクションを交え、溥儀をスクリーンや舞台に登場させ、「ラスト・エンペラーブーム」が巻き起こった。それにつれて、溥儀本人の価値、『わが半生』という本自体の価値も、ますます人々に知られるようになってきた。

　それというのも、毛沢東と周恩来が、溥儀の名を不滅の歴史の1ページに書き込んだからなのである。

愛新覚羅・溥儀の略年譜

1906年 　光緒帝の弟醇親王載灃の子として北京に生まれる。

1908年 　光緒帝・西太后相次いで死す。溥儀、清朝の第10代皇帝（宣統帝）として即位。

1912年 　中華民国成立。溥儀退位。

1913年 　隆裕太后（西太后の姪で先帝光緒帝の皇后）病没。

1917年 　軍閥張勲のクーデターで、一時即位したがたちまち退位。

1919年 　英国人ジョンストン、溥儀の英語教師となる。

1921年 　アメリカの眼科医を招いて近眼鏡を作る。

1922年 　自らの主張で弁髪を切る。結婚式を行う。婉容を皇后、文繍を淑妃とする。

1923年 　700名余りの宦官たちを宮中から追い出す。

1924年 　馮玉祥軍により紫禁城を追われ、日本公使館へ逃れる。

1925年 　変装して天津へ移り、日本租界の中にある張園に「行在」を設ける。

1929年 　張園から同じ日本租界の中にある静園に移る。

1931年 　文繍と離婚。満州事変勃発後、蒋介石の優待条件を拒絶して天津を脱出。

1932年 　満州国建国宣言。溥儀満州国執政に就任（年号は大同）。日満議定書に調印。

1934年 　溥儀満州国皇帝となる（年号は康徳）。吉岡安直、満州国帝室御用掛となる。

1935年 　第1回訪日。

1937年 　譚玉齢を妃に迎える。弟の溥傑、嵯峨浩と結婚。盧溝橋事件勃発、日中全面戦争開始。

1940年 　第2回訪日。

1941年 　太平洋戦争勃発。満州国対米英宣戦布告。

1942年 　譚玉齢（祥貴人）急死。

1943年 　李玉琴を福貴人として迎える。

1945年 　日本降伏により退位。ソ連軍により逮捕連行される。

1946年 　極東国際軍事裁判に証人として出廷。婉容死す。

1950 年	撫順の戦犯管理所に収容される。
1955 年	李玉琴と撫順の戦犯管理所で再会。
1956 年	李玉琴が離婚を申し出、翌年離婚が決定される。
1959 年	特赦により北京に戻る。周恩来と接見。
1960 年	北京植物園の園芸工として働き始める
1962 年	毛沢東と会見。李淑賢と結婚。
1964 年	『わが半生』出版。
1966 年	文化大革命が激化し、出勤できなくなる。
1967 年	北京にて病死。（その後 1997 年 6 月李淑賢死去。2001 年 4 月李玉琴死去。）

愛新覚羅・溥儀の略年譜

あとがき

　かつて天下に君臨した一人の帝王が、その後、自ら望んで一人の普通の公民となった。まさに想像を絶する人生であり、そうした人生を歩んだ溥儀は、全世界が興味を持つような伝奇的な人物といえる。改造は、明らかに溥儀の生涯における分岐点であり、後半生の基礎でもあった。溥儀を理解するにはここから始めなければならないし、溥儀研究はここから掘り下げていくべきなのである。

　映画『ラスト・エンペラー』が一挙に7部門でアカデミー賞を獲得したとき、フランス共産党機関紙『リュマニテ』の記者が、この栄誉ある大作を生み出した世界的巨匠ベルトリッチ監督を取材した。ベルトリッチは映画と現実について述べているが、それは彼自身の溥儀の生涯に対する認識と理解でもある。

　　私はまずこれを一つの道徳的な物語であり、一つの歴史、政治、そして道
　　徳的な寓話だと見なしていた。当初、最も興味を抱かされたのは、清朝宮廷
　　の目を覆うような衰退腐敗ぶりであった。しかし、映画が山場に差しかかり、
　　いわゆる教育者が現れると、ようやく私にとって最も苦難に満ち、また最も
　　魅せられる溥儀の改造という部分に入っていく。ここは、西洋の観客が「そ
　　のままの形で受け入れる」のが一番難しい部分でもある。それは「洗脳」と
　　いう亡霊が常につきまとっているからだ。私は中国を6、7回旅行し、かつ
　　ての囚人、看守、取り調べ官、再教育係などに会った。そうしてはじめて、
　　当初抱いていた不安感を思い切って拭い去り、現実に起こったことを語ろう
　　と思ったのである。[1]

＊1　孟湄：「ベルトリッチ『ラスト・エンペラー』を語る」、『当代電影』1988年第2期より再
　　引用。

「洗脳」という言葉には、中国政府の犯罪者改造政策に対する西洋人の根深い先入観が反映されている。「洗脳」は改造と違う。それは強制的に行うものであり、しかも対象の外観を変えるだけのものだ。現実を考察することを通じて、ベルトリッチは、「洗脳」という言葉は溥儀にそぐわないと気がついた。なぜなら、溥儀の身にはすでに内心の変化あるいは善良な本性への回帰が起こっていたからである。映画のラストで、溥儀が道行く姿などは、依然として「皇帝のよう」ではあるが、彼はその生涯で初めて自由になり、自転車やバスに乗り、農民が履くような黒い布靴を買いに行ったりして、一般市民になりきっている。まさにベルトリッチが言うように、溥儀の一生は暗黒から光明に向かう旅路であり、彼は暗く息が詰まるような宮殿から、朝日のような光を求め、すべての市民と同じ日常の世界へと抜け出して行ったのである。溥儀が見事に改造されたことについて、ベルトリッチは、不信から確信に転じたが、これは西洋人としては、ごく一般的な反応であろう。

　なぜ国内外の多くの人々は、溥儀の改造に疑念を抱くのだろうか。そして、「皇帝から公民まで」という、この溥儀の変化を神秘的な謎と見なすのだろうか。それは溥儀の背後に立つ、毛沢東と周恩来という世界的に有名な二人の偉人の姿が目に入っていないからなのだ。もし、思想的転換が、まさに溥儀の伝奇的生涯の分岐点であるというならば、毛沢東と周恩来の溥儀への働きかけは、その転換を促す要因であった。毛沢東、周恩来の溥儀との交流は、彼らが提唱した社会や人を改造するという一連のプロレタリア政策に対し、自ら模範を垂れ解説を施そうとしたものであることは、少しも疑う余地がない。それが最も理に適った視点であろう。しかし、もう一つの視点から言えば、毛沢東、周恩来との交流は、この中国最後の皇帝の生涯における最も重要な体験であって、多くの読者が溥儀という謎を解くための黄金の鍵でもあるのだ。長期間にわたる研究生活の中で、このような考えに至ったとき、本書のテーマが自ずと浮かび上がってきた。そして、強い探求心を伴って、私自身の研究計画に挟み込まれたのである。これこそが、まさに本書執筆の理由である。

　本書を執筆するにあたり、毛沢東、周恩来の溥儀との実際の交流を述べることに重点を置いた。その交流の様子を読むと驚かれるかもしれない。日々重要な政務を抱えていた偉大な二人の指導者が、溥儀のために、かくも精力を注ぎ、きめ

細かい指示を与えているのである。それは、統一戦線政策と改造政策の輝かしい実践例であり、犯罪者を社会、国家および民族のために有用な人間に生まれ変わらせ、消極的要素を積極的要素にするという決意と確信が、彼らにはあったことを証明している。同時に彼らは、革命的ヒューマニストでもあり、革命の利益を優先しつつも、改造を受ける者の仕事、学習、生活や健康などいろいろな面に気を配ったのである。これは愛国統一戦線をさらに拡大するに当たって大きな意義を有するものであり、国際的にも深い影響を及ぼした。

　清朝が滅亡してから満州国崩壊まで、溥儀は30年余り復辟にこだわってきた。社会主義的改造を経てついにこだわりを捨て、喜んで新中国の公民の一人となっただけではなく、さらに人民の国家のために貢献しようと努めたのである。これらすべてが、毛沢東と周恩来による改造と統一戦線政策が成功したというだけにとどまらず、彼らの偉大な理論が生み出した勝利でもあるのだ。彼らはマルクス主義の基本的原理と長期にわたる革命の実践経験に基づいて、全民族、全人類のため最も大きく長期にわたって根本的な利益を求め、革命の三つの切り札[*2]の中の一つである民族統一戦線、民主統一戦線と愛国統一戦線を、異なる歴史時期において異なる形式で採用し、革命統一戦線の理論と政策を定めた。

　それだけではない。彼らはさらに、二度の世界大戦後徐々に形成された革命的ヒューマニズムによる捕虜の扱いに関する国際的慣習に鑑み、国内の長期革命闘争中で俘虜を優遇した。かつての抑圧者や搾取者らを改造した歴史的経験を総括し、溥儀を社会主義的に改造する上で、さらにその理論を深め、毛沢東思想の内容を豊かにした。本書を執筆する際、私はすでに知っている手がかりを利用して、この理論が創造された基本的環境と基礎資料を入念に掲示し、相応する論評を加えたつもりである。もし、それが上手くいっていないとしたら、読者の方々の御叱正を乞うものである。

　中国共産党中央党史研究室顧問で、わが国党史学界の大先輩である廖蓋隆氏の序文は、党の歴史に関連づけて、溥儀の社会主義的改造に対して深い理論的分析をしており、拙著を理論的思想的に補強するものである。特筆しておきたいの

---

*2　〔訳注〕「革命の三つの切り札」とは、統一戦線、武装闘争、党の建設を指し、革命遂行に不可欠とされた。

は、2年前入院された廖氏が、病を押してこの理論的な序文を書いてくださったことである。誠に恐懼に堪えず、心からの謝意を表したい。〔本訳書では、紙幅の関係上、この序文を割愛している。〕

　巻末に2編の付録を付けた。それは縦と横二つの角度から、毛沢東と周恩来が捕虜となった敵方人員を改造した際の理論と実践を、時間軸に沿って史実を追うことで極力明確にしようとしたからである。蛇足でないことを願うものである。〔本訳書では、紙幅の関係上、付録を割愛している。〕

　本書を上梓するにあたり、さらに何名かの方に感謝の意を表したい。吉林省党史研究室副主任 周 興氏は、激励援助をしてくれた友人の中でも、筆頭に挙げなければならない一人である。氏は、かつての上司であり、転勤された後も相変わらず私の仕事に関心を持ってくださった。もう一人は、吉林省社会科学院をすでに退職した元副研究員の秦舒氏である。氏は、時間をかけて細かく原稿を見、客観的に俯瞰するように、修正意見を出すだけでなく、文章の不注意な誤りに至るまで一つひとつ指摘してくれた。

　吉林省社会科学「85プロジェクト」研究支援による研究成果として、本書の執筆には、吉林省社会科学界、吉林省社会科学院および歴史研究所など、多くの指導者の方々の御配慮と御支持を得た。

　この場で、心から感謝の意を表したい。

王慶祥

1992年6月8日、長春の南湖新村にて

著者・翻訳者略歴

著者

王慶祥（おう　けいしょう）

1943年瀋陽生まれ。1968年吉林大学歴史学科卒業。現在、吉林省社会科学院研究員、長春市政治協商会議常務委員会および文史委員会副主任。『溥儀の後半生』、『最後の皇后と皇妃』、『淑妃文繍』、『愛新覚羅・溥儀画伝』、『愛新覚羅・溥儀日記』（整理注釈）、『羅振玉王国維往復書簡』（校訂注釈）など40冊余りの著書があり、英語・ドイツ語・日本語・韓国語などにも翻訳されている。その他、映画『火龍』（脚本）、『悲劇の皇后』（原作）、連続テレビドラマ『非常公民』（歴史考証）およびドキュメンタリー『愛新覚羅・溥儀』（歴史考証）など多数のテレビ・映画作品に関わっている。さらに、北京や天津などで溥儀の生涯を展示する際には、責任者としての役割を務めた。それらの功績により各種の表彰を受けており、溥儀研究者として著名な存在である。

翻訳者

松田　徹（まつだ　てつ）

昭和32年（1957年）生まれ。立命館大学文学部史学科卒業、立命館大学大学院文学研究科史学専攻東洋史専修博士前期課程修了。現在、麗澤大学外国語学部教授。専門は中国史で、東アジアにおける史跡・文化と観光開発や中国食文化史をテーマとしている。著書として『現代中国の軌跡―史料と演習―』（共著、金星堂、2007）、『そのまま使えるはじめての中国語旅行会話』（ナツメ社、2003）、学術論文としては「北京の博物館における多民族的視点〜中国人民革命軍事博物館と国家博物館の説明版を中心に〜」、『中国研究』、22号（2014）、「中国西安の観光と政治性」、『中国研究』、20号（2012）、「遼東公孫氏政権の滅亡と災異記事」、『麗澤大学論叢』、第12号（2001）など。その他、「兪平伯：『「儲秀宮」雑記』訳注」、『中国研究』、第15号（2007）などがある。

毛沢東、周恩来と溥儀

2017 年 11 月 9 日　初版第 1 刷発行

著　　者　　王慶祥
翻 訳 者　　松田徹
発 行 者　　向安全
発　　行　　科学出版社東京株式会社
　　　　　　〒113-0034　東京都文京区湯島 2 丁目 9-10　石川ビル 1 階
　　　　　　TEL 03-6803-2978　FAX 03-6803-2928
　　　　　　http://www.sptokyo.co.jp
装　　丁　　長井究衡
組版・印刷・製本　モリモト印刷株式会社
ISBN 978-4-907051-21-1 C 0023

《毛沢東、周恩来与溥儀》©Wang Qingxiang 2013.
Japanese copyright © 2017 by Science Press Tokyo Co., Ltd.
All rights reserved original Chinese edition published by People's Publishing House.
Japanese translation rights arranged with People's Publishing House.

定価はカバーに表示しております。
乱丁・落丁は小社までお送り下さい。送料小社負担にてお取り替えいたします。
本書の無断転載・模写は、著作権法上での例外を除き禁じられています。